Trilogía americana

Letras Hispánicas

José Sanchis Sinisterra

Trilogía americana

Edición de Virtudes Serrano

CÁTEDRA

LETRAS HISPÁNICAS

£10-25

© José Sanchis Sinisterra
Ediciones Cátedra, S. A., 1996
Juan Ignacio Luca de Tena, 15. 28027 Madrid
Depósito legal: M. 24.735-1996
I.S.B.N.: 84-376-1253-5
Printed in Spain
Impreso en Gráficas Rógar, S. A.
Navalcarnero (Madrid)

Índice

Introducción

A Mariano, todos los días.

José Sanchis Sinisterra.

JOSÉ SANCHIS SINISTERRA, UN AUTOR EN LAS «FRONTERAS»

Hay una cultura fronteriza también, un quehacer intelectual y artístico que se produce en la periferia de las ciencias y de las artes, en los aledaños de cada dominio del saber y de la creación. Una cultura centrífuga, aspirante a la marginalidad —aunque no a la marginación, que es a veces su consecuencia indeseable— y a la exploración de los límites, de los fecundos confines. Sus obras llevan siempre el estigma del mestizaje, de esa ambigua identidad que les confiere un origen a menudo bastardo. Nada más ajeno a esta cultura que cualquier concepto de pureza, y lo ignora todo de la Esencia[1].

Con esas palabras se expresaba el autor en 1977, en el *Manifiesto* del recién estrenado Teatro Fronterizo, donde eleva a definitivos unos principios estéticos, constructivos e ideológicos que regirán, en adelante, su dramaturgia *sin límites*. Sanchis Sinisterra, que había comenzado su andadura teatral antes de los dieciocho años (1957), cuando fue nombrado director del TEU de la Facultad de Filosofía y Letras de Valencia[2], va consolidando su figura en el panora-

---

[1] José Sanchis Sinisterra, «El Teatro Fronterizo. Manifiesto (latente), III», *Primer Acto*, núm. 186, octubre-noviembre, 1980, pág. 88. Reproducido en «Apéndice documental» de *Ñaque. ¡Ay, Carmela!*, edición de Manuel Aznar Soler, Madrid, Cátedra, 1991, pág. 268. Para todo lo relacionado con la trayectoria y evolución artísticas de Sanchis, remito a esta completísima edición.

[2] Para los datos biográficos del autor puede verse la Nota que figura al final de José Sanchis Sinisterra, *Valeria y los pájaros. Bienvenidas*, Madrid, Asociación de Directores de Escena de España, 1995, págs. 121-123.

ma del teatro español actual a través de opiniones vertidas en entrevistas y escritos teóricos publicados en las principales revistas teatrales del país *(Primer Acto, Pipirijaina, El Público...)*. Su faceta de autor aflora entre tanto *calladamente*, pues la mayor parte de sus textos iniciales permanecen inéditos y muchos de ellos son el resultado de manipulaciones más o menos «perversas»[3] de otros preexistentes. Ésta es, pues, una de sus primeras fronteras, la formulación de su texto a partir de la intertextualidad establecida con el teatro mismo, o con otras formas no teatrales de expresión, populares, literarias o humanísticas. Así surgen propuestas como *Algo así como Hamlet* (1970), *Tendenciosa manipulación del texto de «La Celestina» de Fernando de Rojas* (1974), *Historias de tiempos revueltos* (1978), *La noche de Molly Bloom* (1979) o *Ñaque o de piojos y actores* (1980).

Esta última marca un hito importante en su carrera como autor; en octubre de 1980, dirigida por él mismo, se estrena en el Festival Internacional de Sitges y obtiene el Premio Artur Carbonell al mejor espectáculo inédito del Festival[4]. La pieza es una muestra ya lograda de esa dramaturgia de «cohesión», manipuladora de unos textos previos, a los que Sanchis imprime su peculiar forma de construir, en la que se reconocen múltiples fuentes y, a pesar de ello, posee una impronta absolutamente personal; responde, asimismo, a lo que el autor ha llamado un «aglomerado»: en ella, Ríos y Solano hacen teatro desde el relato de Agustín de Rojas *(El viaje entretenido)* y enlazan, mediante diálogos de origen beckettiano[5] en el fondo y la forma, refranes, poemas, fragmen-

---

[3] Sanchis ha utilizado el término *Pervertimento* para el título de un conjunto de piececitas con las que pretende enfrentar al espectador «con una especie poco usual de perversidad» (José Sanchis Sinisterra, *Pervertimento y otros Gestos para nada*, Sant Cugat del Vallès, Cop d'Idees, 1991), pero desde el principio de su producción su pretensión ha sido «perturbar el orden o estado de las cosas».

[4] Véase al respecto el estudio que de esta obra ha realizado Manuel Aznar en la «Introducción» (págs. 39-57) y las notas con que ilustra el texto de Sanchis Sinisterra en la citada edición.

[5] La de Beckett es una de las influencias más directas que ha tenido y tiene Sanchis. Su actividad rinde homenaje constante al autor de *Esperan-*

tos teatrales y secuencias del *Viaje*. El espectador puede contemplar en este conjunto la cercanía entre originalidad y fuentes; así como reflexionar, con los cómicos, sobre el teatro y la condición del actor.

Siguen otras dramaturgias sobre textos de Kafka, Ernesto Sábato, Melville o Calderón y en 1986 escribe la que se convertirá en su gran éxito comercial, *¡Ay, Carmela!*, obra con la que se consagra como uno de los autores más representativos y populares de nuestra escena actual, como fue reconocido al concedérsele el Premio Nacional de Teatro en 1990[6]. En *¡Ay, Carmela!* el proceso de intertextualidad es menos evidente que en *Ñaque:*

> Sanchis Sinisterra nos recuerda que *¡Ay, Carmela!* es la historia ficticia de una acción dramática [...] protagonizada por dos «artistas» de *varietés*, Paulino y Carmela, inventados por él, y que «son éstos, y no la guerra, quienes se erigen en sustancia y voz de un acontecer dramático *totalmente ficticio*, en soporte y perspectiva *imaginarios* de la tragedia colectiva»[7];

y, sin embargo, bajo su argumento gravita el eco de la canción popular, cuya protagonista da nombre a la de Sanchis, y su estribillo, título al drama; al tiempo que la guerra, intertexto histórico, es marco de esta tragedia *fronteriza*.

Un año antes de la aparición de este texto, que le supuso el espaldarazo dramático como autor, había estrenado *Conquistador o El retablo de Eldorado*, que remonta su origen

---

do a Godot (es signo evidente de ello el que la sede del Teatro Fronterizo se denomine precisamente *Sala Beckett); de* varios de sus textos ha realizado dramaturgias y traducciones, sobre él ha escrito reiteradamente, y ha adoptado sus modos dramáticos y su visión del mundo en la construcción de numerosos diálogos, situaciones e, incluso, personajes abocados al «fracaso».

[6] Véase «Premios Nacionales. José Sanchis y Pepe Estruch», *Primer Acto*, núm. 233, marzo-abril, 1990, pág. 120. En el mismo año, Carlos Saura dirigió su versión cinematográfica de *¡Ay, Carmela!*, con guión del propio Saura y de Rafael Azcona, que también gozó de la aceptación de público y crítica.

[7] Manuel Aznar, «Introducción», pág. 62. En las notas al texto, Aznar recoge también con precisión el entramado de fuentes populares y literarias que se advierten en el discurrir de la pieza.

a 1977, momento de la constitución del Teatro Fronterizo. En un escrito posterior, se afirma que «desde su fundación en el verano de 1977, el Teatro Fronterizo tiene planteados e incluso iniciados varios proyectos dramatúrgicos a partir de los textos de los Cronistas de Indias, con vistas a futuros espectáculos sobre diversos aspectos de la conquista y colonización del continente americano»[8]. Dos bloques textuales soportan la estructura dramatúrgica y temática de la pieza: el entremés cervantino de *El retablo de las maravillas*[9] y los textos de los poetas y cronistas de los Siglos de Oro a los que Sanchis agradece expresamente su colaboración.

Después vendrá *Crímenes y locura del traidor Lope de Aguirre*, titulada en su versión definitiva *Lope de Aguirre, traidor* (1977-1986). En esta ocasión, un personaje y su historia monopolizan el elemento temático central y son las crónicas que tratan sobre su persona la base oral del discurso dramático.

Dramaturgias sobre textos de Óscar Collazos, Julio Cortázar y Sófocles, así como algunas de sus más significativas piezas originales (*¡Ay, Carmela!, Los figurantes, Perdida en los Apalaches*), preceden a la redacción última de *Naufragios de Álvar Núñez o La herida del otro*, concluida en 1991, aunque «mis primeras tentativas para dramatizar el texto datan de 1978»[10].

---

[8] «*Conquistador o El retablo de Eldorado*. Una propuesta del Teatro Fronterizo; texto y dirección: José Sanchis Sinisterra». Agradecemos al autor su amabilidad al facilitarnos este y otros textos inéditos.

[9] El texto de Cervantes ha servido de fuente directa de inspiración de otros autores contemporáneos; Rafael Dieste (*Teatro II*, Barcelona, Laia, 1981, presentación de Manuel Aznar, págs. 71-94) lo usa en clave política contra el fascismo; Lauro Olmo lo emplea, en su *Nuevo retablo de las maravillas y ¡olé!*, una de las piececitas que componen *El cuarto poder* (editado por Ángel Berenguer con *La camisa*, Madrid, Cátedra, 1984), para mostrar la manipulación de que es objeto la sociedad por parte de los medios de comunicación. El propio Sanchis lo tiene presente en aquéllas de sus piezas (*Ñaque, ¡Ay, Carmela!, El cerco de Leningrado*) en las que una pareja de seres, pertenecientes al mundo del teatro en su estrato menos afortunado, salen a escena para desvelar sus conflictos mediante la palabra.

[10] José Sanchis Sinisterra, «*Naufragios de Álvar Núñez:* La escritura del fracaso», texto inédito de la ponencia presentada en el II Congreso Internacional de Dramaturgia, Caracas, 1992. Desde ese año ha compuesto, entre otras obras, *Valeria y los pájaros, Bienvenidas, El cerco de Leningrado* y *Marsal Marsal*, por ahora su último estreno.

La *relación* que Cabeza de Vaca compuso para informar de su aventura al Emperador español, conocida con el nombre de *Naufragios*, es el texto previo de donde el dramaturgo parte esta vez.

La intertextualidad, pues, como frontera literaria y teatral, es uno de los pilares de la dramaturgia de José Sanchis quien, en ocasiones, transcribe literalmente palabras de otro tiempo, de otros hombres y de otros personajes, produciendo así en el receptor esa intranquilizadora sensación de cercanía y alejamiento, de propio y ajeno, que lo hará mantenerse *despierto*, para la *recepción* del mensaje.

Una frontera más es la del género; la dramaturgia de Sanchis fluctúa del humor procedente de la falta de respeto a la convención (literaria, histórica, dramática), al patetismo de los sucesos representados o del destino de los personaje que los protagonizan. A veces, como en *Ñaque (Mixtura joco-seria)*, *El retablo de Eldorado (Tragientremés)* o *Bienvenidas (Danzadrama)*, el autor explicita su posición colindante; en otras, como en *¡Ay, Carmela!, Los figurantes, El cerco de Leningrado, Lope de Aguirre, traidor* o *Naufragios de Álvar Núñez*, será el receptor quien lo averigüe, a medida que la acción transcurre y las cosas se presentan como son y no como parecen. Será entonces cuando el espectador tome conciencia de que existen esas otras realidades, no proclamadas oficialmente, que se mantenían latentes, silenciosas, hasta que han sido convocadas a escena.

También el autor se ve afectado por la frontería, ya que él mismo, cuando se constituye en personaje con voz dentro de las acotaciones o cuando hace que hablen de él sus personajes, pierde sus límites humanos para convertirse en ser omnipotente, manipulador de esos otros pobres individuos anónimos que ha arrojado al escenario[11], aunque en alguna ocasión sus *figurantes* descubren el engaño:

¡Basta, basta! ¿Os dais cuenta de lo que...? ¡Pues vaya una ocurrencia...! ¡Lo de antes muy bien, porque no nos dába-

---

[11] Puede verse esta actitud en el texto titulado «La escena», que precede a la acción dramática en *Lope de Aguirre, traidor*.

mos cuenta...! pero, ahora... ¿Cómo iba a ser tan retorcido ese hombre? hacernos decir... que lo que decimos..., mientras lo estamos diciendo..., no lo decimos de verdad..., pero que querríamos decirlo... Porque yo quiero decir lo que estoy diciendo..., y no necesito que nadie me escriba lo que tengo que decir...[12];

y en otras se le escapan de las manos, mostrando ante el público su ambigua condición, como hará en su parlamento el Marañón perdido de *Lope de Aguirre, traidor*, o los compañeros de Álvar al insistir una y otra vez en hacer evidente su protagonismo. Y con ellos, con Castillo, Dorantes, Pérez-Miruelo, el Marañón, los Figurantes, nos coloca el autor en otra frontera, la de la historia y el teatro; todos estos personajes parecen pertenecer a dos territorios: los conquistadores proceden de la historia, pero ni en aquel *escenario* encontraron el lugar que buscaban, ni en este otro, el teatro que los convoca, parecen encontrarse cómodos. Los *figurantes* aparentemente son sólo personajes dramáticos, sin embargo, la dedicatoria que el autor hace al comienzo, «Al pueblo sandinista de Nicaragua», los saca de la ficcionalidad del teatro para introducirlos en una historia que no les concede voz, por lo que exclaman: «Por unas cosas o por otras, nunca saldremos de la figuración...»[13].

Se plantea, pues, el conflicto barroco ser-parecer, realidad-ficción, vigilia-sueño, que tan granados frutos artísticos ha obtenido en autores que, como Unamuno, Pirandello o Azorín, dieron nueva vida a los clásicos en ese gran momento de las vanguardias. Nuestro autor, hijo del pasado y de su tiempo, posee la conflictiva visión heredada del clasicismo y tamizada posteriormente; y las influencias de los renovadores de la escena y la concepción del texto de los años siguientes, pero también confiesa haberse visto atraído por modernos problemas científicos relacionados con las nociones de espacio y tiempo, sobre todo, a partir de la escritura de *Naufragios de Álvar Núñez*:

---

[12] José Sanchis Sinisterra, *Los figurantes*, Madrid, SGAE, 1993, pág. 55.
[13] José Sanchis Sinisterra, *Los figurantes*, pág. 83.

Había sentido también la necesidad de «liberarme» de las limitaciones espacio-temporales que, casi inevitablemente, condicionan la concepción y estructura de la acción dramática. Tema este —el de la transgresión del espacio-tiempo newtoniano— que ya había aparecido en algunos textos breves *(Pervertimento y otros Gestos para nada)* y en obras como *¡Ay, Carmela!*

Pero sabía que para adentrarme en la aventura de Álvar Núñez, con su desmesura espacial y temporal, debía ir más allá [...] poderme mover sin trabas en un universo ficcional plástico, fluido, permeable. Y con tal fin me asomé al ámbito fascinante de la física cuántica[14].

En cualquier caso, el tiempo en el teatro histórico supone siempre un juego y una transgresión de los *tiempos*, ya que los sucesos evocados y su referente real remiten a un pasado que se funde con el presente de su representación en el tiempo de los espectadores de cada momento; aunque, como veremos, y por efecto del carácter fronterizo que venimos comentando en los demás elementos de su dramaturgia, las nociones temporales *entonces* y *ahora*, y las espaciales *allí* y *aquí*, se entremezclan y confunden cuando los personajes que ocupan un espacio (escenario) y proceden de un tiempo (ayer) se relacionan en igualdad con individuos del hoy (espectadores) que ocupan otro espacio (sala). Estas transgresiones no son un mero virtuosismo dramático, sino que constituyen el soporte de la construcción dramatúrgica e ideológica de las piezas y la base del proceso de «implicación» del público que el dramaturgo lleva a cabo con la intención de sacar a la luz al receptor ideal de su teatro[15].

José Monleón, en entrevista a Sanchis, habla de la «personalidad latinoamericana» del dramaturgo y afirma que «es,

---

[14] José Sanchis Sinisterra, «*Naufragios de Álvar Núñez:* La escritura del fracaso». En el mismo texto explica que dicha investigación lo llevó a escribir *Perdida en los Apalaches*, «que empezó como un travieso ejercicio de transgresión espacio-temporal y acabó siendo una extraña comedia sobre los desencuentros amorosos y otras catástrofes sociopolíticas...».

[15] Desarrollaremos esta idea en el análisis de las obras; véase asimismo, José Sanchis Sinisterra, «Por una dramaturgia de la recepción», *ADE Teatro*, núms. 41-42, enero, 1995, págs. 64-69.

en definitiva, parte de la experiencia teatral latinoamericana sin dejar de ser parte fundamental de la experiencia teatral española»[16]. Una personalidad fronteriza también que Sanchis viene desarrollando desde sus primeros contactos directos con los países de allende en 1985 cuando viajó con *Ñaque* al Festival de Manizales[17], pero que ya poseía en germen, gracias a tres factores que él mismo explica:

> Yo podría hablar de tres tipos de vínculo con Latinoamérica. Por una parte, hay un vínculo personal, familiar. Un hermano de mi padre, republicano, jefe del gabinete de prensa de Azaña, se exilió a México en el año 39; así que ya desde mi adolescencia hay una relación arquetípica con esa figura del exiliado que es acogido por la sociedad mexicana con una generosidad tal que le permite desarrollarse profesionalmente [...]. Luego está el vínculo político: la revolución cubana, la experiencia chilena de Allende, la revolución nicaragüense, fueron creando una serie de expectativas, de modelos de transformación sociopolítica [...]. Y luego, una tercera dimensión, acaso un tanto imprecisa, pero para mí muy importante. [...] Comienzo a encontrar en los cronistas de Indias una experiencia de lector fascinante y perturbadora, en la medida que percibo ese choque traumático de culturas, esa terrible y miope relación con lo otro de la que dan cuenta sistemática esos textos[18].

América se convierte para el autor en su *otro territorio*, el paso constante de las fronteras geográficas lo lleva a considerar de distinta manera las nociones de tiempo y espacio, la convivencia literaria y real con quienes son diferentes lo conduce a un enriquecedor mestizaje espiritual porque ha percibido cómo «en todas estas culturas precolombinas masacradas, diezmadas por la conquista, hay un acervo de visión del mundo, de concepción de la realidad y del hombre

---

[16] José Monleón, «Testimonio. Sanchis Sinisterra. Un teatro para la duda», *Primer Acto*, núm. 240, septiembre-octubre, 1991, págs. 133-147.

[17] Después de este primer viaje, su *vuelta* ha sido constante. Al respecto puede verse Manuel Aznar Soler, *«El retablo de Eldorado* de José Sanchis Sinisterra»*, en Alfonso de Toro y Wilfried Floeck, eds., *Teatro Español Contemporáneo. Autores y tendencias*, Kassel, Reichenberger, 1995, págs. 391-412.

[18] José Monleón, «Testimonio...», pág. 145.

que me resulta fascinante»[19], y porque advierte en la actualidad y en el ámbito de lo teatral la «necesidad de dar respuesta inmediata a una realidad tremendamente móvil, traumática y en permanente cambio»[20]. De esta forma, vida, literatura y teatro colocan a José Sanchis en las distintas fronteras, en los límites de una trayectoria móvil, fluctuante y en proceso.

DESCUBRIMIENTO Y CONQUISTA EN EL TEATRO ESPAÑOL DE LOS ÚLTIMOS AÑOS[21]

Durante el viaje de los reyes de España a Latinoamérica en octubre de 1995, un hecho no relacionado con el teatro llamó poderosamente mi atención. Los medios de comunicación se hicieron eco de la queja que los indios mapuches formularon, a través de su jefe, al actual monarca por los abusos de que fueron objeto durante la conquista, y pedían la restitución de sus antiguos derechos recordando a don Juan Carlos de Borbón que «su visita a territorio mapuche toca y lastima históricas heridas no cicatrizadas»[22]. Aunque

---

[19] José Monleón, «Testimonio...», pág. 145.

[20] José Monleón, «Testimonio...», pág. 146.

[21] De este tema me he ocupado en «Teatro de revisión histórica: descubrimiento y conquista de América en el último teatro español», *Teatro (Revista de Estudios Teatrales)*, 6-7, diciembre 1994-junio 1995, págs. 127-138 (donde recojo ideas de un artículo publicado en *Montearabí*, núm. 16, 1993, págs. 21-36). Puede verse también, Ricard Salvat, «La "découverte" de l'Amérique dans la dramaturgie de l'État espagnol», en el monográfico «América 1492-1992» de *Théâtre/Public*, núms. 107-108, septiembre-diciembre, 1992, págs. 25-28. En el mismo número de la revista es de interés la reflexión de José Monleón sobre el teatro y la política en Latinoamérica («La conquête: histoire et alibi», págs. 23-25). Desde un punto de vista teórico y con ejemplos que no proceden de la dramaturgia española (salvo la alusión a *Colón, versos de arte menor para un varón ilustre*, de Alberto Miralles) puede verse Patrice Pavis, «À la découverte de l'Amérique et du drame historique», *Théâtre/Public*, págs. 9-13. (Una traducción del mismo, «Hacia el descubrimiento de América y del drama histórico», se encuentra en *Teatro*, núm. 2, diciembre, 1992, págs. 7-20).

[22] Véase por ejemplo, «Los indios mapuches pidieron al rey Juan Carlos que se les restituyan sus antiguos derechos», *La Verdad*, 17 de octubre de 1995.

19

el suceso no pasó de ser anecdótico, pone en evidencia esa conciencia de agresión que los descendientes de aquellos colonizados todavía conservan, y muestra la actualidad de unos textos, no muchos dentro del panorama general de nuestra actual dramaturgia, que se han ocupado del problemático «encuentro» con conciencia crítica.

El año de 1992, en el que se conmemoraba el quinto centenario del descubrimiento, activó el dispositivo de difusión de algunos textos que ya existían y el de la composición de otros que afrontan el tema. Se imbrican éstos en el teatro histórico de revisión del pasado, considerado como iluminador del presente, según aparece en la segunda mitad de nuestro siglo en el teatro español, desde el estreno en 1958 de *Un soñador para un pueblo,* de Antonio Buero Vallejo[23].

A partir de ese momento, el teatro que propone desde el escenario el compromiso con los acontecimientos pretéritos y la reflexión, a partir de ellos, sobre nuestro tiempo se convierte en marca caracterizadora de una buena parte de los dramaturgos españoles que se enfrentan con mirada crítica al momento en que viven y a la tradición de la que proceden, por considerar la historia como «el recuerdo de las injusticias de antes que son, en esencia, las de ahora, de las opresiones de antes que son también las de hoy»[24].

Seguramente ha sido Cristóbal Colón la figura más evocada para hablar de América, aunque las piezas que lo toman como protagonista suelen centrarse más en la personalidad del navegante y sus relaciones con el poder que en el juicio histórico al acontecimiento que protagoniza. En algunos autores aún pervive una tendencia casi remitifica-

---

[23] Desde un punto de vista teórico, Buero ha manifestado sus ideas sobre el sentido de este teatro en «Acerca del drama histórico», *Primer Acto,* núm. 187, diciembre 1980-enero 1981, pág. 19 (reproducido en *Obra completa,* tomo II, edición crítica de Luis Iglesias Feijoo y Mariano de Paco, Madrid, Espasa Calpe, 1994, págs. 826-830). Véase al respecto, Mariano de Paco, «Teatro histórico y sociedad española de posguerra», *Homenaje al profesor Antonio de Hoyos,* Murcia, Academia Alfonso X el Sabio, 1995, páginas 407-414.

[24] Domingo Miras, «Los dramaturgos ante la interpretación tradicional de la historia», *Primer Acto,* núm. 187, pág. 22.

dora de los hechos y del personaje, heredera quizás del nostálgico teatro modernista, a la que representan obras como *Cristóbal Colón*, de Antonio Gala, letra para una ópera que se estrenó en el Liceo de Barcelona en 1989[25].

Actitud desmitificadora de matices hiperbólicos y tratamiento farsesco rige la estética de *CataroColón*[26], de Alberto Miralles, estrenada en 1968 y que ese mismo año obtuvo el Premio Guipúzcoa. En la «Nota del autor», que precede al texto en la edición citada, indica Miralles: «Colón deja de ser utilizador [...] para convertirse en instrumento»; ello provoca, a lo largo de la segunda parte, la pérdida de la personalidad de «pillocreyente» que tenía en la anterior. En el primer acto, el personaje, aconsejado por el espíritu de su admirado Marco Polo, actúa como un pícaro embaucador, enamorando damas, halagando a los caballeros y engañando por doquier, con tal de conseguir su propósito; en el segundo, toma conciencia del papel de peón que, en realidad, le están haciendo jugar. A partir de este momento se establece la doble vertiente temática de la pieza: por una parte, la que se centra en Colón, personaje histórico y ser individual, marcada por la intervención del coro, que repite:

---

[25] Sobre el tema de América y la figura dramática de Colón, puede verse la revista *Estreno* (XVIII, 2, otoño, 1992); en este número se incluyen el texto de Antonio Gala, *Cristóbal Colón*, de la serie *Paisaje con figuras;* artículos y comentarios acerca de obras que tratan el descubrimiento y a los descubridores de Phyllis Zatlin, Asela Rodríguez de Laguna, Robert L. Sheehan, Hazel Cazorla, Arie Vicente, Dennis A. Klein, José Ortega y Peter L. Podol. También ha recibido tratamiento cinematográfico en repetidas ocasiones, desde que David MacDonald dirigió en 1948 *Christopher Columbus*, con cierto carácter antiespañol, que fue contestada por Juan de Orduña, en 1951, con su mitificador *Alba de América*, hasta llegar a 1992 con la superproducción norteamericana *Christopher Columbus: The Discovery (Cristóbal Colón: El descubrimiento)* y la coproducción anglo-franco-española, *1492, La conquista del paraíso*.
[26] Alberto Miralles, *CataroColón, Primer Acto*, núm. 104, enero, 1969, págs. 43-67. Posteriormente, el texto reelaborado se tituló *Colón, versos de arte menor para un varón ilustre* (Madrid, Fundamentos, 1981); véase Magda Ruggeri Marchetti, *Il teatro di Alberto Miralles*, Bolonia, Pitagora, 1995, págs. 17-32.

El error de quien triunfa
es quererse mantener
y cuando se está en la cumbre
sólo se puede caer.

Por otra, la que hace reflexionar sobre la actuación del poder, que no permitirá un atentado contra su estabilidad.

No falta la crítica ante el hecho mismo del descubrimiento y la actuación de los conquistadores, que se percibe con
claridad en la afortunada escena entre la nativa que sólo ha
aprendido a decir «Creo en Dios Padre» y Colón, que desvela ante ella su conciencia culpable: «Tu pueblo nos ha
considerado dioses y habéis elegido muy mal la divinidad.»
La estética de la pieza está impregnada de esperpentismo y
farsa. El proceso de desmitificación se encuentra contenido, sobre todo, en las indicaciones gestuales que ofrecen los
textos secundarios y en las constantes rupturas lingüísticas,
mediante la actualización de las expresiones que jalonan el
discurso de los personajes. Todo ello, sin embargo, no impide advertir la tragedia que gravita sobre las víctimas (Colón
y los indios), el cambio de papel histórico, de verdugo a víctima, del conquistador y la supremacía del poder por encima de los individuos[27].

Luis Riaza da una nueva muestra de su pericia dramatúrgica en el complicado juego escénico y la múltiple expresión verbal de su inédito *Retrato de gran almirante con perros;*
el texto, escrito en verso y prosa, muestra una doble perspectiva: la histórica, que el Comentador extrae del libro
que se encuentra en escena sobre un facistol, y la popular,
figurada en el cartelón del ciego de los romances. El tono
farsesco de la primera parte deja paso en la segunda a expresiones de gran crueldad, mediante las que el autor
muestra los desmanes de los conquistadores y el holocaus-
to del indio.

---

[27] Una pieza sobre el descubrimiento estrenada en septiembre de 1994,
La taberna de los cuatro vientos, de Alberto Vázquez-Figueroa (Barcelona,
Plaza & Janés, 1994), presenta a un Colón viejo y maltrecho, postergado
por causa de la envidia de sus oponentes y respetado tan sólo por unos pocos, que recuerdan su figura de conquistador glorioso.

Tomando como hilo argumental la biografía de fray Bartolomé de las Casas, Jaime Salom compone *Las Casas, una hoguera en el amanecer*[28], interesante propuesta espectacular y notable muestra de revisión histórica, de la que el autor afirma:

> Se trata [...] de una visión global, de una interpretación dada por un artista, [...] de unos hechos que a él le han impresionado y que necesita transmitir, comunicar, como una confidencia exigente a cuantos contemplan su obra.

Sin embargo, al final de sus palabras confiesa su deseo de que el dominico sea considerado «padre de los americanos». Ello hace que la pieza derive de la actitud comprometida, que enfrenta al hombre actual con los abusos de la conquista, hacia la explícita apología personal del protagonista que minimiza, al final, el alcance de la obra. Quedan patentes, sin embargo, el rechazo de la violencia y la ilegitimidad de las acciones que allí se llevaron a cabo, en voces como la de fray Antón, quien confiesa tras la muerte del indígena Señor: «Me remueve las entrañas que queramos venderles nuestra fe al precio de arrancarles hasta la última gota de su vida.»

Los dramaturgos españoles que encuadramos en esta corriente de revisión participan, en general, de la actitud catártica que lleva consigo el reconocimiento y denuncia de la culpa, extraída, en buena parte, de las ideas de fray Bartolomé de las Casas[29].

---

[28] Jaime Salom, *Las Casas, una hoguera en el amanecer,* Madrid, Instituto de Cooperación Iberoamericana, 1986.

[29] Francisco Ruiz Ramón, autor de un *Retablo de Indias* (Madrid, Publicaciones de la Asociación de Directores de Escena, 1992) en el que refunde textos de distintos autores del Siglo de Oro, señaló la presencia de dos actitudes contrapuestas, la «celebrativa» y la «catártico-conjuradora», en las piezas que en nuestro teatro auriseculares trataron el tema («El Nuevo Mundo en el teatro clásico», *Celebración y catarsis (Leer el teatro español)*, Murcia, Universidad, 1988, págs. 69-137. Véase ahora su *América en el teatro clásico español. Estudio y Antología*, Pamplona, Eunsa, 1993). Pueden verse también, en el citado número 6-7 de *Teatro (Revista de Estudios Teatrales)*, los artículos de Mariano de Paco, «El Nuevo Mundo en dos dramaturgos murcianos del siglo XVII» (págs. 93-106); y de Rosalía Fernández Cabezón e Irene Vallejo González, «América en el teatro español del siglo XVIII» (págs. 107-117).

Junto con Colón, Hernán Cortés y Lope de Aguirre son sin duda los personajes que más literatura dramática actual han promovido. A la actuación del conquistador de México se refieren *Hernán Cortés*, de Jorge Márquez, y *Yo, maldita india...*, de Jerónimo López Mozo[30]. Márquez ha enfocado su obra desde el punto de vista de la personalidad del protagonista, a quien muestra en sus últimos momentos de vida luchando por mantener la dignidad que había ganado con sus hazañas, ante una nobleza española intransigente con los advenedizos. La trama individual va surgiendo paralela al conflicto colectivo de la víctima y los verdugos.

Una obra sumamente sugestiva dentro de este grupo es la de López Mozo, en la que se recoge la leyenda de Malinche, la india que acompañó a Hernán Cortés en sus empresas[31]. Ricard Salvat ha afirmado que el de Malinche «es uno de los temas más bellos, más fascinantes y más huidizos que hay en nuestra historia». Ella, maldita por unos y admirada por otros, inició el mestizaje, posición cultural y racial ambigua, como ambiguo y contradictorio es el teatro.

Bernal Díaz del Castillo, ya anciano, va a escribir de nuevo la historia, de forma que no sea sólo Cortés el que aparezca, sino también él y los demás que participaron. Su re-

---

[30] Jorge Márquez, *Hernán Cortés*, Prólogo de Andrés Amorós, Madrid, Fundamentos, 1989, y Jerónimo López Mozo, *Yo, maldita india...*, Introducción de Ricard Salvat, Madrid, El Público Teatro, núm. 8, 1990. La figura del conquistador de México, su oposición al cacique Moctezuma y la dolorosa herida que provocó la culminación de la conquista del imperio azteca son elementos temáticos y protagonizadores de diversas propuestas espectaculares, así *La noche de Hernán Cortés*, del mexicano Vicente Leñero (Madrid, El Público Teatro, núm. 19, 1991); *Aztecas*, de Michel Azama (Madrid, El Público Teatro, núm. 24, 1992). En la misma colección que los anteriores se publicó también *El carnaval de la muerte* (1991), de Carlos José Reyes, y *Digo que Norte Sur corre la tierra* (1992), del chileno Sergio Arrau, cuyo tema (conquista de Chile y rebelión de Lautaro) había tratado años antes Isidora Aguirre en su *Lautaro* (Santiago de Chile, Nascimiento, 1982).

[31] Malinche es la protagonista de *La aprendiz de bruja*, único texto dramático de Alejo Carpentier *(Obras completas*, IV, México, Siglo XXI, 1986). Y *Malinche* titula Inés Margarita Stranger *(Primer Acto*, núm. 205, septiembre-octubre, 1993, págs. 21-34) una pieza que supone una reflexión acerca de las experiencias de mujeres que «han tenido que vivir la guerra y la invasión desde su propia perspectiva».

cuerdo atrae a las sombras de todos los que tuvieron un papel en el suceso. Mediante el juego teatral, se funden el plano de la realidad presente del anciano guerrero e historiador y el de la evocación de los seres de su desaparecido pasado. De entre ellos destaca Malinche, o doña Marina —tratamiento que le da Cortés por su conocimiento de las lenguas indígenas—, que en su controvertida personalidad será la encargada de actuar como conciencia histórica de Bernal, recordando aquellos acontecimientos que, por terribles y desastrosos, él no se atreve a escribir; de esta forma, el escenario ofrece una visión diversa en la que tienen cabida las otras caras de la empresa.

Malinche, víctima de los suyos y de los españoles, representa al conquistado. Pero su unión con Cortés, frente a los tiranos aztecas, la coloca formando parte de los invasores. Cuando va a ser entregada como tributo al español, lo confunde con su antiguo dios Quetzalcoatl; después, sabiendo que es hombre, continúa a su lado, en parte porque espera de él la redención de su pueblo y en parte porque la atrae el español. El destino histórico que la ha ligado a los extranjeros lo hace explícito Moctezuma cuando afirma: «Si Malinche no está, no hay puente para nuestras voces». Pero ese mismo destino la hace despreciable para los suyos, como ponen de manifiesto las sombras:

> ¡Traidora! ¡Mujer maldita! Abriste la puerta a los ladrones. Te vendiste y nos vendiste a los padres de tu hijo, gran puta. ¿Por qué no naciste muda? ¿Por qué no te arrancaron la lengua?

Plantea la pieza la dinámica de la violencia y la ambición, representadas en Cortés, Moctezuma y Cuahtemoc y, frente a ellos, el empeño de Malinche por conseguir la paz a través del hijo. Moctezuma, verdugo de los pueblos indígenas, es la víctima de los españoles, pero los redimidos por éstos del poder del tirano serán víctimas a su vez de los que los libertaron. Quienes parecieron dioses a su venida, pronto dejan al descubierto sus flaquezas. Moctezuma, hablando con Cortés, traza así la imagen de los «recién llegados»:

Los que vienen [...] son tus hermanos. [...] Hablan tu lengua y se parecen a ti y a tus capitanes. Dijeron que son cristianos y vasallos y criados del mismo emperador. Llevan también como vosotros imágenes y cruces. [...] Pero en lo que más se nota que son tus hermanos es en que hacen y dicen cosas parecidas a las que hacéis y decís vosotros. Pelean los recién llegados con los soldados que dejaste allí y bien aprendido tengo que esa es muestra de amor y amistad.

Los españoles destruyeron los ídolos y pusieron fin a los sacrificios humanos en nombre de Cristo. El cuchillo de obsidiana con el que los indios realizaban sus ofrendas y la cruz redentora de los conquistadores aparecen en el último momento de la representación como signos de idéntico valor.

Las dos dimensiones de la pieza están perfectamente fundidas; la calidad de personajes en conflicto, con ellos mismos y con su tiempo, de Cortés y Malinche y la visión de un pasado cargado de horror y grandeza que emana del relato épico de los sucesos convierten la obra, como afirma Ricard Salvat, en «un texto fundamental en los aspectos formales y narrativos, pero sobre todo es una referencia absolutamente necesaria en el campo histórico, en las zonas de revisión de un pasado colectivo que pesa incómodamente sobre todos nosotros»[32].

Ignacio Amestoy recrea al mítico conquistador vasco Lope de Aguirre en *Doña Elvira, imagínate Euskadi*[33], y establece con su aventura un puente de unión entre el pasado y el presente. Esta pieza es una muestra evidente de cómo, desde el teatro histórico, los hechos del pasado pueden ofrecer la reflexión sobre el presente en ese tiempo de la *mediación* que se construye en el encuentro del ayer con el hoy

[32] Ricard Salvat, «Malinche, un mito errante», Introducción citada, pág. 9.

[33] Ignacio Amestoy, «Doña Elvira, imagínate Euskadi», *Primer Acto*, núm. 216, noviembre-diciembre, 1986, págs. 80-97. En *Betizu (El toro rojo)* evoca también Amestoy la figura de Lope de Aguirre junto a las de otros conquistadores y da un extraño tratamiento a Malinche (véase Ignacio Amestoy, *Gernika, un grito. 1937* y *Betizu (El toro rojo)*, prólogo de Mariano de Paco, Madrid, Fundamentos, Espiral, 1996.

en la mente del receptor[34]. La acción se desarrolla el 27 de octubre de 1561, cuando Lope de Aguirre mató a su hija y él murió a manos castellanas. Amestoy apunta que doña Elvira «tal vez creyera que la locura, que la utopía de Lope, pudiese conseguirse sin el ahogo de sangre. ¿Por qué un camino de amor era un camino de odio? ¿De qué patria hablaba su padre?». Pero el sentido de la pieza no reside únicamente en la consideración general sobre la violencia; lo que está proponiendo el autor es la reflexión sobre la trágica situación actual en el País Vasco, por eso «Lope de Aguirre es el vasco que añora la casa del padre [...] y/o es el vasco armado que quiere imponer sus objetivos (e imponerse) por la fuerza a través de la violencia»[35]. En sus diálogos, Amestoy, también vasco, remite continuamente a la conflictiva cotidianidad del hoy en Euskadi.

Dentro del conjunto de estas y algunas otras obras surgidas en torno al 92 y que, lejos de conmemorar, reflexionan responsablemente sobre lo ocurrido, sobre la acción del poder y sus víctimas, sobre el conflicto de la alteridad y el mestizaje, sobre la pervivencia de esos y otros abusos y de la cerril intolerancia, hay que colocar las piezas de la *Trilogía americana* de José Sanchis Sinisterra, objeto de la presente edición.

LA «TRILOGÍA AMERICANA»

Ponía de manifiesto Moisés Pérez Coterillo en su Introducción a la *Trilogía americana* la «evidente disparidad» entre sus textos:

---

[34] Una versión interesante de esta figura ofrecía Gonzalo Torrente Ballester en *Lope de Aguirre*, escrita hacia 1940 *(Teatro*, tomo I, Barcelona, Destinolibro, 1982, págs. 213-347). Torrente construye a su personaje como un rebelde contra la tiranía y la opresión y comenta en el prólogo de la edición citada (pág. 18) que Karl Vossler había definido su obra como «la metafísica del rojo español». El cine también ha recogido a este personaje; de 1973 es *Aguirre, der Zorn Gottes (Aguirre, la cólera de Dios)*, de Werner Herzog; y en 1987, el español Carlos Saura dirige *El Dorado*, donde hace confluir dos sueños que son el móvil y el destino de los protagonistas de esta *jornada*: el oro y la muerte.

[35] Gonzalo Pérez de Olaguer, «La tragedia de Euskadi», *Primer Acto*, número 216, pág. 60.

No son piezas de una macro-ópera sometidas al mismo esquema, ni observables desde un ángulo semejante. Las tres son obras profundamente dispares en su construcción. Obedecen cada una a un propósito propio y las mueve un impulso creador autónomo[36].

En efecto, cada una de las piezas que integra el conjunto posee una técnica dramatúrgica diferente y contiene una distinta preocupación temática dominante, aunque, eso sí, las tres mantienen unas constantes que las identifican dentro del universo dramático de su autor. Cada uno de los protagonistas (Álvar, en *Naufragios de Álvar Núñez;* Aguirre, en *Lope de Aguirre, traidor;* y Rodrigo, en *El retablo de Eldorado)* encarna una faceta de la conflictiva realidad que se produce cuando un pueblo somete a otro por la fuerza de las armas. De este choque violento surgen seres anómalos, representantes individuales del trauma colectivo producido en el bando de los vencedores donde el verdugo o, lo que es lo mismo, el triunfador histórico queda, por el efecto de «boomerang» que la acción violenta supone, convertido en víctima de su propia hazaña. Así, estos tres personajes se complementan para ofrecer la víctima que germina entre los triunfadores, y que casi siempre suele ser un integrante de la parte inferior de la pirámide.

En la figura de Álvar Núñez *(Naufragios de Álvar Núñez)* se desarrolla el conflicto padecido por aquellos que tuvieron tiempo de convivir con la raza dominada, cotejando los comportamientos de unos y otros; en esta pieza se produce, de forma más explícita que en las otras dos, una transposición a problemas del presente, favorecida por la compleja estructura de los tiempos de su dramaturgia. Lope de Aguirre *(Lope de Aguirre, traidor)* encarna el fanatismo lunático y feroz del *converso* que no perdona credo que no sea el propio, haciendo posible con ello que empresa tan desesperada se llevase a cabo. Por último, en *El retablo de Eldorado,*

---

[36] Moisés Pérez Coterillo, «Una pasión americana», Introducción a José Sanchis Sinisterra, *Trilogía americana,* Madrid, El Público Teatro, núm. 21, 1992, pág. 12.

don Rodrigo sufre, en su quijotesca y derrotada figura, la falaz credulidad de un pueblo emborrachado de gloria y ahíto de penalidades.

Desde el punto de vista constructivo, las diferencias son evidentes; la más compleja dramaturgia temático-escénica es la que ofrece *Naufragios de Álvar Núñez*, a partir del juego de alternancia y simultaneidad espacio-temporal con el que están concebidos texto y espectáculo. El escenario reproduce el «dentro» y «fuera» de la mente de Álvar, con lo que el receptor captará el íntimo conflicto (naufragio) del personaje, y su reflejo exterior. La estructura de esta pieza es relacionable con la dramaturgia de *participación* llevada a cabo por Antonio Buero Vallejo que incorporan con felices resultados otros autores posteriores, como Domingo Miras o el propio Sanchis en obras como *¡Ay, Carmela!*

La alternancia entre participación psicológica (expresada mediante visiones y audiciones) y distanciamiento objetivador (que actúa sobre todo en los comentarios y actitudes metateatrales que devuelven al receptor su conciencia de «espectador») favorece para éste la reflexión crítica. La metateatralidad en este texto procede de la conciencia de «actores» que poseen unos personajes que llegan de un ya inexistente pasado y son arrojados a una efímera ficción dramática presente.

Lope de Aguirre, traidor se organiza como una partitura musical en la que el autor ha hecho explícita la «Obertura» para después insertar nueve monólogos (a veces con estructuras rítmicas muy cercanas al verso) entre las intervenciones de una masa coral que anticipa o repite elementos procedentes de las voces individuales o de los retazos de la carta que el tirano envió a Felipe II, único texto que procede del personaje protagonista, constantemente aludido y, sin embargo, omitido en escena. A partir de esta estructura épico-lírica surgen los dos núcleos temáticos fundamentales que el texto propone: el retrato de una desviada y compleja personalidad individual y la revisión de una faceta de la historia de la conquista que actúa como crónica negra de nuestro pasado. El metateatro, procedimiento usual de la dramaturgia de Sanchis, se encuentra aquí, sólo para el lec-

tor, en las didascalias iniciales mediante las que el dramaturgo hace reflexionar a sus personajes sobre la índole ficcional
que poseen, al tiempo que reafirma su poder omnímodo
sobre ellos; mientras que el espectador lo percibe a partir
del discurso del soldado Marañón, extraviado en la selva.

El retablo de Eldorado delata desde el título su filiación cervantina; su estructura de entremés le viene de la herencia
dejada por los imperecederos Chirinos y Chanfalla, aunque
el autor avisa, desde el subtítulo *(tragientremés)*, que aquello
es sólo un disfraz, ya que lo que allí se cuenta no se limita
a una desenfadada e irónica burla de las costumbres populares, sino que muestra el terrible final de unos seres destrui-
dos por el destino. La técnica de «teatro en el teatro», con
su factura más clásica, según el modelo áureo, sirve ahora
para poner en pie la revisión del ayer y la historia de una de
sus posibles víctimas.

Pero si son apreciables las diferencias, un haz de constantes del autor impregna también estas obras. La primera y
más evidente es la de la intertextualidad, base de su *dramaturgia de cohesión* y de *frontera*[37], pilares constructivos de todo
su teatro. En Sanchis, el texto previo (histórico o literario)
no es sólo un motivo de su inspiración, sino que supone el
soporte textual del discurso de sus personajes quienes reproducen palabras anteriores con sentido renovado.

De otra parte, está su tendencia a elegir aspectos o figuras
que no se encuentran encumbrados por la gloriosa historia
oficial; sus criaturas son de este modo fronterizas, extrarra-
diales e ignoradas[38], como Ríos, Solano, Paulino, Carmela,

---

[37] Véase Manuel Aznar, «Introducción» a José Sanchis Sinisterra, *Ñaque. ¡Ay, Carmela!*, págs. 39-44, y «Apéndice documental», págs. 267-271.
[38] Es ésta una predilección de muchos dramaturgos españoles de la actualidad, como es el caso de los *héroes irrisorios* de Alfonso Sastre; los habitantes de los barrios populares de algunos dramas de José María Rodríguez
Méndez; las artistas de variedades y mujeres de la vida que soportan el
peso de la existencia en las obras de José Martín Recuerda; los heterodo-
xos (brujas, mágicos, pícaros o iluminados) que protagonizan los dramas
de Domingo Miras; o los más jóvenes pobladores de un mundo ciudadano agresivo y deshumanizado que forman la galería de seres dibujados por
Paloma Pedrero o Pilar Pombo.

Don Rodrigo, los figurantes; o marginadas por su excepcionalidad, como les sucede a Aguirre y Álvar. Acorde con la naturaleza de sus personajes, sobre todo en las piezas de teatro histórico, realiza una labor de hibridación lingüística consistente en mezclar los registros actuales de los fragmentos objetivadores de sus obras con el discurso clásico extraído de los textos que le sirven de base[39]. De esta forma, traspasa también la frontera temporal acercando los tiempos históricos en una dialéctica de presente y pasado que despertará la mente dormida del espectador, a quien procura «ir haciendo» a partir de los distintos resortes implicadores que maneja en lo dramatizado[40].

«NAUFRAGIOS DE ÁLVAR NÚÑEZ O LA HERIDA DEL OTRO»

Naufragios de Álvar Núñez posee su base documental en el relato autobiográfico que el descubridor compuso a la vuelta de los casi nueve años que anduvo perdido por tierras americanas[41], que comprenden desde el momento en que la expedición mandada por Pánfilo de Narváez salió de San Lúcar de Barrameda, el 17 de junio de 1527, hasta que los cuatro supervivientes de la misma (Álvar, Castillo, Dorantes y Esteban) son rescatados y devueltos a su mundo en 1536[42]. La narración (conocida con el título de *Naufragios*) está dedicada a Carlos V y apareció por primera vez en 1542.

---

[39] Podemos también hablar de una corriente de *manipulación dramática* de la lengua de los clásicos en la que colocaríamos a autores como Alfonso Sastre, Rodríguez Méndez y, sobre todo, a Domingo Miras.

[40] Puede verse José Sanchis Sinisterra, «Por una dramaturgia de la recepción», art. cit.

[41] Para todo lo relacionado con los problemas bibliográficos, históricos, textuales y filológicos que la obra de Álvar Núñez presenta, puede verse la documentada edición crítica realizada por Enrique Pupo-Walker de Álvar Núñez Cabeza de Vaca, *Los Naufragios*, Madrid, Castalia, 1992. Por su mayor accesibilidad, citamos el texto de la crónica por la edición de Juan Francisco Maura, Álvar Núñez Cabeza de Vaca, *Naufragios*, Madrid, Cátedra, 1989.

[42] Véase Enrique Pupo-Walker, *op. cit.*, págs. 50-57 («La trayectoria: breve esquema de sus hitos principales»).

Algunos de sus estudiosos han considerado el punto de vista del narrador-protagonista poco objetivo en lo que se refiere a su personal actuación. En el libro, cuenta Álvar Núñez, con la amenidad de un relato de aventuras, cómo fue capaz de sobrevivir a pesar de las muchas privaciones, las inclemencias del tiempo y la mala vida que hubo de soportar, en ocasiones, en poder de los indios o perdido en inmensos descampados. Describe asimismo cómo él y sus compañeros practicaron hasta la curación milagrosa de enfermos[43].

Lo más interesante para nosotros, sin embargo, radica en la apreciación positiva que, sin apología expresa, hace del comportamiento humanitario de los nativos en múltiples ocasiones; precisamente es esa bipolaridad del relato, que parte de lo español para llegar a lo indígena, la que inspira la construcción del personaje literario que nos ocupa[44]. El caballero jerezano va vertiendo en su *relación* el haz y el envés de conquistadores y conquistados; aquello que tantos años de convivencia con los *otros* le permitieron percibir. Así lo entendía Sanchis al afirmar:

> Los *naufragios* de Álvar Núñez no son tanto las zozobras y hundimientos de naves en el mar, como el desguace de sus coordenadas culturales, de sus esquemas ideológicos y espirituales, de sus estructuras psíquicas. Es todo su ser de europeo, español, hidalgo, cristiano, civilizado, blanco, conquistador, etc., lo que naufraga en esta insólita peregrinación a las entrañas del mundo primitivo. Y es también gracias a este naufragio como logra, no sólo sobrevivir, sino también acceder a un nueva condición humana: la de quien, habiendo experimentado una doble —o múltiple— pertenencia cultural (como español y como indio) ya no puede asumir plenamente, inequívocamente, cómodamente... ninguna. O, lo que viene a ser lo mismo, ya puede asumirlas todas... relativamente[45].

---

[43] Véase al respecto nuestras anotaciones al texto de la pieza.

[44] Es curioso que este sugestivo personaje haya tenido tan escaso tratamiento en el teatro actual y, en cuanto al cine, sólo tenemos noticia de la película de Echevarría, *Cabeza de Vaca* (1990). Acerca de su proyección literaria, véase Pupo-Walker, *op. cit.*, págs. 157-160.

[45] José Sanchis Sinisterra, «*Naufragios de Álvar Núñez*: La escritura del fracaso», art. cit.

La base textual del habla de los personajes dramáticos, como es habitual en nuestro dramaturgo, está tomada de la crónica del siglo XVI. El autor pone en boca de sus criaturas, como diálogo directo, aquello que el descubridor narró desde una primera persona autobiográfica, concediendo al discurso histórico-literario, por virtud de su manipulación, valor dramatúrgico y significado distinto al informativo que en su origen tenía[46].

La pieza presenta una situación *fuera del tiempo y del espacio* convencionales que no progresa de acuerdo con las leyes de un argumento tradicional, como se encontraba en el texto áureo, sino que avanza pareja al proceso de *reconocimiento* de *su realidad* que lleva a cabo el protagonista, y con él el espectador, o quizás, como Shila indica al final de la pieza, a la conciencia de su absoluta ficcionalidad:

> Esas palabras... «final»... «historia»... no están en mi lengua. *(Indica el fondo de la escena.)* Allí no hay nada. *(Mira a su alrededor.)* Bueno... No hay nada en ninguna parte... *(Pausa.)* Todo esto... todo lo que ha ocurrido... lo estoy soñando yo.

La estructura dramatúrgica del tema del *reconocimiento* se encuentra sometida a los principios, tan del gusto de su autor, de la teoría de la recepción en lo que se refiere a ir implicando al lector-espectador en lo que sucede, a partir de una serie de contactos dirigidos a ese receptor ideal (implícito en el proceso creador) en que Sanchis pretende convertir al público[47].

El contacto inicial lo establece a partir del bloque didascálico compuesto por el título y el subtítulo. El primero

---

[46] El autor confiesa («La escritura del fracaso») que «se trata de manipulaciones más o menos perversas del propio relato de Álvar Núñez, que es tratado como testimonio altamente sospechoso».

[47] «Todo el problema de la dramaturgia y/o de la puesta en escena consiste fundamentalmente en transformar al espectador real —ese señor, señora o joven que, con un poco de suerte, entrará a ver el espectáculo— en el receptor implícito, en el espectador ideal que hemos diseñado en el trabajo de escritura y/o de puesta en escena», José Sanchis Sinisterra, «Por una dramaturgia de la recepción», pág. 66.

(Naufragios de Álvar Núñez) se encuentra en el plano de lo referencial, el mensaje no contiene más información que el elemento objetivo de donde parte la anécdota; a partir de él, el lector reconoce un mundo —histórico-legendario en este caso— que pertenece a su herencia cultural. En el subtítulo *(La herida del otro)* se introducen nuevos elementos, dependientes ya de la interpretación a la que el autor quiere inducir a su receptor. La «herida» adquiere polivalencia unida al pronombre «otro», y el conjunto funciona con un valor simbólico, desarrollado a lo largo de la ficción dramática mediante la que el público descubrirá la íntima lucha del personaje, el problema del encuentro consigo mismo y con su entorno y el fracaso de ese encuentro, elementos articuladores del eje temático del proceso dramatúrgico[48]. Entre estos dos planos, el referencial, constatable por los documentos, y el ficcional, generador del conflicto, se distribuyen todos los elementos del drama.

De entre los personajes, Álvar Núñez, Castillo, Dorantes, Esteban el Negro, Narváez, el padre Suárez, Alaniz y Figueroa tienen cabida en el primero con absoluta fidelidad histórica puesto que el propio Álvar los consigna en su obra; Mariana y Claudia se encuentran en una difícil frontera, pues, si bien es cierto que la primera parece estar documentada[49], la segunda es un nombre que individualiza a una posible componente del grupo (o al grupo mismo, aludido por el autor en el capítulo XXXVIII de su obra) para darle participación en la historia dramática:

> Y quedaban en ellos [en los navíos] un grupo de hasta cien personas con pocos mantenimientos, entre los cuales

---

[48] Explica el autor *(«Naufragios de Álvar Núñez:* La escritura del fracaso»)*, que, tras revisar la bibliografía sobre Núñez, pudo «detectar una cierta estructura y sentido del relato, que fue poco a poco organizándose en torno a la noción de *fracaso*».

[49] Juan Francisco Maura señala en su «Introducción» a *Naufragios*, página 18, que Morris Bishop *(The Odyssey of Cabeza de Vaca,* Nueva York-Londres, The Century Co., 1933) habla de «dos documentos donde aparece simplemente mencionada en dos ocasiones su mujer, no haciéndose, sin embargo, ninguna referencia documental sobre el asunto».

quedaban diez mujeres casadas, y una de ellas había dicho al gobernador muchas cosas que le acaecieron en el viaje, antes que le sucediesen [...]. Ella y las demás se casaron y amancebaron con los que se quedaron en los navíos[50].

Semejante situación fronteriza soporta Pérez, *figurante* de indeterminada procedencia, perteneciente a «los que quedaron en los navíos» o representante, como Claudia, de todos ellos, que durante el proceso dramático atraviesa la barrera y se pasa al plano metateatral-metahistórico, en un juego de origen pirandelliano, para intervenir en el diálogo y adoptar otro nombre, duplicando así papeles, como personaje que es, o pedir cuentas al cronista por haberlo omitido en la historia oficial porque «en el libro, uno queda, mientras que aquí...».

Shila incorpora plenamente el elemento ficcional, desarrollándose, a partir de su voz y su presencia, el tema de la «herida». No existe documentación sobre las posibles relaciones de Álvar con mujeres, pero parece lógico que las hubiera en los largos años de su extravío[51]. Shila, pues, deja traslucir en su doliente presencia dramática el conflicto afectivo que el hibridismo y la mezcla ocasionaron al descubridor y al descubierto, como se deja ver en los monólogos entrecruzados que forman la poética secuencia entre ella y Álvar en el segundo acto. En una dimensión simbólica, Shila encarna al pueblo traicionado y, junto con las otras cuatro mujeres indiferenciadas que aparecen más tarde, representa a la víctima.

A pesar de la división establecida, los personajes que proceden del mundo de lo referencial adquieren personalidad ficcional (dramática) al ser utilizados por el autor para sus fines. De esa forma Castillo y Dorantes pasan a encarnar a todos aquellos que, después de la publicación de la Crónica,

---

[50] Álvar Núñez, *Naufragios*, ed. cit., págs. 219 y 221.

[51] Así lo piensan algunos de los que han estudiado su figura (véase nota 97 al texto de *Naufragios*); mientras que otros opinan (Roberto Ferrando, *A. Núñez Cabeza de Vaca*, Madrid, Historia 16-Quorum, pág. 112): «Mucho tiempo en un mundo extraño de obligado ascetismo, en el que la mujer como tal pareció un ser lejano y asexuado.»

han visto en Álvar el deseo de crearse un nombre como el de los grandes descubridores; así se ha señalado en ocasiones:

> De cualquier forma existe una elaborada combinación de elementos reales y concretos que moldean y prefiguran la estructura del relato al gusto del propio autor. [...] Su persona y sus actos no pasarán inadvertidos en ningún momento desde el principio al fin de la obra. [...] A través de su obra escrita ha sido capaz de atraerse la atención, no solamente de los lectores, sino del mismo monarca, propósito para el cual fue probable e intencionadamente escrita la obra[52].

Esteban cobra un evidente valor simbólico; no sólo como conciencia del cronista, sino como representante de lo «otro» y ajeno, emblema de su raza, con lo que se une al indio por su falta de sitio y su marginalidad. Álvar, sin duda, se bifurca entre estos dos universos, pues gracias a su evocación surgen los fantasmas de su mente y se hace visible el conflicto del personaje dramático. En todos los personajes, aun los más ajustados a su verdad histórica, está esa otra dimensión que se va haciendo patente en las múltiples alusiones a la realidad del teatro y la representación, y en las rupturas, lingüísticas, dramatúrgicas o escenográficas, que se van intercalando en la historia representada.

Otro tanto podemos indicar de las nociones de tiempo y espacio, oscilantes entre la referencia a un mundo y un orden conocidos y lo insospechado, ilógico y desordenado del juego dramatúrgico de dichos elementos. De la figura del protagonista surge la temporalidad del siglo XVI; sin embargo, pronto comprenderá el receptor que lo que esperaba ver no será lo que presencie. La actualización de ambientes y personajes, mediante elementos tan sencillos como los trajes, podría hacerle pensar en una forma de anacronismo de acercamiento; pero los continuos avances y retrocesos lo irán llevando por los difíciles vericuetos de un tiempo indis-

---

[52] Juan Francisco Maura, «Introducción» a *Naufragios*, págs. 12-13.

ciplinado en el que habrá de sumergirse de lleno para poder desentrañar las claves y rellenar los vacíos («huecos») que el relato sin recepción tendría[53]. El espacio escénico se hace eco de esta alteración presentando en su superficie la mezcla temporal, así como los objetos que dan origen a la visualización del cambio de época. La escena se convierte en un tercer espacio dramatúrgico (los otros dos son las tierras americanas que proceden de la evocación del protagonista y su situación en un presente de ayer o de hoy que se ubica en el decorado del siglo XX) merced al procedimiento metateatral que hace explícita la conciencia de representación; ya en los comentarios de los personajes-actores, ya en la colocación de los elementos del decorado a la vista del público, por parte del grupo de mujeres o de los actores que componen el bando español. Para el lector, las acotaciones muestran paulatinamente claves interpretativas que se completan en el discurso de los personajes. La estructura dramatúrgica ofrecerá también el doble juego mediante la intertextualidad establecida con la crónica y sus varias apreciaciones en el texto literario.

Es ésta una pieza de situación; el autor ha dividido en dos actos su estructura: en el primero se recoge el plano objetivo de la primera parte de la crónica y el proceso de evocación y reconocimiento, por parte de Álvar, de sus *fantasmas;* en el segundo, con el marco de su aventura errática por Tierra Firme se consolida el tema de la *otredad.* Pero cada uno de los dos actos contiene una estructura interna de secuencias que corresponde a las distintas posiciones en que el autor coloca al receptor[54].

---

[53] «Esta noción de hueco es sumamente interesante, en la medida en que apela directamente a la capacidad creativa del receptor» afirma Sanchis, «Por una dramaturgia de la recepción», pág. 68.

[54] Él las denomina de «despegue», de «cooperación» y de «mutación». En la primera, «se trata de conseguir que el espectador despegue de su realidad e ingrese en la ficcionalidad que le proponemos»; en la segunda, «se desarrollaría ese trabajo co-creativo en el que el espectador tiene que ir rellenando los huecos de la representación, fabricando hipótesis, estableciendo identificaciones, empujando la acción imaginariamente hacia donde él querría que se dirigiera, reteniéndola para que no se dirija hacia donde pa-

La primera secuencia podría corresponder a lo que Sanchis llama «fase de despegue», y que yo califico de *contacto* y *reconocimiento*. El receptor, espectador o lector del texto, se ve abocado a un desconcertante panorama en el que chocan y contrastan imágenes y sonidos. El paisaje que dibuja la primera acotación, y que se repetirá en diversos momentos de la propuesta espectacular, disuena de las figuras que permanecen acostadas en una cama en otro lugar de la escena. Las voces en *off* que se escuchan, reproduciendo fragmentos de la obra de Cabeza de Vaca, contribuyen a crear, junto con la tormenta, la oscuridad y el hombre desnudo que sin rumbo cruza una y otra vez el escenario, un clima de misterio que poco a poco irá haciendo comprender al receptor que se encuentra ante una alucinación, un sueño o un recuerdo del otro hombre, *desvelado*, a quien contempla.

Mientras las voces sin cuerpo se suceden, presentando a los principales personajes de la crónica, el hombre del pijama lleva a cabo una actuación insólita: «se acuesta en el suelo, sobre la alfombra semiencogido», en tanto que su compañera lo mira sin decir nada. Poco después, y siempre en simultaneidad con las voces, «se desprende de la parte superior del pijama, que arroja al suelo. Luego vuelve a echarse y se cubre parcialmente con la alfombra». La combinación escénica de gesto y voces ofrece claves interpretativas para que el receptor *reconozca* a los personajes. Cuando, a continuación, la mujer de la cama habla sobre un tema tan trivial como su vestuario, el receptor vuelve a caer en la incertidumbre que quedará casi totalmente resuelta al exclamar el hombre, ante su imagen en el espejo, hablando a su otro yo: «No te preocupes: son sólo voces... y nadie más que tú las oye. Nadie más. Cesarán con el tiempo. Es lo bueno del tiempo. (*Pausa.*) Lo único bueno...»

El lector se encuentra en posesión de algunos datos obje-

---

rece que inevitablemente se va a dirigir»; en la tercera, «se trataría de resolver las expectativas, preferiblemente de un modo perturbador, no dejando la mente del espectador aquietada y tranquila, sino provocándole algún tipo de inquietud, de duda, de enigma...» (José Sanchis Sinisterra, «Por una dramaturgia de la recepción», pág. 69).

tivos omitidos para el espectador, como el nombre de los personajes que en voz o presencia ocupan el espacio escénico. Cuando el hombre de la cama (Álvar) coge el libro y lee, ofrece un nuevo indicio reconocedor y el comentario del personaje implica al receptor en una de las claves temáticas: «No supiste estar a la altura de los tuyos...[...] ¿Los tuyos? ¿Quiénes son los tuyos? *(Pausa.)* ¿Quién merodea bajo tu ropa?» La última parte de esta secuencia se inicia con el sonido de un timbre que perciben Mariana (la mujer de la pareja del dormitorio) y el espectador, pero que Álvar niega haber oído.

Comienza la segunda secuencia con la entrada de Esteban, el Negro; curiosamente, Mariana, que oyó el timbre, no ve al recién llegado, mientras que Álvar entabla con él el diálogo. El receptor sufre, pues, un nuevo desconcierto hasta que entra en el juego ficcional que Álvar le proyecta desde su mente atormentada. A lo largo de toda esta nueva secuencia surgen dos temas; el de la incomunicación, expresado en la imposibilidad del diálogo entre Mariana y Álvar, y el de la categoría de «ficticios» que poseen los personajes que van apareciendo en escena, proyecciones materiales de la conciencia dividida del protagonista. Es ahora el momento de hacer partícipe al público de la misión del Negro; él, personaje sin demarcación, es el mensajero de las víctimas de la historia. Como hace Malinche en la pieza de Jerónimo López Mozo[55], los seres del pasado piden aquí justicia histórica al cronista:

> Se trata de ese libro que escribiste. No están conformes con lo que cuentas... o con cómo lo cuentas. Dicen que no se reconocen en sus palabras, que callas muchas cosas, que te ocultas...

La secuencia siguiente (tercera) presenta, desde una desmitificadora perspectiva, el comienzo de la expedición que dirigió Pánfilo de Narváez. Irónicamente distanciados el caudillo y sus acciones, mediante la grotesca reducción có-

---

[55] Jerónimo López Mozo, *Yo, maldita india...*, pág. 30.

mica a que han sido sometidos su aspecto y su comportamiento, ya marcadas las pautas esenciales del drama, comienza una fase en la que el receptor puede «cooperar» o participar plenamente en el proceso dramatúrgico. Una interesante manipulación metateatral tiene lugar por parte de Castillo y Dorantes. Ellos, con sus comentarios, pasarán al presente el pasado y la historia al teatro, en un constante juego de distancias basado en la ambigüedad de sus palabras con relación al sitio donde se encuentran y a la función que tienen. Al mismo tiempo, aportan los elementos objetivos de la crónica que, en lo tocante a los detalles espaciales descritos, funcionarán para el receptor como decorado verbal o como reproducción de la descripción histórica:

> CASTILLO.—Unas cuantas cabañas entre el mar y la selva *(Indica la sala.)* Ahí, la selva... *(Indica el fondo de la escena.)* Aquello, el mar.
> DORANTES.—Los botes en la orilla, varados. Cielos plomizos sobre un mar calmo, pero amenazador.
> [...]
> CASTILLO.—Sugerir el ajetreo de unos preparativos febriles e inquietos.
> [...]
> DORANTES.—Considera: una tropa famélica y cansada, unos pocos caballos esparrancados de flojera, una costa de bajíos y marismas, sin puerto seguro ni ruta conocida. Por toda población, aquellas cuatro chozas, hoy vacías. No más riquezas que una sonaja de oro hallada entre las redes. Ni sombra de maíz, y no nos queda más provisión que una libra de bizcocho y otra de tocino por persona...
> CASTILLO.—¿Has terminado ya?
> DORANTES.—¿Terminado, qué?
> CASTILLO.—El cuadro descriptivo.
> DORANTES.—Puedo dar más detalles, si conviene.

Una nueva secuencia (cuarta) hace que Mariana y Núñez vuelvan a cobrar protagonismo en un momento de lucidez del hombre, que, sin embargo, pronto vuelve a su bifurcación espiritual, al tiempo que Mariana reaviva con sus palabras el tema del hambre. Una compleja propuesta espectacular representa, para el espectador, el enorme conflicto del personaje:

Oscuridad. Viento. Vagas claridades oscilantes manchan la zona central [...]. El hombre desnudo atraviesa la escena corriendo [...]. Álvar está echado en la cama, boca arriba y Mariana, en pie, cara al público, mirando vagamente frente a sí, enciende y fuma un cigarrillo. En la sala de estar, Esteban busca en la percha y va tomando algunas prendas de ropa del siglo XVI.

Nuevamente (quinta secuencia) la acción se traslada al pasado histórico narrado por Castillo y Dorantes, vivido y visto a distancia por Núñez, quien entre tanto es transformado, por medio del traje, en el hombre del siglo XVI. El espectador va siguiendo simultáneamente el cambio de Álvar, la mutación que experimenta el escenario («Durante la escena anterior, las dos zonas laterales del proscenio —el dormitorio y la sala de estar— han ido retirándose entre cajas»), y el relato de los *Naufragios* correspondiente a los capítulos iniciales y final del libro, donde se condensan los antecedentes de la aventura de Álvar y la predicción del desastre.

El escenario, pues, reproduce ahora tierras americanas y el siglo XVI. Álvar, que se ha percatado de ello, se rebela ante la posibilidad de volver a vivir lo pasado, pero el juego de la verdad ha comenzado y nadie puede dominar sus reglas. Poco a poco, desde la *distancia* que proporciona la conciencia de «actores» que poseen las criaturas escénicas y la *participación* que representa estar inmerso en la intimidad del personaje, el receptor llega al mensaje colectivo de la revisión de la actitud de los conquistadores y al conocimiento particular de la ambivalente condición que poco a poco adquiere el protagonista: el mito de la riqueza y la realidad del hambre, el orgullo del vencedor y la conciencia culpable de quien ha cometido el abuso. Álvar adquiere en algún momento los rasgos físicos del proceso que en él se está produciendo («la raya oscura que atraviesa su rostro»), coincidiendo con la iluminación de su conciencia culpable. Primero, durante el «reconocimiento» fue la voz de Shila («Cuando digas [...], acuérdate...»); ahora, en el desarrollo del plano de la participación, es su propia voz la que ofrece las claves.

La tensión del relato se ve interrumpida por la presencia de Pérez y Claudia que, recordando a los graciosos del teatro áureo, establecen de nuevo la distancia que prepara la presencia de Shila. Ella llega con su alegato contra la *no existencia*: el no poseer las palabras le impide comunicarse y el no aparecer en el libro la priva de realidad, por eso Álvar se resiste a recordarla, a pesar de que es la única superviviente del pueblo que lo acogió individualizada en su evocación.

El dramaturgo ofrece en este primer acto abundantes elementos temáticos y espectaculares para que el espectador entre en el juego de revisión histórica y consideración humana que le viene proponiendo. El segundo acto se encuentra argumentalmente más sujeto que el primero al desarrollo de los acontecimientos que figuran en la crónica. Quizás porque también Álvar, focalizador de la recepción, ha aceptado casi por completo ese juego de la verdad que le proponían sus compañeros; a pesar de ello, cuatro de las ocho secuencias en las que podríamos fragmentar esta parte rompen el normal desarrollo argumental para colocar al público ante *otra* realidad. La primera de éstas es la compuesta por el diálogo entre Mariana y Esteban. Los personajes, sacados de su situación lógica, componen un cuadro distanciador, que induce a incómoda zozobra al público. Éste no comprende bien por qué Esteban parece un *paria* ciudadano y Mariana una prostituta barriobajera, pero el diálogo que tiene lugar entre ambos arroja pronto sobre él un mensaje clave, el de la consideración de lo otro, lo distinto, lo ajeno: «No hay nadie más otro que yo», declara Esteban.

La segunda de esas secuencias ficcionales, donde la situación inventada conduce a una mayor capacidad de juzgar, es la que se produce entre Álvar y Shila; él se encuentra herido y ella lo cuida; sus lenguas son distintas, por ello su diálogo se distribuye en dos monólogos alternados que discurren paralelamente, sin llegar a juntarse. La situación de intimidad en que se desarrolla la secuencia («La luz sólo los baña a ellos dos») marcará también la expresión lírica de sus respectivos discursos. En ellos se trasluce la espontánea ingenuidad de Shila y la angustia atenazante del hombre, que se encuentra herido por el desencanto, la soledad y la incomunicación, tema axial, este último, de la secuencia.

Sin embargo, el cambio está teniendo lugar; Shila ha conseguido captar algunos significados («Cuando dices "sombra", por ejemplo, sé que quieres decir sombra. Cuando dices "lejos" sé que hablas de lejos...»), y Álvar, que reconoce: «ya casi te encuentro hermosa», desea llevar sobre su piel los signos de identidad del indio: «Mañana quiero que dibujes en mi piel todo eso.» Precisamente, esa identidad indígena adoptada por él será lo que haga decir a Dorantes: «Lo suyo era más que un disfraz.»

Encadenado con la secuencia que acabamos de comentar se produce un encuentro sin tiempo entre Claudia y Mariana; de lo incoherente de su diálogo surge una clave: «Son cosas de ellos, que se lo inventan todo. Y encima, no regresan.» Su queja tiene reminiscencias clásicas y se remonta a las que lanzasen Lisístrata y sus aliadas contra los varones que organizan las guerras. Sanchis ha mostrado en varias ocasiones su deseo de dedicar una pieza a esas mujeres anónimas que directa o indirectamente contemplaron y padecieron la gesta[56]; y, aunque en las que ahora nos ocupan los personajes *principales* son hombres, ellas, como integrantes de *lo otro*, desarrollan motivos temáticos esenciales de estos dramas.

La última de estas secuencias no históricas, con la que se cierra la obra, se desarrolla entre Esteban y Shila. No es casualidad que el dramaturgo haya colocado así a los dos seres más débiles, a los representantes de la marginalidad (por raza, Esteban; por raza, sexo y razón de conquista, Shila); y, sin embargo, no se entienden; él habla en clave de realidad; ella, de lealtad y amor. En el vocabulario de la mujer no entran palabras como «final» e «historia» y concluye que lo que le sucede es irreal («Lo estoy soñando»). Cuando, como imagen final para el espectador, se ve a Shila marchar hacia lo negro del olvido, fuera del escenario, y Mariana y Álvar cruzan una indescriptible mirada, una intranquilizadora sensación deja al receptor en esa «fase de mutación» de la que el autor habla; en ese momento en el que, transcurrida la representación, un nuevo tiempo media entre su aquí y

---

[56] Véase al respecto lo indicado en la nota 77 de esta Introducción.

ahora y el de los personajes históricos y los actores que los interpretan; es en ese tiempo en el que el receptor ha sido facultado para juzgar, para poner en marcha su intelecto, gracias a los impulsos emotivos recibidos y a las rupturas de esa emotividad; gracias a los mensajes explícitos e implícitos; gracias a la visión de esa realidad descrita y de esa otra imaginada, en definitiva de la «teatralidad fracasada»:

> Los componentes de la teatralidad, en lugar de articularse y trabarse en pos de una congruencia de cualquier naturaleza, parecen ignorarse, eludirse, negarse, contradecirse, invalidarse, confundirse... La acción dramática no quiere progresar y, cuando lo hace, no se rige por el principio de causalidad, no respeta las coordenadas espacio-temporales, no opta por un grado u otro de realidad o de irrealidad. Los personajes, desprovistos de antecedentes, escasos de motivaciones, dotados de objetivos vagos y confusos, parecen dudar de sí mismos tanto como de los demás, por lo cual son proclives a mutaciones débilmente justificadas, a travestismos y deserciones súbitas, a graves contradicciones, a escisiones profundas. Los diálogos [...] cumplen con reticencias su función comunicativa, se organizan en secuencias irregulares, como jirones de un discurso que ninguna voz autoral pretende fundamentar y, en fin, vulneran frecuentemente lo que los lingüistas del habla denominan Principio de Cooperación[57].

Las cuatro secuencias restantes que componen el segundo acto ofrecen, desde una perspectiva distanciada por la conciencia metateatral y metahistórica de los personajes, las vicisitudes del peregrinar de Álvar y sus compañeros supervivientes (al final, cuatro de cuatrocientos) hasta el reencuentro con los cristianos, nueve años después del naufragio. Las acotaciones son especialmente significativas en estos fragmentos en los que la repetición del texto de la

---

[57] «La escritura del fracaso», art. cit. Se deja notar en esta pieza, más que en otras, la influencia de Harold Pinter en lo inexplicable de algunas conductas; de la misma forma que la «escritura del fracaso» tiene sus raíces en la imposibilidad de *ser* y *representar* que procede del teatro de Samuel Beckett, quien convierte el *fracaso* en esencia y formas dramáticas.

crónica o los diálogos absurdos, tan cercanos a los de *Ñaque*, paralizan el proceso dramático, pues ofrecen una variada y dinámica puesta en escena que teatraliza el estatismo del relato. Algunas rupturas humorísticas contribuyen a esa agilización; es ejemplo evidente el del diálogo entre Narváez y Figueroa, que viene lleno de flechas clavadas y con un cesto de mariscos para la comida. Muy notables son asimismo el hecho de que, mientras se relata parte de lo sucedido, las mujeres vayan despojando a los hombres de sus ropas, o el juego escenográfico del polivalente velo que extienden, recogen o cambian de posición.

En *Naufragios de Álvar Núñez*, Sanchis propone una compleja dramaturgia de la conciencia escindida. Álvar, tal como el drama lo presenta, se convierte poco a poco en «el otro», y cuando el *anterior* regresa, ya no encuentra su sitio. La pieza, por tanto, añade al sentido de revisión histórica la indagación sobre la inconsistencia de los motivos que quitan a unos seres los privilegios de los que algunos gozan. La excepcionalidad de su personaje lo hace capaz de conducir la mirada crítica del lector-espectador hacia un conflicto que tiene su raíz en la intolerancia. Álvar volvió al mundo de los vencedores, pero la herida del vencido queda abierta bajo su piel para mostrar, al final del drama, sus efectos ante el espectador.

«LOPE DE AGUIRRE, TRAIDOR»

Lope de Aguirre, traidor recoge lo acaecido en la fatídica expedición a El Dorado que se inició en 1560 bajo las órdenes de Pedro de Ursúa. Durante la misma, una parte de los expedicionarios, mandados por el vizcaíno Lope de Aguirre, mataron a Ursúa, se *desnaturaron* del rey de España y sumieron en el tormento y la muerte el curso del Amazonas, al grito de *libertad*. Lope, caudillo de aquella pesadilla, cometió a lo largo de los meses que duró su mandato, como lo habían hecho otros jefes vencedores, toda clase de atrocidades, entre las que se cuenta el asesinato de su propia hija; así ha sido relatado por testigos presenciales o por historiadores posteriores[58], a los que el dramaturgo toma historia y palabra. Después, como es habitual, somete ambos elementos a un proceso de transformación, mediante el que las palabras de ayer se unen a las de hoy y los sujetos históricos cambian su talante para el receptor actual:

> La figura de Aguirre que aparece en sus declaraciones, cartas, relaciones y crónicas es la de un loco sanguinario, un hereje, un blasfemo, un tirano homicida, un absoluto transgresor del orden humano y divino.
>
> Surge, pues, inevitablemente, la tentación de redimirle, de leer «al revés» este discurso detractor y convertir a Lope en un héroe de la revuelta, en un santo maldito, en un prematuro libertador. Es lo que han hecho no pocos autores contemporáneos nuestros. [...]
>
> Mi tentación, mi tentativa al escribir *Lope de Aguirre, traidor* han sido otras. [...] He tratado de contrarrestar, o al menos atenuar, el partidismo esquemático mediante el recurso a una severa disciplina formal. [...] Me he visto obligado a respetar la pluralidad de puntos de vista que coinciden sobre Aguirre, pero también sobre el Poder que se le opone[59].

De esta forma, como indica también Sanchis en el texto que acompaña el programa de la primera propuesta espectacular de la pieza:

> Las imágenes textuales cristalizan en una heterogénea confluencia de tiempos, ámbitos y estilos. El escenario no pretende *representar* nada: es una simple —y compleja— máquina productora de signos polisémicos que reclama del espectador una actitud abierta, constructiva, creadora[60].

---

[58] Una interesante recopilación de crónicas sobre Lope de Aguirre puede verse en *Lope de Aguirre. Crónicas 1559-1561*, edición de Elena Mampel González y Neus Escandell Tur, Barcelona, 7 1/2-Universidad, 1981. Para los textos que proceden de la crónica de los soldados Francisco Vázquez y Pedrarias de Almesto citamos por *Jornada de Omagua y Dorado. Crónica de Lope de Aguirre*, Madrid, Miraguano, 1986, 2.ª ed., indicando *Jornada*.

[59] José Sanchis Sinisterra, «La máscara de Aguirre», texto mecanografiado.

[60] José Sanchis Sinisterra, «Síndrome Aguirre», texto del programa de la representación de *Crímenes y locuras del traidor Lope de Aguirre*, versión anterior al texto que ahora editamos que fue representada en 1986 por Teatro Fronterizo-Teatropólitan, con dirección de Joan Ollé.

El título, sumamente expresivo, contiene una doble posibilidad interpretativa; para el conocedor del origen del apelativo, remite a la memoria histórica de un hecho[61], pero, al configurarse como primera acotación de un texto dramático en el que se procede a enjuiciar al personaje, adquiere un carácter acusatorio que irán desarrollando, consciente o inconscientemente, los protagonistas de cada uno de los monólogos. Lope de Aguirre, pues, va a ser sometido a juicio histórico y todo lo que de él se diga será «utilizado en su contra»[62]. Sin embargo, el autor no adopta una postura intolerante, sino que, fiel a una concepción dialéctica de la historia, permite al acusado su defensa. Para ello, incluye entre los monólogos séptimo y octavo la larga secuencia que reproduce fragmentos de la carta que Lope dirigió al rey de España, en la que el descubridor denuncia las anomalías que ha vivido y presenciado, y las injusticias de que ha sido víctima, justificando de esa forma su comportamiento.

---

[61] Tras haber renunciado a su primera propuesta espectacular *(Crímenes y locuras del traidor Lope de Aguirre)*, Sanchis opta por titular su versión definitiva *Lope de Aguirre, traidor*, fórmula que el propio Aguirre empleara para firmar el documento por el que los matadores de Pedro de Ursúa querían justificar su asesinato: «Fecha y puesta aquella información como ellos la quisieron pintar, para la autorizar con las firmas y paresceres de todo el campo, firmó primero D. Fernando de Guzmán, General, y el segundo Lope de Aguirre, Maese de Campo, el cual puso en su firma: Lope de Aguirre, traidor; y mostrándolo a los otros dijo: "¿Qué locura y necedad era aquella de todos que, habiendo muerto un gobernador del Rey, [...] pensaban por aquella vía quitarse de culpa?"» *(Jornada,* págs. 43-44). Otros autores posteriores han empleado la misma fórmula para titular libros y artículos sobre el conquistador vasco; véase, por ejemplo, José de Arteche Aramburu, *Lope de Aguirre, traidor*, Guipúzcoa, Caja de Ahorros Provincial, 1974; o Julio Caro Baroja, «Lope de Aguirre, "traidor"», en *El señor Inquisidor y otras vidas por oficio*, Madrid, Alianza, 1988, 4.ª ed., págs. 65-122.

[62] Así encontramos también al personaje en el *Juicio Universal*, de Giovanni Papini (Barcelona, Planeta, 1959, pág. 381), cuando el Ángel da la palabra a su hija (denominada María en esa obra) y ésta ofrece la doble valoración a la que el reo se ha hecho acreedor: «Yo no te acuso, padre, pues eres blanco de demasiadas acusaciones. No te acuso, pero tampoco consigo perdonarte aquellas heridas que troncharon, en el inicial florecimiento de la juventud, el curso natural de mi destino.»

La pieza se constituye así en un proceso histórico a un personaje, en el que el receptor tiene la última palabra y, al mismo tiempo, en una revisión del proceder colectivo de España durante la conquista y la colonización de América. En términos más generales, esta obra y el conjunto de la *Trilogía* componen una reflexión sobre la acción del poder, tema tan del gusto de los dramaturgos españoles de la segunda mitad de nuestro siglo[63].

Estos elementos temáticos se sustentan en una estructura dramatúrgica que ha sido denominada «atípica»[64] y que el propio autor explicaba:

> J'ai également tenté de concentrer tous les ressorts de la théâtralité dans la parole, celle-ci se trouvant ainsi poussée à la plus grande incandescence poétique et dramatique. Rendre à la parole, réduite dans notre théâtre à un rôle fonctionnel et/ou résiduel, un peu de sa vocation enchanteresse originelle[65].

---

[63] Es una constante en los autores que comienzan su producción en los últimos años del franquismo, donde se encuentran los que con una estética *neovanguardista* cuestionan la represión y el abuso y ponen de manifiesto la presencia de unas estructuras coactivas y aniquiladoras para el individuo. Muchos de estos autores fueron recogidos por George E. Wellwarth, en *Spanish Underground Drama*, The Pennsylvania State University, 1972. Aunque no figuran en el libro, otros siguen caminos parecidos, como ocurre con el primer teatro de Carmen Resino; algunos, como el propio Sanchis, Domingo Miras o Ignacio Amestoy, que comienzan poco antes de iniciarse la democracia, mantienen los principios ideológicos derivados del momento anterior, a pesar, claro, de las diversas estéticas. Sin olvidar que las bases de ese teatro de raíz profundamente crítica contra los abusos del poder se encontraban en las dramaturgias que abren caminos en los comienzos de la segunda mitad de siglo: Buero, Sastre y los llamados *realistas*. Véase, al respecto, Luis Iglesias Feijoo, «Imágenes del poder en el teatro español contemporáneo: Valle-Inclán y Buero Vallejo», y César Oliva, «Teatro y Poder en la escena española de hoy», en *Teatro y Poder*, número monográfico de *Crítica Hispánica* (XVI, 1, 1994) dirigido por Francisco Ruiz Ramón.

[64] César Oliva, «Variations sur Lope de Aguirre», en *Théâtre/Public*, páginas 70-71. También se ocupa de esta pieza, en el mismo número de la revista, Claude Demarigny, «De Colomb, Christophe, à Aguirre, le traître», pág. 49.

[65] «Questions aux auteurs», en *Théâtre/Public*, pág. 40.

Ya se ha indicado que la idea de dramatizar una parte de la historia del descubrimiento a través de este personaje tuvo una primera versión en la que, como el dramaturgo aclara, la «matriz coral determinaba incluso una propuesta escénica concreta, de modo que la dramaturgia irrumpía claramente en el dominio de la puesta en escena»[66]. El dramaturgo deja ahora en libertad al futuro director para idear el montaje de la pieza, que, sin embargo, posee una estructura sólidamente trabada entre sus partes.

Uno de los elementos articuladores es el tiempo en el que se suceden los hechos, en relación con el lugar que ocupan los monólogos dentro del proceso dramático. A pesar de que aparentemente es cada uno independiente del otro, todos ocupan su sitio en la diacronía histórica, de forma que, al igual que la presencia de Lope se hace cada vez más visible conforme avanza el drama, los sucesos se van encadenando en el orden relatado por los cronistas.

Dos didascalias *fuera de texto* y las indicaciones de los silencios son las únicas acotaciones explícitas que configuran la pieza. En la «Aclaración», el autor, que no puede desligarse de su polivalente personalidad de creador del texto, director y teórico del teatro, ofrece un preciso análisis de la estructura por él concebida, distribuyendo la materia, justificando la coherencia y cohesión de las partes e, incluso, dando opciones para la puesta en escena.

Más interesante resulta aún el segundo texto, «La escena»; éste, a pesar de su título, no constituye sólo una propuesta escenográfica, sino que, mediante el artificio meta-

---

[66] José Sanchis Sinisterra, «Aclaración», en *Lope de Aguirre, traidor*. El autor nos ha facilitado un ejemplar mecanografiado de la primera versión en la que, efectivamente, existe un sistema de acotaciones que marcan, de manera inequívoca, el movimiento escénico, basado en el vagar errático y la lucha entre los actores que componen el grupo para forzar la intervención monologal. De otro lado, la explícita descripción que una Voz en *off* va haciendo del tirano, extraída del retrato procedente de la *Jornada*, elimina, por su objetividad, el sentido ambiguo que su figura tiene en la versión definitiva; asimismo resta fuerza al efecto dramatúrgico, que motiva al espectador para ir conociendo y reconociendo gradualmente al personaje a través de los que estuvieron en contacto con él o de sus propias palabras.

teatral, implica la reflexión del Autor-Creador («¿Queréis ser personajes, tener nombre y figura? Sea: el autor os condena al monólogo») sobre el acto de elección realizado por sus personajes, «perpleja ronda de fantasmas que trata de encarnarse, de adquirir cuerpo y voz: identidades. Pluralidad ambigua que quiere singularizarse, aun a costa de hundirse en la atroz soledad del soliloquio». No es difícil establecer el parentesco entre estos seres y los *figurantes* del teatro: «Presencia precaria y muchas veces plural —que no coral: vestigios degradados son de tan ilustre antecesor, el Coro—, en ocasiones hablan al unísono, gritan más bien»[67].

«La escena» se caracteriza también como una acotación *autónoma* en cuya expresión predomina el tono lírico reflexivo, y posee la función de establecer conexión con el lector (actor, público o director), y hacerlo cómplice del juego que el creador propone. Sanchis ha avanzado en la concepción valleinclanesca de sus criaturas, puesto que mientras que Valle movía los muñecos del compadre Fidel, él mueve actores-personas con papel en la historia y en el teatro; ellos encarnan a los fantasmas de un pasado destruido y destructor y revelan en su construcción como personajes el peso de su doble dimensión. La soledad del monólogo en la que se ven inmersos es la soledad del vencido, de la víctima, pues todos en una u otra medida lo son de su propio destino.

El tiempo pierde también sus límites en virtud del acto creativo: «La expedición de Ursúa se prolonga en el tiempo»; los otros elementos escénicos: luz, oscuridad, sonidos, silencios, se confabulan para crear en los personajes el desconcierto entre la realidad y la ficción, lo vivido y lo representado («Confusa utilería de viejos escenarios será vuestro universo»). El carácter autónomo de este texto se acentúa en el párrafo final, cuyo sistema expresivo lo acerca por el lirismo a una modalidad de *fluir de la conciencia*, en torno a la naturaleza del teatro como lugar de confluencia de signos, como desorden organizado (que tiene que ver con lo que

---

[67] José Sanchis Sinisterra, «Figuración» que actúa como prólogo de valor didascálico a *Los figurantes*, Madrid, SGAE, 1993, pág. 9.

Sanchis ha denominado «teatralidad fracasada»[68]) y como medio de hacer reflexionar, implicándolo, al espectador sobre el hecho representado[69].

La primera de las intervenciones corales lleva por título «Obertura», palabra que remite a la concepción musical del espectáculo a la que aludía Pérez Coterillo, al afirmar que «proporciona al espectador el placer de escucharlo, como si se tratase de un concierto o un oratorio»[70]. Esta y otras tres de parecido talante, que separan los monólogos primero y segundo; tercero y cuarto; cuarto y quinto, representan la voz colectiva. Por último, la carta que se encuentra situada entre el monólogo de Ana de Rojas (séptimo) y el de Elvira, la hija de Aguirre, (octavo) deja paso a la voz de Lope escindida en los múltiples tonos de la posible víctima. A excepción de la carta, las cuatro intervenciones corales restantes se estructuran temáticamente, según ha indicado el propio dramaturgo en la «Aclaración», en «tres ámbitos temáticos: narración y descripción de la *Jornada;* retratos de Ursúa y Aguirre; jirones de los propios monólogos».

El primero y el segundo («narración» y «retratos») surgen, con pequeñas modificaciones expresivas, de la intertextualidad establecida con las crónicas[71]. Son retazos descriptivos en los que el río Marañón y la inmensa naturaleza que lo puebla se configuran como antagonistas de los hombres que han emprendido la *Jornada.* Desde un punto de vista dramatúrgico, funcionan como acotaciones implícitas que proporcionan, mediante el decorado verbal, las condiciones espaciales en las que se mueven los personajes, o evoca momentos de la gesta. El tono fluctúa de la divagación líri-

---

[68] Véase texto citado en pág. 44 de esta Introducción.

[69] Esto se relaciona con su intención de *hacer* al espectador ideal o implícito. Véase nota 47 de esta Introducción.

[70] Moisés Pérez Coterillo, «Una pasión americana», pág. 13.

[71] Del análisis se deduce que la más manejada ha sido la que se debe al soldado Pedrarias de Almesto. Para nuestras citas hemos utilizado, como indicamos, la edición que recoge el texto del Ms. 3191 de la B. N. de Madrid, según la transcripción del marqués de la Fuensanta del Valle, realizada en 1881 y con anotación de las variantes que presenta el Ms. 3199, atribuido a Francisco Vázquez (*Jornada de Omagua y Dorado. Crónica de Lope de Aguirre*, ed. cit.).

ca a la narración épica de sucesos, según que el interés resi-
da en uno u otro elemento. Aunque los enunciados son en
prosa y, como hemos indicado, extraídos casi textualmente
del relato histórico, el ritmo general de estos incisos o inter-
ludios corales es poético, merced a las reiteraciones, o a la
modificación lírica de la materia narrativa. El tercero («jirones») establece la intertextualidad con la crónica a través de
su teatralización en los monólogos configuradores del texto
dramático. Están estos fragmentos puestos en boca de personajes con nombre que serán los encargados de representar, más tarde, el papel completo. El lenguaje ha sido sometido en ellos a un proceso de elaboración mucho más complejo, sobre la base del texto histórico[72].

La carta, aunque está propuesta como secuencia coral
para ser recitada por varias voces, implica, por su autoría, la
voz de uno solo, que se diversifica colectivamente en la
queja, la defensa y la acusación de la víctima. Es la palabra
concedida al reo histórico para que se defienda de los cargos de «Criminal», «Loco» o «Traidor» que se le imputan. La
estructura fragmentada con que el dramaturgo ha configu-
rado el texto, suprimiendo los pasajes más criticables de la
exposición del rebelde, hace que, si bien se trasluce cierto
mesianismo y alguna dosis de crueldad en el personaje, éste
deja ver con claridad, a través de su discurso, la idea de la in-
justicia que ha caído sobre los menos privilegiados. En medio de su maldad, Lope acusa con fundamento y denuncia
auténticos abusos de poder que lo llevan a afirmar: «Soy y
seré rebelde hasta la muerte.» La maestría que Sanchis ha
mostrado siempre para la manipulación del texto no dramático, al convertirlo en texto teatral, se advierte de forma singular en este fragmento, que mantiene una perfecta organización de sus partes, un ritmo equilibrado y una medida
progresión intensificadora de los elementos de tensión, a
pesar de ser retazos de un conjunto.

Los monólogos son nueve piececitas breves que en sí

---

[72] En las notas al texto iremos dando cuenta del origen de algunas de
las principales intertextualidades establecidas en el habla de los personajes
de los monólogos.

52

mismas poseen autonomía; cada una se ajusta a una fórmula lingüística, a un molde literario y a una personalidad, pero están íntimamente relacionadas por los componentes temáticos que subyacen en todas ellas. El conjunto constituye una mirada caleidoscópica sobre el personaje central, el momento histórico, y las actuaciones que se llevaron a cabo, al tiempo que refleja una profunda soledad, ámbito en el que se desarrollan los parlamentos de las cuatro mujeres y cinco hombres que los protagonizan; todos comparten la categoría de víctimas en dos dimensiones: la particular, puesto que lo fueron del tirano; y la colectiva, por serlo de una historia que los embarcó en una empresa imposible.

En el primero interviene Juana Torralva[73], criada de la casa de Aguirre. A su elocución la califica el autor de «reniegos», a pesar de que en ella no se contienen «maldiciones» ni «dichos injuriosos», y tan sólo se limita a protestar privadamente de la situación, haciendo cómplice mudo al público. Se estructura como un monólogo interior (está «privada del derecho a la palabra») de registro arcaizante-familiar y manifestación coloquial. Dada su característica de «interior», el lector-espectador se encontrará, a través de él, immerso en el punto de vista del personaje, cuya construcción dramatúrgica depende de formas expresivas que tienen su origen en la tradición de los criados respondones, ya que, junto con el Marañón, posee un escaso perfil histórico.

De una parte, su extracción popular la lleva a expresarse mediante frases de dicha procedencia, hipérboles, y recursos que enfatizan su situación o califican el hecho al que se refiere. Giros como «punto en boca», «nadie te ha dado vela

---

[73] En la crónica de Vázquez-Pedrarias no aparece mencionada Juana Torralva, sin embargo, Toribio de Ortiguera (*Crónica II*, en *Lope de Aguirre. Crónicas 1559-1561*, ed. cit., págs. 31-174) apellida así a una de las dueñas que acompañan a la hija de Aguirre (C. LIV, pág. 149); por su parte, Ramón J. Sender le da protagonismo en su novela (*La aventura equinoccial de Lope de Aguirre*, Madrid, Magisterio Español, Novelas y Cuentos, 1962), adjudicándole la pintoresca peculiaridad de padecer una inclinación incontrolable a cantar jotas en ciertos momentos: «Aquello de la jota era una vena de extravagancia que había en la familia [...] por el lado materno. En cuanto se sentía en un lugar elevado, una escalera, la rama de un árbol, lo alto de una colina, rompía a cantar» (pág. 31).

en este entierro», permanecer «callada como una muerta», «cerrar el pico», no escarmentar «ni en cabeza ajena, ni en cuerpo propio», etc., pueden servir de ejemplos; por otra parte, el personaje pertenece a un tiempo, el siglo XVI, y su comportamiento lingüístico la acerca temporalmente a los criados de ascendencia celestinesca. Términos como «porfiar», «galardón» o «cuitada» retrotraen su expresión al pasado, al igual que lo hacen la fórmula manriqueña de interrogación retórica: «¿Adónde fueron a parar los anteriores alborotos? ¿En qué acabaron, di, sino en traiciones y castigos? [...], ¿qué galardón hubiste por tus fatigas y maltratos?», o las series de palabras hilvanadas para designar una única realidad, fruto de la riqueza del estilo áureo: «Al cabo, todo se te volvió congoja y estrechez y desventura.»

De otro lado, el coloquialismo de su fórmula de expresión y el descaro con que, siquiera sea en su intimidad, se está dirigiendo a su amo, la están configurando como una mujer poco dócil, prototipo de la sirvienta con poder que en algún momento sujetó la voluntad de su señor («esta cuitada que antaño te sirvió de jergón»), al que ahora llama «viejo empecinado», «testarrón vizcaíno», «don penurias». Además, este tipo de la galería popular posee el carácter de víctima, lo que se trasluce en la condena al silencio que padece.

La otra función del monólogo se centra en hacer visible al personaje omitido; Juana manifiesta su edad y origen y lo califica con múltiples epítetos negativos. Da cuenta de sus correrías como «motinero», pero no lo nombra. Al hilo de su discurso va haciendo explícita también la revisión del hecho histórico: «Entierro ha de volverse esta locura», «extraviar los huesos por ese río del fin del mundo y para andar peleando con infinitos indios paganos», «Pedro de Ursúa no pretende sino revolverse contra el Perú y quitarlo al Rey de España». La clave de su discurso histórico se encuentra cuando pregunta «cuál justicia podemos esperar los que servimos de quienes nos gobiernan, estén lejos o cerca. Dios nuestro señor hizo este Nuevo Mundo como el Viejo, y a unos los puso arriba y a otros nos puso abajo, y no ha de consentir en que se lo revuelvan, y así querrá que sea por los siglos de los siglos, amén»[74]. Desde dentro de la casa del tirano, una primera voz caracteriza la empresa y al protagonista de la pieza. Por su condición plebeya, Juana no llega a grandes conclusiones, pero presta al receptor un punto de apoyo inicial para que pueda ir desenredando la complicada madeja de la *Jornada*.

El «Delirio» imprime al habla de Pedro de Ursúa[75] ese discurrir caótico con el que refleja en secuencias aparentemente inconexas, matizadas por su estado espiritual, el fracaso del descubridor y el miedo de la conciencia culpable que alternan con el sueño inalcanzado de El Dorado y la visión liberadora de un amor, en su enajenación momentánea, idílico. No aparece Aguirre en su pesadilla, si no es inmerso en la «caterva de ruines» conspiradores a quienes no distingue. Se suceden en su parlamento la revisión de un pasado anegado en sangre que supone el juicio histórico al conquistador, el miedo a la traición y el desaliento que le produce el

---

[74] El razonamiento de la Torralva recuerda al que Francisca la Ansarona, personaje de Domingo Miras *(Las brujas de Barahona*, edición de Virtudes Serrano, Madrid, Espasa-Calpe, Austral, 1992, pág. 135), hace a Quiteria de Morillas cuando ésta la interroga sobre quién es el responsable de su miseria: «Nadie me hace pobre, sino que yo nací así. Dios dispuso que naciese pobre y pobre nací.»

[75] Pedro de Ursúa perteneció a la nobleza vasca y joven llegó a las Indias (sobre este personaje puede verse Julio Caro Baroja, *op. cit.,* páginas 123-146; y Elena Mampel González y Neus Escandell Tur, «Prólogo» a *Lope de Aguirre. Crónicas 1559-1561*, ed. cit., págs. XV-XVII). Dirigió la expedición en pos de las legendarias tierras de Omagua y Dorado, hasta que, traicionado por sus hombres, fue asesinado y sustituido en el mando por el que había sido su amigo, don Fernando de Guzmán; aunque el cronista, llevado de la corriente misógina dominante, atribuye parte de la culpa a la influencia de Inés de Atienza, estudiosos posteriores han apuntado otras causas, así Demetrio Ramos *(El mito de El Dorado*, Madrid, Istmo, 1988, pág. 456) indica: «Su caudillo, el que sería gobernador de El Dorado, era un recién llegado al Perú, prácticamente un desconocido para la gente —no obstante el prestigio que le precedía—; por otra parte, su hueste también se improvisa y, por lo tanto, carecía de una mínima cohesión. Constituida por grupos, trabados entre sí, pero sin la menor relación con su caudillo, su estabilidad era muy dudosa. Por último, el escenario en el que habían de moverse también les era ajeno: llegados de distintas partes, era la empresa lo que les congregaba. Al fallar esta, la expedición se convirtió en una carga explosiva ambulante.»

fracaso, simbolizado en el interminable curso del río, con la ilusión quijotesca de un feliz universo ficticio habitado por Inés y ubicado en las legendarias tierras de la abundancia. El delirio, pues, configura una personalidad que refleja las dos vertientes de la empresa, la imperial «celebrativa» y la «catártica» culpable, aquella que lleva a enorgullecerse y, al mismo tiempo, a padecer la mordedura de la conciencia atormentada.

El tercer monólogo tiene como protagonista a Inés de Atienza[76], sugestivo personaje a quien el cronista de la *Jornada* no dedica nada más que unas pocas líneas para hacerla responsable del negligente comportamiento de Ursúa y dar escueta noticia de su amancebamiento con otros de sus oficiales y de su muerte a manos de Antón Llamoso. Sin embargo, el personaje posee un hondo dramatismo que Sanchis ha desarrollado haciéndolo víctima consciente de su condición femenina, de su belleza y de su mestizaje, y vengadora de la muerte de su amante[77].

---

[76] Inés de Atienza fue amante de Pedro de Ursúa; de ella indicaron los cronistas de la *Jornada* (págs. 17-18) que era «moza y muy hermosa», que llegó a los Motilones «para se ir con él [Ursúa] a la jornada, bien contra la opinión de los amigos del Gobernador, que se lo estorbaban, y la trujo contra la voluntad de todos, de lo cual pesó a la mayor parte del campo; lo uno por el mal ejemplo; lo otro [aquí, el manuscrito 3199 añade: «porque se decía que la dicha doña Inés tenía mala fama y peores mañas») porque de semejantes cosas siempre en las guerras donde van tantas diferencias de gentes, hay escándalos y alborotos, y sobre todo descuido en el buen gobierno del campo, que cierto fue causa principal de la muerte del Gobernador y nuestra total destruición». La desdichada historia de Inés está desarrollada por Sender con tintes neorrománticos en *La aventura equinoccial de Lope de Aguirre.*

[77] Solamente un cronista, Custodio Hernández *(Crónica IV,* en *Lope de Aguirre. Crónicas 1559-1561,* ed. cit., pág. 194), realiza una inmersión en los sentimientos de Inés y apunta: «Querer encarecer aqui lo que doña Ines sintio quando vido muerto a pedro de Orsua sera nunca acabar, pero meta cada uno la mano en su pecho y sentira lo que la pobre señora uno le decia puta y otro le decia que ella abia muerto al governador con echiços. [Ella] callaua aunque de llorar era imposible.» Quizás este personaje, unido a los de Mariana y Claudia, estaría en la base del proyecto, hasta el momento no realizado, que se anunciaba en la entrevista publicada por *Théâtre/Public* (pág. 40) para la composición de una nueva trilogía ame-

Su monólogo lírico y desgarrado se configura mediante el género elegíaco del «planto», que no adopta aquí una forma totalmente ortodoxa, pues la queja se distribuye en igual medida hacia el difunto («Tendría que llorar por ti, Pedro de Ursúa») y hacia la doliente («Yo tendría que llorar por mí»), a pesar de que ella misma llega a la conclusión de que lo que se impone no es el llanto sino la actuación: «Llorar por mí o por ti, Pedro de Ursúa, es una misma, inútil y mezquina empresa.»

La forma apelativa de su expresión está implicando retóricamente a la segunda persona inerte de Pedro, a quien Inés dirige su discurso. El habla del personaje se carga de lirismo en la consideración de su dolor, de su vida, que se ha vuelto desastrada, y del destino que el hombre ya padece y ella aguarda: «Tu cuerpo se disuelve lejos de mí, río arriba, y nosotros bogamos río abajo, tiempo abajo, sangre abajo, miedo abajo...»; y su expresión se contagia de soledad existencial y alegato feminista al considerarse «sólo mujer sin amo, perra entre perros ávidos, sin más derecho a vivir que el que me da mi cuerpo deseado», al tiempo que los ritmos del verso sustituyen en él los de la prosa. En otros momentos objetiva la consideración de los sucesos y personas que han precipitado la lastimosa situación en la que se encuentra; de entre las personas, poco a poco, va destacando un nombre, el de quien «era uno más, y ahora es más que uno. [...] Es aquel vizcaíno pequeño de cuerpo y de ruin talle de cuyos voceríos te burlabas: aquel Lope de Aguirre, ¿lo recuerdas?».

Así, con la destreza que le es habitual, el dramaturgo construye un personaje de profundo contenido dramático, da cuenta de otra parte de los sucesos históricos y va perfilando a quien, en definitiva, es el eje protagonizador de la pieza, y, como en la crónica áurea, sale lentamente de su

---

ricana: «À partir de trois regards, de trois visages de l'alterité: les esclaves noirs, les Indiens vaincus et les femmes espagnoles. [...] Mais qu'ont fait les femmes anonymes qui ont accompagné les conquistadors dans ces entreprises incroyables et qui on été témoins d'aussi sanglantes prouesses?»

anonimato para erigirse en caudillo, pesadilla y azote de los demás.

El tiempo constituye un importante elemento de la organización interna del discurso que comienza en presencia del cadáver: «Ahora yo tendría que regar con lágrimas la tierra que cubre tu cuerpo ensangrentado», para, casi imperceptiblemente, comprobar, inmóvil, cómo avanzan los sucesos y el curso del río: «Y ya otra noche llega y sigo aquí, [...] a medida que los días transcurren, [...] ahora que tu cuerpo se disuelve lejos de mí [...]. ¿Tu muerte? Qué lejana la siento ya, [...] después de tantos días y noches anidando sin ti en esta ciénaga de traidores», hasta un no enunciado final en la alusión a Aguirre y al temor que le provoca su mirada[78].

El desahogo emocional de don Fernando[79] está jalonado por interrupciones que dan pie para pensar en una gestualidad dinamizadora, al tiempo que la segunda persona aludida por él tiene un receptor vivo, Gonzalo, su mayordomo, o los servidores a los que increpa con violencia por no traer suficiente comida o no servir con diligencia el vino. Existen, pues, en el entramado lingüístico del monólogo, constantes implicaciones de movimiento y cambio de actitud del personaje que lo agilizan, al tiempo que, como en los anteriores, se tiene noticia de lo sucedido, ahora tras la muerte de Ursúa, y se amplía el protagonismo de Aguirre.

Don Fernando se caracteriza a sí mismo como un individuo pusilánime, ruin, egoísta e, incluso, algo amanerado,

---

[78] El tiempo de la historia que se desarrolla a partir de los monólogos está tratado de forma muy particular en esta pieza, ya que, a pesar de estar encubierto por las elipsis que suponen los finales de cada parlamento, progresa con el mismo orden de la historia descrita en la *Jornada*, salvo las inmersiones en el pasado, que funcionan como elementos informativos de los antecedentes de los personajes.

[79] Don Fernando de Guzmán era el alférez general de la expedición de Ursúa y antiguo amigo de éste, «que ni comía el uno sin el otro, y dormían muchas veces juntos, aunque tuviesen cada uno su cama, que era cosa de no creer la grande hermandad y amistad que Pedro de Orsúa mostraba al D. Fernando, así por obras como por palabras» (*Jornada*, pág. 34); sin embargo, participó en el motín y fue uno de sus asesinos. A la muerte del general fue proclamado «Príncipe de Tierra Firme y Pirú y Gobernador de Chile», y cinco meses después murió a manos de Aguirre y sus seguidores.

con una edípica fijación a su madre. De su poca valía habla la reacción que él supone, tras su nombramiento, entre los que lo conocen: «¿Ese bobalicón? [...], ¿ese pazguato, príncipe del Perú?» Frente a su desautorizada figura, se perfila fuerte, imperturbable, seguro y dueño de la situación, sin debilidades, Lope de Aguirre al frente de «esa legión de vizcaínos que en todo le obedece».

El quinto monólogo está a cargo del anónimo soldado Marañón[80], perdido en la selva; de ahí que la denominación de su parlamento («Extravíos») sea ambigua, pues esta noción procede tanto de su realidad de caminante que no encuentra el sendero, como de los que sufre en su geografía lingüística y en el concepto de su propio ser. La desorientación que padece le hace deambular del pasado al presente, de la ficción metateatral a la realidad de la historia de donde verdaderamente procede, ya que en la *Jornada* se relata cómo se perdieron dos hombres y no los volvieron a encontrar. El personaje es consciente de su ficcionalidad, lo es de estar desempeñando un papel; signo de ello son los términos referidos al teatro que emplea. Es, en su metateatral búsqueda de identidad, descendiente del Ríos y Solano y de los «figurantes» de Sanchis; y se emparenta directamente con los personajes distanciadores de sus *Naufragios de Álvar Núñez*[81]. El parlamento de este soldado perdido se construye como un soliloquio, es un producto de su mente, aunque, como indica el personaje, es un enunciado exterior: «Yo, de natural, nunca hablo solo. [...] Pero ahora, me figuro que debo ponerme a hablar en voz alta.» Su caracteriza-

---

[80] «Lope comenzaba a llamar a los soldados *marañones* porque el río que navegaban lo llamaba *Marañón*», mientras que para los que habían ido con Orellana se llamaba el río [...] Amazonas (Sender, *op. cit.*, pág. 157).

[81] La relación entre *Los figurantes* y el Marañón se hace aún más estrecha cuando el Metalúrgico 8, personaje de aquélla (pág. 72), reflexiona sobre su condición: «Tengo todo el tiempo la sensación de que estoy hablando de relleno... O sea, que en realidad, no tengo nada que decir, y que alguien me ha puesto a hablar aquí para cubrir un hueco... No sé si me explico. Es mucha casualidad, me parece a mí, que justo cuando todos los demás salen y esto se queda vacío, aparezca yo aquí, como sin querer, y me ponga a largar un parlamento...»

ción como «tropa» le viene dada lingüísticamente por el uso del vulgarismo y los términos familiares («jodido», «pijoverde», «pegote») o expresiones («como si te hubiera parido mi burra», «tengo más que hinchadas las borlas»).

A diferencia de lo que ocurría en los monólogos anteriores, el posible receptor es extraficcional y deriva de su conciencia de *representación;* de ahí que deba recurrir a describir su situación en lugar de «dar vueltas y vueltas y más vueltas por aquí sin abrir la boca» puesto que «nadie se iba a enterar de maldita la cosa». A su elocución la nombra con un tecnicismo teatral: «No le suelto hasta haberle endilgado todo mi monólogo»; continuamente alude a su condición de representante»: «Figura que estoy solo», «vamos a suponer que esos ruiditos son pájaros y monos». Incluso llega a distanciarse de determinado tipo de personaje: «La cosa esa del tipo que se ha vuelto loco en medio de la selva y se pone a delirar a gritos no, no. A mí con esas, no.» A veces, la frontera entre su realidad de actor y la de personaje se le confunden: «Recursos no me faltan para arreglármelas en esta maraña, y salir de ella, y juntarme con los demás, y santas pascuas»; esa misma imprecisión en sus límites lo lleva a relatar su historia como personaje de la crónica y, al tiempo, a enfurecerse consigo mismo por hacerlo.

En la segunda parte del monólogo surge el tema de la víctima histórica y la función del Marañón como integrante de la masa: «Juntos [se refiere a su compañero] nos enterábamos, los últimos, de todos los motines, muertes, conjuras [...], que a duras penas llegábamos a tiempo de gritar ¡viva éste! o ¡muera aquél!»; y el del relevo del poder («siempre manda alguno»); para este individuo casi borrado por el olvido no importa el nombre del tirano, por eso el retrato de Aguirre que se venía componiendo no progresa en su parlamento, sino que se pierde en el conjunto, para él lejano, de los poderosos: «don Pedro o don Fernando o don Aguirre o...»

Antón Llamoso[82], seguidor incondicional de Lope, el

---

[82] Antón Llamoso fue nombrado sargento por Aguirre y se encargaba de ejecutar sus crueles sentencias. Toribio de Ortiguera *(op. cit.,* pág. 102)

que le fue fiel hasta el último momento, tiene a su cargo el sexto monólogo. En él, con la dureza primitiva de su poco evolucionado cerebro, da cuenta de las muertes ordenadas por su caudillo y relata con morboso regodeo los detalles de las de don Fernando y doña Inés. Sus palabras van componiendo su personalidad de psicópata, a la vez que la de su jefe, por el que muestra una fanática adhesión; pero el sanguinario discurso que lleva a cabo opone la crueldad individual a la colectiva: «¿Van a ponérseme ahora melindrosos y timoratos? Ya todos bien conocen que éstas son menudencias en las guerras, y guerra es el negocio en que andamos»[83], lo que relativiza su maldad y lo hace aparecer, en cierto modo, como otro tipo de víctima, acorde con la lectura distanciada y «neutral» que el dramaturgo se ha propuesto[84]. En lo tocante al uso lingüístico, su habla es arcaizante y metafórica, realzándose con ello la cruel realidad enunciada[85].

---

lo describe en estos términos: «Natural portugués, zapatero, el más cruel, endemoniado tirano que los hombres han visto, ministro de Satanás y de todas ó las más muertes que este traidor daba.» Ese talante bestial, base de la construcción de su figura dramatúrgica, se deja ver en las muestras de lealtad que ofrece a Aguirre cuando éste lo cree partícipe de la conspiración del Maese de campo para matarlo: «"Y vos, hijo, Antón Llamoso, también dicen que queríades matar a vuestro padre." El cual negó con grandes reniegos y juramentos; y pareciéndole que le satisfacía más, arremetió al cuerpo del dicho Maese de campo, delante de todos, y tendiéndose sobre él, le chupaba la sangre que por las heridas de la cabeza le salía, y a vueltas, le chupó parte de los sesos, diciendo: "a este traidor beberle he la sangre"» *(Jornada,* págs. 87-88).

[83] Con términos semejantes se expresa Lope para justificar la muerte de don Fernando en la *Crónica* de Toribio de Ortiguera (pág. 108): «Nadie se alborote ni escandalice. Nadie trate deste negocio en público ni en secreto, pues he dado mi satisfacción. Cosas son que las hace y trae consigo la guerra.»

[84] Ése es el deseo expresado por Sanchis en «La máscara de Aguirre» (págs. 35-36) para la construcción de su figura principal, pero, lógicamente, el carácter ha de afectar también al resto de los componentes del drama.

[85] Procedimiento semejante he destacado *(El teatro de Domingo Miras,* Murcia, Universidad, 1991) en la escena final de *La venta del Ahorcado* (Murcia, Universidad, Antología Teatral Española, 1986), donde el arcaísmo es, además, signo de la atemporalidad de la violenta acción del poder sobre los más débiles.

Las acotaciones implícitas son aquí la base de su gestualidad, que en la primera versión del drama se marcaba con precisión:

> El actor [...] está sentado en el borde del proscenio y observa la entrada de los espectadores mientras limpia con esmero dos espadas, una larga y una corta, poco más de una daga.

En su elocución se dirige a un auditorio que, en el sistema ambiguo en el que el receptor (lector-espectador) se encuentra inmerso, tanto pueden ser los soldados marañones a los que alude al final o el público, convertido en virtud de la palabra dramática en ese auditorio de éste y aquél tiempo que presencia la crueldad y puede enjuiciarla.

El séptimo monólogo se produce desde el más allá. La segunda persona, receptora directa del mensaje, es Dios, a quien el espíritu de Ana de Rojas[86] dirige su «Plegaria», mientras su cuerpo pende, sin vida, del rollo. La fórmula sagrada de la oración es el marco de la queja de esta víctima, que en su clamor intensifica la acusación de crueldad contra Lope. Como en otros monólogos, paralelamente a la relación de las atrocidades históricas, el personaje compone su propio retrato, tampoco libre de tachas; así, en tono retórico y quejoso, Ana traza los caracteres de un mundo contaminado en el que víctimas y verdugos son culpables, ya que todos han cometido desmanes sin cuento.

Un ambiente onírico envuelve el «soliloquio» de Elvira[87],

---

[86] Ana de Rojas fue una de las habitantes de la isla Margarita, víctima de la sanguinaria actuación de Aguirre: «Y a una mujer de un vecino de la isla, llamada Ana de Rojas, la ahorcó del rollo de la plaza, y le tiraron muchos arcabuzazos» (*Jornada,* pág. 95).

[87] Elvira es «una hija mestiza que Lope de Aguirre tenía allí consigo» (*Jornada,* pág. 47); su nombre sólo aparece en la *Crónica* anónima que figura en sexto lugar en *Lope de Aguirre. Crónicas 1559-1561* (pág. 181). También este personaje, por su calidad de víctima inocente como espectadora de una realidad incomprensible y por el desastroso final que le proporciona su padre, ha sido sujeto de diversos tratamientos, desde el que se percibe en la muerte de la hija del valleinclanesco Tirano Banderas.

la adolescente inmolada por su padre en la primavera de su existencia. Al igual que Inés, Elvira lleva implícito, en su vida y en su muerte, el signo trágico que ha posibilitado las diferentes versiones que de ella han dado la historia y la literatura. Su personalidad dramatúrgica está marcada por el desequilibrio que el miedo, motivo recurrente de su monólogo, ha provocado en su mente. El paso del yo al tú que efectúa en su expresión es otra muestra más de ese deseo de esconderse que domina al personaje. Su discurso va de la fantasía a la realidad de su extraña cotidianidad junto a aquel hombre, que ella ve solícito y amenazador, hasta llegar al terror de la isla Margarita. El tiempo vuelve a fluir en el recuerdo confuso de su anómala existencia en su intento por regresar a la infancia para eludir el miedo presente. Ya Ana en su plegaria había aludido a las crueldades de Aguirre con su hija; ella quiere cubrir su temor diciendo que cree en el tirano. El estilo indirecto libre, con el uso de la tercera persona, aleja aún más su figura de unos sucesos en los que el cronista anónimo y la narrativa posterior le adjudican intervención directa. «Ella no es carcelera, su padre le encomienda que las mire y las atienda, no que las espíe ni apriete. Su padre no es mal hombre, su padre...» Pero la supuesta llamada de que es objeto al final («¿Me llama, padre? ¿Qué quiere de mí?») avisa al receptor de su trágico final, «confesado» poco después por Pedrarias.

En último lugar corresponde la palabra a Pedrarias de Almesto[88], el cronista de la *Jornada* que, no murió a manos del tirano como ocurrió a otros con menos motivos para ello, por ejemplo a aquel soldado que se alejó para coger una fruta y fue inmediatamente ejecutado[89]. La «confesión» se la

---

[88] Pedrarias de Almesto era hombre de confianza de Ursúa; su posición de cronista de la *Jornada* lo libró de las iras de Lope. Permaneció junto al tirano, aunque sin «desnaturarse» de España ni del rey Felipe. En tres ocasiones intentó la huida, pero no logró separarse de Aguirre hasta el momento de su trágico final.

Aunque la autoría de la crónica *(Jornada...)* suele atribuirse a Vázquez (creador del primer manuscrito), es Pedrarias el que más aparece en las versiones literarias.

[89] Este suceso puede verse en Toribio de Ortiguera, *Crónica II*, pág. 147.

hace el cronista a los posibles lectores-espectadores, «hombres de otro tiempo» con los que «puede comunicar directamente [...] aún a pesar del tiempo»: «Diré lo que no dije por escrito. Ahora, ante vosotros, no tengo nada que perder ni que ganar.» Se establece, pues, la «complicidad» que desde el texto escrito implicará al receptor-lector de la crónica y, desde el espectáculo creado a partir de ella, al espectador, proporcionándoles alerta y distancia reflexiva. Ésa es la función de este último monólogo: ofrecer una síntesis objetiva en la que se advierte cómo el delirio provocado por palabras como «justicia» o «libertad» puede conmover hasta a las mentes más equilibradas: «La locura de Aguirre me sedujo, fui contagiado y arrastrado, sí, por su pasión desmesurada», aunque pronto vino el desengaño: «¡Viejo traidor! Nunca he de perdonarle el convertir su propio sueño terrible y justiciero en una absurda danza de la muerte»[90].

El monólogo de Pedrarias, el historiador, ata los últimos cabos del proceso a Aguirre y al poder: «Matar para convencer... ¡qué desatino! Y hacerlo burdamente, sin tapujos, como quien trincha un gallo o degüella una res o sangra un cerdo... La justicia del Rey es más sensata: reviste sus matanzas con grave ceremonial, siempre que puede, y las limpia y sazona con gran despliegue de solemnidades.»

De la combinación de todas estas voces, ágil y diestramente moduladas por su autor, que les permitió individualizarse y salir de la «perpleja ronda de fantasmas» que componía el informe coro inicial, surge un conjunto articulado por el silencio, el desequilibrio y el miedo. El primero genera la queja solitaria; el segundo, la borrachera del poder y, fi-

---

[90] La posición de *jurados* en la que Pedrarias coloca a los receptores del presente se emparenta con la interpretación que del público hace Sombra, la mujer india que acompaña al protagonista de *El retablo de Eldorado* y corrobora la idea que expresábamos al comienzo del comentario a esta pieza de que está concebida como un *juicio* en el que la decisión sobre quién es el culpable pertenece al espectador. A pesar de ello, el desengaño del cronista ante la actitud de Lope significa una toma de postura del autor actual respecto a la *traición* al *sueño revolucionario* de quienes en nuestro tiempo han sepultado sus iniciales ideas de justicia bajo el peso de una violencia indiscriminada.

nalmente, de sangre y da origen al tercero, que se materiali-
za en la destrucción y la muerte.

«EL RETABLO DE ELDORADO»

La pieza más compleja de la *Trilogía*, desde el punto de
vista de la intertextualidad, es *El retablo de Eldorado*. En ella,
a propósito de la biografía ficticia de don Rodrigo, el soldado que vuelve de las Indias maltrecho de cuerpo y espíritu,
se recogen diversos episodios de la historia de la conquista
y colonización, de los que, en su ir y venir durante cuarenta años, el protagonista ha sido testigo o participante; de ahí
que situaciones y hechos, sucesos o leyendas ya aparecidos
en las dos que ahora la preceden reaparezcan en esta obra,
que recoge lo investigado por el dramaturgo en un primer
momento en el que quiso abarcar la totalidad del conflicto
indiano. Se hace referencia, pues, a territorios míticos
(como la isla de Bimini, buscada por Ponce de León), a la
conquista de México, a las campañas del Perú y Chile; se
alude a Pizarro y a Almagro, a las luchas por el poder y al
sueño colectivo de encontrar la tierra del oro y el imperio
de la felicidad en la paradisíaca Omagua. Un complejo entramado histórico, una maraña de acciones, lugares y personajes irán apareciendo en la imposible *representación* de don
Rodrigo y, junto a todo ello, envolviendo su evocación, la
voz de su conciencia culpable que denuncia, con palabras
inspiradas en ideas del padre Las Casas, los abusos y atrocidades cometidos[91]:

> Quizás ahí radique el drama, la tragedia de la conquista:
> el triunfo de la mirada ciega, de la palabra muda, sobre las
> de aquellos —pocos, sin duda— que trataron de ver y decir
> la otredad como parte de una nostredad, de un nosotros

[91] Sería prolijo ofrecer aquí las fuentes documentales que han servido al
dramaturgo en la elaboración de esta pieza, por ello remito a su propia
voz, en los «Agradecimientos» que preceden a la acción dramática, y a las
notas a pie de página que acompañan el texto.

más amplio, imprevisible. Comunidad humana sin fronteras, fraternidad[92].

En 1985, con el título de *Conquistador o El retablo de Eldorado*, se representó el primer intento que Sanchis y su Teatro Fronterizo realizan para poner en pie, en un escenario, el «traumático encuentro que tuvo lugar entre España y América, [...] la feroz epopeya americana»[93]. El interés por poner de manifiesto la conflictiva situación lleva al dramaturgo a manipular una gran cantidad de fuentes literarias y documentales, «un complicado trabajo de intertextualidad que pretende reproducir escénicamente las contradicciones y fracturas de ese discurso plural en que se narra la increíble gesta de unos españoles esparciendo en la América indígena, junto al dudoso consuelo de los Evangelios, los ciertos horrores del Apocalipsis»[94].

Constituía la obra el pórtico u obertura de la *Trilogía*, tal y como se ofreció al lector en su edición de los *Cuadernos El Público*, de esa forma se pasaba de la exuberancia de datos que ofrece la visión colectiva a la sobriedad del caso particular, cuyos acrisolados materiales adquirían una más medida dimensión. Colocada en último lugar en la presente edición, como ha preferido el autor que se haga, respetando la cronología histórica de los hechos, más que la fecha de escritura de los textos dramáticos, actúa como síntesis o coda de esas otras dos epopeyas individuales, sufridas y llevadas a cabo por nombres asentados en la historia oficial, que se produjeron en distintos momentos de la trayectoria descrita por don Rodrigo. De este modo, se efectúa el paso de lo particular y concreto a lo general y colectivo, y se mezclan las fronteras entre historia (Álvar, Aguirre) y ficción (Rodri-

---

[92] José Sanchis Sinisterra, «*El retablo de Eldorado* (Notas)», texto mecanografiado que refleja el proceso de escritura de la pieza, desde su inicio en 1977 hasta su conclusión en 1984.

[93] Texto mecanografiado perteneciente a la propuesta del Teatro Fronterizo para su primera puesta en escena.

[94] Texto de José Sanchis Sinisterra para el programa de la representación efectuada en México en 1990, con dirección del propio autor.

go), al tiempo que todo parece igualmente imaginario o igualmente real.

La pieza, iniciada en 1977, se inspira en *El retablo de las maravillas* de Cervantes, del que hereda a los dos pícaros burladores, Chirinos y Chanfalla, y el recurso de la doble representación; estructura y personajes que también inspiraron a Sanchis para la construcción dramatúrgica de *Ñaque* y *¡Ay, Carmela!* El tener que mentir para sobrevivir, la pobreza, la condición de víctimas, su ubicación en ninguna parte («teatralidad fronteriza») y la noción de irrealidad que producen sus respectivas representaciones son algunas otras de las notas que conectan, desde dentro, a los personajes de estas piezas. En la producción de José Sanchis, los farsantes Chirinos, Chanfalla, Ríos y Solano, comparten ostensiblemente su condición de pícaros-actores («piojos»)[95] y organizan, mediante su actuación, el marco en el que se desarrolla el análisis de una historia marginal olvidada u omitida, que en *Ñaque* son las formas menores del teatro de los Siglos de Oro y en el texto que nos ocupa supone la revisión del comportamiento de los españoles en las Indias recién descubiertas[96]. El argumento de la pieza cobra vida a partir del personaje de don Rodrigo, comparsa («figurante») en el escenario indiano y protagonista del *maravilloso* retablo que se muestra al receptor actual[97].

Por otra parte, Chirinos y Chanfalla, como los personajes de *Ñaque*, funcionan a manera de mediadores temporales por su capacidad de traslación desde el pasado literario

---

[95] Recordemos el subtítulo de la pieza de 1980 *(Ñaque o de piojos y actores)* y la identificación que entre unos y otros hace Solano: «Tú eres un piojo... Quiero decir: un actor.»

[96] En palabras de Carlos Espinosa Domínguez («La conquista en el tablado de los cómicos», texto introductorio a José Sanchis Sinisterra, *El retablo de Eldorado*, en *Teatro Español Contemporáneo. Antología*, México, Centro de Documentación Teatral-Consejo Nacional para la Cultura y las Artes-Gran Festival de la Ciudad de México, 1991, pág. 1192), «es, en definitiva, la Conquista vista desde el tenderete de unos saltimbanquis».

[97] Sobre el protagonismo de don Rodrigo y otros aspectos de la pieza, puede verse el esclarecedor artículo de Manuel Aznar Soler, «*El retablo de Eldorado* de José Sanchis Sinisterra», en Alfonso de Toro y Wilfried Floeck, eds., *op. cit.*

al presente de la escritura del texto y de cada una de sus recepciones. En ambos textos es fundamental el proceso de intertextualidades realizado por el dramaturgo, quien recorta, manipula, intercala, descontextualiza y recontextualiza dando «otro» significado a lo escrito ayer en la historia y en la literatura.

Al menos tres núcleos de interés temático podemos delimitar, atendiendo a los personajes que poseen presencia física en el drama: el de la marginalidad del cómico-pícaro y su condición de víctima del sistema corre a cargo de Chirinos y Chanfalla, representantes de un submundo miserable en una época oficialmente gloriosa. Estos seres, sometidos por unos (Macarelo y sus maleantes como los poderosos del hampa; el Santo Tribunal como poder oficial), serán explotadores de otros; en este caso del indiano loco de quien pretenden aprovecharse, para lo que organizan la falsa representación ante un público engañoso.

El tema de la revisión de los hechos de la conquista y su efecto en conquistadores y conquistados corre a cargo de don Rodrigo, en cuya palabra aparece el concepto oficial y triunfalista del imperio y la consideración crítica de los actos de los españoles, que escapa en la descripción de los sucesos vividos[98]. Chanfalla, al hacer la presentación del «héroe», muestra ya la doble condición del personaje, clara llamada de atención para sumergir al receptor actual en el proceso de revisión histórica que la pieza propone:

> Y así, señores, se ofrece
> a vuestra bondad probada
> la sincera relación
> de un vida oscura y clara,
> de un corazón recio y flaco,
> de un destino que se labra
> con oro y cieno mezclados,
> con hierro y bruñida plata.

---

[98] Con relación a esta ambivalencia en textos del teatro áureo, puede verse el citado trabajo de Francisco Ruiz Ramón, «El Nuevo Mundo en el teatro clásico», en *Celebración y catarsis*, págs. 69-137.

El personaje se configura además como la víctima histórica que, a pesar de proceder del bando de los vencedores, resulta vencido por su condición. Se emparenta así con Álvar Núñez, quien también ha de soportar el peso de una culpa colectiva; el viajero de La Florida lo manifiesta en su inadaptación; el viejo soldado de este *retablo*, en sus mutilaciones. No le faltan tampoco puntos de contacto con el Marañón de la compañía de Lope de Aguirre, ni con el propio Lope, verdugo y víctima de una historia despiadada.

Finalmente, doña Sombra, alejada de su tierra y de su cultura, pone en pie el tema de la *otredad*, la incomunicación y el destino del que no participa de los perfiles dominantes. Ella, como Shila *(Naufragios)*, habla otra lengua y su nombre, al igual que el de aquélla, no perdurará, porque nadie es capaz de recordarlo; a Chirinos y Chanfalla les resulta difícil pronunciarlo, y Rodrigo la ha convertido en su «sombra», para abandonarla después a una suerte incierta en un territorio ajeno, hostil, desconocido y sin fronteras. Quizás ese estar *fuera de* la convierte en enlace temporal y en mediadora entre pasado y presente; sólo ella, desde su *distancia*, es capaz de percibir que «ahí en las sombras hay espíritus de otros tiempos que nos miran y ríen de vuestra necedad», con lo que implica directamente al receptor de cada momento en el suceso representado.

Todos estos elementos se desarrollan en un argumento guiado, como en el *retablo* cervantino, por el engaño urdido por los pícaros que intentan utilizar la locura de don Rodrigo para sus fines. Para ello alientan su deseo de conseguir dinero y le proponen escenificar el relato de las maravillas que el soldado ha vivido en lejanas tierras; con lo recaudado, podrá volver a América y buscar la isla donde se encuentra la fuente de la eterna juventud, cuyas aguas remediarán sus heridas y su vejez. El proyecto de representar ante las autoridades y gentes principales de la villa se viene abajo porque otro acto más importante va a tener lugar, un Auto de Fe, fantasma que amenazará con su macabra sombra durante todo el proceso dramático a los comediantes y que finalmente los hará huir, por miedo a una justicia ciega que actúa inmisericorde sobre los débiles indigentes[99]. Pero los cómicos tramposos no se dan por vencidos y, a falta del noble público que esperaban, convocarán a los hampones y gentes de mala vida del lugar, con el propósito de llevar a cabo su plan.

Una única situación, por tanto, da origen a un espectáculo fundamentado en la entrada y salida de los personajes, en su gestualidad y, sobre todo, en la palabra. La pieza, como ocurre en *Ñaque, ¡Ay, Carmela!* o *El cerco de Leningrado*, se construye con la poca «balumba» que llevan los cómicos; y serán el trabajo de los actores y su discurso los elementos que levanten y den vida a la historia, la literatura y la reflexión que en sus intervenciones se contienen; mostrando así el desequilibrio entre el tema y su representación.

El proceso de implicación sufrido por los espectadores, constante en la dramaturgia de Sanchis, se consigue mediante las diversas suposiciones sobre la identidad del público y su desplazamiento desde el lugar habitual y objetivo (patio de butacas del teatro) a otros ficcionales (lonja del siglo XVI, cuando se les considera autoridades/maleantes; tinieblas futuras, si se les toma por los afantasmados jueces de cualquier otro tiempo), en virtud de la calificación de que son objeto por parte de los personajes, ya que el lugar ocupado por los espectadores está visto por los cómicos, desde la escena, como un profundo espacio oscuro y vacío, donde don Rodrigo ubica a las autoridades invitadas a presenciar su relato. En él Chirinos y Chanfalla sitúan a los truhanes y busconas reclutados para engañar al viejo soldado; y allí la presencia de Sombra siente los espíritus que juzgan la historia escenificada. El conflicto entre apariencia y realidad y la condición fronteriza rigen todos los aspectos de la estructura de este *tragientremés*, en el que, según la visión cervantina del mundo, nada es lo que se cree ver.

---

[99] El tema de la acción del poder contra los débiles y la consideración de la víctima como un individuo no inocente-no culpable es común a ese sector de la dramaturgia española de la segunda mitad de nuestro siglo al que nos hemos referido ya en varios momentos, y es particularmente perceptible en los seres creados para el teatro por Domingo Miras, acerca de quien puede verse Virtudes Serrano, *El teatro de Domingo Miras*.

El homenaje a Cervantes lo hace explícito Sanchis en sus «Agradecimientos» iniciales, pero éste no reside sólo en la elección de Chirinos y Chanfalla, o en la estructura de *teatro en el teatro* adoptada por el dramaturgo clásico y por el actual; ni siquiera en el truco empleado por los pícaros, o en la parcial adopción del título de la pieza o de un estilo literario tan cercano al del autor de *El Quijote;* la más profunda relación se encuentra en el «talante» y en el «espíritu». Ese talante que, bajo aparente desenfado, ofrece la visión de la tragedia del hombre débil ante el sistema, víctima de unos ideales imposibles de lograr y ese espíritu crítico que ya tuvo nuestro clásico, que coloca al autor y quiere colocar al receptor al lado de los *otros*, de las *figuras fantasmales de la historia*[100].

El retablo de Eldorado, fiel trasunto en apariencia de *El retablo de las maravillas*, invierte la magia de la representación: ayer ésta era falsa; hoy, lo falaz, lo maravilloso, lo inexistente, al menos de forma unívoca, es el público que debe presenciarla. Los cómicos lo *inventan* para engañar al soldado. La multiplicidad de perspectivas sobre ese integrante (¿del conflicto dramático?, ¿de la realidad?) provoca un irónico extrañamiento respecto al receptor, que se siente aludido, a través de la gestualidad marcada en las acotaciones y por las palabras de los personajes[101], quienes proyectarán sobre él su particular visión.

---

[100] En el programa de la representación de México en 1990, Sanchis escribió: «Hace cuatrocientos años —sí: exactamente en 1590— Miguel de Cervantes deseó y solicitó venir a tierras americanas. Asfixiado por la estrechez espiritual de la España de los Austrias y, sin duda, por la mezquindad material de su propia existencia [...], debió soñar con hallar en las Indias un verdadero Nuevo Mundo en donde restaurar los ideales y aspiraciones de su juventud. [...] De haber visto realizado su deseo, quizás no hubiera llegado hasta el límite de la amargura y de la desilusión, hasta el fondo del que surgiría la triste figura de un anacrónico caballero andante que paseó su grotesca quimera por tierras españolas. [...] Pero acaso hubiera tenido ocasión de contemplar y registrar las huellas aún vivas de aquel traumático encuentro entre dos mundos que se ignoraban, inclinando su pluma, como siempre lo hizo, del lado de las víctimas.»

[101] Sobre la técnica de implicación del receptor empleada por Sanchis, puede verse su artículo «Por una dramaturgia de la recepción».

La pieza se híbrida en el subtítulo, donde la tragedia se mezcla con el género menor del entremés. El juego *ser-parecer* afecta también a los propios personajes que, como Sancho Panza y don Quijote, captan «otra realidad» y adquieren actitudes distintas a las que les son características. Así sucede con Chanfalla, en quien el retablo surte el efecto enajenante que sería deseable para el público esperado por don Rodrigo; con la narración del militar, que deriva desde la exaltación triunfalista hacia la consideración del desastre; o con él mismo cobrando conciencia clara de su fracaso; y todo ello guiado por el deseo del dramaturgo «de intentar un doble proceso que me permita, por una parte, rescatar de la "biografía histórica" del conquistador los acontecimientos más significativos y, por otra, integrarlos en una situación escénica que lleve a su máxima intensidad los conflictos latentes y proyecte la totalidad a una dimensión nueva e inesperada, quizás a otro nivel de "realidad". [...] Los personajes dejan de representar (el Retablo), arrastrados por el vértigo de lo imaginario, comienzan a *vivir* la ficción y se abaten para ellos las fronteras del tiempo y del espacio, de la historia y de la utopía, de la realidad y del mito»[102].

El espacio, por voluntad del dramaturgo, que siempre juega con «los poderes ilusorios del teatro» y con los personajes, «puesto que son criaturas de teatro, su única realidad posible es la ficción, y ésta no conoce límites ni restricciones»[103], es igualmente ambiguo: «La acción podría transcurrir en una lonja abandonada. [...] Pero también podría emerger de las tinieblas de un escenario»; ficción y realidad (lonja/escenario) pierden también sus límites en este componente dramatúrgico.

Sin duda, donde más transgresor se muestra el autor es en la concepción del tiempo. Siempre ha sido éste un elemento maleable en sus manos y no podía dejar de serlo en esta pieza[104]. El tiempo de José Sanchis es un tiempo *fronte-*

---

[102] José Sanchis Sinisterra, «*El retablo de Eldorado* (Notas)».

[103] José Sanchis Sinisterra, «*El retablo de Eldorado* (Notas)».

[104] La noción de tiempo, compleja en el teatro, lo es más cuando se trata de una pieza histórica de nuestro teatro más reciente, pues a todos los

rizo en su concepción cronológica; *metateatral* en su aplicación dramatúrgica e *implicador* con relación al receptor. Como en *Ñaque* o en *Naufragios de Álvar Núñez*, el ayer y el hoy se funden por la voz de sus criaturas escénicas. Por eso, aunque «algunos de los personajes creen existir en los últimos años del siglo XVI, [...] hay quienes sospechan —como el público— que el único tiempo real es el *ahora* de la representación». Con tan intranquilizadora noción están relacionados todos los gestos y partes del diálogo que aluden directa o indirectamente al espectador, haciéndole salir de su situación de *mirón* de lo ajeno, para verse inmerso y participando en los hechos representados, rota la convención que separa público y representación.

Antes de penetrar en la historia dramática, el lector ya encuentra, en los «Agradecimientos», una primera transgresión temporal, pues la fórmula de cortesía acerca y coloca próximos al dramaturgo actual y a los autores auriseculares que le han servido de fuente, modelo o inspiración. De nuevo, lo que aparece ante nuestra mirada es un *engaño a los ojos*, como lo son algunos aspectos del estilo literario del texto. Es éste un producto de la última dramaturgia española y, sin embargo, posee factura clásica en los trazos de su expresión, en la mezcla de verso y prosa, en los procedimientos literarios propios del estilo barroco, en los metros empleados, etc. Pero lo que más sorprende es que, aunque gran parte de los textos que lo integran proceden de una fuente anterior transcrita casi literalmente, otros son producto de la sabia elaboración del autor contemporáneo, que consigue enmascarar su palabra (no es lo que parece) como medio de confrontar al receptor de hoy con su pasado. Éste es precisamente el motivo que lo ha guiado en la

---

demás aspectos temporales (tiempo de los sucesos dramatizados, de la fábula escénica ya constituida, de la representación, de los receptores, etcétera) habrá que añadir ese tiempo mediador que hace al tiempo histórico «iluminador» del presente (véase Antonio Buero Vallejo, «Acerca del drama histórico»). Ésta es la noción temporal empleada por Sanchis y por otros autores del teatro español actual, que, como indicamos (cfr. notas 23 y 24), cultivan el drama histórico empeñados en enfrentar al receptor con su pasado y con su presente.

pieza que comentamos a manejar un lenguaje cuyos registros se escapan a veces a la automática descodificación del lector-espectador actual:

> Los diálogos en que tales materiales [los textos de cronistas y escritores áureos] se engarzan, elaborados según el modelo de la prosa cervantina y de la novela picaresca, y sazonados con la jerga marginal —hoy incomprensible— de fines del XVI y principios del XVII, constituyen la dimensión lingüística del objetivo general de *extrañamiento* a que aspira el espectáculo: no se trata de actualizar ni de modernizar la evocación de un capítulo de nuestra historia para aproximarlo al público de hoy y facilitar su comprensión, su asimilación, sino de subrayar su historicidad, su relativa opacidad, su irremediable lejanía. Sólo así es posible confrontarse con el pasado en tanto que pasado: percibiéndolo como un tiempo «otro» que, no obstante, nos concierne, nos condiciona, nos provoca[105].

La técnica de la apariencia engañosa contamina también a los objetos que resultan no ser lo que los integrantes de la trama esperan, sorprendiendo, por otro lado, al receptor a partir del momento en que *reconoce* su verdadera naturaleza. Así funcionan el saquito que posee Rodrigo y que tan celosamente guarda Sombra de la persecución de los pícaros, el frasquito de misterioso licor o la jarra preparada por la india de la que, en un momento de descuido, bebe Chirinos. En el plano de los personajes, los disfraces y decorados verbales que les sirven para mostrar el retablo serán entendidos por Chanfalla como visiones de realidad vivida, mientras que elementos escenográficos como la carreta serán, para el público, el escenario de la segunda representación.

De las dos partes que componen este *tragientremés*, la primera sirve para manifestar la índole de los personajes y plantear las ideas principales. En una secuencia inicial, Chirinos y Chanfalla, como hicieran los de Cervantes, se muestran a sí mismos en su condición de pícaros embaucadores y marcan la temporalidad histórica con la referencia al Auto

---

[105] Programa de la citada representación de México en 1990.

de Fe. Dos importantes motivos surgen ya en este momento: la naturaleza moldeable del público —real de la representación, posible de la historia dramatizada— gracias a su inmersión en lo oscuro, y la capacidad de Chanfalla para entrar en el universo ficcional de las visiones ilusorias.

La siguiente secuencia posee el interés de la primera aparición de don Rodrigo. Contrastará su grotesca figura con la trágica lucha que sostiene frente a la vejez, el tiempo y la magnitud de sus recuerdos. Su apariencia es relacionable con la que Lope de Aguirre describe de sí mismo en su Carta al rey Felipe (utilizada por Sanchis en uno de los fragmentos corales de *Lope de Aguirre, traidor*)[106] y con la del general Pánfilo de Narváez, trazada en los *Naufragios de Álvar Núñez;* pero, mientras que éste la posee como reflejo físico del retrato que deja entrever Álvar Núñez en su crónica, Rodrigo la debe al deliberado propósito del autor de presentar a la víctima como individuo cómico y patético, que une a su inicial origen quijotesco las marcas del esperpento de Valle-Inclán; se emparenta también con los héroes irrisorios de la tragedia compleja de Alfonso Sastre, al tiempo que esta doble condición actúa como recurso de extrañeza y distancia. Por eso, a pesar de su desaliñado y hasta adverso atuendo, de sus caídas y trompicones, de su degradación física, existe en este personaje la humanidad que emana de la narración de su azarosa vida, de su calidad de perdedor, de la lúcida crítica que aflora en su relato y de su final decisión. Con la presencia de «una mujer de rasgos inequívocamente indios» se completa el elenco de personajes. Poco después vendrá, como recurso dramatúrgico de la trama, la identificación de la indígena con esa *sombra* buscada por el *conquistador.*

Planteados todos estos elementos temáticos, argumentales y de construcción dramatúrgica, la segunda parte desarrolla, en todas sus secuencias y en relación con la historia de Rodrigo, las hazañas y miserias de los descubridores. La

---

[106] El autor pensó sin duda en un personaje para construir el otro, y no sólo por su deterioro físico, sino también por la condición de víctimas dentro del universo de los ganadores.

pieza, en esta parte, se encuentra entre lo dramático y lo épico, «mixtura» muy del gusto de un autor colocado y denominado, por voluntad propia y expresa, como «fronterizo».

Distintos procedimientos dinamizan el proceso dramático. En primer lugar se encuentra el resorte de interés que supone para el público conocer —como en el texto cervantino— la intención de los pícaros. La situación de omnisciencia de la que goza el receptor hace que la figura de Rodrigo capte inmediatamente su atención, por ser la víctima del engaño. Relacionada con ello se encuentra toda la escena en la que Chirinos y Chanfalla suplen con sus voces a las autoridades inexistentes. Durante la secuencia, presidida por el humor que nace del equívoco provocado a la vista de los espectadores para engañar al soldado, se combinan con acierto la pantomima de Chirinos y Chanfalla realizada en el espacio visible y las voces y sonidos que sugieren otra acción en el espacio omitido que cubre la carreta para que el iluso crea que el noble auditorio esperado está presente.

El humor salpica toda la obra de Sanchis como contrapunto de la tragedia para crear la distancia reflexiva y está presente en gestos, comentarios, desajustes de diversa especie, o situaciones y, sobre todo, en el sistema expresivo de los personajes que por su calidad «marginal» provoca la risa merced a la utilización de términos tabú, expresiones y giros malsonantes que aparecen en el contexto como chistes verbales.

A pesar de su funcionalidad, las acotaciones dejan ver la presencia de un narrador que organiza e interpreta, focalizándolas para el receptor, las acciones de sus personajes. Al mismo tiempo, sus formas expresivas delatan, en su autonomía literaria, la pluma de un escritor con voluntad de estilo. No obstante, es el dramatúrgico su principal objetivo; en ellas se contienen las indicaciones gestuales, que implican al público espectador, al mantener la constante tensión entre los personajes (actores) que se encuentran sobre el escenario y los que (actores figurados o público real o espíritus supuestos) ocupan el patio de butacas o el recinto preparado para contemplar/participar. En toda la primera parte, el papel de las acotaciones es marcar los movimientos que los personajes tienen adjudicados, con el fin de conseguir que el dinamismo escénico se produzca. A veces no está determinada en ellas la gestualidad, que se simultanea con el diálogo, y de la que el lector previo a la representación sólo tendrá noticia en advertencias posteriores, técnica basada en la sorpresa que maneja el autor en otros textos, como *Pervertimento*.

En la segunda parte, el juego planteado por los textos secundarios es más complejo, puesto que éstos, como el resto del conjunto dramatúrgico, se metateatralizan, ya que, de un lado, «indican» la actuación del primer plano de la representación (la historia de la burla), y, de otro, marcan la actuación llevada a cabo en el propio retablo teatralizado por don Rodrigo y los cómicos.

Una especial modalidad de acotación implícita reside en las intervenciones de doña Sombra, toda vez que la traducción sólo es apreciada por el lector, director, actor o aficionado a la literatura dramática y no por el público de la representación, quien, como Chirinos y Chanfalla, se encontrará superado por el «otro» lenguaje y como ellos habrá de soportar el desconocimiento del mensaje. La gestualidad de la actriz ofrecerá la síntesis («opaca») de lo expresado, recurso este, como el resto del sistema lingüístico, de extrañamiento o distancia, motivo de intranquilidad y hábil soporte dramatúrgico de intriga. Solamente en una ocasión Rodrigo desvela el significado, porque desconocerlo privaría al público del lugar que el dramaturgo le adjudica para que lleve a cabo el análisis crítico del mensaje histórico que la pieza contiene. En el proceso de implicación del receptor, que a través del desarrollo dramático está teniendo lugar, éste es el momento de colocar al público en su sitio:

> RODRIGO.—*(Extrañado, mirando la sala.)* Dice que ahí en las sombras hay espíritus de otros tiempos que nos miran y ríen de nuestra necedad.

Esta edición

Reproducimos los textos de *Naufragios de Álvar Núñez o La herida del otro*, *Lope de Aguirre, traidor* y *El retablo de Eldorado* aparecidos en El Público Teatro, núm. 21, donde ya figuraba el título común de *Trilogía americana*. En ellos corregimos las erratas y la alteración en el nombre de algún personaje. El autor ha introducido muy escasas modificaciones, la más importante de las cuales es el cambio de orden de las piezas. Los dos primeros textos no se han publicado en otra ocasión; *El retablo de Eldorado* lo ha sido en *Teatro Español Contemporáneo. Antología,* sin cambios apreciables.

Dadas las características de la presente edición, hemos procurado que nuestras anotaciones atiendan a tres aspectos: la aclaración de términos que, por arcaicos o inusuales, lo precisen (manteniendo asimismo por deseo del autor su «Glosario de voces infrecuentes» en *El retablo de Eldorado);* la orientación en cuanto a fuentes e intertextualidades, y, finalmente, los comentarios de carácter dramatúrgico.

Bibliografía

I. DE SANCHIS SINISTERRA

1. *Obras teatrales*

Tú, no importa quién (1962), estrenada por el grupo Aorta, de Alicante, en noviembre de 1970. Inédita. Premio «Carlos Arniches» de Teatro 1968.

Midas (1963), estrenada por el Grupo de Estudios Dramáticos de Valencia, con dirección del autor, en noviembre de 1964. Inédita.

Demasiado frío (1965), sin estrenar. Inédita.

Un hombre, un día (1968), adaptación de «La decisión», relato de Ricardo Doménech. Sin estrenar. Inédita.

Algo así como Hamlet (1970), sin estrenar. Inédita.

Testigo de poco (1973), sin estrenar. Inédita.

Tendenciosa manipulación del texto de «La Celestina» de Fernando de Rojas (1974), sin estrenar. Inédita.

La Edad Media va a empezar (1976), estrenada por l'Assemblea d'Actors i Directors de Barcelona, dentro del espectáculo *Crack*, en mayo de 1977. Inédita.

La leyenda de Gilgamesh (1977), estrenada por el Teatro Fronterizo, con dirección del autor, en marzo de 1978. Inédita.

Historias de tiempos revueltos (1978), dramaturgia de dos textos de Bertolt Brecht *(El círculo de tiza caucasiano* y *La excepción y la regla)*. Estrenada por el Teatro Fronterizo, con dirección del autor, en abril de 1979. Inédita.

Escenas de Terror y miseria en el primer franquismo (1979), sin estrenar. Dos de ellas, «Intimidad» y «El anillo», fueron publicadas por la revista *Andalán* (núm. 346, diciembre, 1981, págs. III-V y VI-VIII); «Primavera 39» y «El topo» lo han sido en Ramón Acín, coord., *Invitación a la lectura*, Zaragoza, Dirección Provincial del MEC-Caja de Ahorros de la Inmaculada, 1995, págs. 497-501. Cuatro, traducidas al catalán por Jaume Melendres («Primavera 39», «L'anell», «Intimitat» y «El taup»), se publicaron en *Terror i misèria del primer franquisme* (Barcelona, Institut del Teatre, 1983, págs. 13-19, 21-27, 29-34 y 35-40). El Aula de Teatre de la Universitat Autònoma de Barcelona estrenó «L'anell» y «El taup» en mayo de 1984.

La noche de Molly Bloom (1979), dramaturgia del último capítulo de *Ulises,* de James Joyce. Estrenada por el Teatro Fronterizo, con dirección del autor, en noviembre de 1979. En prensa, con *Bartleby, el escribiente* y *Carta de la Maga a bebé Rocamadour*, bajo el título *Tres dramaturgias*, en Madrid, Fundamentos.

Ñaque o de piojos y actores (1980), «mixtura joco-seria de garrufos varios sacada de diversos autores...», estrenada por el Teatro Fronterizo, con dirección del autor, en octubre de 1980 en el Festival Internacional de Sitges. Publicada en *Primer Acto* (núm. 186, octubre-noviembre, 1980, págs. 110-137) con un texto introductorio del autor (págs. 108-109); en *Pausa* (número 2, enero, 1990, págs. 13-53); y en Madrid, Cátedra, 1991 (junto con *¡Ay, Carmela!),* con Introducción de Manuel Aznar Soler.

El gran teatro natural de Oklahoma (1980-1982), dramaturgia sobre textos de Franz Kafka. Estrenada por el Teatro Fronterizo, con dirección del autor, en mayo de 1982. Publicada en *Primer Acto* (núm. 222, enero-febrero, 1988, págs. 42-71).

Informe sobre ciegos (1980-1982), adaptación del capítulo homónimo de la novela de Ernesto Sábato *Sobre héroes y tumbas*. Estrenada por el Teatro Fronterizo, con dirección del autor, en octubre de 1982. Inédita.

Dramaturgia de *La vida es sueño* (1981), de Calderón de la Barca, en adaptación de Álvaro Custodio y José Luis Gómez. Estrenada, con dirección de José Luis Gómez, en el Teatro Español de Madrid en diciembre de 1981. Inédita.

Moby Dick, dramaturgia de la novela de Herman Melville. Estrenada por el Teatro Fronterizo, en colaboración con el Grup d'Acció Teatral (GAT), con dirección de Enric Flores y del autor, en mayo de 1983. Inédita.

Bajo el signo de Cáncer (1983), estrenada por la Compañía Canaria de Teatro, dirigida por Tony Suárez, en noviembre de 1983. Inédita.

Ay, Absalón (1983), dramaturgia de *Los cabellos de Absalón*, de Calderón de la Barca. Estrenada en el Teatro Español de Madrid, con dirección de José Luis Gómez, en diciembre de 1983. Inédita.

Conquistador o El retablo de Eldorado (1977-1984), estrenada por el Teatro Fronterizo, con dirección del autor, en el Teatre de l'Aliança del Poble Nou de Barcelona, en febrero de 1985; posteriormente se representó en distintos países de Hispanoamérica. Publicada, con el título *El retablo de Eldorado,* «tragientremés en dos partes», en *Teatro Español Contemporáneo. Antología* (México, Centro de Documentación Teatral-Consejo Nacional para la Cultura y las Artes-Gran Festival de la Ciudad de México, 1991, págs. 1197-1294), con prólogo («La conquista en el tablado de los cómicos») de Carlos Espinosa Domínguez; y, con *Lope de Aguirre, traidor* y *Naufragios de Álvar Núñez,* bajo el título de *Trilogía americana,* en Madrid, El Público Teatro, núm. 21, 1992; con texto introductorio («Una pasión americana») de Moisés Pérez Coterillo.

Primer amor (1985), dramaturgia del relato del mismo título de Samuel Beckett. Estrenada por el Teatro Fronterizo, con dirección de Fernando Griffell, en abril de 1985. Inédita.

Dramaturgia de *Cuento de invierno* (1985), de William Shakespeare. Sin estrenar. Inédita.

Crímenes y locuras del traidor Lope de Aguirre (1977-1986), estrenada por el Teatro Fronterizo en colaboración con Teatropólitan, de San Sebastián, con dirección de Joan Ollé, en el Teatro Ayala de Bilbao, en marzo de 1986. Una nueva versión, con el título *Lope de Aguirre, traidor,* fue estrenada por Teatro de la Plaza, con dirección de José Luis Gómez, en Torrejón de Ardoz, en 1992. Publicada, junto a *El retablo de Eldorado* y *Naufragios de Álvar Núñez,* en la edición citada de *Trilogía americana.* Hay traducidos al ruso algunos fragmentos de *Lope de Aguirre, traidor,* en una revista rusa llamada Латинская Америка («Latino América»), Moscú, 1995, en traducción de и. глущенко. En el núm. 8 de la revista, en las págs. 98-109, aparecen los monólogos 1, 3, 4 y 6. En el núm. 9, en las págs. 118-128, aparecen los monólogos 7, 8, 9 y la carta a don Felipe.

¡Ay, Carmela! (1986), «elegía de una guerra civil en dos actos y un epílogo». Estrenada por Teatro de la Plaza, con dirección de José Luis Gómez, en el Teatro Principal de Zaragoza, en noviembre de 1987. Publicada en Madrid, El Público Teatro, núm. 1, 1989, con prólogo («La insignificancia y la desmesura») de Joan Casas; y en el citado volumen de Cátedra con *Ñaque.*

Dramaturgia de *Despojos* (1986), a partir de los relatos «El padre» y «Disociaciones», de Óscar Collazos. Elaborada y representada en un taller sobre «Textualidad y teatralidad» en la Facultad de Artes de la Universidad de Antioquía en Medellín (Colombia). Inédita.

Traskalampaykán (1986), «comedia interminable para niños y viejos». Sin estrenar.

Gestos para nada (1986-1987), textos derivados del Laboratorio de Dramaturgia Actoral del Teatro Fronterizo, parcialmente estrenados por éste, dirigido por Sergi Belbel, en abril de 1988, con el título de *Pervertimento,* y por la Escuela Municipal de Teatro de Zaragoza, dirigida por Francisco Ortega, con el título de *Gestos para nada,* en 1989. Publicado como *Pervertimento y otros Gestos para nada* (Sant Cugat del Vallès, Cop d'Idees, 1991).

Carta de la Maga a bebé Rocamadour (1986-1987), dramaturgia de *Rayuela,* de Julio Cortázar. Sin estrenar. Publicada en *Monteagudo,* (núm. 10, febrero, 1992, págs. 45-60); y, con *La noche de Molly Bloom* y *Bartleby, el escribiente,* en el citado volumen *Tres dramaturgias.*

El canto de la rana (1983-1987), sin estrenar. Publicada en *Mísero Próspero y otras breverías (Monólogos y diálogos),* Madrid, La Avispa, 1995.

Los figurantes (1986-1988), estrenada por el Centre Dramàtic de la Generalitat Valenciana, con dirección de Carme Portaceli, en el Teatro Rialto de Valencia en febrero de 1989. Publicada en Madrid, SGAE, 1993.

Mísero Próspero (1987), guión radiofónico. Estrenado en el Monasterio D'Ombrone, Siena, en el Festival Mondiale di Dramaturgia Contemporanea, con dirección del autor, en junio de 1992; reestrenado, con variantes, en marzo de 1993 en la Sala Beckett de Barcelona. Publicado en *Cuadernos El Público* (número 37, noviembre, 1988, págs. 78-84), monográfico titulado *Escenarios de la radio*; en *Pausa*, núm. 13, marzo, 1993, págs. 50-54; y en *Mísero Próspero y otras breverías (Monólogos y diálogos)*, Madrid, La Avispa, 1995.

La estirpe de Layo (1988-1989), dramaturgia de *Edipo rey*, de Sófocles. Sin estrenar. Inédita.

Bartleby, el escribiente (1989), dramaturgia sobre el relato de Herman Melville. Estrenada en la Sala Beckett de Barcelona, en versión catalana de Joan Casas, por el Teatro Fronterizo, con dirección del autor, en noviembre de 1989. En prensa, con *La noche de Molly Bloom* y *Carta de la Maga a bebé Rocamadour*, en el citado *Tres dramaturgias*.

Perdida en los Apalaches (1990), «juguete cuántico». Estrenado en la Sala Beckett por el Teatro Fronterizo, dirigido por Ramón Simó, en noviembre de 1990. Publicado en Madrid, Centro Nacional de Nuevas Tendencias Escénicas, «Nuevo Teatro Español», núm. 10, 1991, con breves textos introductorios de Guillermo Heras y Ramón Simó i Vinyes.

Espejismos (1990, sin estrenar. Publicada en *Pausa* (núm. 4, julio, 1990, págs. 34-37); y en *Pervertimento y otros Gestos para nada*.

Naufragios de Álvar Núñez (1978-1991), sin estrenar. Publicada, con *El retablo de Eldorado* y *Lope de Aguirre, traidor*, en el citado volumen *Trilogía americana*.

Valeria y los pájaros (1992), «comedia en tres actos como las de antes». Sin estrenar. Publicada en Madrid, Asociación de Directores de Escena de España, 1995 (junto a *Bienvenidas)*, con Prólogo («Mecanismos de la teatralidad») de Fermín Cabal.

Dos tristes tigres (compuesto por *De tigres* [1993], *Transacción* [1992], *Casi todas locas* [1993] y *La calle del remolino* [1990-1991]). Tres de esos textos se estrenaron en el Teatre Malic de Barcelona, con dirección de Manuel Carlos Lillo, junto a *Ahí está* (de *Pervertimento...*), en noviembre de 1993. En la reposición del espectáculo se incluyó *Casi todas locas*. Publicado en *Mísero Próspero y otras breverías (Monólogos y diálogos)*.

Bienvenidas (1993), «danzadrama». Estrenado en catalán *(Benvingudes)* en la Sala Beckett por el Teatro Fronterizo y la Compañía Transit de danza, con dirección de Joan Castells y coreografía de María Rovira en diciembre de 1993. Publicado con *Valeria y los pájaros*.

El cerco de Leningrado (1989-1993), «historia sin final». Estrenada en el Teatro Barakaldo, de Baracaldo, dirigida por Omar Grasso en marzo de 1994. Publicada en Madrid, SGAE, 1995; y, junto a *Marsal Marsal*, en Madrid, Fundamentos, 1996.

Claroscuros (compuesto por *Lo bueno de las flores es que se marchitan pronto* [1992], *Mal dormir* [1993-1994] y *Retrato de mujer con sombras*, [1991-1994]). Los dos primeros textos se estrenaron, con dirección de Cristina Rota, en la Sala Mirador de Madrid en noviembre de 1994. Publicado en *Mísero Próspero y otras breverías (Monólogos y diálogos)*.

Marsal Marsal (1994), estrenada en la Sala Beckett de Barcelona por el Teatro Fronterizo en el marco del Festival *Grec 95*, con dirección de José Antonio Ortega, en julio de 1995. Publicada en la editorial Fundamentos con *El cerco de Leningrado*.

2. *Artículos, ensayos y textos teóricos*

«El espacio escénico», *La Caña Gris*, núm. 3, Valencia, 1960.

«Sobre la revisión crítica de los clásicos», *Primer Acto*, núm. 43, 1963, págs. 63-64.

«El de Gijón. Primer Festival de Teatro Contemporáneo», *La Estafeta Literaria*, núm. 276, 12 de octubre de 1963, pág. 20.

«Les conditions d'un nouveau théâtre en Espagne», *Marche Romane*, núm. 4, cuarto trimestre de 1964, págs. 1-6.

«Unamuno y "El otro"», en Miguel de Unamuno, *El otro*, Barcelona, Aymá, 1964, págs. 29-36.

«Para una Asociación Independiente de Teatros Experimentales», *Primer Acto*, núm. 51, 1964, págs. 25-26 [sin firmar].

«AITE. Carta a los grupos no profesionales españoles», *Primer Acto*, núm. 60, enero, 1965, págs. 63-64.

«Aula y Seminario de Teatro de la Facultad de Filosofía y Letras de Valencia», *Primer Acto*, núm. 65, 1965, págs. 64-65.

Grupo de Estudios Dramáticos, «Notas al programa de teatro concreto», *Primer Acto*, núm. 66, 1965, págs. 63-64.

«Extracto del Coloquio sobre la primera ponencia» [Primeras Conversaciones Nacionales de Teatro 1965], *Primer Acto*, núm. 70, 1965, págs. 12-15.

«Extracto del Coloquio sobre la segunda ponencia», *Primer Acto*, núm. 71, 1966, págs. 11-14.

«Coloquio sobre la ponencia ["La vocación y la profesión de actor en la sociedad actual"]. Extracto», *Primer Acto*, núm. 73, 1966, págs. 6-7.

«Teatro español. No todo ha de estar en Madrid», *Primer Acto*, núm. 79, 1966, págs. 4-12.

«Panorama teatral», *Suma y Sigue*, Valencia, marzo, 1966, págs. 69-75.

«El teatro en provincias», *Cuadernos para el Diálogo*, núm. extraordinario «Teatro Español», junio de 1966, págs. 20-22.

Respuesta a la «Encuesta sobre la situación del teatro en España», *Primer Acto*, núms. 100-101, noviembre-diciembre, 1968, pág. 65.

«Después de Brecht. Consideraciones posteriores sobre las notas de una conferencia», *Aula Cine Teatro*, revista de la Facultad de Filosofía y Letras de la Universidad de Valencia, 1968, págs. 16-24.

«Presente y futuro del teatro español», *Primer Acto*, núm. 104, enero, 1969, págs. 4-8.

«El Primer Festival de Teatro Contemporáneo (Gijón, 1963)», *Primer Acto*, núm. 119, abril, 1970, págs. 15-17.

«Las dependencias del Teatro Independiente», *Primer Acto*, número 121, junio, 1970, págs. 69-74. Reproducido en Alberto Fernández Torres (coord.), *Documentos sobre el Teatro Independiente Español*, Madrid, CNNTE, 1987, págs. 131-140.

Respuesta a la «Encuesta sobre el Festival Cero de San Sebastián», *Primer Acto*, núm. 125, octubre, 1970, págs. 31-32.

«Agrupamiento, creatividad y desinhibición. Informe sobre una experiencia teatral con adolescentes», *Estudios Escénicos*, número 17, julio, 1973, págs. 11-35.

«La paulatina ciénaga» («Tu soledad tu infierno tu camino», poema), *Camp de l'Arpa*, núms. 23-24, agosto-septiembre, 1975, págs. 26-27. Premio de Poesía *Camp de l'Arpa*, 1975.

«La creatividad en la enseñanza de la literatura», *Cuadernos de Pedagogía*, núm. 17, mayo, 1976, págs. 22-24.

«Práctica teatral con adolescentes: la creación colectiva», *Pipirijaina*, núm. 6, enero-febrero, 1978, págs. 41-44.

«El Teatro Fronterizo. Manifiesto (latente)», *Primer Acto*, número 186, octubre-noviembre, 1980, págs. 88-89 [sin firmar].

«El Teatro Fronterizo», *Primer Acto*, núm. 186, octubre-noviembre, 1980, págs. 96-109.

«La condición marginal del teatro en el Siglo de Oro», ponencia presentada en las *III Jornadas de Teatro Clásico Español*, celebradas en Almagro en 1980. Publicada en *Primer Acto*, núm. 186, octubre-noviembre de 1980, págs. 73-87: y, en edición de José Monleón, en Madrid, Ministerio de Cultura, 1981, págs. 95-130.

«Teatro Fronterizo. Taller de dramaturgia», *Pipirijaina*, núm. 21, marzo de 1982, págs. 29-44.

«Calderón, nuestro (ancestral) contemporáneo», en el programa de *Ay, Absalón*, de Calderón de la Barca, Madrid, Teatro Español, 1983, págs. 13-22.

«*Happy days*, una obra crucial», *Primer Acto*, núm. 206, noviembre-diciembre, 1984, págs. 36-41.

«Personaje y acción dramática», ponencia presentada en las *VII Jornadas de Teatro Clásico Español*, celebradas en Almagro en 1983. Publicada en AAVV, *El personaje dramático*, coordinación de Luciano García Lorenzo, Madrid, Taurus, 1985, págs. 97-115.

«De la chapuza considerada como una de las Bellas Artes», en Antonio Fernández Lera (coord.), *Nuevas Tendencias Escénicas. La escritura teatral a debate*, Madrid, CNNTE, 1985, págs. 121-130.

«Teatro en un baño turco», en *Congrés Internacional de Teatre a Catalunya 1985. Actes*, Barcelona, Institut del Teatre, 1987, volumen IV, págs. 131-143.

«Debate sobre Festivales», *Primer Acto*, separata del núm. 219, mayo-agosto, 1987.

«Crónica de un fracaso», *Primer Acto*, núm. 222, enero-febrero, 1988, págs. 24-32.

«La aventura kafkiana a escena», *Primer Acto*, núm. 222, enero-febrero, 1988, págs. 40-41.

«Sergi Belbel: La passió de la forma», en Sergi Belbel, *Dins la seva memòria*. Barcelona, Ediciones 62, 1988, págs. 7-12.

«Letra menuda» (sobre *Mercier y Camier*, de Beckett), *Pausa*, número 1, octubre, 1989, pág. 15.

«*Ñaque*: 10 años de vida», *Pausa*, núm. 2, enero, 1990, págs. 6-7.

«Muestra antológica de El Teatro Fronterizo», *Pausa*, núm. 2, enero, 1990, págs. 64-75.

«Beckett dramaturgo: la penuria y la plétora», *Pausa*, núm. 5, septiembre, 1990, págs. 8-18. En traducción catalana de Lluís Solá apareció como prólogo a *Fi de partida*, de Samuel Beckett, Barcelona, Institut del Teatre, 1990, págs. 5-18.

«Final de trayecto», *El Público*, núm. 76, enero-febrero, 1990, páginas 46-48.

«Fronteras beckettianas», *Primer Acto*, núm. 233, marzo-abril, 1990, pág. 43.

«Regreso a Melville», *Pausa*, núm. 3, abril, 1990, págs. 19-20.

«Narratividad y teatralidad. La dramaturgia de *Bartleby, el escribiente*», *Pausa*, núm. 3, abril, 1990, págs. 27-33.

«El silencio en la obra de Beckett», *Pausa*, núm. 8, julio, 1991, páginas 6-15.

«El espacio dramático», *Pausa*, núm. 8, julio, 1991, págs. 45-49.

«Un receptor más que implícito: el cómplice de J. Casas en *Nus*», *Pausa*, núms. 9-10, septiembre-diciembre, 1991, págs. 48-56.

«Lectura y puesta en escena», *Pausa*, núm. 11, marzo, 1992, páginas 28-29.

«Turno de palabra» [Debate], *El Público*, núm. 91, julio-agosto, 1992, págs. 83-95.

Respuesta a «Questions aux auteurs», *Théâtre/Public*, núms. 107-108, monográfico «América, 1492-1992», septiembre-diciembre, 1992, págs. 39-40.

«Por una teatralidad menor», en *Salas alternativas: Un futuro posible*, 13.ª Fira de Teatre al Carrer de Tàrrega, Ponencias de La Llotja, 1993, págs. 25-31.

«FIT 93, segunda época», *Primer Acto*, núm. 250, septiembre-octubre, 1993, págs. 6-7.

«1957-1967: La meua «prodigiosa dècada», en AA.VV., *60 anys de Teatre Universitari*, Valencia, Universitat, 1993, págs. 78-79.

«Por una dramaturgia de la recepción», *ADE. Teatro*, núm. 41-42, enero, 1995, págs. 64-69.

«El retorno del texto dramático», *Boletín Informativo de la Fundación Juan March*, abril, 1996, págs. 31-32.

«¿Todavía teatro político?» y «*Marsal, Marsal:* ¿utopía o profecía?», en José Sanchis Sinisterra, *El cerco de Leningrado. Marsal, Marsal*, Madrid, Fundamentos, Espiral, 1996, págs. 5-6 y 81-82.

II. Sobre Sanchis Sinisterra

ALMEIDA, Hélène de, *Étude de la pièce du théâtre de José Sanchis Sinisterra, «¡Ay, Carmela!»*, Memoire de Maîtrise leída en junio de 1991 en la Universidad de Dijon.

A[NDRADI], E[sther], «Carmela y Paulino en la casa de Brecht», *El Público*, núm. 88, enero-febrero, 1992, págs. 106-107.

AULADELL PÈREZ, Miguel Ángel, *«¡Ay, Carmela!,* antítesis de teatro filmado», *Teatro (Revista de Estudios Teatrales),* núms. 6-7, diciembre 1994-junio 1995, págs. 249-257.

AZNAR SOLER, Manuel, «La deuda beckettiana de *Ñaque*», *Pausa,* núm. 2, enero, 1990, págs. 8-10.

— *«Ñaque o de piojos y actores*: el metateatro fronterizo de José Sanchis Sinisterra», *Hispanística XX*, núm. 7, 1990, págs. 203-224; y, con algunas adiciones, en Wilfried Floeck (ed.), *Spanisches Theater im. 20 Jahrhundert. Gestalten und Tendenzen*, Tubinga, Francke, 1990, págs. 233-255.

— «José Sanchis Sinisterra. Del Teatro Español Universitario al Grupo de Estudios Dramáticos (1957-1967)», en AA.VV., *60 anys de Teatre Universitari,* Valencia, Universitat, 1993.

— *«El retablo de Eldorado* de José Sanchis Sinisterra», en Alfonso de Toro y Wilfried Floeck (eds.), *Teatro Español Contemporáneo. Autores y Tendencias,* Kassel, Reichenberger, 1995, págs. 391-412.

BADIOU, Maryse, «La Sala Beckett: un teatro y una filosofía», *El Público,* núm. 67, abril, 1989, págs. 40-41.

CASAS, Joan, «Diálogo alrededor de un pastel bajo la mirada silenciosa de Beckett» [Entrevista], *Primer Acto,* núm. 222, enero-febrero, 1988, págs. 33-39.

D., J., «La conquista de América, una frontera teatral», *El Público*, núm. 18, marzo, 1985, págs. 40-41.

DEMARIGNY, Claude, «De Colomb, Christophe, à Aguirre, le traître», *Théâtre/Public,* núms. 107-108, monográfico «América, 1492-1992», septiembre-diciembre, 1992, págs. 47-49.

FONDEVILA, Santiago, «Sanchis Sinisterra: "El teatro no es un círculo cerrado"» [Entrevista], *El Público,* núm. 67, abril, 1989, páginas 42-44.

GABANCHO, Patricia, *La creació del món. Catorze directors catalans expliquen el seu teatre,* Barcelona, Institut del Teatre, 1988, páginas 325-340.

GISBERT, Joan Manuel, *«Molly Bloom,* la carne que se afirma», *Pipirijaina,* núm. 13, marzo-abril, 1980, págs. 10-11.

GÒMEZ, María Asunción, «La irreductible heterogeneidad de Sanchis Sinisterra y Saura: Cultura popular y cultura oficial en *¡Ay, Carmela!*», en John P. Gabriele (ed.), *De lo particular a lo* *universal. El teatro español del siglo XX y su contexto,* Francfort, Vervuert, 1994, págs. 203-210.

MONLEÓN, José, «Entrevista con Sanchis», *Primer Acto*, núm. 186, octubre-noviembre, 1980, págs. 93-95.

— «Testimonio. Sanchis Sinisterra. Un teatro para la duda» [Entrevista], *Primer Acto*, núm. 240, septiembre-octubre, 1991, págs. 133-147.

OLIVA, César, *El teatro desde 1936,* Madrid, Alhambra, 1989, páginas 446-447.

— «Variations sur Lope de Aguirre», *Théâtre/Public,* núms. 107-108, monográfico «América, 1492-1992», septiembre-diciembre, 1992, págs. 70-71.

PACO, Mariano de, «Sanchis Sinisterra: La fascinación del teatro», *Monteagudo*, núm. 10, febrero, 1992, págs. 42-44.

PARDO, Jorge Manuel, «Bogotá: Luces en la oscuridad», *El Público*, núm. 91, julio-agosto, 1992, págs. 64-67.

PASCUAL, Manuel, «Aproximación e introducción a *¡Ay, Carmela!*», en Ramón Acín (coord.), *Invitación a la lectura*, Zaragoza, Dirección Provincial del MEC-Caja de Ahorros de la Inmaculada, 1995, págs. 502-507.

PÉREZ COTERILLO, Moisés, «La tardía revelación de un autor», en *Anuario teatral 1988*, Madrid, El Público-CDT, 1989, páginas 10-12.

PINEDA, Miguel Ángel, «De Evangelios y Apocalipsis», *El Público*, núm. 83, marzo-abril, 1991, págs. 132-133.

PODOL, Peter L., *«¡Ay, Carmela!* y *Las bicicletas son para el verano:* Comparaciones a través de las versiones cinematográficas», en John P. Gabriele (ed.), *De lo particular a lo universal. El teatro español del siglo XX y su contexto,* Francfort, Vervuert, 1994, páginas 196-202.

RODRÍGUEZ, Carlos, «La vida en la frontera», *ADE. Teatro*, núm. 18, octubre, 1990, pág. 17

SADOWSKA-GUILLÓN, Irène, «La scéne de l'altérité», *Théâtre/Public*, núms. 107-108, monográfico «América, 1492-1992», septiembre-diciembre, 1992, págs. 66-69.

SALAS, Llanos, «Retrato de soldado tuerto, tullido y loco», *El Público*, núm. 92, septiembre-octubre, 1992, págs. 90-91.

SALVAT I FERRÉ, Ricard, «La "découverte" de l'Amérique dans la dramaturgie de l'État espagnol», *Théâtre/Public*, núm. 107-108, monográfico «América, 1492-1992», septiembre-diciembre 1992, págs. 25-28.

SERRANO, Virtudes, «Teatro de revisión histórica: descubrimiento y conquista de América en el último teatro español», *Teatro (Revista de Estudios Teatrales)*, núm. 6-7, diciembre 1994-junio 1995, págs. 127-138; aparecido, con algunas variantes, en *Montearabí*, núm. 16, 1993, págs. 21-36.

Naufragios de Álvar Núñez
o La herida del otro

PERSONAJES

Álvar Núñez	Pérez
Castillo	Shila
Dorantes	Mariana
Esteban	Claudia
Narváez	Mujer 1
Padre Suárez	Mujer 2
Alaniz	Mujer 3
Figueroa	Mujer 4

Primer acto

(Relámpago. Trueno. Fragor de viento y lluvia. La momen-
tánea claridad ha permitido apenas entrever, entre los vagos
contornos del decorado, la figura de un hombre desnudo que
cruza la escena corriendo. Decrece el sonido de la tormenta.
Desde la oscuridad, emerge una voz de mujer)[1].

Voz de Shila.—Cuando digas... «y en este tiempo yo pasé
muy mala vida, así por la mucha hambre como por el
mal tratamiento que de los indios recibía»..., acuérdate
de mí, y de cómo en mitad de la noche te buscaba y
apretaba mi cuerpo contra el tuyo para darte calor[2]...

---

[1] Una parte del escenario se convierte en el reflejo de lo que sucede en
la mente de Álvar, ya de vuelta a España, después de andar errante tantos
años, perdido por tierras americanas. Los elementos dramatúrgicos dan
voz e imagen escénica a las sombras de ese recuerdo, que reproducen el
texto de la crónica, escrito por el descubridor. La tormenta constituye
el marco ambiental del comienzo de sus azares; y la desnudez caracteriza
su aspecto durante gran parte de su aventura y en el recuerdo: «Fueron casi
seis años el tiempo que yo estuve en esta tierra solo entre ellos y desnudo,
como todos andaban» (Álvar Núñez Cabeza de Vaca, *Naufragios*, edición
de Juan Francisco Maura, Madrid, Cátedra, 1989, cap. XVI, pág. 134. Citamos por esta edición).
[2] Aunque el personaje de Shila pertenece a la ficcionalidad dramática y
no al relato histórico, existen indicios suficientes en éste para hallar verosí-
mil su presencia. El dramaturgo maneja esta posibilidad, confiriéndole una
tensión de *amor-desamor* y *recuerdo-olvido* que facilita la reflexión sobre los
comportamientos individuales y su trascendencia genérica. Por otra parte,
es interesante observar cómo la noción temporal de futuro que enmarca y

(Sobre la voz, nace una tenue luz sobre el esbozo de un dormitorio actual, en un lateral del proscenio. Yacen en la cama un hombre y una mujer. El hombre se remueve, desvelado.)

VOZ DE SHILA.—... y de las veces en que te di el poco de carne de venado que había sido mi ración, guardándolo en la boca sin casi masticarlo[3]...

(Casi sobrepuesta a la voz de mujer, se escucha una voz de hombre.)

VOZ DE ÁLVAR.—Pensaba que mis obras y servicios iban a ser tan claros como fueron los de mis antepasados. Pero no me quedó lugar para hacer más servicio que éste, que es traer a vuestra Majestad la relación de lo que pude ver y saber en los diez años que por muchas y muy extrañas tierras anduve perdido y desnudo[4]...

_____

contextualiza la intervención de este personaje es ya un juego de retroceso, puesto que la crónica se encuentra escrita y el hecho histórico concluido. El texto entrecomillado pertenece al comienzo del cap. XIX (pág. 148); en distintos momentos del relato de Cabeza de Vaca se hace alusión a las mujeres que viajaban con ellos y les facilitaban los alimentos aunque no se diga en ningún lugar que establecieran con los náufragos otro tipo de relaciones: «Dende a poco las mujeres se habían venido con otras del mismo pueblo, se fueron tras nosotros; [...] hallamos las mujeres que nos seguían, y nos dijeron el trabajo que habían pasado por alcanzarnos» (cap. XXVII, pág. 175). «Las mujeres nos traían las tunas y arañas y gusanos, y lo que podían haber; porque aunque se muriesen de hambre, ninguna cosa habían de comer sin que nosotros la diésemos» (cap. XXIX, pág. 185).

[3] Existen en el relato momentos en los que se alude a cómo los indios les ofrecían este tipo de carne, apreciable dada la escasez y el hambre que se describen constantemente: «Y dejaban ellos de comer por dárnoslo a nosotros, y nos daban cueros y otras cosillas. Fue tan extremada la hambre que allí se pasó, que muchas veces estuve tres días sin comer ninguna cosa, y ellos también lo estaban y parecíame ser cosa imposible durar la vida, aunque en otras mayores hambres y necesidades me vi después» (cap. XV, pág. 130).

[4] La Voz de Álvar pertenece también al ámbito de lo imaginado, y desaparecerá cuando el escenario se haga eco de la aceptación del recuerdo por parte del personaje. Las palabras que resuenan en esta voz pertenecen, con ligeras modificacaciones y supresiones, al «Proemio», en el que el descubridor dedica su relato a Carlos V (págs. 75-76).

(Relámpago. Trueno. Fragor de viento y lluvia. En la momentánea claridad, cruza nuevamente la escena el hombre desnudo, corriendo. Decrece el sonido y se escucha la voz de la mujer.)

Voz de Shila.—Cuando digas... «ven y oyen más y tienen más agudo sentido que cuantos hombres yo creo hay en el mundo»..., acuérdate de mí, y de mi ceguera, y de cómo no fui capaz de ver que, a partir de aquel día, ya sólo pensabas en volver con los tuyos[5]...

(El hombre de la cama se incorpora bruscamente y queda sentado, con los pies en el suelo. Viste un moderno pijama que parece negro. Parece escuchar la voz de hombre que le llega desde la oscuridad.)

Voz de Álvar.—Éramos cuatrocientos hombres y ochenta caballos en cuatro navíos y un bergantín. A diecisiete días del mes de junio de 1527 partimos del puerto de San Lúcar de Barrameda con el gobernador Pánfilo de Narváez[6], para conquistar las provincias que están desde el río de las Palmas hasta el cabo de la Florida...

(El hombre toma de la mesilla de noche un cigarrillo, lo enciende y fuma, pensativo. Otra voz de hombre se sobrepone casi a la anterior.)

Voz de Narváez.—Yo y los que vienen conmigo vamos a pelear y conquistar muchas y muy extrañas tierras y gen-

---

[5] En la Voz del personaje se encadena un fragmento de la descripción que se realiza en el capítulo XXV (pág. 170) con la noción de ceguera espiritual que hizo concebir a Shila falsas esperanzas. «Aquel día» se refiere al día en que vieron «rastro de cristianos» (cap. XXXIII).

[6] Pánfilo de Narváez mandaba la expedición en la que Cabeza de Vaca figura como tesorero y alguacil mayor, según se refiere en el capítulo primero («En que cuenta cuándo partió la armada, y los oficiales y gente que en ella iba», pág. 77). Comenzado el viaje, surgieron diferencias y Álvar se opuso a las decisiones de Narváez, pero más tarde siguió sus órdenes para no ser tomado por cobarde; el dramaturgo adopta la perspectiva del narrador clásico y construye a su Narváez caricaturescamente deformado.

tes. Y tengo por muy cierto que, en la conquista, muchos habrán de morir. Pero aquellos que queden regresarán muy ricos, porque tengo noticia de la gran riqueza que esas tierras guardan[7]...

(Otra voz de hombre se sobrepone a la anterior.)

VOZ DE CASTILLO.—Alonso del Castillo Maldonado, natural de Salamanca...

(Ídem.)

VOZ DE DORANTES.—Andrés Dorantes, natural de Béjar y vecino de Gibraleón...

(Ídem.)

VOZ DE ESTEBAN.—Estebanico el Negro, natural de Azamor.

(Ídem.)

VOZ DE ÁLVAR.—Y Álvar Núñez Cabeza de Vaca, hijo de Francisco de Vera y nieto de Pedro de Vera, el que ganó Canaria, natural de Jerez de la Frontera[8]...

---

[7] Estas palabras emitidas en primera persona por Pánfilo de Narváez corresponden a las reproducidas en estilo indirecto por el cronista en el capítulo XXXVIII y último de su libro (pág. 220), cuando, una vez de vuelta, conoce los antecedentes de la partida y la profecía de la mora: «El gobernador entonces le respondió que él y todos los que con él entraban iban a pelear y conquistar muchas y muy extrañas gentes y tierras, y que tenía por muy cierto que conquistándolas habían de morir muchos; pero aquellos que quedasen serían de buena ventura y quedarían muy ricos, por la noticia que él tenía de la riqueza que en aquélla había».

[8] Las últimas líneas de *Naufragios* (cap. XXXVIII, págs. 221-222) se refieren a estos personajes: «Y pues he dado relación de los navíos, será bien que diga quién son y de qué lugar de estos reinos, los que nuestro Señor fue servido de escapar de estos trabajos. El primero es Alonso del Castillo Maldonado, natural de Salamanca, hijo del doctor Castillo y de doña Aldonza Maldonado. El segundo es Andrés Dorantes, hijo de Pablo Dorantes, natural de Béjar y vecino de Gibraleón. El tercero es Álvar Núñez Ca-

(El hombre apaga el cigarrillo y va a tenderse de nuevo en la cama, pero cambia de opinión y se acuesta en el suelo, sobre la alfombra, semiencogido[9]. La mujer que parecía dormir a su lado se incorpora a su vez y le mira. Luego vuelve a acostarse, dándole la espalda. Relámpago. Trueno. Fragor de viento y lluvia. Se entrevé por el fondo la figura de una mujer india, cargada de bultos diversos, caminando como perdida. Decrece el sonido de la tormenta y se escucha de nuevo la voz de la mujer.)

VOZ DE SHILA.—Cuando digas... «y al cabo de cinco días llegué a la ribera de un río donde hallé a mis indios, que ya me contaban por muerto»..., acuérdate de mí, y de cómo me viste arañada y cubierta de barro por los cinco días de dolor[10]...

(El hombre, en el suelo, se revuelve inquieto. Por fin se incorpora a medias y, con cierta brusquedad, se desprende de la parte superior del pijama, que arroja al suelo. Luego vuelve a echarse y se cubre parcialmente con la alfombra. La mujer gira la cabeza, le mira y vuelve a su posición anterior. Se reanuda la ronda de las voces.)

---

beza de Vaca, hijo de Francisco de Vera y nieto de Pedro de Vera, el que ganó a Canaria, y su madre se llamaba doña Teresa Cabeza de Vaca, natural de Jerez de la Frontera. El cuarto se llama Estebanico; es negro alárabe, natural de Azamor.»

[9] La acotación recoge los dos planos espacio-temporales entre los que se desarrolla la historia dramática. La actitud que se describe para Álvar en este texto secundario y en el siguiente dramatiza lo que él comenta brevemente en el capítulo XXXVI (págs. 213-214), ya de nuevo en la civilización: «Llegados en Compostela, el gobernador nos recibió muy bien, y de lo que tenía nos dio de vestir; lo cual yo por muchos días no pude traer, ni podíamos dormir sino en el suelo.»

[10] El texto que Shila pone en boca de Álvar cierra una de sus peligrosas aventuras (corresponde al capítulo XXI, pág. 155). El dramaturgo, como en otros momentos de la intervención del personaje, conecta las palabras del descubridor con la queja de la india, ofreciendo así un contrapunto de actitudes personales que también la crónica refleja. La acción de Shila, ficticia como el personaje, procede de la descripción que en el libro se realiza sobre el luto y el culto a los difuntos (cap. XIV, págs. 126-127).

Voz de Castillo.—Los pilotos no andan ciertos ni conformes, ni saben dónde están, y los caballos no pueden aprovecharse en caso de necesidad, de tan flacos y fatigados...

(Otra voz de hombre se sobrepone a la anterior.)

Voz de Dorantes.—... Y sobre todo, no tenemos a nadie que conozca la lengua de los indios, y mal podremos entendernos con ellos ni hacerles saber lo que queremos de la tierra...

(Ídem.)

Voz de Esteban.—Desnudos como nacimos y perdido todo lo que traemos, más cerca estamos de la muerte que de la vida...

(Ídem.)

Voz de Álvar.—Creí que no tendría necesidad de hablar para ser recordado entre los que cumplen los encargos de vuestra Majestad. Pero, si no doy cuenta yo de mis obras y servicios, ¿lo dirán las nubes o los pájaros que en aquellos tiempos pasaron sobre mí?[11]

(Bruscamente, la mujer se incorpora en la cama y enciende una luz de su mesilla de noche. Va a interpelar al hombre con hostilidad, pero se contiene. Habla intentando reprimir su cólera.)

Mariana.—He devuelto el vestido, por fin. Sí, al vérmelo puesto en casa... no sé, lo encontraba exagerado. O de-

---

[11] Las voces de Castillo y Dorantes ofrecen fragmentos de distintos lugares de la crónica, en los que surgen a cada paso las nociones de incomunicación («íbamos mudos y sin lengua», cap. IV, pág. 88) y desnudez («Andar desnudo como nací», cap. XXI, pág. 154; véase también la nota 1), en tanto que Álvar sigue justificando en esta primera parte del drama, como el personaje histórico en su «Proemio», la necesidad de escribir el relato.

masiado juvenil, no sé... No quiero que parezca que me
quito años... ¿Me estás oyendo?

*(El hombre, en la sombra que produce la cama, cambia de
posición y queda tendido boca arriba.)*

MARIANA.—Digo que he devuelto el vestido. Me compraré
una blusa que combine con la falda mostaza y... Claro
que, al fin y al cabo, ir un poco atrevida ya no extraña
a nadie. Al contrario: una ropa discreta llama la atención. Te toman por lo que no eres, ¿no te parece?

*(Se desplaza hacia el borde de la cama, inclinada sobre el
hombre. Habla con irritación contenida.)*

MARIANA.—¿No te parece que tengo razón? ¿O piensas que
me equivoco? Sí, quizás estoy equivocada... Es fácil
equivocarse, hoy en día, ¿no crees? Piensas que estoy
equivocada, seguro... Pero no me lo dices, no me dices
nada, puede que ni pienses nada de mí, que ni me escu-
ches... ¿Me estás escuchando?

*(El hombre se incorpora parcialmente y queda sentado en el
suelo, cara al público, con la espalda apoyada en la cama.)*

MARIANA.—No sé si me escuchas, no sé si estás aquí, no sé
quién volvió cuando volviste... Casi dos años... Casi
dos años notando cada noche cómo te vas de mí, cómo
te pierdo... Ponerme en tu lugar, sí, comprender, tener
paciencia... ¿No es bastante paciencia, casi dos años,
cada noche, notar cómo se afloja tu abrazo, se retira tu
cuerpo, se aleja... y encontrarte cada mañana ahí, en el
suelo, echado como un... como un...?

*(El hombre se pone en pie y habla mientras se aleja hacia el
lado opuesto del proscenio.)*

ÁLVAR.—Has hecho muy bien devolviendo el vestido. Te
quedaba... exagerado.

99

(Al tiempo que se extingue la luz en la zona de la cama, se escucha la voz de mujer.)

VOZ DE SHILA.—... acuérdate de mí, y de cómo en mitad de la noche te buscaba y apretaba mi cuerpo contra el tuyo para darte calor[12]...

(La luz desvela en el lado opuesto del proscenio un fragmento de sala de estar moderna y confortable, en el que se advierte, entre otras cosas, un sillón, un mueble-bar incorporado a un equipo de reproducción musical, un espejo de cuerpo entero y una percha con ropas y aderezos del siglo XVI. ÁLVAR se sirve de beber y se coloca ante el espejo. Esboza un leve brindis ante su imagen y bebe.)

ÁLVAR.—*(A su reflejo.)* No te preocupes: son sólo voces... y nadie más que tú las oye. Nadie más. Cesarán con el tiempo, ya verás. Es lo bueno del tiempo. *(Pausa.)* Lo único bueno[13]...

(Se escucha una voz de hombre.)

VOZ DE DORANTES.—Dilo tal como fue, ¿de acuerdo? Importa que se sepa todo lo que ocurrió, con pelos y señales. Cuatro de cuatrocientos, ahí es nada... Y sólo tú sabes de letras. Has de contarlo paso a paso[14]...

---

[12] Toda esta secuencia incide sobre el tema de la incomunicación y del «fracaso» en las relaciones interpersonales. Se establece, asimismo, otro elemento de contraste y oposición entre unos y otros, entre Mariana y su frivolidad egoísta y Shila con su cálida fidelidad.

[13] Las palabras que Álvar dedica a su imagen son un primer elemento de complicidad entre el personaje y el receptor, que desde ahora es consciente de la bifurcación espiritual que está presenciando. En una primera redacción, estas palabras se desarrollaban en un parlamento más extenso «finalmente excluido por considerarlo materia residual» (José Sanchis Sinisterra, «*Naufragios de Álvar Núñez*: La escritura del fracaso», texto inédito de la ponencia presentada en el II Congreso Internacional de Dramaturgia, Caracas, 1992).

[14] Una segunda voz de alerta para el receptor es esta petición de Dorantes, que más tarde, avanzada la acción dramática, hace explícita Esteban

(La voz es borrada por otra.)

VOZ DE CASTILLO.—Iré yo, si no quieres. Pero esto se acabó, ¿me oyes? Al menos para mí. Y Dorantes y Esteban están hartos también. Hijos del Sol... Mírate, míranos... ¿Hijos del Sol, nosotros? Y esta banda de salvajes hambrientos que nos sigue, ¿nuestra corte, quizás? ¿Nueve años de miserias para alcanzar tamaño imperio?[15].

(La voz es borrada por otra.)

VOZ DE ESTEBAN.—Ya en Castilla, antes de partir, una mujer de Hornachos, una mora vieja, dijo todo lo que había

---

(«Se trata de ese libro que escribiste. No están conformes con lo que cuentas... o con cómo lo cuentas. Dicen que no se reconocen en sus palabras, que callas muchas cosas, que te ocultas...»); y más adelante lo volverán a comentar los dos soldados, Castillo y Dorantes. Mediante este procedimiento, los sujetos históricos, vertidos en el drama, sacarán a la luz esa sospecha de parcialidad que recae sobre Álvar Núñez cronista: «Cabeza de Vaca dice ser él quien se encuentra por primera vez con los cristianos. Esta versión no concuerda con la crónica de Matías de la Mota y Padilla, *Historia de la conquista del Reino de la Nueva Galicia*, págs. 111-112, donde es Dorantes, y no Cabeza de Vaca, quien tiene el primer encuentro» (Juan Francisco Maura, nota 102 de su citada edición de *Naufragios*, pág. 202). Enrique Pupo-Walker, en su edición crítica de Alvar Núñez Cabeza de Vaca, *Los Naufragios*, Madrid, Castalia, 1992 («La importancia histórica de la obra», págs. 103-111), indica que «como documento de índole informativa, los *Naufragios* muestran deficiencias», pero destaca la extraordinaria importancia, muy tempranamente advertida, de este «documento insólito» y «la efectividad que exhibe el texto».

[15] La voz de Castillo recuerda cómo, tras haber realizado curaciones e incluso milagrosas resurrecciones, los nativos los veneraban dándoles el apelativo de «Hijos del Sol»: «En todo este tiempo nos venían de muchas partes a buscar, y decían que verdaderamente nosotros éramos hijos del Sol» (cap. XXII, pág. 158). También se refiere al hecho de que, en la última etapa de su viaje, muchos indios los seguían y, como no podían alimentarlos, éstos saqueaban a otros indios que, al quedar sin nada, se unían también a ellos: «Llegamos a un pueblo de hasta veinte casas, adonde nos recibieron llorando y con grande tristeza, porque sabían ya que adonde quiera que llegábamos eran todos saqueados y robados de los que nos acompañaban» (cap. XXVIII, pág. 180); «y siempre los que quedaban despojados nos seguían, de donde crecía mucha gente para satisfacerse de su pérdida» (cap. XXX, pág. 186).

de ocurrir. Y así fue sucediendo, paso a paso, como si estuviera escrito en un libro[16]...

(ÁLVAR *pone en funcionamiento el aparato de música: se escucha quedamente la Sinfonía número 3, «Escocesa», de Mendelssohn. Toma un libro que hay sobre el mueble y lo hojea.)*

ÁLVAR.—Esclavo... Mercader... Brujo... No estaría el abuelo muy orgulloso de ti. No supiste estar a la altura de los tuyos...[17]. *(Se mira en el espejo, acariciando su torso desnudo.)* ¿Los tuyos? ¿Quiénes son los tuyos? *(Pausa.)* ¿Quién eres tú? ¿Quién merodea bajo tu ropa? *(Toma de la percha una prenda de ropa del siglo XVI y se la pone.)* ¿Le conoces? ¿Le reconocerías si le vieras desnudo? *(Pausa.)* ¿Y bajo tu piel? ¿Quién susurra debajo de tu piel?

(Vuelve a hojear el libro. Atraviesa el proscenio MARIANA, *poniéndose un salto de cama, y llega junto a* ÁLVAR.)*

MARIANA.—¿Qué haces?
ÁLVAR.—Leo.
MARIANA.—¿Vas a salir?
ÁLVAR.—¿Salir? ¿Adónde?
MARIANA.—*(Dejándose caer en el sillón.)* Yo tampoco puedo dormir... ¿Me sirves algo?
ÁLVAR.—*(Dejando el libro.)* No necesito volver a salir.

---

[16] «Ella respondió, y dijo que en Castilla una mora de Hornachos se lo había dicho, lo cual antes que partiésemos de Castilla nos lo había a nosotros dicho, y nos había sucedido todo el viaje de la misma manera que ella nos había dicho» (cap. XXXVIII, pág. 220).

[17] Álvar comienza a reconocerse en su papel histórico. En el capítulo XVI de la crónica, describe cómo escapó de la esclavitud y se hizo mercader y, más adelante, él y sus tres compañeros aprendieron a curar a la manera de los indios y siguieron ejerciendo como curanderos hasta que fueron rescatados (cap. XXI y ss.). Por otra parte, su abuelo fue Pedro de Vera, «el que ganó a Canaria». Como siempre, la base histórica da pie a la interpretación dramatúrgica que en este momento recae sobre el tema de la identidad que comienza a hacerse patente en la conciencia del personaje, ofreciendo una clave interpretativa al receptor.

MARIANA.—No sé qué pasa este año con las orquídeas. Ya tenían que haber florecido, pero están como indecisas. Dice Matías que ya no puede echarles más fertilizante. En cambio, las hortensias... ¿Me sirves algo?... Las hortensias, en cambio, tanto que tardaron en crecer, ahora están espléndidas...

(Suena el timbre o llamador de una puerta.)

MARIANA.—¿Quién puede ser a estas horas?
ÁLVAR.—¿Qué?
MARIANA.—Llaman a la puerta. ¿Quién será?
ÁLVAR.—No es nadie. No han llamado.

(Vuelve a sonar.)

MARIANA.—¿Oyes? ¿Esperabas a alguien?
ÁLVAR.—No. ¿A quién iba a esperar, a estas horas?
MARIANA.—Es lo que yo digo.

(Vuelve a sonar.)

ÁLVAR.—Pero no llama nadie
MARIANA.—Están llamando. Y el servicio no está. ¿Crees que debemos abrir?
ÁLVAR.—¿A quién vamos a abrir? ¿Y para qué? Nadie llama a la puerta.

(Vuelve a sonar.)

MARIANA.—Puede ser alguien de la familia. Algún imprevisto.

(Sale MARIANA.)

ÁLVAR.—¿Qué familia? *(Grita hacia MARIANA.)* ¡Di! ¿Qué familia?

(Se escucha la voz de la mujer desde la oscuridad.)

Voz de Shila.—Cuando digas «...es la gente del mundo que más ama a sus hijos, y cuando alguno se les muere le lloran los padres y los parientes y todo el pueblo, y el llanto dura un año cumplido...», acuérdate de mí, y de su cuerpecito frío, y de ti, de cómo querías contener mis lágrimas[18]...

(Sobre la voz entra Esteban el Negro. *Es un norteafricano que viste un viejo abrigo, ahora empapado por la lluvia. Lleva una bolsa de plástico, como de supermercado. Va junto a* Álvar.)

Esteban.—Llego tarde, ¿no?

Álvar.—Supongo.

Esteban.—Me has negado tres veces, como al otro[19]...

Álvar.—Eres tú mismo quien te niegas... ¿Quieres algo?

Esteban.—Sí, claro... *(Mira a su alrededor.)* Bonita casa, bonita mujer... *(Mira a* Álvar.) *¿Cómo te va?

Álvar.—Bien. Todo me va muy bien... menos la vida.

Esteban.—Bueno: eso es llevadero...

(Mientras Álvar *toma la botella y vaso para servirle, entra* Mariana, *que se dirige a él sin, al parecer, reparar en la presencia de* Esteban.)

Mariana.—No lo comprendo. Hubiera jurado que... Pero un bromista tampoco ha podido ser. El vigilante está para algo.

---

[18] Nuevamente, una frase de una descripción de costumbres (cap. XIV, págs. 126-127) sirve de enlace para el reproche que su yo culpable le hace en la voz de Shila, que también se relaciona con otros hechos descritos: «Acontecía muchas veces que las mujeres que con nosotros iban parían algunas...» (cap. XXXI, pág. 195).

[19] La frase de Esteban evoca el pasaje evangélico de la triple negación de Pedro y enlaza con la interpretación que se hace de la figura de Álvar como un nuevo Redentor (véase Juan Francisco Maura, «Introducción» a *Naufragios*, cap. IV, págs. 44-48; y Enrique Pupo-Walker, «Prólogo» a *Los Naufragios*, págs. 122-125).

(ÁLVAR *tiende un vaso a* ESTEBAN, *pero éste toma la botella.*)

ESTEBAN.—Prefiero esto. Ya sabes que no soy nada... remilgado.

ÁLVAR.—No eres nada, no eres nadie. Ni siquiera estás aquí[20].

ESTEBAN.—*(Se sienta en el sillón y bebe de la botella.)* Es posible, pero, en la duda, me acabaré tu whisky.

MARIANA.—*(A* ÁLVAR.) ¿No crees que la casa es demasiado grande para nosotros?

ÁLVAR.—Sí... Y para mí, demasiado pequeña.

(Trueno. Oscuro repentino. Al fugaz resplandor de un relámpago, se adivina la figura de un hombre desnudo, ahora inmóvil en medio de la escena. Grita: «¡Shila!» Un nuevo trueno. Sobre la música de Mendelssohn, vuelve poco a poco la luz al mismo lateral del proscenio. Ahora es MARIANA *quien está sentada en el sillón.* ESTEBAN, *de pie ante la percha, curiosea los vestidos.* ÁLVAR *mira hacia la sala, inquieto.)*

MARIANA.—A veces me paso semanas enteras sin usar algunas de las salas, o todo un pasillo, y me olvido de que existen. Y un día, de pronto, abro una puerta y ahí están, como si acabaran de nacer. También me ocurre que estoy en una habitación y la siento crecer poco a poco... ¿A ti no te pasa? ¿Notar como si las paredes y el techo se fueran alejando, y tú ahí, en medio de un espacio cada vez más grande, volviéndote cada vez más... más...? No exactamente más pequeña, no es eso...

---

[20] Núñez se niega verbalmente a aceptar a su conciencia, pero el hecho de que ésta se materialice en un personaje es señal de que el proceso de reconocimiento sigue su curso. Poco a poco, lo que sólo eran voces cobra cuerpo en el escenario, que se convertirá en el reflejo de la mente del protagonista. La progresiva participación del espectador en el proceso psicológico que se está operando en el personaje nos recuerda el procedimiento que Buero Vallejo utilizó en *La Fundación*. A lo largo de esta secuencia se establece una interacción de planos espacio-temporales, gracias a la presencia de Mariana y a la ambigüedad de algunas réplicas de Álvar.

ESTEBAN.—*(Por los vestidos.)* Parece ropa de teatro[21]. *(Mira a ÁLVAR.)* Te noto inquieto. ¿Esperas a alguien?

ÁLVAR.—Si te contestara, podrías llegar a creer que estás aquí realmente.

ESTEBAN.—No te preocupes: no tengo tantas pretensiones.

MARIANA.—No más pequeña, no... Es otra cosa...

ÁLVAR.—*(A ESTEBAN.)* En todo caso, imagina, si quieres, que te digo que sí, que espero a alguien. Alguien que ha de venir por ese oscuro pasadizo... *(Señala la sala)*[22].

ESTEBAN.—¿Y sabes quién es?

ÁLVAR.—Imagina que te digo que sí, que es un mensajero del Emperador. Un mensajero con malas noticias para ti, Mariana.

MARIANA.—¿Qué?

ÁLVAR.—Malas noticias para ti.

MARIANA.—¿De qué noticias hablas?

ÁLVAR.—He solicitado una nueva misión en América.

MARIANA .—*(Tras un silencio.)* Me compraré una blusa que combine con la falda mostaza. El vestido lo encuentro exagerado...

ÁLVAR.—*(Rápida y mecánicamente.)* En el Río de la Plata, concretamente. Se trata de socorrer a los supervivientes de la expedición de Pedro de Mendoza. Gastaré en esta jornada ocho mil ducados: caballos, armas, bastimentos y otras cosas. Si accede, Su Majestad me otorga el título de Gobernador y Adelantado y Capitán General de aquellas tierras y me hace merced de la doceava parte de todo cuanto allí se obtenga[23].

---

[21] La apreciación de Esteban es la primera muestra de la conciencia metateatral que los personajes del recuerdo irán desarrollando como elemento de distancia para el receptor, y como signos escénicos de la completa entrada de Álvar en su pasado.

[22] El gesto convierte la sala en otro espacio dramatúrgico, transformando así a sus moradores en personajes. Las implicaciones del receptor se multiplican a lo largo del desarrollo de la pieza, técnica habitual en la dramaturgia de Sanchis, manejada en *Ñaque, ¡Ay, Carmela!* o *Los figurantes*, y, como veremos, en *El retablo de Eldorado*.

[23] «De regreso a España en 1537, después de la fracasada expedición de Pánfilo de Narváez, Álvar Núñez volverá a embarcarse, esta vez como

(MARIANA *se incorpora y atraviesa el proscenio, hacia la zona en que está la cama. Comienza a hablar cuando llega a ella.*)

MARIANA.—No sé qué pasa este año con las orquídeas. Ya tenían que haber florecido, pero están como indecisas. *(Acostándose.)* ¿Vas a salir?

ESTEBAN.—*(A* ÁLVAR.*)* No ahora. No esta noche. He venido a buscarte.

ÁLVAR.—Malas noticias para ti, Mariana.

ESTEBAN.—Repito que he venido a buscarte. ¿No me oyes?

ÁLVAR.—Imagina que te digo que sí, que te oigo, que sé que has venido a buscarme, y para qué, y hasta quién te envía.

ESTEBAN.—Es mucho imaginar para alguien que no es nada, que ni siquiera está aquí...

ÁLVAR.—Puedes volverte por donde has venido.

ESTEBAN.—*(Ríe.)* ¡Por donde he venido!... ¿Me indicas tú el camino?

ÁLVAR.—Espero un mensaje del Emperador.

MARIANA.—*(Desde la cama, furiosa.)* ¿Qué Emperador ni qué mensaje ni qué esperar son ésos? ¡Yo, yo soy quien espera en cada carta, en cada teléfono que suena o que no suena, en todas las llamadas. *(Se calma.)* Alguien llamó, estoy segura. No fue sólo cosa de mi miedo... ¿Esperabas a alguien? *(Vuelve a tenderse.)*

(ESTEBAN *se acerca a* ÁLVAR, *que continúa escrutando la sala.*)

ESTEBAN.—Bromas aparte: olvida, de momento, esa nueva misión. Por esta noche, al menos. He venido a buscarte, sí. Me han enviado. Se trata de ese libro que escribis-

Adelantado, Gobernador y Capitán General del Río de la Plata, bajo ciertas condiciones previas, estipuladas en las capitulaciones que se hicieron a tal efecto» (Juan Francisco Maura, «Introducción» a la ed. cit., págs. 20-21). Para este y otros datos biográficos, es de interés la «Sección introductoria» de la edición de Pupo-Walker, especialmente págs. 24-41.

te. No están conformes con lo que cuentas... o con cómo lo cuentas. Dicen que no se reconocen en sus palabras, que callas muchas cosas, que te ocultas... Eso dicen. Yo no sé leer. Pero me han enviado a buscarte. «Que vaya Esteban el Negro», han dicho. «Él puede ir y venir por todas partes. No es de aquí ni de allá, no es de ningún sitio...»[24]. *(Pausa. Le muestra la bolsa de plástico.)* Te he traído esto. Me lo dio ella... para ti.

(El sonido de una larga y quejosa ráfaga de viento parece borrar la imagen y la palabra. Ya casi en el oscuro, decrece el sonido del viento y se escucha la voz de la mujer.)

VOZ DE SHILA.—Cuando digas «... cada uno de ellos nos tomó de la mano y...»[25]. *(Nueva ráfaga de viento. Oscuro.)*... acuérdate de mí y de cómo busqué la manera de tenerte en...

(Nueva ráfaga de viento. Relámpago y trueno casi simultáneos. Una luz difusa baña el centro de la escena, al tiempo que la música de Mendelssohn irrumpe en el «Allegro maestoso» final. Desde el fondo avanza un caballo de tamaño mayor que el natural, enjaezado para la guerra. Sobre él, también belicosamente ataviado con armadura, PÁNFILO DE NARVÁEZ, con un ojo cubierto por un parche. Dos actores, vestidos con ropas de trabajo actuales, arrastran o empujan el imponente conjunto, levemente caricaturesco, que se

---

[24] Esteban, en la obra de Sanchis, representa al que no tiene más lugar que el que le prestan los dominadores; su condición marginal, signo del *otro*, hará que entre en contacto con seres también inferiores: Shila, india y mujer, y Mariana, la mujer sin más privilegios que la espera y la condena a no tener interlocutor, puesto que su discurso no posee interés para el hombre. La relación que comentamos entre Esteban y cada una de estas mujeres se pondrá de manifiesto totalmente en sendas secuencias del segundo acto.

[25] Hace referencia a uno de los momentos en que Álvar indica que los indios les ayudaron cuando pensaban no tener ya salvación alguna. Puede verse el capítulo XII, donde describe cómo «quedamos con los otros hasta cerca de la noche, que nos tomaron, y llevándonos asidos y con mucha prisa, fuimos a sus casas» (pág. 121).

detiene al llegar cerca del proscenio[26]. *Decrece el sonido de la
música.)*

NARVÁEZ.—*(Al público.)* Llego tarde[27], lo sé... Cuando ya nadie espera nada. Cuando cunde la sospecha de que son
inútiles estos preparativos. Pero también ustedes han
llegado tarde. Quizás llegar es siempre llegar tarde. O,
simplemente, ocurre que ya es tarde. Es tarde, simplemente. Flota en el aire el gas letal de la desconfianza.
Nadie cree en el juego. Todos conocen el truco, adivi-
nan las trampas. Sólo veo miradas escépticas, gestos
condescendientes, incluso alguna que otra sonrisa irónica. ¿Quién está aquí dispuesto a transigir, a poner algo
de su parte, a dejarse llevar? Y llevar, ¿adónde?

*(Los dos actores que hacían avanzar el caballo han salido,
cada uno por un lateral. En su zona, que vuelve a iluminar-
se,* ÁLVAR *ha cogido la bolsa de plástico que le tendía* ESTE-
BAN *y está mirando en su interior.)*

ÁLVAR.—¿Qué es esto?
ESTEBAN.—No sé. Ella me lo dio... para ti.
ÁLVAR.—*(Le mira fijamente.)* ¿De quién hablas?
ESTEBAN.—Ése es el problema. Parece ser que ni la nom-
bras. En el libro, quiero decir. Pero ella estuvo allí, con-
tigo... ¿O no? ¿Tres años, cuatro, cinco...?
ÁLVAR.—*(Tirando la bolsa al suelo, a los pies de* ESTEBAN.*)* Todo
esto no está ocurriendo.

(Sobre el caballo, PÁNFILO DE NARVÁEZ *se revuelve, irritado.)*

---

[26] Esta caricaturesca figura responde a la visión negativa que Núñez
ofrece de él. La poca confianza que el cronista tiene en el jefe de la expedición se advierte a lo largo del relato (puede verse al respecto el capítulo IV). La presencia escénica de Narváez es un paso más en el proceso de
reconocimiento de los personajes, a pesar de la distancia establecida por
los dos actores «con ropa de trabajo actuales» que lo conducen.

[27] Este parlamento es una nueva implicación del receptor en el juego
metateatral y en el proceso histórico. El pasado habla al presente y el actor
al público.

NARVÁEZ.—¿Alguien puede ayudarme a bajar de aquí?

> *(Decrece la luz en la zona de* ÁLVAR *y* ESTEBAN. *Reaparecen en la zona central los dos actores que empujaban el caballo, llevando ahora algunos estandartes castellanos, picas y lanzas que instalan aquí y allá, con evidente desgana y aparente arbitrariedad. Hablan entre sí mientras realizan su tarea, entrando y saliendo por ambos laterales)*[28].

CASTILLO.—Unas cuantas cabañas entre el mar y la selva. *(Indica la sala.)* Ahí, la selva... *(Indica el fondo de la escena.)* Aquello, el mar.

DORANTES.—Los botes en la orilla, varados. Cielos plomizos sobre un mar calmo, pero amenazador.

CASTILLO.—Ahí al fondo, en medio de la bahía, los navíos y el bergantín.

DORANTES.—Suprimir.

CASTILLO.—Sugerir el ajetreo de unos preparativos febriles e inquietos.

DORANTES.—¿Cómo?

CASTILLO.—Hombres y caballos. Las mujeres, a un lado, entre los árboles, al borde de la playa. Gritos y silencios.

NARVÁEZ.—*(Siempre sobre el caballo.)* ¿Alguien puede ayudarme a bajar de aquí?

DORANTES.—El gobernador Pánfilo de Narváez da órdenes inútiles que nadie escucha.

CASTILLO.—Imaginar.

DORANTES.—En un discreto segundo plano, sentado ante unos tableros a modo de mesa, Álvar Núñez, tesorero y alguacil mayor, se dispone a escribir.

---

[28] Comienza, a partir de este momento y hasta el discurso de Narváez, una secuencia en la que el dramaturgo ha jugado, para desconcierto e implicación del receptor, con el texto histórico y su proyección escénica. El receptor, ubicado en «la selva», forma parte del «teatro histórico» y contempla, mediante el decorado verbal que transcriben Castillo y Dorantes, el escenario del hecho pasado. Los textos corresponden, con ligeras modificaciones, a los capítulos I, III y IV de la crónica. La conciencia metateatral se manifiesta en la actitud de director de escena de Dorantes.

(En su zona, ÁLVAR se tapa los oídos con las manos y grita:)

ÁLVAR.—¡No estoy ahí!
CASTILLO.—*(Sin registrar el grito.)* Ahí, más a la derecha...
DORANTES.—Ráfagas intermitentes hagan ondear las faldas
y cabellos de las mujeres.
CASTILLO.—Difícil. *(Pausa).* Mejor sin viento.

*(Sobre el caballo, NARVÁEZ ha sacado una radio-casette y,
arrimándosela al oído, escucha algo que el público sólo percibe como ruiditos. Entran algunos actores y actrices, con ropas que combinan la actualidad y el siglo XVI. Desconcerta-
dos y apáticos, deambulan por escena como buscando vagamente algo que no encuentran.)*

DORANTES.—*(Sin abandonar su ocupación.)* ¿Esta es toda la
gente?
CASTILLO.—Más o menos.
DORANTES.—¿Y los indios?
CASTILLO.—Ni rastro de los indios. Huyeron por la noche
en sus canoas.
DORANTES.—Resultará lucida, pues, la ceremonia.
CASTILLO.—Basta con esbozarla.
DORANTES.—Basta... y sobra.
CASTILLO.—*(Se detiene.)* ¿Sobra?
DORANTES.—*(Ídem.)* Considera: una tropa famélica y cansada, unos pocos caballos esparrancados[29] de flojera, una
costa de bajíos[30] y marismas, sin puerto seguro ni ruta
conocida. Por toda población, aquellas cuatro chozas,
hoy vacías. No más riquezas que una sonaja de oro ha-
llada entre las redes. Ni sombra de maíz, y no nos queda más provisión que una libra de bizcocho y otra de
tocino por persona[31]...

---

[29] *Esparrancado:* Que anda o está muy abierto de piernas (DRAE).
[30] *Bajío:* Elevación del fondo en los mares, ríos y lagos (DRAE).
[31] El hallazgo de la «sonaja de oro» se narra en el capítulo III (pág. 84).
El maíz es un producto precioso, ya que la mayor parte del tiempo constituye el único alimento con el que cuentan tanto indios como españoles.

CASTILLO.—¿Has terminado ya?

DORANTES.—¿Terminado, qué?

CASTILLO.—El cuadro descriptivo.

DORANTES.—Puedo dar más detalles, si conviene.

CASTILLO.—Si conviene, ¿a quién?

DORANTES.—No te hagas el tonto. ¿Para qué hacemos todo esto?

CASTILLO.—Es lo que me estoy preguntando. *(Pausa.)*

DORANTES.—O sea... que tú estás conforme...

CASTILLO.—¿Conforme?

DORANTES.—Sí: con lo que cuenta, con cómo lo cuenta, con el papel que hacemos tú y yo, y los otros...

CASTILLO.—¿Quién está haciendo un papel? ¿Y dónde?

DORANTES.—Es un modo de hablar... En ese libro que escribió... No te hagas el tonto... Por eso estamos aquí: nos dijeron que salíamos de comparsas, ¿no te acuerdas?...

CASTILLO.—El libro, sí... ¿Tú lo has leído?

DORANTES.—No... Pero dicen que se vende mucho... Y que tú y yo parecemos enanos a su lado, unos don nadie, un par de pobres tipos... ¿Te imaginas? ¡Figurar en la historia de comparsas suyos! ¿No te importa? ¿De veras no te importa?

(CASTILLO *no contesta. Se ha aproximado al caballo, sobre el cual* NARVÁEZ *continúa escuchando la radio-cassette.)*

CASTILLO.—*(Irritado, por* NARVÁEZ.) A ése sí que no le importa nada... *(Y da una furiosa sacudida al caballo.* NARVÁEZ *se sobresalta, deja de escuchar música y declama, desconcertado.)*

NARVÁEZ.—¡Llego tarde, lo sé! Cuando ya nadie espera nada. Cundo cunde la sospecha de que son inútiles estos preparativos...

Núñez describe en ocasiones cómo lo recibe en señal de amistad y otras cómo es producto del saqueo: «Prendimos cinco o seis [indios], y éstos nos llevaron a sus casas, [...] en las cuales hallamos gran cantidad de maíz que estaba ya para cogerse, y dimos infinitas gracias a nuestro Señor por habernos socorrido en tan grande necesidad» (cap. V, pág. 91).

(Es interrumpido por las protestas y abucheos de los actores que deambulaban por escena. Ahora se han colocado, agrupados, hacia el fondo del escenario, entre las picas y estandartes que fueron colocando CASTILLO y DORANTES, de modo que NARVÁEZ, para verlos, tiene que volverse dificultosamente en la montura. Va a dirigirles la palabra, pero le resulta incómodo, e indica mediante gestos autoritarios a CASTILLO y DORANTES que hagan girar el caballo. Como no le hacen caso, inicia su arenga con el cuerpo grotescamente vuelto hacia atrás.)

NARVÁEZ.—*(Tratando de resultar solemne.)* Yo, Pánfilo de Narváez, en nombre de su Majestad el·Emperador Carlos, tomo posesión de estas tierras y de sus pobladores, con todas las riquezas que en ellas sean halladas, para así acrecentar los señoríos y rentas de la corona de Castilla, que tantas excelencias... *(Se interrumpe y grita, furioso.)* ¿Habré de romperme el espinazo aquí arriba, maldita sea?

(Mientras varios actores acuden para desplazar hacia atrás el caballo y la luz decrece en la zona central, ÁLVAR cruza rápidamente el proscenio y va junto a MARIANA, que yace en la cama. La luz vuelve al dormitorio.)

ÁLVAR.—*(Sacudiendo levemente a MARIANA.)* Despierta, Mariana... Estoy aquí, soy yo... No hay nadie más, nadie llamó, no espero a nadie... Sólo estamos tú y yo esta noche, en casa...

MARIANA.—*(Se incorpora y acaricia con cierta crispación la cara y el torso desnudo de ÁLVAR.)* No vas a salir, ¿verdad?... Ni esta noche ni mañana ni nunca... La casa es tan grande... Tú y yo solos...

ÁLVAR.—Todo está bien... Todo funciona... Tenemos un jardín con hortensias... Puedes comprar vestidos, hay música, bebidas, libros, aire caliente o frío, luz indirecta en las habitaciones, comida suculenta en la cocina... *(Transición: por las extrañas caricias de MARIANA.)* Me estás haciendo daño.

113

MARIANA.—*(Calmándose, inspecciona el pecho de* ÁLVAR.) ¿Dónde están?

ÁLVAR.—¿Qué? *(Ella busca en sus brazos.)* ¿Qué?

MARIANA.—Los dibujos... Los dibujos horribles... en tu piel.

ÁLVAR.—*(Separándose de ella.)* Me los hice borrar, ¿ya no te acuerdas? Hace más de un año.

> *(Oscuridad. Viento. Vagas claridades oscilantes manchan la zona central. Los actores, así como* NARVÁEZ, *han desaparecido. También las picas y estandartes. Sólo se distingue, el fondo, la silueta del caballo. El hombre desnudo atraviesa la escena corriendo, visiblemente agotado. Cae, se incorpora y prosigue su carrera gritando: «¡Shila!» Se hace el oscuro, al tiempo que se iluminan los dos extremos del proscenio. En el dormitorio,* ÁLVAR *está echado en la cama, boca arriba, y* MARIANA, *en pie, cara al público, mirando vagamente frente a sí, enciende y fuma un cigarrillo. En la sala de estar,* ESTEBAN *busca en la percha y va tomando algunas prendas de ropa del siglo* XVI.)

MARIANA.—*(Indirectamente, a* ÁLVAR.) Al regresar, siempre tenías hambre y sólo pensabas en comer. Cualquier cosa, a cualquier hora. Sólo comer. Y te daba lo mismo que fueran platos exquisitos o comida de pobres. Cualquier cosa. *(Pausa.)* Basura incluso. Una noche... ¿o fueron varias?... en la cocina, sí, a cuatro patas, como un animal, rebuscando en la basura, devorando los restos de la cena... Como un animal[32]. *(Pausa.)* Tuve mucha paciencia.

ESTEBAN.—*(Indirectamente, al público.)* Cuando pierdes la ropa, sabes lo que has perdido. Y, además, siempre te queda la piel. Pero, cuando pierdes la piel, ¿qué te queda?[33]. *(Pausa. Mira la ropa que ha escogido.)* Buenas telas, buenos vestidos... *(Pausa.)* Parece ropa de teatro.

---

[32] El tema del hambre es obsesivamente recurrente en el relato; en una ocasión, los cristianos, con gran escándalo de los indios, «llegaron a tal extremo, que se comieron los unos a los otros, hasta que quedó uno solo, que por ser solo no hubo quien lo comiese» (cap. XIV, pág. 125).

[33] La ropa es signo de identidad pero intercambiable, como en el teatro, configura personaje; mas el conflicto de Álvar no es superficial, sino pro-

MARIANA.—*(Indirectamente, a* ÁLVAR.) ¿Tienes hambre? Podría cocinar para ti... podría cocinarte una liebre con gelatina, bien sabrosa, ¿no te gustaría? Trocearía la liebre, quitaría con cuidado los huesos, los nervios, los tendones... Pondría en una cazuela los recortes de la carne, el corvejón troceado, las zanahorias en rodajas, las cebollas partidas, sal, pimienta... y especias a tu gusto. Lo cocería en caldo y vino blanco, a fuego lento, lento y... *(Pausa.)* Podría cocinar para ti, si supiera...

ESTEBAN.—*(Directamente al público.)* Habría que empezar. *(Pausa.)* Al fin y al cabo, los vestidos, la piel... ¿qué más da? Lo que importa es perderlos. *(Sale con los vestidos.)*

MARIANA.—*(Directamente a* ÁLVAR.) En todo caso, siempre le digo a Manuela que deje preparado algún plato. Debes de tener hambre. *(Sale.)*

(Al tiempo que MARIANA *sale por el lateral, entra en la zona opuesta —la sala de estar— una mujer joven de aspecto indígena. Viste ropas actuales, aunque con algún elemento que revela su origen. Mira confusa a su alrededor, como buscando algo y, por fin, lo halla: la bolsa de plástico que* ÁLVAR *arrojó al suelo. La recoge y mira su contenido. En ese momento,* ÁLVAR *se incorpora a medias en la cama y grita:)*

ÁLVAR.—¡Shila![34].

(La mujer sale rápidamente por donde entró, llevándose la bolsa. Casi simultáneamente aparecen en el dormitorio CASTILLO *y* DORANTES. *Llevan la ropa que* ESTEBAN *tomó*

---

fundo, ya que «por toda esta tierra anduvimos desnudos; y como no estábamos acostumbrados a ello, a manera de serpientes mudábamos los cueros dos veces en el año» (cap. XXII, págs. 161-162).

[34] La presencia escénica de Shila supone un nuevo paso en el proceso mental del personaje protagonista; sin embargo, la fugacidad de su permanencia informa de la indecisión del personaje para aceptar el recuerdo, que viene disfrazado todavía con ropas actuales. Su siguiente encuentro en la secuencia final de este primer acto aún se realizará en un extraño territorio del que el hombre teme salir; sólo en el segundo, cuando él acepta la rememoración, mostrará ella su auténtica personalidad.

de la percha. En pie junto a la cama o sentados en ella, van a ir vistiendo a ÁLVAR, *que les deja hacer como aturdido, mientras le hablan)*[35].

CASTILLO.—Ahora están ahí, reunidos, míralos, decidiendo por todos...

DORANTES.—Ése es el gobernador Pánfilo de Narváez, y ha llamado aparte al padre Suárez y al contador y al veedor, y a ti, y al escribano Alaniz y a un marinero...

CASTILLO.—Y les dice que quiere meterse por la tierra adentro, y que los navíos vayan costeando hasta llegar a ese puerto que —dicen los pilotos— está muy cerca de allí.

DORANTES.—Pide el parecer de todos, y tú das el tuyo, y es que de ningún modo hay que dejar los navíos sin que primero queden en puerto seguro...

CASTILLO.—Y le dices que los pilotos no andan ciertos ni conformes, ni saben dónde están, y los caballos no pueden aprovecharse en caso de necesidad, de tan flacos y fatigados...

DORANTES.—Y, sobre todo, no tenemos a nadie que conozca la lengua de los indios, y mal podremos entendernos con ellos ni hacerles saber lo que queremos de la tierra.

ÁLVAR.—¿Qué queremos de la tierra?

*(Hay un breve silencio, en el que todos se inmovilizan. Luego reanudan su tarea. En la zona central, bañada por débiles claridades, han entrado los actores, ahora ataviados con ropas del siglo XVI. Los hombres —*NARVÁEZ *entre ellos—*

---

[35] Como explicábamos en la nota 28, la narración de Castillo y Dorantes, extraída del capítulo IV del relato, y más tarde la intervención de Claudia, procedente del capítulo XXXVIII, actúan como decorado verbal y elemento de información histórica para el receptor, al tiempo que el tono épico sirve para distanciar; sin embargo, el plano dramatúrgico se va conjugando con el narrativo en las indicaciones que proceden de los textos secundarios. Así, mientras se transcribe el comienzo de la odisea, los actores terminan de vestir al protagonista y el decorado deja penetrar el pasado, como el lector comprueba en la acotación y el público percibe, suponiendo ello una nueva manera de implicarlo en el juego metateatral. La resistencia de Álvar a participar obliga a los dos ayudantes a reproducir sus palabras, que no son otras que las que él se adjudica en su historia.

forman un grupo vagamente deliberante. Las mujeres, por su parte, están también reunidas al fondo.)

CASTILLO.—Ahora habla el padre Suárez, y le parece todo lo contrario, que no hay que embarcar, sino andar la costa en busca de puerto.

(Uno de los actores, cuyo atuendo sugiere el de un fraile franciscano, interpela a los demás.)

SUÁREZ.—Es tentar a Dios el volverse a embarcar, ya que tantos trabajos hemos padecido desde que salimos de Castilla, tantas tormentas, tantas pérdidas de navíos y caballos y gente.

(Otro actor de aspecto poco belicoso —es, en realidad, escribano— hace lo mismo.)

ALANIZ.—Yo soy del parecer de Álvar Núñez: antes de hacer entrada alguna, hay que dejar los navíos en puerto conocido y seguro.

(Entre tanto, CASTILLO y DORANTES han terminado de vestir a ÁLVAR y tratan de conducirle hacia la zona central, venciendo su débil resistencia.)

DORANTES.—Ahora el gobernador insiste en meterse por la tierra adentro, y entonces tú le requieres, en nombre de Su Majestad, que no deje los navíos sin que queden seguros y en puerto.

(Han llevado a ÁLVAR hasta el grupo de actores, y todos le miran en silencio, mientras CASTILLO y DORANTES se escabullen hacia el fondo. NARVÁEZ interpela por fin a ÁLVAR.)

NARVÁEZ.—¿Qué es esto de pedir testimonio? ¿Quién es vuestra merced para hacerme estos requerimientos? Yo pido testimonio al escribano cómo, por no haber en esta tierra mantenimientos para poblar ni puerto para

117

los navíos, levanto el pueblo que aquí he fundado y voy en busca de tierra que sea mejor. Apréstese la gente que ha de venir conmigo, no nos tardemos más...

CASTILLO.—*(A* DORANTES, *por el mutismo de* ÁLVAR.) ¿Habrá que aguijarle?

DORANTES.—Espera un poco...

NARVÁEZ.—*(A* ÁLVAR.) Y vos, Álvar Núñez, pues que tanto estorbáis y teméis la entrada por la tierra, tomad a vuestro cargo los navíos y la gente que en ellos queda.

(Todos callan, esperando la respuesta de ÁLVAR, *que no llega. Como adivinando su intención de huir,* CASTILLO *y* DORANTES *acuden rápidos junto a* ÁLVAR *y se colocan a sus lados.)*

CASTILLO.—*(Con velada violencia.)* Tú te excusas, y él entonces te pregunta por qué rehúsas aceptar. *(Silencio de* ÁLVAR.*)* A lo cual respondes: «Porque tengo por cierto que vos no habéis de ver más a los navíos, ni los navíos a vos, entrando tan sin aparejo por la tierra adentro».

DORANTES.—*(Tras una pausa tensa.)* «Y quiero más aventurarme al peligro y pasar por lo que todos pasen —dices—, que no encargarme de los navíos y dar ocasión que se diga cómo me quedo por temor. Prefiero aventurar la vida que la honra». *(Zarandea levemente a* ÁLVAR.*)*

ÁLVAR.—*(Titubeante.)* Prefiero aventurar... la vida... que la honra... (ESTEBAN *ha seguido la escena desde el fondo, y ahora interpela a una de las mujeres.)*

ESTEBAN.—Sepárate del grupo, tú, la que tanto rezongas. Atraviesa la playa y llega ante el gobernador...

*(La actriz —*CLAUDIA*— cumple las instrucciones de* ESTEBAN.*)*

ESTEBAN.—Díselo, di lo que sabes, lo que os asusta a todas: que abandone la empresa, que salga de esta tierra, porque nadie regresará con vida...

CLAUDIA.—...Y si alguno volviere, Dios hará por él muy grandes milagros. *(Pausa.)* Pero pocos serán los que regresen, o ninguno.

NARVÁEZ.—Yo, señora, y todos los que vienen conmigo, vamos a pelear y conquistar muchas y muy extrañas tierras y gentes. Y tengo por muy cierto que, en la conquista, muchos habrán de morir. Pero aquellos que queden regresarán muy ricos, porque hay noticia de la gran
riqueza que esas tierras guardan.

CLAUDIA.—Pero pocos serán los que regresen... o ninguno.

NARVÁEZ.—¿Y cómo lo sabéis, con tanta certidumbre?

ESTEBAN.—*(A* CLAUDIA.*)* Dile que ya en Castilla, antes de tu
partida, una mujer de Hornachos, una mora vieja, dijo
todo lo que había de ocurrir...

CLAUDIA.—...Todo lo que había de ocurrir, sí. Y así ha venido sucediendo, paso a paso, como si estuviera escrito
en un libro.

NARVÁEZ.—*(Saliéndose de su papel.)* ¿Conviene aderezar la
historia con presagios funestos? ¿La mano del destino,
y todo eso?

ALANIZ.—*(Sacando un libro actual de sus ropas.)*[36]. Aquí lo dice
muy claro... *(Lee.)* «Aquellas personas que allí estaban
vieron y oyeron todas muy claramente cómo aquella
mujer dijo a las otras que, pues sus maridos entraban
por la tierra adentro y ponían sus vidas en tan gran peligro...»

CLAUDIA.—*(A* ALANIZ.*)* Bien, bien... Pero no me acortes el
papel aún más[37]... *(A las demás actrices, interpretando.)* ...
Y ponen sus vidas en tan gran peligro, no hagáis cuenta de ellos y mirad enseguida con quién os habéis de casar, porque yo así lo he de hacer...

ALANIZ.—*(Leyendo.)* «Y así lo hizo, que ella y las demás se
casaron y amancebaron con los que quedaron en los
navíos...»

CASTILLO.—*(A* DORANTES.*)* Algún detalle no concuerda.

DORANTES.—No importa: la realidad también es inexacta.

---

[36] El libro actúa como objeto distanciador y establece un juego entre
realidad (historia) y ficción (teatro), entre pasado (tiempo evocado) y actualidad (representación) que debe provocar la complicidad del receptor y ac-
tivar su juicio sobre lo que contempla.

[37] Claudia ofrece aquí una nueva muestra de conciencia metateatral.

119

CASTILLO.—Ya, pero... si no la atamos corto...

DORANTES.—No te preocupes: esto está casi controlado...

(Durante la escena anterior, las dos zonas laterales del proscenio —el dormitorio y la sala de estar— han ido retirándose entre cajas. Bruscamente, ÁLVAR abandona el grupo deliberante y corre hacia el lugar en que estaba el dormitorio. Al no hallarlo, atraviesa corriendo el proscenio en busca de la sala de estar. Desconcertado, angustiado casi, vuelve al centro del proscenio y mira hacia el patio de butacas. Parece como si fuera a saltar del escenario pero, durante su indecisión, llegan hasta él DORANTES y CASTILLO y le sujetan, cada uno de un brazo)[38].

ÁLVAR.—*(Forcejeando con ellos.)* ¡Soltadme! ¡No quiero volver! ¡Aquello ya ocurrió! ¡Ya lo viví, lo conté, lo escribí! ¡No quiero soñarlo!

DORANTES.—Cálmate, Álvar. No te pongas así... No se trata de soñarlo...

CASTILLO.—Ni siquiera de vivirlo. Es otra cosa.

DORANTES.—Como un juego, más o menos...

CASTILLO.—*(A DORANTES.)* ¿Un juego?

DORANTES.—*(A CASTILLO.)* Más o menos.

CASTILLO.—Es otra cosa...

DORANTES.—De acuerdo, pero ¿qué?

CASTILLO.—No sabemos las reglas. Ni cómo se gana o se pierde...

DORANTES.—Dices bien.

CASTILLO.—Ni qué. Ni quién. Ni cuándo.

(Aprovechando la distracción de CASTILLO y DORANTES, ÁLVAR intenta zafarse, pero ellos reaccionan rápidamente, le sujetan aún con más firmeza y le hacen caer al suelo, impidiéndole cualquier movimiento.)

---

[38] El forcejeo que se lleva a cabo en escena es fiel trasunto de la lucha espiritual de Álvar, quien teme a su memoria. Los fantasmas evocados, como ocurrió con los de Juan Luis, el protagonista de *Jueces en la noche*, de Antonio Buero Vallejo, serán los encargados de inducirlo al reconocimiento.

ÁLVAR.—¡Estoy aquí, ahora! ¡Espero un mensaje del Emperador...!

CASTILLO.—No llegará ningún mensaje. No aquí. No esta noche. Tranquilo.

DORANTES.—¿Dónde crees que estás? ¿Quién crees que eres?

ÁLVAR.—¡Soy Álvar Núñez Cabeza de Vaca!

CASTILLO.—Más o menos.

DORANTES.—Más bien menos.

CASTILLO.—En cualquier caso, todos preferiríamos ser algo más de lo que somos, estar en otra parte...

DORANTES.—Eso mismo: a nadie le gustan estas medias tintas, este sí pero no, este quiero y no puedo...

CASTILLO.—Este ser y no ser...

DORANTES.—Yo, por ejemplo: se supone que soy Andrés Dorantes, natural de Béjar y vecino de Gibraleón...

CASTILLO.—Y yo, Alonso del Castillo Maldonado, natural de Salamanca...

DORANTES.—Pero eso no se lo cree nadie.

CASTILLO.—Bueno: casi nadie.

DORANTES.—Y sin embargo, aquí estamos: hinchando el pecho y apretando el culo para enmendar la Historia, con mayúscula.

CASTILLO.—O por lo menos, tu historia, con minúscula[39].

DORANTES.—*(A CASTILLO.)* Para el caso, es lo mismo, ¿no?

(ESTEBAN *se ha acercado al proscenio con una lanza india, observándola minuciosamente, y se coloca tras el trío.*)

CASTILLO.—Lo escrito, escrito queda, desde luego. Pero eso no significa que haya que estar conforme.

DORANTES.—Ni mucho menos.

---

[39] Esta noción se relaciona con una parcela de lo fronterizo. Indagar en lo que la historia oficial ha olvidado es el motivo propulsor de la elección de los temas y personajes de gran parte de las piezas de Sanchis; recuérdense la trilogía *El escenario vacío (Ñaque, ¡Ay, Carmela!, El cerco de Leningrado)* o *Los figurantes*. Es significativo el paralelismo existente entre el interés de estos personajes en salir a la luz y el protagonismo que Ríos y Solano ofrecen a los autores y géneros menores, mientras que olvidan a los que oficialmente son importantes, o el deseo de los *figurantes* de protagonizar su obra.

CASTILLO.—¿Y por qué tanta prisa, di? ¿Por qúé tanta prisa en escribirlo?

DORANTES.—Escribirlo... y enviarlo volando a la Audiencia de Santo Domingo. ¿Por qué?

(Bruscamente, ESTEBAN levanta la lanza y la clava en la espalda de ÁLVAR, que grita con una mezcla de dolor y placer. Luego pierde el sentido. CASTILLO y DORANTES continúan sujetándole.)

ESTEBAN.—Por miedo a la memoria, ¿verdad? Escribirlo, digo. Por miedo a la memoria. Uno lo escribe y así ya no tiene por qué recordarlo. Lo escribe como quiere, y a olvidar... Esteban no sabe escribir, por eso no sabe olvidar. Mala cosa, no saber olvidar. Mala cosa, la memoria por ahí, desbocada, sin riendas...

DORANTES.—Basta ya, Esteban... si nos ponemos todos a filosofar no arrancaremos nunca.

CASTILLO.—Y parece que ya el resto de la gente se empieza a deshinchar...

(En efecto, los restantes actores han abandonado sus posiciones y se dedican a tareas y entretenimientos diversos. Alguno incluso duerme.)

ESTEBAN.—*(Desclavando su lanza, a ÁLVAR.)* ¿Te ha dolido, esta vez?

(CASTILLO y DORANTES dejan a ÁLVAR tendido en el suelo y van hacia el fondo, activando a los otros.)

CASTILLO.—¡Vamos, vamos, compañeros! ¿Qué es esto? ¿Apoltronándose ahora?

DORANTES.—¡Ya es tiempo de emprender la marcha! ¡Arriba! *(A NARVÁEZ.)* Al caballo, don Pánfilo. Entremos tierra adentro, que nos aguardan riquezas sin medida. Ahora sabrá don Hernando Cortés lo que es ganar imperios[40]...

---

[40] Pánfilo de Narváez fue enviado en 1520 por Diego de Velázquez para frenar el avance por tierras de Nueva España de Hernán Cortés, pero

(Todos se ponen en movimiento, sin dirección precisa. También Álvar, con la ayuda de Esteban, se incorpora y se funde en el grupo. Vagos preparativos de marcha. Narváez es encaramado sobre el caballo. Los hombres cargan armas y bultos diversos, salidos no se sabe de dónde. En primer término, un soldado interpela a la actriz.)

Figueroa.—No lo dirías en serio, ¿verdad, Claudia?[41].

Claudia.—¿Qué?

Figueroa.—Lo que dijiste antes. Eso de que ibas a buscar con quien casarte, si nos metemos tierra adentro.

Claudia.—Y tan en serio. Como que ya lo econtré.

Figueroa.—¿Qué es lo que encontraste?

Claudia.—Con quien casarme. Aquí está. *(Tomando a otro soldado del brazo.)* Salúdale, Melchor.

Pérez.—Hola, Figueroa. Yo...

Figueroa.—*(A Claudia.)* Pero, ¿qué estás diciendo?

Claudia.—Lo que oyes.

Figueroa.—¿Con éste te vas a casar?

Pérez.—Bueno, Figueroa, verás...

Claudia.—*(A Pérez.)* Tú calla, Melchor.

Figueroa.—Pero, ¿cómo vas a casarte con éste?

Pérez.—Claro, Figueroa. Lo que pasa...

Figueroa.—Cierra el pico, Pérez. *(A Claudia.)* ¿Es que acaso no eres mi mujer?

Claudia.—Tu viuda, dirás. Vamos, Melchor.

Figueroa.—¿Qué viuda ni qué mierda? Bien vivo que estoy, y con todas mis partes. *(Se lleva la mano a la entrepierna.)* ¿O no?

Pérez.—Seguro, Figueroa. Sólo que...

Claudia.—Muy pocas van a quedarte, dentro de muy poco.

éste lo venció e hizo prisionero. Acerca de Cortés y la empresa mexicana, véase la nota 81 al texto de *El retablo de Eldorado.*

[41] La secuencia entre Claudia, Figueroa y Pérez es el desarrollo escénico de lo descrito en el capítulo XXXVIII del relato de Álvar. El lenguaje empleado por los personajes muestra el hibridismo entre la historia de donde surge la escena y la conciencia metateatral de la actuación.

FIGUEROA.—¿Serás ave de mal agüero? ¿Es que no oíste al gobernador?

CLAUDIA.—También oí a la mora de Hornachos y he visto que ocurría todo lo que me dijo.

FIGUEROA.—*(A* PÉREZ.) ¿Y tú también crees esas zarambaimas?[42].

PÉREZ.—Bueno, Figueroa. Yo...

FIGUEROA.—*(A* CLAUDIA.) ¿Pueden más en tu ánimo los flatos de una vieja pagana que el clamor de una armada cristiana? *(Señalando el movimiento de los actores.)* Mira, mira esos trescientos hombrazos armados hasta los dientes... Y esos cuarenta caballos tan bravos y rozagantes... ¿Llevaba consigo muchos más don Hernando Cortés para someter a la corona de España todo el poderosísimo imperio de los mexicas, también llamado de la Nueva España? Pues déjate de segundas bodas y vamos a darle gusto al bajo vientre. *(A* PÉREZ.) Y tú, Pérez, ya que te quedas con los navíos, recoge toda la boñiga que puedas para abonar el sembradico de ajos que trajimos, aquí mi esposa y yo. *(Y arrastra consigo a* CLAUDIA.)

PÉREZ.—Hombre, Figueroa. Tú también...

CLAUDIA.—*(Desprendiéndose de* FIGUEROA.) La boñiga te la echas tú en el bajo vientre, a ver si así te crece la berengena... Que tantos imperios vas a conquistar, como hijos fuiste capaz de hacerme.

FIGUEROA.—Por tu vida, Claudia, no me quieras afrentar ahora con esa canción. Que tú bien sabes cómo yo...

CLAUDIA.—Lo que sé bien y rebién es la sarta de infortunios que os aguardan a todos. Semanas y semanas y meses de andar más que perdidos, sin hallar otra cosa que comer más que palmitos verdes[43]...

---

[42] *Zarambaima:* Variación del autor sobre *garambaina*, tontería, pamplina (DRAE).

[43] Las palabras de Claudia actúan como acotación implícita, que más tarde se desarrolla en las precisiones de la didascalia. Gesto y palabra reproducen las penalidades narradas en los capítulos iniciales de la crónica, sobre todo en el capítulo V, del que el personaje recita fragmentos casi textuales.

124

(Como arrastrados por su voz, todos los hombres de la expedición inician una confusa danza o pantomima que evoca vagamente las circunstancias descritas por CLAUDIA. *Desde los laterales de la escena, las mujeres arrojan a sus pies baldes de agua que van encharcando el suelo y dificultan sus movimientos. Algunos hombres caen, se incorporan y prosiguen su incierto deambular, cada vez más penoso.)*

CLAUDIA.—... Atravesando ríos muy hondos y muy anchos, de corriente muy recia, o por montes espesos, con árboles altísimos, muchos de ellos caídos de las muchas tormentas, y otros tantos hendidos por los rayos...

*(*FIGUEROA *intenta resistirse a ir con los otros y se agarra a* PÉREZ.*)*

FIGUEROA.—¡No, no...! ¡Esperad un momento! ¡Aclaremos primero un par de cosas! ¡Y no me sueltes, Pérez, que siempre fui tu amigo!
PÉREZ.—Lo siento, Figueroa. Yo... *(Le suelta.)*
FIGUEROA.—¡Que no me sueltes, cabrón! ¡Deja que te diga...!

(Pero se pierde su figura en el grupo de expedicionarios y su voz es borrada por la voz de CLAUDIA, *que prosigue su relación, acongojándose paulatinamente.)*

CLAUDIA.—... Sin ver indio ninguno, o viéndolos tan pobres que no sacaréis de ellos más que pescado seco o un poco de maíz, con que daréis infinitas gracias a Dios Nuestro Señor por socorreros en tan gran necesidad... *(A* PÉREZ, *como rechazando su emoción.)* Y vamos a lo nuestro, Melchor, que ya están ésos bien encaminados...

(Sale llevando a PÉREZ *de la mano, y al salir se cruzan con* MARIANA, *que lleva una bandeja con una fuente de comida cubierta. Atraviesa la escena como extraviada, mientras se escucha el diálogo de los hombres.)*

SUÁREZ.—*(A* NARVÁEZ.) Con la venia del señor gobernador... ¿No sería cosa de ir pensando en evangelizar un
poco a esos indios?

NARVÁEZ.—¿A ésos queréis evangelizar, padre Suárez? ¿A
esos pobres salvajes, que ni saben lo que es el oro, vais
a arrojar el mensaje de Cristo? ¿No recordáis acaso la
parábola del sembrador?

SUÁREZ.—¿Cómo no voy a recordarla, don Pánfilo? San
Mateo, capítulo trece, versículos uno al nueve.

NARVÁEZ.—Pues eso: el que tenga oídos que oiga, y el que
no, que se joda... Y no hablemos de estos otros, que primero nos reciben como amigos, y su cacique me da el
cuero de venado que vestía, y yo le doy cuentas y cascabeles, y nos lleva a su pueblo, y al otro día nos caen
como enemigos... Sigamos, sigamos en pos de esa provincia tan rica que dicen que hay al norte, no perdamos
más tiempo, que bien sé yo que vamos retrasados, maldita sea mi suerte perra[44]...

SUÁREZ.—*(Santiguándose.)* Don Pánfilo, por Dios...

ALANIZ.—*(A* NARVÁEZ.) ¿Qué retraso y qué prisas son ésas,
señor gobernador? Con mis respetos, no le oigo otra
machaquería desde que arribamos a las costas de la Florida.

NARVÁEZ.—¿Qué retraso, dices? ¿No lo ves tú mismo? *(Indica el escenario y los actores.)* ¿Quién está aquí dispuesto a
transigir, a poner algo de su parte, a dejarse llevar? Y llevar, ¿adónde? *(A las mujeres que arrojan agua.)* ¡Y basta de
agua, rediez! ¡Que hace ya casi un mes que dejamos la
costa!

(Las actrices dejan de baldear y salen de escena.)

---

[44] El mito del oro, que movió a muchos de los descubridores, aparece
constantemente en los capítulos iniciales del relato; en el V se describe el
intercambio del que habla Narváez y la esperanza de encontrar riqueza llegados a la región de Apalache: «Mas con vernos llegados donde deseába-
mos, y donde tanto mantenimiento y oro nos habían dicho que había, pa-
recíónos que se nos había quitado gran parte del trabajo y cansancio» (página 95).

CASTILLO.—¿Y los ríos, señor Narváez? ¿Estaban por ventura secos los ríos que hubimos de pasar?

DORANTES.—Díganselo al pobre Juan Velázquez, que se entró por aquél de corriente tan recia, y se ahogó con caballo y todo...

SUÁREZ.—Y su muerte nos dio mucha pena, porque hasta entonces ningún cristiano nos había faltado. *(Se santigua.)*

CASTILLO.—Mucha pena, sí... No tanta la del caballo, que aquella noche dio de cenar a muchos.

(Dos actores arrancan la envoltura de una de las ancas del caballo de NARVÁEZ, *dejando al descubierto su esqueleto metálico.)*

NARVÁEZ.—*(Protestando indignado.)* ¡Eh, eh! ¿Qué estáis haciendo? ¡No malogréis el caballo! ¿Que no sabéis del temor que los indios le tienen? ¿Cómo vamos a conquistar grandes imperios si empezamos a comernos los caballos?

ALANIZ.—Pero no es eso lo peor, sino que cada vez van saliéndonos al paso más indios de guerra... *(En efecto, han aparecido las mujeres empuñando sendos arcos, y lanzan sobre el grupo flechas imaginarias.)* Ésta es buena ocasión para mostrar el acierto que tuvo el gobernador en prepararles una trampa con que tomar tres indios prisioneros y llevarlos en adelante como guías[45].

CASTILLO.—Dicho y hecho, Alaniz. Sigamos.

ALANIZ.—¿Qué quieres decir?

CASTILLO.—Quiero decir que mejor que lo has dicho, no podría ser hecho. Así que, ¿para qué perder tiempo mostrándolo? Adelante, que ya pronto llegamos a esa tierra tan rica.

DORANTES.—Demos gracias a Dios... y a ver si allí se acaban los grandes trabajos que estamos padeciendo.

ESTEBAN.—Es tierra muy trabajosa de andar... y maravillosa de ver.

---

[45] Tanto la anécdota de Juan Velázquez como la de la captura de los indios están descritas en el capítulo V.

FIGUEROA.—¿Quién ha de ver las tales maravillas, con el cansancio, y el hambre que pasamos? Y muchos hay que, además, tenemos las espaldas hechas llagas de llevar las armas a cuestas...

DORANTES.—¿No será la frente, Figueroa, y de llevar los cuernos?

FIGUEROA.—*(Amagando un ataque.)* ¡Cuernos, los de tu padre...!

SUÁREZ.—*(Conteniéndole.)* Haya paz, hijos míos. Guardad los bríos para defender la fe de Jesucristo.

NARVÁEZ.—*(Señalando frente a sí.)* ¡Allí, allí! ¡Llegamos! ¡La más rica comarca de las Indias! ¡Ni Cortés ni Pizarro alcanzaron tierra tan generosa, imperio tan cuajado de oro y plata!

(Todos los hombres, colocados a ambos lados del caballo, se esfuerzan en divisar lo que describe NARVÁEZ. Las mujeres dejan de usar los arcos.)

NARVÁEZ.—... Aquí nos resarciremos de las zozobras del mar y las penurias de la tierra. Aquí cesarán el hambre y la estrechura que tanto nos han castigado... ¡Ánimo, caballeros! Desplegad los pendones de Castilla, las cruces y estandartes de la Iglesia Católica y, naturalmente, los emblemas de la casa de Narváez, nuevo administrador de toda esta riqueza...

(Tanto su voz como la expectativa de los demás han ido entibiándose. Se produce un silencio desencantado)[46].

ALANIZ.—O sea: cuarenta casas pequeñas y bajas...

DORANTES.—Todas ellas de paja y barro...

FIGUEROA.—Muchos cueros de venados...

CASTILLO.—Algunas mantas de hilo, no muy buenas...

---

[46] El gesto descrito es la expresión dramatúrgica del sentimiento que experimentaron los españoles a la vista de la realidad descubierta (caps. VI y VII), enunciada después en las intervenciones de Alaniz, Dorantes, Figueroa, Castillo, Suárez y Esteban.

SUÁREZ.—Maíz seco y vasos para molerlo...

ESTEBAN.—Muy espeso monte y grandes arboledas y muchos piélagos de agua...

ÁLVAR.—Y grandes tempestades que derriban los árboles y son causa de no poder andar sin trabajo y peligro...

> *(Nuevo silencio. Una de las mujeres toma una flecha real, la tensa en su arco y la dispara contra el pecho del caballo. Todos miran impasibles cómo* CASTILLO, *al querer arrancar la flecha, se lleva también la envoltura de una pata delantera y parte del pecho. Casi inmediatamente entra* CLAUDIA *por donde salió, arreglándose el pelo y el vestido, con evidente mal humor. Tras ella, subiéndose los calzones y muy azorado,* PÉREZ.)*

PÉREZ.—Claudia, por favor... Dame otra oportunidad.

CLAUDIA.—¿Otra más? Ya serían trece...

PÉREZ.—Considera que, con tantos padecimientos, no está el cuerpo muy católico...

CLAUDIA.—Ni católico ni luterano, Pérez.

PÉREZ.—*(Dolido.)* ¡No me llames Pérez!

CLAUDIA.—Pues Melchor. Para el caso es lo mismo.

PÉREZ.—¿Qué caso?

CLAUDIA.—Nada, nada... ¿Qué más da llamarte por el nombre o por el apellido, si siempre te vienes... antes de tiempo?

PÉREZ.—Bueno, Claudia. Yo...

CLAUDIA.—*(Viendo a* FIGUEROA *entre la tropa.)* En mala hora dejé marchar a mi Figueroa... ¿Qué será de él, pobre marido, por esas tierras desalmadas?

FIGUEROA.—*(Destacándose un paso del conjunto).* ¿«Pobre marido» me llamas ahora, mala entraña? ¿Después que me enviaste al otro mundo antes de tiempo, nombrándote mi viuda cuando aún estaba vivo y coleando?[47].

---

[47] La secuencia entre Pérez y Claudia se encuentra dentro de un sistema de rupturas humorísticas, típico del estilo dramatúrgico de Sanchis. Al intervenir Figueroa, se produce además una infracción espacio-temporal ya que él, supuestamente, había marchado a la expedición y ella figuraba entre las diez mujeres que se quedaron (véase cap. XXXVIII).

CLAUDIA.—No me recuerdes cómo coleabas, que me paso las noches añorándolo, al lado de este repollo. Pero, dime: ¿aún estás vivo?

(PÉREZ *se escabulle por un lateral, humillado y furioso.*)

FIGUEROA.—¿Vivo? Yo no diría tanto... Como mucho, pongamos que conservo casi todo el pellejo, y poco más, hurtándolo a los tirones del hambre y al susto de las flechas. Veinticinco días hace que aguantamos el tipo en este poblacho, el más rico, dicen, de toda esta provincia... y no te cuento la vida regalada que gozamos. Sobre todo, cuando los indios nos vienen a expresar sus parabienes...

CLAUDIA.—¿Por qué sus parabienes?

FIGUEROA.—Por ocupar sus casas y esquilmar sus campos de maíz... Vieras con qué gracia pasan de parte a parte con sus flechas el pescuezo de algunos... y aun el tronco de un roble...

CLAUDIA.—¿Pues cómo no salís a acometerles y a conquistar la tierra, de una vez por todas?

FIGUEROA.—Verás... Salir, sí que salimos... cuando nos dejan, claro. Pero échales un galgo a esos indiazos, que andan tan a su salvo por estas maniguas[48]... En fin, piensa tú misma lo que estamos pasando en tierra tan extraña y tan mala y tan sin remedio para ninguna cosa...

(*Las mujeres vuelven a disparar sus flechas imaginarias, y ello provoca movimientos defensivos en el grupo de hombres.*)

NARVÁEZ.—¡Cúbranse, caballeros, cúbranse! ¡Que nos hieren la gente y los caballos desde aquella espesura!

FIGUEROA.—(*Uniéndose a la acción de la tropa.*) ¡Adiós, mujer! ¡Piénsame a ratos, que yo, ni tiempo tengo! ¡Y espéra-

---

[48] *Manigua:* Terreno, con frecuencia pantanoso, cubierto de espesa naturaleza tropical (DRAE).

me, que he de volver cargado de riquezas! En todo caso, mira de no olvidarme.

CLAUDIA.—¡Descuida, Figueroa, que nunca encontrarás mejor viuda que yo!

(Cuando va a salir, CLAUDIA *casi tropieza con* MARIANA, *que aún lleva la bandeja con la fuente de comida. Se miran un momento, sorprendidas)*[49].

MARIANA.—Todo se ha vuelto... no sé... todo se ha vuelto peligroso, ¿no le parece? Ni la propia casa es un lugar seguro. Abres una puerta y... Sí: estará pensando que no voy vestida de un modo... conveniente. No he tenido tiempo de arreglarme, eso es todo. No vaya a pensar que... *(Por la bandeja.)* ¿Esto? Nada, un plato frío, cualquier cosa...

CLAUDIA.—*(Mientras sale corriendo.)* ¿A quién se lo dices?

MARIANA.—¡Espere! *(Y sale tras ella.)*

(La luz desciende en todo el escenario, al tiempo que se insinúan sordos fragores de tormenta, disparos de arcabuz, griteríos y, sobreponiéndose paulatinamente a todos los sonidos, golpes de tambor indio. Antes del oscuro total, una tenue claridad permite distinguir, en un lateral, a la mujer de aspecto indígena, aún con la bolsa de plástico en la mano y varios fardos de inmigrante[50]. *Intimidada, se arregla el pelo. Va apagándose el sonido del tambor.)*

---

[49] Un nuevo juego de transgresión espacio-temporal se propone en este encuentro, ya que Mariana está en el presente de la historia de Álvar, y Claudia procede de la revisión de su pasado. El propio desorden del discurso de Mariana ofrece la noción de «fuera de tiempo».

[50] La imagen de Shila con los fardos está evocando las descripciones que el cronista vierte en su relato («No se cargan los hombres ni llevan cosa de peso; mas llévanlo las mujeres y los viejos, que es la gente que ellos en menos tienen», cap. XVIII, pág. 144) al tiempo que funde el *antes* y el *ahora* en la imagen del inmigrante: «El otro es el indio americano, sí, pero también el norteafricano que emigra con su hambre oscura a la privilegiada Europa» (José Sanchis Sinisterra, «*Naufragios de Álvar Núñez*: La escritura del fracaso»).

Shila.—*(Al público, tras alguna vacilación.)*[51]. Esta no es mi lengua. Puedes desconfiar de todo lo que diga porque yo, en verdad, nunca lo diría así. Mi lengua es otra, muy otra. Tanto, que ya no queda nadie para hablarla. Sólo quedo yo, de los míos. Sólo yo. *(Pausa.)* Puedes desconfiar también de mí, si quieres. Nadie me nombró nunca, nadie me dijo. Estoy fuera de todas las palabras. Hablo tu lengua, pero tu lengua no me habla. No habla de mí. Ésta no es mi lengua, por ningún motivo. *(Pausa.)* Aquel que pudo nombrarme, no lo hizo. Me dejó allí, en el silencio. No sé por qué. Pudo ponerme en sus palabras, hospedarme en su lengua, como hice yo con él, en mi gente. Pero no lo hizo. No sé por qué. Tenía una gran herida en la espalda. Quizás por eso.

(En el lateral opuesto, también rescatado de las sombras por una débil luz, aparece Álvar, *con las ropas del siglo XVI. Junto a él, una moderna maleta. Enciende un cigarrillo, fuma y consulta su reloj de pulsera.)*

Álvar.—*(Al público.)* Ustedes lo están viendo: me niego, me resisto a ser cómplice de esta... burda mascarada. ¿Es así como algunos pretenden enmendar mi testimonio? Que no están conformes, que no se reconocen, que callo muchas cosas... ¿Y piensan, de este modo, servir a la verdad? *(Pausa.)* Nadie la sirvió con más tesón que yo. Podría demostrarlo paso a paso... *(Mira el reloj.)* si no tuviera que irme. *(Señalando vagamente la escena.)* No así, desde luego... No a golpes de parodia, no acoplando torpemente los... restos del naufragio, abultando detalles y descuidando puntos capitales... No así. *(Pausa.)* Podría demostrarlo, pero tengo que irme. He de cumplir una nueva misión en América. En el Río de la Plata, concretamente. Esta vez sé adónde voy, sé lo que

---

[51] El discurso sobre la lengua como vehículo de comunicación supone nueva llamada de atención al receptor para implicarlo en el conflicto profundo de la «no existencia», como a continuación lo hará Álvar convirtiéndolo en confidente de su desorientación.

quiero. Sé quién soy. *(Vacila.)* O, por lo menos... *(Como escuchando algo.)* ¿Qué? *(Silencio. Escucha.)* A veces... oigo voces. Pero otras no. *(Escucha.)* Nada. Silencio... *(Reacciona.)* Estaba diciendo que... ¿Qué decía? Hablaba de naufragios, ¿no? Eso ya se acabó, sí... No más naufragios.

(Al tiempo que un pasillo de luz une poco a poco los dos extremos del proscenio, se insinúa y crece el sonido de un aeropuerto: voces metálicas y monótonas anunciando vuelos diversos en diferentes lenguas, aviones, música ambiental... Álvar tira el cigarrillo y toma su maleta, Shila sus fardos y ambos se encaminan hacia el centro del proscenio. Al verse, se detienen. Tardan en iniciar el diálogo.)

Álvar.—Tú... tú no puedes estar aquí, Shila...

Shila.—Es verdad.

Álvar.—No tendrías que estar aquí.

Shila.—No. Ya lo sé.

Álvar.—Me alegra verte. Me alegra mucho verte. Pero no puedes estar aquí.

Shila.—Si te alegras, puedo estar.

Álvar.—Hay algún... algún malentendido. *(Pausa.)* Esto no está ocurriendo.

Shila.—Te traigo a tu hija.

Álvar.—¿Qué? *(Silencio.)* ¿Qué dices?

Shila.—Tu hija. Nuestra hija.

Álvar.—Nuestra hija...

Shila.—Te traigo a nuestra hija.

Álvar.—¿Qué locura es ésa? Nuestra hija murió.

Shila.—Sí, ya sé... *(Mostrándole la bolsa de plástico.)* Aquí está. *(Pausa. Álvar no se mueve.)* Son sólo sus huesitos, claro... Ahora están limpios, blancos. Los llevé conmigo muchos soles, muchas lunas, buscándote. Ahora están limpios. Los lavé con arena, con agua de ríos y de mar... También el viento los lavó y la lluvia. *(Pausa.)* Hablo así porque ésta no es mi lengua. *(Pausa. Mira la maleta de Álvar.)* ¿Te vas?

Álvar.—*(Sin pensarlo.)* Sí... *(Transición.)* No. No me voy. *(Deja la maleta en el suelo.)*

133

SHILA.—¿Es verdad que te alegras?

ÁLVAR.—*(Mira a su alrededor y luego tiende la mano a* SHILA.) Vamos. No puedes estar aquí.

(SHILA *deja todos sus fardos en el suelo, menos la bolsa y toma la mano que* ÁLVAR *le tiende. Se miran en silencio.)*

SHILA.—Sólo quedo yo, de los míos.

(ÁLVAR *la lleva de la mano hacia el fondo. Quedan, en primer término, la maleta y los fardos. Al tiempo que la oscuridad les acoge, crece el sonido de un avión... hasta fundirse con el fragor de una violenta tempestad. La momentánea claridad de un relámpago permite entrever la figura de un hombre desnudo que cruza la escena corriendo.)*

TELÓN

Segundo acto

(Desde los laterales, la luz destaca un grupo humano situado en el centro de la escena, algo retirado hacia el fondo. Lo constituyen todos los personajes masculinos, frontalmente dispuestos en torno al esqueleto metálico del caballo, que aún cabalga NARVÁEZ. La posición del conjunto es similar a la que presentaba poco antes del final del primer acto, pero ahora su aspecto es muy distinto: es una tropa famélica, sucia, barbuda, derrengada, cuyo vestuario y armamento apenas recuerdan, en su escasez y deterioro, el flamante aspecto de los conquistadores. Algunas de las lanzas y estandartes han sido sustituidos por simples ramas más o menos derechas. Toscos vendajes y parches, así como alguna que otra improvisada muleta, hablan de infortunados avatares bélicos. Algunos van descalzos, o mal cubiertos los pies con trapos deshilachados. Enfermos y macilentos, nada queda en su porte de la antigua gallardía. De la envoltura del caballo, sólo se conserva la de la cabeza, y en no muy buen estado. El cuadro general no puede ser más lastimoso. Todos permanecen más o menos inmóviles durante un minuto largo. Alguno se impacienta.)

FIGUEROA.—¿Ya?

CASTILLO.—Espera un poco.

(Se mantiene un momento más la inmovilidad.)

FIGUEROA.—¿Qué hemos de esperar?

135

DORANTES.—¿Tienes prisa?

FIGUEROA.—¿Prisa?

DORANTES.—Sí. ¿Tienes algo que hacer? ¿Algún trabajo urgente?

PÉREZ.—Me extrañaría mucho...

FIGUEROA.—*(Inclinándose para mirarle.)* ¿Y tú qué haces aquí?

PÉREZ.—¿Yo? Bulto.

FIGUEROA.—¿No te quedaste con los navíos? *(Silencio.)* Di: ¿no te quedaste con los navíos y con los cobardes?

DORANTES.—*(Malicioso.)* Y con las mujeres...

FIGUEROA.—Contesta, Pérez. ¿Qué demonios...?

PÉREZ.—*(Interrumpiéndole.)* No me llames Pérez.

FIGUEROA.—¿Ah, no? *(Sarcástico.)* ¿Melchor, entonces?

PÉREZ.—Tampoco. Llámame Miruelo. Ahora soy el piloto Miruelo[52].

FIGUEROA.—¿Cómo es eso? ¿Tú, Miruelo? *(A los demás.)* ¿Qué significa esta... este...?

CASTILLO.—Problemas de personal.

FIGUEROA.—¿Qué?

CASTILLO.—Falta gente, Figueroa. ¿Aún no te has dado cuenta?

ALANIZ.—Ya éramos pocos al principio, y cada vez vamos quedando menos...

SUÁREZ.—Y aún quedaremos menos y menos y...

ALANIZ.—¿Quiere no sernos agorero, padre?

SUÁREZ.—Bien lo dijo aquella mujer: «Pero pocos serán los que regresen, o ninguno...»

---

[52] En el capítulo II (pág. 82) se refiere cómo el gobernador había comprado en la Trinidad un bergantín «y traía consigo un piloto que se llamaba Miruelo»; más adelante se dice que «mandó que el bergantín fuese costeando la vía de la Florida, y buscase el puerto que Miruelo el piloto había dicho que sabía; mas ya él lo había errado, y no sabía en qué parte estábamos, ni adónde era el puerto» (cap. IV, pág. 86). La conciencia metateatral del cambio de papel que lleva a cabo el actor funciona de elemento distanciador; como en toda la pieza, el texto histórico articula el relato escénico, que sufre repetidas interrupciones de la realidad del hecho teatral. A veces la frontera se confunde; así ocurre en esta secuencia en la apreciación de Alaniz («Ya éramos pocos al principio, y cada vez vamos quedando menos») y no hay certeza de si se refiere a la merma del ejército histórico o a los actores que componen el elenco.

136

ALANIZ.—¿También vuestra merced va a andar creyendo en los vaticinios de una mora?

SUÁREZ.—El Señor escribe a veces recto sobre renglones torcidos.

DORANTES.—¿No es al revés?

CASTILLO.—Sea como sea, el caso es que conviene no ir desperdiciando gente... Aunque sea tan encogida como Pérez.

PÉREZ.—Como Miruelo.

CASTILLO.—Eso: como Miruelo.

FIGUEROA.—Bueno, me da lo mismo: tan gandumblas[53] es el uno como el otro. Porque el tal Miruelo, también... ¡menudo pájaro! Tanto presumir de piloto, y de que su tío Diego le había hecho relación de la ruta... y nunca supo ni por dónde quedaba el río de las Palmas, ni en qué parte estábamos, ni...

DORANTES.—Por cierto, ¿en qué parte estamos?

(Todos miran en torno, excepto NARVÁEZ, que parece adormecido sobre los restos del caballo.)

ÁLVAR.—Estamos en un lugar que los indios llaman Aute[54], en el sur...

CASTILLO.—Ah, sí... Nos dijeron los de Apalache que a nueve jornadas yendo hacia el mar, había un pueblo con mucho maíz, y calabazas y fríjoles...

DORANTES.—Y aun algo de pescado, por estar cerca de la costa.

SUÁREZ.—El pueblo está vacío y las casas quemadas...

ÁLVAR.—*(A NARVÁEZ.)* ¿Son éstas las riquezas que ahora pretendemos, señor gobernador? Calabazas, maíz, pescado... ¿Éstos son los imperios cuajados de oro y plata?

---

[53] *Gandumblas:* Modificación realizada por el autor sobre *gandumbas*, calificativo familiar que significa haragán, dejado, apático (DRAE).

[54] En el capítulo VII de la crónica (pág. 99) se relata cómo les dan noticias de un pueblo llamado Aute cuyos habitantes «tenían frisoles y calabazas, y que por estar tan cerca de la mar alcanzaban pescados».

137

Levantadnos el ánimo, señor Narváez, para seguir en pos de la fama que vinimos a buscar[55]...

(En la semipenumbra que les envuelve, han aparecido las mujeres, ahora vestidas con leves túnicas de algodón que les dan —sin pretender representarlo— un vago aspecto indígena. Llevan cuencos humeantes, a modo de incensarios, y cañas de un metro aproximadamente. Depositan los cuencos en el suelo, a ambos lados del grupo y soplando con las cañas impulsan el humo hacia los hombres, que recobran cierta libertad de desplazamiento.)

ÁLVAR.—¿Me estáis oyendo? Somos aún casi trescientos hombres. Sin rumbo, sí, perdidos en esta tierra sin Dios... Pero tenemos pies y manos para andarla y tomarla... Y un corazón cristiano cada uno para sembrarlo, vivo o muerto, y hacer que aquí florezca el evangelio. Y un idioma, en fin, para dar nombres y apellidos a esta tierra muda[56]... ¿No nos haréis oír, señor, la voz de mando para conquistarla?

CASTILLO.—*(Aparte, a* DORANTES.) No está mal, ¿eh?

DORANTES.—*(Ídem, a* CASTILLO.) Si él, cuando quiere...

NARVÁEZ.—*(Como hundido en un extraño letargo.)* ¡Al mar, al mar...! ¡Los navíos...!

ALANIZ.—¿Los navíos, decís? ¡A saber ahora por dónde andarán...! Bien recomendé yo que nos esperasen en

---

[55] Las palabras de Álvar reflejan la actitud del sujeto histórico según se traslucen de la lectura de su obra, en la que la pobreza de los indios es, junto con el hambre y la desnudez, motivo constantemente repetido. De hecho, sólo en tres ocasiones aparecen en su relato objetos de valor: la sonaja de oro, la vasija de cobre y las esmeraldas que le regalaron los indios y que, según cuenta, perdió antes de volver a España.

[56] En varias ocasiones Álvar Núñez alude a la sensación de impotencia que le produce el no entender a los indios: «Y aunque nos hablaron, como nosotros no teníamos lengua, no los entendíamos» (cap. III, pág. 85), o bien: «Y que sobre todo esto, íbamos mudos y sin lengua» (cap. IV, página 88). En el texto dramático, al invertirse el sentido, adquiere el personaje un matiz *oficialista* y tópico que merece la aprobación de Castillo y Dorantes, y atrae al receptor hacia la consideración dialéctica del hecho histórico.

puerto seguro... Y Álvar Núñez alcanzó incluso a requeríroslo[57].

DORANTES.—¡«Requeríroslo...»! Bueno, Alaniz: tampoco
hay que exagerar con el lenguaje de época...

ALANIZ.—En fin: o somos o no somos.

NARVÁEZ.—¡Al mar! ¡Llevadme al mar! ¡Regresemos...!

ÁLVAR.—*(Tomando una resolución.)* ¡Castillo! ¡Dorantes! Ve-
nid conmigo y otros siete caballeros y cincuenta peo-
nes. Vayamos a descubrir dónde está la costa y cuál es
su disposición... ya que no en otra cosa piensa y delira
el gobernador.

(ÁLVAR, CASTILLO *y* DORANTES *se separan del grupo y
avanzan hacia un lateral del proscenio. Una de las mujeres
acude allí rápidamente, con su cuenco y una pequeña vasija. Vierte su contenido en el cuenco y comienza a mezclarlo
con las cenizas.)*

CASTILLO.—Ya caminamos hasta hora de vísperas y llegamos a una entrada de la mar...

DORANTES.—Aquí encontramos muchos hostiones[58], con
que la gente pudo calmar un tanto el hambre...

CASTILLO.—Ya es otro día, de mañana. Envías veinte hombres a reconocer la costa...

DORANTES.—Y regresan en la noche del día siguiente, diciendo que la costa está muy lejos de allí...

*(Mientras tanto, el resto de los actores parece ser presa de al-
gún malestar que les va haciendo sentarse o acostarse en el
suelo.* NARVÁEZ *ha descendido penosamente del caballo y
vaga alucinado entre la postración de sus hombres. Carras-
pea y emite notas diversas, como si afinara su voz)*[59].

---

[57] El requerimiento tiene lugar en el capítulo IV de la crónica (pág. 90),
pero, dada la actitud del gobernador, Álvar opta por obedecerlo: «Que yo
quería más aventurar la vida que poner mi honra en esta condición.»

[58] *Hostión:* Especie de ostra mayor y más basta que la común (DRAE),
con la que, según Álvar, «la gente holgó» por haber hallado algo con qué
comer (cap. VII, pág. 102).

[59] La acotación traslada a gestos y movimiento lo descrito al final del capítulo VII de la crónica.

CASTILLO.—... y que tiene ancones[60] y bahías muy grandes y malas de pasar, y entonces tú nos mandas esperarte y te metes tierra adentro, solo, ya caída la noche, en busca, dices, de...

ALVAR.—*(Interrumpiéndole.)* Basta, Castillo. ¿Es necesario revisarlo todo? ¿Paso a paso, miseria por miseria?[61].

DORANTES.—¿También tú tienes prisa, alguna cita...?

ÁLVAR.—Sí: tengo una cita.

(Los tres se miran en silencio, mientras se escucha la voz doliente de NARVÁEZ, *que intenta cantar el aria de Edgardo —«Tombe degli avi miei...»— del acto cuarto de «Lucia di Lammermoor», de Donizetti)[62].*

CASTILLO.—Está bien: regresemos al campamento, a dar las malas nuevas[63].

DORANTES.—Sí. Hallemos al gobernador enfermo, con otros muchos, malheridos algunos por un ataque de los indios, la noche pasada.

CASTILLO.—Pasemos por alto la partida y, el trabajoso camino en busca de una costa más propicia, con los hombres enfermando de a pares, de a docenas.

DORANTES.—Y echemos un discreto velo sobre el intento de los caballeros, queriéndose evadir secretamente, para salvarse solos, desamparando al gobernador y a los enfermos...

CASTILLO.—Echemos un velo, sí...

(De lo alto del escenario cae un enorme velo casi transparente, sucio y desgarrado aquí y allá, que viene a cubrir a NAR-

---

[60] *Ancón:* Ensenada pequeña en que se puede fondear (DRAE).

[61] La ruptura de Álvar interrumpe el enunciado de sucesos contenidos en los capítulos IV y V de la crónica.

[62] Esta composición en boca de Narváez muestra la irónica confluencia de su involuntario destino con el buscado fin del protagonista de la ópera: «Sul nemico acciaro/abbandonar mi vo'...»

[63] A partir de aquí, y hasta la secuencia entre Mariana y Esteban, se transcribe lo descrito en los capítulos VII y VIII del relato histórico, pero, merced al uso de las formas verbales (regresemos, hallemos, etc.), siguiendo el juego temporal, el pasado se hace futuro.

VÁEZ *y a los hombres de su entorno. Algunos sacan la cabeza y parte del cuerpo por los desgarrones)*[64].

NARVÁEZ.—*(Deja de cantar y vocifera, delirante.)* ¡Salgámonos, señores! ¡Salgamos ya de esta maldita tierra o tumba o telaraña! ¡Regresemos a España!

DORANTES.—*(A* CASTILLO.*)* La cosa está grave: le ha salido una rima...

(Acuden CASTILLO *y* DORANTES *junto al grupo, metiéndose bajo el velo y asomándose luego por sendos agujeros.* ÁLVAR *se demora aún un momento, mirando a la mujer del cuenco, que ahora se incorpora y, casi ritualmente, le pinta con los dedos una raya oscura en la cara*[65]. ÁLVAR *no reacciona: sólo mete la mano en el cuenco e inspecciona el contenido en sus dedos.* NARVÁEZ *reanuda su declamación.)*

NARVÁEZ.—¡La patria nos espera con sus arcos de triunfo! ¡Vayamos a ofrendarle los trofeos de esta gloriosa empresa! ¡El oro, la plata, el... los... las perlas, las turquesas, las... las ricas sedas, el... las... las calabazas, el tocino, los cascabeles, el barro, los mosquitos, las arañas, las flechas, las víboras, la fiebre, la mierda... la mierda... la mierda!

(La cabeza de PÉREZ —*o* MIRUELO— *aparece no lejos de* NARVÁEZ.*)*

PÉREZ.—Con la venia del señor gobernador, yo...
NARVÁEZ.—*(Súbitamente calmado.)* ¿Quién eres tú?
PÉREZ.—Yo, con la venia... el piloto Miruelo.
NARVÁEZ.—¿Miruelo? Muy cambiado te veo.

---

[64] Un velo, como elemento escenográfico, toma a la letra la frase de Castillo y da forma dramatúrgica a la narración de los hechos. Asimismo, los actores irán realizando más adelante la construcción de navíos que se describe en el diálogo.

[65] Es el primer signo de su mestizaje, que después irá cobrando sentido en la toma de conciencia de su actuación.

PÉREZ.—Todos estamos cambiados, señor.

NARVÁEZ.—Dejemos el tema. ¿Qué se te ofrece?

PÉREZ.—Yo, con la venia, he estado pensando...

NARVÁEZ.—Bien hecho. Pero deja la venia.

PÉREZ.—... y digo que, para regresar, no hay otro modo sino hacer navíos.

(Tras un silencio estupefacto, todos se echan a reír, excepto PÉREZ, *naturalmente, así como* NARVÁEZ *y* ÁLVAR.)

NARVÁEZ.—*(A todos.)* ¡Silencio! *(Cesan las risas. A* PÉREZ.) Como idea no es mala, no... Pero no se me alcanza cómo ponerla en práctica, considerando que, por estas tierras, parece algo atrasada la industria naval.

ALANIZ.—Sin olvidar que no hay ni sombra de herramientas...

FIGUEROA.—Ni hierro...

DORANTES.—Ni fragua...

SUÁREZ.—Ni estopa...

ESTEBAN.—Ni pez...

CASTILLO.—Ni jarcias...

DORANTES.—Ni comida para el tiempo que tardarían en hacerse...

ALANIZ.—... si es que alguien supiera cómo hacer navíos.

PÉREZ.—Bueno... yo, con la venia... o sin ella... antes de ser Miruelo... quiero decir: piloto... Antes de ser piloto, trabajé algún tiempo como herrero.

FIGUEROA.—¿Herrero, tú? ¡Soplafuelles, dirás!

NARVÁEZ.—¿Soplaqué?

PÉREZ.—Bien, sí... Quiere decir, aquí mi amigo Fiueroa, que yo, más bien, en la herrería, manejaba el fuelle para avivar el fuego...

NARVÁEZ.—Noble oficio también, al fin y al cabo...

PÉREZ.—... Y creo que podría hacer unos cuantos con cañas y cueros de venado.

NARVÁEZ.—¿Unos cuantos qué?

PÉREZ.—Unos cuantos fuelles... Y de los estribos y espuelas y ballestas y otras cosas de hierro que nos quedan, haríamos los clavos y martillos y sierras y demás herramientas.

142

(Una musiquilla optimista se va dejando oír, a la vez que los hombres recobran actitudes animosas. Las mujeres, por su parte, sujetan largas varas a los bordes del velo y lo levantan, formando un amplio techado sobre el grupo, que inicia una febril actividad: desmontan el esqueleto del caballo en piezas y, con cajas, tableros y otros elementos que van apareciendo, iniciarán la construcción de un vago remedo de barca.)

CASTILLO.—*(Como continuando el discurso de* PÉREZ.*)* ... Y con todos los caballos y la gente que pudiese pelear, iríamos a requisar cuanto maíz pudiéramos, que ya está para recoger, y sería no menos de cuatrocientas hanegas en varias entradas, aunque no sin pendencias con los indios...

(En su trayecto, se cruza con ÁLVAR, *que viene del proscenio para incorporarse al quehacer colectivo. Advierte la raya oscura que atraviesa su rostro.)*

CASTILLO.—*(A* ÁLVAR.*)* ¿Qué es eso?

ÁLVAR.—¿Qué?

CASTILLO.—Esa raya en la cara.

ÁLVAR.—Ah... No es nada... *(Se limpia con el faldón de la camisa. Va a alejarse de* CASTILLO, *pero vuelve junto a él.)* ¿Sabes una cosa?

CASTILLO.—¿Qué?

ÁLVAR.—Ayer, en ese pueblo de indios... *(Calla.)*

CASTILLO.—¿Sí?

ÁLVAR.—En una de las casas en que entramos a robar maíz...

CASTILLO.—¿A robar?

ÁLVAR.—... encontré unas figuras hechas de paja y algodón y semillas.

CASTILLO.—¿Figuras de personas?

ÁLVAR.—Sí: figurillas humanas, muy mañosas...

CASTILLO.—Serían ídolos. Toda esta gente es idólatra.

ÁLVAR.—No, no eran ídolos. Tenían un aire gracioso, parecían... *(Calla.)*

143

CASTILLO.—¿Qué?

ÁLVAR.—Parecían muñecas... Muñecas de las que usan los niños para jugar...

CASTILLO.—¿Muñecas, esos indios?

ÁLVAR.—Sí. ¿Verdad que es curioso?

CASTILLO.—No creo que lo fueran. Pero, en todo caso, ¿qué pasó con ellas?

ÁLVAR.—¿Pasar? No pasó nada. Estaban allí, en la casa... Nada más.

CASTILLO.—¿Nada más?

ÁLVAR.—No. Estaban allí. Y yo las vi.

CASTILLO.—Ah.

(Se miran un momento en silencio. Luego, CASTILLO saca un pañuelo sucio de su manga y lo acerca a la cara de ÁLVAR.)

CASTILLO.—No te has limpiado bien. *(Le acaba de limpiar la raya oscura.)*

ÁLVAR.—Gracias.

(NARVÁEZ, que pasea eufórico entre los que trabajan y hasta coopera, interpela a ALANIZ, mientras CASTILLO y ÁLVAR se incorporan a la tarea.)

NARVÁEZ.—Vea, vea, señor escribano... y tome nota para la posteridad. Cortés hizo quemar sus naves y yo, vea, hago construir las mías[66]... ¿Qué le parece?

---

[66] Todo el episodio de la confección de las naves procede, con ligeras modificaciones, del capítulo VIII de *Naufragios* (págs. 104-105). La alusión que en el drama hace Narváez a Cortés se basa en la leyenda de la destrucción que éste hizo de las suyas, como puede verse, por ejemplo, en *Conquista de Méjico. Segunda parte de la Conquista General de las Indias*, de Francisco López de Gómara (Madrid, Atlas, B.A.E., 22, 1946, pág. 324): «Y para que le siguiesen todos aunque no quisiesen, acordó quebrar los navíos; cosa recia y peligrosa y de gran pérdida; a cuya causa tuvo bien que pensar, y no porque le doliesen los navíos; sino porque no se lo estorbasen los compañeros [...]. Determinado pues de quebrarlos, negoció con algunos maestros que secretamente barrenasen sus navíos, de suerte que se

ALANIZ.—*(Eludiendo comprometerse.)* Bueno... las comparaciones siempre son odiosas.

NARVÁEZ.—Son dignos de alabanza, sí, los hechos de armas, las conquistas y exterminio de paganos... pero, ¿no merece también algún elogio esta proeza del ingenio humano? De los palmitos se hace estopa para calafatear[67], y también cuerdas y jarcias, trenzándolos con colas y crines de caballos. De la resina de los pinos, sale alquitrán para embrear. Nuestras camisas se convierten en velas. Aquellas sabinas nos proporcionan los remos. Desollando las patas de los caballos y curtiendo sus cueros, tenemos odres para el agua. Y, en fin, si no fuera por los cuarenta hombres que se nos han muerto de enfermedad y hambre, podríamos sentirnos muy contentos al haber construido cinco barcas en menos de dos meses...

ALANIZ.—*(Dejando un momento su ocupación.)* Bien lo cantó aquel poeta trágico[68]:

> Muchas cosas existen asombrosas,
> pero ninguna tanto como el hombre...

NARVÁEZ.—Menos poesía y a bregar, Alaniz, que se nos hace tarde. Es veinte de septiembre[69] y el otoño se anuncia borrascoso.

---

hundiesen.» Con posterioridad se difundió la idea de que fueron quemadas: «La fábula de que Cortés quemó sus naves, en lugar de sólo barrenarlas, apareció desde mediados del siglo XVI. Probablemente se originó, como supuso Federico Gómez de Orozco, en una de las pinturas que ornaban el Túmulo Imperial, levantado en las exequias de Carlos V, en México, 1559...» (José Luis Martínez, *Hernán Cortés*, México, Universidad Nacional Autónoma-Fondo de Cultura Económica, 1990, pág. 206). Acerca del amplio tratamiento literario de este suceso, véase Winston A. Reynolds, *Hernán Cortés en la literatura del Siglo de Oro*, Madrid, Centro Iberoamericano de Cooperación-Editora Nacional, 1978, capítulo III, págs. 105-114.

[67] *Calafatear:* Cerrar las juntas de las maderas de las naves con estopa y brea para que no entre el agua (DRAE).

[68] Alaniz se refiere a una de las primeras intervenciones del Coro en la *Antígona* de Sófocles (versos 332-333).

[69] En el capítulo VIII (pág. 106) de la crónica se indica: «A veinte y dos días del mes de septiembre se acabaron de comer los caballos [...] y este día nos embarcamos.»

(Entra FIGUEROA *con una cesta de mimbre en las manos y varias flechas clavadas en la espalda.)*

NARVÁEZ.—¿Qué llevas ahí, Figueroa?

FIGUEROA.—Marisco, señor gobernador. Fuimos a recogerlo en las entradas de la mar, porque ayer nos cenamos el último caballo.

NARVÁEZ.—Sí, sí... Pero me refiero a las flechas[70].

FIGUEROA.—Esos malditos indios, que no nos dejan ni mariscar. Diez hombres han flechado en estos días, sin que les valieran las buenas corazas que llevaban.

NARVÁEZ.—*(Inspeccionando las flechas.)* Ya veo, ya... Mmmm... Ésta te pasó de parte a parte...

FIGUEROA.—Disparan con la fuerza del diablo, señor. Y como apenas si nos quedan armas, por haberlas fundido en herramientas...

NARVÁEZ.—En fin, qué le vamos a hacer... Por lo menos, cúbrete la cabeza, no vayas a agarrar una insolación...

FIGUEROA.—Descuide, señor gobernador. Y gracias por el consejo.

(Se aleja y, a los pocos pasos, se desploma con estrépito. Todos se inmovilizan y miran el cuerpo caído. El silencio es roto por la voz quejumbrosa del padre SUÁREZ.*)*

SUÁREZ.—Y aún quedaremos menos y menos y menos...

ALANIZ.—*(Casi histérico.)* ¡Callen los cuervos!

*(*PÉREZ *reacciona y acude junto al cuerpo de* FIGUEROA. *Lo toca con emocionada aprensión, rompe una de las flechas y la arroja furioso hacia un lateral. Luego comienza a recoger el contenido de la cesta, sorbiéndose los mocos.)*

PÉREZ.—Ya ven, señores... Nos traía de todo: hostiones, can-

---

[70] La dramatización de este episodio está fundamentada en las rupturas y reducciones al absurdo que soporta el discurso en contraste con el aspecto de Figueroa. Son elementos que se funden con el del sentido del humor para establecer distancia reflexiva con el hecho histórico.

grejos, caracoles, quisquillas, camarones... ¡y hasta un centollo! *(Rompe a llorar.)* De todo, señores de todo...

(Por un lateral del proscenio entra CLAUDIA *poniéndose un velo negro, corre angustiada y desaparece en un abrir y cerrar de ojos por el lateral opuesto. Dos de las mujeres que sostenían el velo con sus varas —las situadas en primer término—, las abaten hasta el suelo, de modo que el grupo de los hombres queda prácticamente oculto. Baja la luz y entra poco a poco el sonido de un mar algo alterado. Tras el velo, ahora dispuesto como una pantalla inclinada y con desgarraduras, se reanuda el ajetreo de los hombres y el murmullo de sus voces, aunque no se distinguen sus palabras. Por uno de los laterales del velo, como escabulléndose, aparece* ESTE-BAN, *ahora cubierto con el abrigo de su primera entrada[71]. Mira a uno y otro lado, saca un cigarrillo arrugado y una caja de cerillas. Enciende y fuma con deleite. Mira de nuevo a su alrededor, extrae del interior del abrigo la botella de whisky que le ofreciera* ÁLVAR *y va a sentarse, satisfecho, en un lateral del proscenio, a la manera árabe. De otro bolsillo del abrigo saca la radio-cassette de* NARVÁEZ, *busca una emisora que emita música magrebí y, cuando la encuentra, deja el aparato en el suelo, abre la botella y, ahora sí, se dispone placenteramente a beber. Aparece entonces* MARIANA *por el lateral opuesto. Viste una blusa escotada y una falda color mostaza. Su aspecto, más juvenil, es inequívocamente el de una prostituta callejera. Ve a* ESTEBAN *y le llama con artificiosa profesionalidad.)*

MARIANA.—¡Eh, Mohamed, cariño...!

*(*ESTEBAN *tiene un leve sobresalto al verla, va a esconder la botella pero, finalmente, bebe un trago y mira a* MARIANA *sin expresión.)*

---

[71] Toda la propuesta espectacular contenida en la acotación posee un profundo valor simbólico. Esteban sale del pasado (el velo) para fundirse, en su condición de *marginal*, con Mariana, que por su aspecto de prostituta representa otra forma de marginalidad, lo que no le impide despreciar al que considera más bajo.

MARIANA.—¿Lo vas a celebrar tú solito? ¿Y ahí sentado, en el suelo, como un...? ¿Por qué no te vienes conmigo y lo celebramos juntos? Anda, vamos, y verás qué fiesta te hago pasar... ¿Me has visto bien, eh? ¿Te has fijado en la mercancía que te ofrezco? Esto no se encuentra todos los días. No, no... Salgo muy poco, yo. Me reservo. Y no para cualquiera, puedes estar contento, no para cualquiera, me reservo... Por eso estoy tan prieta, ¿te has fijado?, como nueva, como sin estrenar... *(Ríe.)* ¿No te lo crees? Puedes tocar, si quieres, a ti te lo permito, no sé por qué, no es que me gustes, al contrario, no me gustas nada, al contrario, más bien me das un poco de asco, toda la gente como tú me da un poco de asco, y no es por el olor, el olor no me importa, y tampoco la piel, ni ese sudor tan ácido que os sale a chorros enseguida, con las primeras sacudidas, no, no es por eso, es... *(Pausa.)* Es por los ojos, esa manera de mirar, ese recelo, esa cosa de perro, ese brillo de liebre rabiosa y desagradecida, ¿qué os hemos hecho, eh?, ¿qué os hemos hecho para que nos miréis así? ¿Acaso no te gusto, no te parezco buena mercancía? ¿No lo bastante buena para ti? Entonces, ¿a qué vienes? ¿Qué has venido a buscar? ¿Qué estás haciendo aquí, aparte de ensuciarme con tu mugre, con tu orín, con tu sudor, con tu semen? *(Pausa.)* No te lo tomes a mal, no tengo nada contra ti, al contrario, puede que ya me gustes un poco, sí, ya me vas gustando, me tienes que gustar, porque si no... ni tocarte podría, ni tocarte, ni dejarme tocar, ni siquiera acercarme a ti, y me estoy acercando, ¿ves?... *(No se mueve.)* Me estoy acercando, sí, como se acerca el zorro al gallinero, como la flecha al corazón del ciervo, como el árbol a los pájaros, como la noche al día, como la nave al puerto que no existe. *(Pausa.)* ¿Qué? ¿Dices algo? ¿Quieres decirme algo? ¿Algo de naves y puertos que no existen? ¿De naves que se acercan? ¿Es eso? ¿Eso me estás diciendo? ¿Que se acerca una nave? ¿No me estás engañando? ¿Cómo lo sabes tú? ¿Quién te lo ha dicho? ¿Quién te envía? ¿De dónde vienes? ¿Qué estás haciendo aquí? ¿Por qué esta noche? *(Pausa.)* ¿Quién eres tú?

ESTEBAN.—*(Tras un silencio.)* Estebanico el Negro, natural de Azamor. *(Apaga la radio y bebe un trago de whisky.)*

MARIANA.—Por un momento... *(Calla.)*

ESTEBAN.—¿Qué?

MARIANA.—... Te tomé por otro.

ESTEBAN.—*(Guarda la radio en el bolsillo y se incorpora.)* No andabas muy desencaminada.

MARIANA.—¿Por qué?

ESTEBAN.—No hay nadie más otro que yo... ¿Vamos?

(Sale por su lateral y, con cierta indecisión, MARIANA atraviesa el proscenio y le sigue. El velo es abatido entonces por las mujeres y, en la semipenumbra que baña la escena, se distingue una tosca estructura que evoca vagamente una improvisada embarcación. Sendos rayos de luz arrancan de la sombra a siete de los hombres, instalados en distintos lugares y niveles de la estructura. Son ÁLVAR, CASTILLO, DORANTES, NARVÁEZ, SUÁREZ, ALANIZ y PÉREZ. Las mujeres salen de escena. El mar embravecido resuena quedamente.)

ALANIZ.—¿Qué ocurre? ¿Por qué tanta oscuridad?

DORANTES.—No sé... *(Llama.)* ¡Castillo! ¿Estás ahí?

CASTILLO.—Estoy, sí... Pero, ¿dónde?

DORANTES.—Si no lo sabes tú... *(Llama.)* ¡Álvar!

ÁLVAR.—Aquí.

DORANTES.—¿Sabes dónde estamos?

ÁLVAR.—No. Quizás seguimos costeando.

CASTILLO.—¿En las barcas? *(Silencio.)* ¿Seguimos en las barcas?

PÉREZ.—Yo estoy en una barca.

SUÁREZ.—También yo. Con el agua hasta la cintura, pero sí... parece una barca.

NARVÁEZ.—¿Están las cinco barcas? ¡Comisario! ¡Castillo! ¡Peñalosa! ¡Núñez! ¿Están las cinco?

ÁLVAR.—Están, señor gobernador.

NARVÁEZ.—¿Y los hombres? ¿Están todos los hombres? ¿Los doscientos cincuenta?

SUÁREZ.—¿Quién podría saberlo? Con esta oscuridad...

149

ALANIZ.—¿Alguién ve más allá de sus narices?

SUÁREZ.—Y con la sed y el hambre... ¡Don Pánfilo!

NARVÁEZ.—Diga, padre Suárez.

SUÁREZ.—No sé qué iba a decirle...

DORANTES.—No diga nada y rece, que buena falta nos hace.

PÉREZ.—¡Capitán Castillo!

CASTILLO.—Di, Miruelo.

PÉREZ.—¿Vuestra merced sabe contar?

CASTILLO.—Depende.

PÉREZ.—¿Sabe contar los días?

CASTILLO.—¿Qué días?

PÉREZ.—Los días que llevamos navegando.

DORANTES.—¿A esto llamas tú navegar? Menudo marino estás hecho...

PÉREZ.—Pues, con la venia, capitán Dorantes: si a esto le llama vuestra merced conquistar[72]... *(Calla.)*

DORANTES.—¿Qué? *(Silencio.)* ¿Qué quieres decir?

PÉREZ.—Nada, nada...

CASTILLO.—*(Para sí.)*[73] Mes y medio, tal vez... Día más, día menos... Y el invierno arrecia... Y si el mar es arisco y traicionero, la tierra es enemiga y nos escupe, y seguimos, seguimos, como si fuéramos a alguna parte, perdidos y anegados, ignorados... Ésa es la palabra: ignorados. Todo aquí nos ignora... Nadie nos esperaba, nadie nos ha llamado: ni la tierra, ni el mar, ni esos indios salvajes que nos miran llegar y partir como si fuéramos... una horda de tiburones moribundos...

ALANIZ.—*(Para sí.)* No es normal esta sombra, nadie puede explicarla, nadie quiere hablar de ella, pero es lo único cierto, toda esta oscuridad aquí, envolviéndonos, ¿por qué?, ¿para qué?, no estaba escrito, no está escrito en

---

[72] Un juego verbal proporciona otra vez la perspectiva crítica con que se cierra una secuencia de carácter épico, extraída de lo descrito en el capítulo X de la historia, como objetiva poco después Dorantes.

[73] Los cinco monólogos interiores que siguen, construidos como «apartes» para que el espectador se *entere*, colocan a éste ante la reflexión de los descubridores sobre el fracaso interior, pocas veces declarado, pero que gravita en la construcción misma del relato.

ninguna parte, el libro no la cita y, para noche, es demasiada noche, y como símbolo, la verdad, me resulta muy pobre, a no ser... a no ser que... a no ser que ya...

NARVÁEZ.—*(Para sí.)* Ya ni siquiera es tarde. Cuando es tarde, siempre se puede, al menos, poniendo todos algo de su parte, recuperar el tiempo perdido, como suele decirse. No todo, pero al menos parte. Ahora ya, ni eso. Es más que tarde. Es... ¿cómo decirlo? Mejor ni decirlo. Hacerlo. ¿Hacer qué? ¿Qué? Acabar, sí. Acabar. Nadie podrá decir que no lo puse todo de mi parte. Incluso aguantar dignamente la pedrada en la cara que ayer me dieron los indios...

SUÁREZ.—*(Para sí.)* Y de Dios, ni noticias. Debe de estar muy ocupado en otra parte. Allá en España, sin duda, donde tanto peligra la fe católica. Pero aquí, en este fin del mundo, ¿por qué iba a escuchar las plegarias de un oscuro fraile, que no ha sido capaz de bautizar ni a uno solo de esos salvajes paganos? Un sermoncico quise echarles a aquellos dos que se quedaron de rehenes, cuando el trueque del agua, pero... ¡quiá! Ni entenderme quisieron...

DORANTES.—*(Para sí.)* Por la mucha corriente de ese río, que tanto entra en la mar y nos aparta de la tierra, ya voy sabiendo dónde estamos. A punto de perderse unas barcas de otras, a punto de crecer aquel viento del Norte que se llevó dos de ellas a alta mar, y nunca más las vimos, a punto de ir desfalleciendo todos del cansancio y del hambre, a punto de... *(Pausa.)* O sea: por el capítulo diez, más o menos.

PÉREZ.—*(A* ÁLVAR.*)* Dígame la verdad, señor Núñez, ahora que la cosa está así como parada... Yo no salgo en su libro, ¿verdad?

ÁLVAR.—*(Risueño.)* ¿Tú, quién? ¿Pérez o Miruelo?

PÉREZ.—Pérez, Pérez... Lo de Miruelo ha sido... un apaño.

ÁLVAR.—No, Pérez. En verdad, no sales en mi libro.

PÉREZ.—Algo notaba yo...

ÁLVAR.—Pero aquí sí que sales. Y no poco...

PÉREZ.—Ya... Pero no es lo mismo. En el libro, uno queda, mientras que aquí... Por no hablar del papelito que me

151

han endosado[74]... Hombre, por Dios... Eso no se le hace a un español. Embarcarle en una empresa como ésta, de tantos vuelos, para luego... ¿qué? ¿Qué fama ni qué gloria va a quedarle a uno?

ÁLVAR.—¿También tú esperabas gloria y fama de esta aventura?

PÉREZ.—Bueno, fama... No del calibre de la suya, claro. Pero, por lo menos, lo justo para que la gente de mi pueblo me saludara quitándose el sombrero... *(Súbitamente colérico.)* ¡¿Era mucho pedir?!

(El fragor del mar aumenta de volumen y la estructura náutica parece ser zarandeada. Los hombres se esfuerzan por mantener el equilibrio.)

ÁLVAR.—¿Qué hacemos, señor gobernador? Una de las tres barcas está muy mar adentro... ¿No tendríamos que ir a recobrarla?

NARVÁEZ.—Ya no hay tiempo, ya no hay tiempo... Ganemos la tierra, antes de que sea demasiado tarde... Síganme, síganme...

ÁLVAR.—Tengo a toda mi gente enferma, señor, que apenas si puede con los remos. Láncenos una cuerda para poder seguirle.

NARVÁEZ.—¿Una cuerda, señor Núñez? ¿Para arrastrar otra barca? Ya será mucho si pueden mis hombres con la mía.

ÁLVAR.—¿Qué me manda, pues, que hagamos, ya que el seguirle no será posible?

NARVÁEZ.—¡Mandar...! *(Ríe.)* ¡Ya no es tiempo de mandar unos a otros! Haga cada uno lo que mejor le parezca para salvar la vida, que así pienso hacer yo.

---

[74] En la queja de Pérez se unen las dos dimensiones de lo contemplado: teatro e historia. Con relación a lo efímero del hecho teatral y su importancia en la obra de Sanchis, recordemos, por ejemplo, unas palabras de Ríos al final de *Ñaque*: «No queda nada. Ni un eco. Y de este gesto... *(Hace un amplio gesto teatral.)* ¿Ves? Se borra en el aire. No queda nada tampoco. ¿Comprendes? [...] Que no llenamos nada. Sólo hacemos un poco de bulto mientras estamos aquí...»; desde el punto de vista de su *papel*, se relaciona con los personajes de *Los figurantes*.

ÁLVAR.—¡Eh, señor gobernador! ¡Espere, espere...[75]!

(Pero su voz es ahogada por el estruendo del mar y un fuerte crujido. El resplandor de un relámpago permite adivinar el desmoronamiento de la estructura, segundos antes de que se produzca la oscuridad. Se hace el silencio y, sobre él, se escucha grabada la voz de ÁLVAR.)

VOZ DE ÁLVAR.—Y entonces yo tomé el timón... Y entonces yo tomé el timón... Y entonces yo tomé el timón... Y entonces yo...

(La voz va siendo borrada por la música del Movimiento 6 —«Fecit potentiam»— del «Magnificat» de Bach[76]. En el proscenio, bajo una débil claridad, se vislumbra la figura de SHILA arrastrando dificultosamente el cuerpo de un hombre desnudo. Cuando la imagen se borra, tras una breve oscuridad, invade la escena una intensa y fría luz blanquecina. Han desaparecido todos los elementos que sugerían la embarcación, pero el suelo es ahora una superficie irregular, con desniveles y fracturas. Sentados, en pie o acostados en diferentes lugares y orientados cara a distintos puntos, los siete hombres de la secuencia anterior, más ESTEBAN, ahora sin el abrigo, efectúan gestos y movimientos truncados, de modo repetitivo. Decrece hasta desaparecer el «Magnificat» y, superpuesto, comienza a escucharse el murmullo de los personajes, en principio ininteligible por su escaso volumen y su simultaneidad. Pero pronto van destacándose como jirones de sus parlamentos)[77].

---

[75] El diálogo sostenido por Narváez y Álvar tiene su fundamento en la descripción que este último hace en el capítulo X de su relato; así como la frase repetida por la voz de Álvar («Entonces yo tomé el timón») modifica la forma de la antigua escrita por el navegante: «Así, yo lo tomé el leme» (cap. X, pág. 115).
[76] La exaltación y el júbilo que el himno religioso expresa contrasta irónicamente con la penosa situación en la que los personajes se encuentran.
[77] El desconcierto de los náufragos se refleja en el *desorden* con que van describiendo la historia a continuación. El texto originario ha saltado en pedazos y éstos han caído alternados en boca de los personajes, quienes refieren frases de los capítulos XIII, XVII y XII, hasta que Castillo compone de nuevo el recuerdo.

153

DORANTES.—El espanto de verlos cómo estaban, y la pena de no poder darles nada, porque nada teníamos, ni más ropa que la que nos cubría...

ALANIZ.—... Invernar, invernar aquí, en la isla, y que vayan los que estén más fuertes en busca del río Pánuco, donde hay cristianos...

NARVÁEZ.—A media noche sopló el Norte muy recio y sacó mi barca al mar... y nunca más se supo de mí.

SUÁREZ.—¿A sus casas con ellos? ¿Para que nos sacrifiquen a sus ídolos? No hay ni que pensar en ello, capitán...

CASTILLO.—No así, no así, señores... Cada cosa a su tiempo, uno detrás de otro.

(Entre tanto, han entrado las mujeres, cada una desde un ángulo del escenario, y van a ir desplazándose entre los hombres, pidiéndoles con un gesto o quitándoles sin brusquedad algunas de las prendas de ropa o elementos del atuendo que aún les quedan.)

PÉREZ.—Los unos a los otros, sí, como lo digo, y eran cristianos, de los nuestros, lo juro, y se comieron los unos a los otros... menos el último, claro, que no tuvo quien lo comiese[78]...

DORANTES.—¿Por qué seis años, di? ¿Por qué aguantaste seis años entre aquella gente? ¿Por llevar contigo a Lope de Oviedo? ¿Quién puede creerlo?[79].

ÁLVAR.—No podía escaparme solo... Y él me juraba cada año que al siguiente, que al siguiente nos iríamos...

CASTILLO.—Pero eso fue después. No nos adelantemos...

ESTEBAN.—Solo entre ellos, dices, y desnudo como todos

---

[78] Véase lo indicado en la nota 32.

[79] Juan Francisco Maura (ed. cit., nota 38, pág. 134) indica con relación a esta demora: «Un hombre capaz de dilatar su partida seis años para escaparse de la isla donde se encontraba esclavo sólo con motivo de esperar por uno de sus compañeros tiene que ser calificado casi forzosamente como "santo". Diciendo esto el autor justifica por una parte un espacio de seis años, y por otra una actitud donde las virtudes cristianas de fe, esperanza y amor al prójimo quedarán subrayadas como parte de la imagen que de sí mismo tendrá toda la obra.»

154

andaban... ¿Solo, estás seguro? Cuando fuimos a verte, ¿te acuerdas?, por tu enfermedad...

CASTILLO.—Eso fue luego. Volvamos a la barca[80]...

ÁLVAR.—Tomé el timón y navegamos toda la noche, y ya cerca de tierra nos tumbó una ola...

(Entra ahora FIGUEROA *vestido con un elegante traje actual, gafas negras y bastón de ciego, llevando en la mano un papel. Su presencia —vista o presentida— hace callar a todos)*[81].

DORANTES.—Hombre, Figueroa... ¿Tú por aquí?

FIGUEROA.—*(Serio y frío.)* No exactamente. Di, más bien... por allá. *(Gesto vago que indica lejanía.)*

PÉREZ.—¿Por dónde? *(Silencio. A los demás, que también callan.)* ¿Qué pasa? *(A* FIGUEROA.) ¿Cómo te va, compadre?

FIGUEROA.—*(Igual.)* Lo siento, Pérez. No vengo de visita. Cumplo órdenes. *(Se levanta las gafas negras y lee el papel.)* Alaniz...

ALANIZ.—¡Mierda! El primero...

FIGUEROA.—Astudillo... Avellaneda... Benítez... Caravallo... Cerdá... Corral... Chaves... Díaz... Enríquez... Esquivel.... Estrada... Fernández... Figueroa... *(Interrumpe la lectura.)* No: éste ya está. *(Sigue leyendo.)* Gutiérrez... Guzmán... Huelva... Ledesma... León... López... Méndez... Miruelo... *(Mira a* PÉREZ.) Miruelo... (PÉREZ *se hace el dis-*

---

[80] El tiempo se altera en el recuerdo; lo que indica Esteban es materia del capítulo XVII, mientras que el suceso de la barca pertenece todavía al capítulo X.

[81] En esta secuencia, el anacronismo de la indumentaria y del lenguaje contribuyen a *despistar* al receptor que, sólo cuando Figueroa comienza a nombrar a los marineros y éstos van disponiéndose en fila, será capaz de comprender que es la imagen de la muerte, encargada de dejar a cuatro supervivientes de los cuatrocientos hombres que iniciaron la empresa. La escena se hace eco plástico del sentido del libro, con lo que la dramaturgia del texto y del espectáculo se alían para ofrecer un complejo haz de significados al receptor, al tiempo que avanza la intertextualidad con la historia de un nuevo naufragio, relatado por Álvar, contenido en el capítulo XII de la crónica.

155

traído. Figueroa *mascula algo y sigue leyendo.)* Narváez...
Oviedo... Palacios... Palos... Pantoja... Peñalosa... Porca-
llo... Ruiz... Sierra... Silveira... Solís, Sotomayor... Suárez... Tavera... Téllez... Tostado... Valdivieso... Valen-
zuela...

*(Durante la lectura de la lista no se ha interrumpido la de-
manda muda de las mujeres. Tan sólo Álvar se ha resistido
discretamente a este despojamiento y, de un hueco del suelo,
ha sacado una caracola marina. Se la acerca al oído y escucha. Luego se la acerca a la boca y habla.)*

Álvar.—... No, no me esperes... Aún tardaré en llegar... No
sabría decírtelo, pero mucho tiempo... Las naves se perdieron, va muriendo la gente y nadie sabe qué rumbo
tomar... Hicimos unas barcas para seguir la costa, pensando llegar a... ¿Qué?... Muy malo, terrible... Viento,
lluvia, tormentas... y el frío aumenta cada día... Pero es
peor el hambre que pasamos, y la sed, y el miedo... Un
momento...

*(Se le ha acercado una mujer pidiéndole una prenda de ropa
y él se la entrega. Los hombres, por su parte, se han ido in-
corporando, medio desnudos, y van dándose la mano unos
a otros, como si se tratara de una despedida. Las mujeres
reúnen toda la ropa que han ido recogiendo y la amontonan
en el suelo.)*

Álvar.—Un momento... Sí, el miedo, te decía... Ya no tenemos armas, ni casi ropa... Estamos a merced de los indios... Si quisieran matarnos, ni defendernos podríamos... ¿Yo? Bueno, sí: alguna herida, y también estuve
enfermo... Aún lo estoy, quizás, pero resisto, resistiré...
A veces, ayer, por ejemplo... ¿Me oyes?

*(Narváez, Suárez, Alaniz y Pérez se colocan en fila de-
trás de Figueroa, que ha vuelto a bajarse las gafas negras
y, tanteando con su bastón, inicia un recorrido por los bordes del escenario, seguido por los otros, que llevan de pronto*

gafas negras. La luz blanquecina va descendiendo poco a poco. CASTILLO, DORANTES *y* ESTEBAN *se quedan en el centro, mirando a* ÁLVAR, *que continúa hablando. Las mujeres salen.)*

ÁLVAR.—¿Me oyes bien?... Yo a ti muy lejos, cada vez más lejos... Te decía que, ayer, unos indios... a cambio de cuentas y cascabeles, nos dieron pescado y unas raíces que ellos comen... Y como estábamos con algunas fuerzas, decidimos volvernos a embarcar y seguir nuestra ruta... ¿Adónde? Eso nadie lo sabe... Y para ir más ligeros nos desnudamos todos, y ya embarcados, un golpe de mar nos volcó la barca, y algunos se ahogaron, y los otros a duras penas llegamos a la costa, medio muertos de frío... Y así nos encontraron los indios de ayer...

(CASTILLO, DORANTES *y* ESTEBAN *se han acercado a* ÁLVAR. ESTEBAN *le quita la caracola y habla en ella.)*

ESTEBAN.—Desnudos como nacimos y perdido todo lo que traíamos, más cerca estábamos de la muerte que de la vida...

(Entran corriendo desde cuatro puntos distintos las cuatro mujeres, llevando nuevamente las largas varas que emplearon para levantar el velo. Los cuatro hombres se agazapan, temerosos, al verlas. Ellas se detienen, los miran y, simultáneamente, se cubren el rostro con una mano. Hay un silencio en el que sólo se escucha el golpear tenue del bastón de FIGUEROA *y los pasos de los otros, caminando todos por la semipenumbra del fondo.)*

ÁLVAR.—*(Por las mujeres.)* Están... están llorando.
CASTILLO.—¿Llorando?
DORANTES.—Sí... Lloran por nosotros.
CASTILLO.—¿Por nosotros? ¿Lloran por nosotros?
ESTEBAN.—Nos tienen lástima, sí[82].

---

[82] Efectivamente la crónica indica (cap. XII, pág. 121): «Los indios, de ver el desastre que nos había venido y el desastre en que estábamos, con

DORANTES.—Lloran nuestra miseria... Nuestro dolor les
 duele.
CASTILLO.—¿El sol poniéndose y nosotros hechos propia fi-
 gura de la muerte, como dice el libro?[83].
DORANTES.—Exactamente, sí: en torno de una lumbre, pi-
 diendo a Dios misericordia y perdón por nuestros pe-
 cados.
ESTEBAN.—Y ellos allí, llorando por nosotros.
CASTILLO.—¿Allí? ¿Fue allí? ¿Fue entonces?[84].
DORANTES.—Y algo más tarde, ya en la anochecida, lleván-
 donos al pueblo casi en brazos, como a recién nacidos...
ÁLVAR.—Como a recién nacidos...
ESTEBAN.—Con fuegos encendidos de trecho en trecho, a lo
 largo del camino, para que no muriésemos de frío[85]...
ÁLVAR.—Como a recién nacidos.

*(Las mujeres han descubierto sus rostros y, juntando sus va-
ras por la parte alta, van a formar el soporte de un «tipi»
—tienda india de forma cónica—, que posteriormente cu-
brirán con pieles.)*

CASTILLO.—No fue así, exactamente... Ni Dorantes ni yo es-
 tábamos allí, aquel día[86].
DORANTES.—¿Qué importa ya quién estuviera o quién no?
 Éramos nosotros, ¿no?
CASTILLO.—Nosotros...
DORANTES.—Los nuestros, en fin. Lo que importa es la ima-
 gen, el concepto, el símbolo...

---

tanta desventura y miseria, se sentaron entre nosotros, y con el gran dolor
y lástima que hubieron de vernos en tanta fortuna, comenzaron todos a
llorar recio, y tan de verdad, que lejos de allí se podía oír, y esto les duró
más de media hora.»
 [83] *Naufragios*, cap. XII, pág. 120.
 [84] El lugar y el tiempo en los que se encuentra preocupa al Castillo de
estos *Naufragios*, como preocupaba a los personajes de *Ñaque*.
 [85] Así está descrito en *Naufragios* (cap. XII, pág. 121): «Proveyeron que
hubiese cuatro o cinco fuegos muy grandes puestos a trechos, y en cada
uno de ellos nos calentaban.»
 [86] Estos personajes aparecen en el capítulo XIII de la crónica (pág. 123).

CASTILLO.—Bueno, si a eso vamos...

DORANTES.—Vamos al grano, mejor. Y el grano es esa imagen, ese cuadro: el mundo al revés, la Historia Universal patas arriba... Unos indios salvajes apiadándose de nosotros... ¡De nosotros![87]

(La fila de hombres ha salido ya.)

ÁLVAR.—*(Murmura.)* Ya no la digan más... esa palabra.

DORANTES.—¿Qué palabra? ¿Nosotros?

ÁLVAR.—Esa palabra, sí... Te llenas la boca con ella, te retumba en el pecho, la agitas en el aire como una bandera, pero... ¿qué? ¿Dónde hay algo que pueda nombrarse con ella? ¿Dónde, en mil leguas a la redonda? Aquí sólo están ellos, ellos... y tú, Dorantes, y tú, Castillo, y él, Esteban... Y por ahí, en alguna parte, dicen que estoy yo... Bueno... *(Ríe.)* Ese que dice «yo» cuando yo hablo... *(Transición.)* Y basta ya de charla. No hay nada que contar, no hay nada que explicar. Se está acabando el tiempo, y yo no estoy aquí para perderlo... ¡Fuera!

CASTILLO.—¿Qué?

DORANTES.—¿Qué quieres decir?

ÁLVAR.—Quiero decir y digo: ¡Fuera! ¡Largo de aquí! ¡Marchaos!

CASTILLO.—¿Te has vuelto loco? ¿Cómo vamos a irnos? Estamos aquí por ti.

DORANTES.—Estás aquí por nosotros.

ÁLVAR.—No... Estoy aquí por ella... *(Llama.)* ¡Shila!

---

[87] Quizás el mayor mérito de Álvar Núñez haya sido el de la «imparcialidad» hacia el indio, del que describe virtudes y defectos, sin incurrir en el maniqueísmo de considerarlos salvajes sin ética ni sentimientos. Es interesante observar cómo, a pesar del comportamiento humanitario de los indios, él describe el miedo de los españoles hasta que se dan cuenta de su error: «Desde a una hora que habíamos llegado, comenzaron a bailar y hacer grande fiesta, que duró toda la noche, aunque para nosotros no había placer, fiesta ni sueño, esperando cuándo nos habían de sacrificar. Por la mañana nos tornaron a dar pescado y raíces, y hacer tan buen tratamiento, que nos aseguramos algo y perdimos algo el miedo del sacrificio» (cap. XII, pág. 122).

DORANTES.—¡Espera! No es el momento aún... Aún falta mucho...

CASTILLO.—No tienes tanto poder como te crees.

ÁLVAR.—Tengo el poder que puedo. Con él me basta... *(Llama.)* ¡Shila!

DORANTES.—Faltan... faltan años... El invierno en la isla... La enfermedad que mató a tanta gente... y los indios echándonos la culpa, hasta querer matarnos[88]...

> *(Las mujeres han terminado ya de armar el «tipi» y salen rápidamente. Sin apenas prestar atención a sus compañeros, ÁLVAR comienza a levantar trampillas del suelo y a extraer de ellas diversos objetos, que va instalando por el escenario: conchas, caracolas y piedras marinas, pieles de animales, cañas para flechas, lanzas, trenzados, esterillas, borlas, collares, pequeñas cestas, toscas vasijas de barro... El conjunto acabará configurando un microcosmos primitivo de extraña belleza.)*

CASTILLO.—¿Por qué tanta prisa, de pronto? ¿Qué quieres ocultar? ¿Que fuiste esclavo de los indios?

ÁLVAR.—Lo cuento ya en el libro.

CASTILLO.—¿Y también cuentas la mala vida que te daban? ¿Los golpes y escupitajos, también los cuentas?

ÁLVAR.—También.

DORANTES.—¡Que fuiste buhonero! ¡Eso es! *(Ríe.)* Todo un señor hidalgo, nieto de don Pedro de Vera, el que ganó Canarias, yendo y viniendo con mercaderías de salvajes... ¡Eso quieres ocultar!

ÁLVAR.—*(Mostrando alguno de los objetos.)* Como éstas, sí... Y gracias a ese oficio, dejé de ser esclavo y alcancé libertad para ir y venir a mi antojo. En el libro lo digo[89].

CASTILLO.—¿Libertad llamas a ese... trapicheo?

---

[88] La enumeración de Dorantes corresponde a sucesos narrados en el capítulo XIV de *Naufragios*.

[89] En el capítulo XVI cuenta sus penalidades («El mucho trabajo que me daban y mal tratamiento que me hacían», pág. 132) en poder de unos indios y cómo escapó de ello con sus «tratos y mercaderías».

*(Por un lateral del fondo han entrado las mujeres conducien-
do a SHILA. Sin que los hombres lo adviertan, la van despojando de sus prendas actuales, acomodan su pelo, le ponen
adornos indígenas[90]... Todo sugiere un sencillo ceremonial.)*

DORANTES.—*(Conciliador.)* Está bien, está bien... No discuta-
mos. *(A CASTILLO.)* Al fin y al cabo, tú y yo no hemos leído ese libro... O sea que hablamos de oídas. *(A ÁLVAR.)*
Lo importante es que dejemos claro nuestro papel en
todo esto. Por lo menos el nuestro... Nos salvamos los
cuatro, ¿no? Cuatro de cuatrociendos: ahí es nada...

ÁLVAR.—*(Sin interrumpir su tarea.)* Podéis seguir hablando.
Para mí, ya no estáis aquí.

CASTILLO.—*(Furioso.)* ¡Pues estamos, estamos, maldita sea!
¡Y tan de verdad o de mentiras como tú!

*(ESTEBAN ha tomado una de las lanzas que sacó ÁLVAR y la
observa con detenimiento, igual que en el primer acto.)*

DORANTES.—Eso es verdad, Álvar. Tienes que reconocerlo...
Estuvimos allí. Y en el libro parece, según dicen, que no
somos más que... unas sombras tuyas. Cuando anduvimos de curanderos, por ejemplo...

CASTILLO.—¡Por ejemplo! ¿No aprendí yo aquel arte de los
brujos tan bien como tú? ¿No soplaba y manoseaba a
los enfermos con la misma maña?[91].

---

[90] Una vez que Álvar admite el recuerdo de Shila, la indumentaria de ella
pierde los elementos anacrónicos que tenía en su primera aparición para instalarse, tal como fue, en el espacio que le corresponde (véase nota 34).

[91] »En aquella isla que he contado nos quisieron hacer físicos sin exami-
narnos ni pedirnos títulos, porque ellos curan las enfermedades soplando al
enfermo, y con aquel soplo y las manos echan de él la enfermedad» (capítulo XV, pág. 129). Tanto las habilidades de Castillo como el milagro obra-
do por Álvar están recogidos en el capítulo XXII del relato. Pupo-Walker
(op. cit., pág. 122) señala: «Los pasajes más esquivos, en cuanto a la información antropológica que contienen los *Naufragios,* son los que describen
las actividades que Cabeza de Vaca y sus compañeros desempeñaron
como "físicos" o curanderos en beneficio de las tribus que habitaban las
zonas comprendidas entre las costas de Texas y las regiones próximas a
Culiacán en el norte de Nueva España.»

ÁLVAR.—Y aun mejor...

DORANTES.—Claro que lo del muerto no estuvo nada mal... *(A* ÁLVAR.) ¿Cómo lo hiciste?

ÁLVAR.—No lo hice yo. Fue un milagro que Nuestro Señor obró por mis manos.

CASTILLO.—¡Ésa es otra! Parece que en el libro te pintas como un segundo Jesucristo[92]...

DORANTES.—*(Malicioso.)* Y no pretenderás que, a esas alturas, nos quedaba algún pelo de cristianos[93]...

ÁLVAR.—¿Lo dices por las indias que teníais... para vuestro servicio?[94].

CASTILLO.—Un momento, un momento... Pongamos las cosas en su sitio... Y si vamos a eso, el que esté libre de pecado que tire la primera piedra.

(ESTEBAN *levanta entonces violentamente la lanza y, en el mismo momento, las mujeres lanzan un grito prolongado.* ÁLVAR *experimenta una sacudida y cae al suelo.* CASTILLO, DORANTES *y* ESTEBAN *se vuelven a mirar a las mujeres y ven también a* SHILA, *ya totalmente ataviada. Los tres hombres retroceden y salen juntos de escena, como amedrentados. Por el extremo opuesto lo hacen, serenamente, las mujeres.* SHILA *se arrodilla y se sienta sobre sus piernas, a pocos meros de* ÁLVAR, *mirándole.* ÁLVAR *se recupera en parte y, todavía tendido aunque algo incorporado, ve a* SHILA. *La luz sólo los baña a ellos. En el diálogo subsiguiente, ambos*

---

[92] «A la noche se volvieron a sus casas, y dijeron que aquel que estaba muerto y yo había curado en presencia de ellos, se había levantado bueno y se había paseado, y comido, y hablado con ellos» (cap. XXII, pág. 158). La crítica ha hecho notar el paralelismo entre esta resurrección y la de Lázaro (véase Juan Francisco Maura, «Introducción», págs. 44-48, y notas 59 y 61 al texto).

[93] La conciencia escindida del cronista alterna sus «distintas verdades» en la ficción dramática, facilitando así al receptor materia para la reflexión.

[94] Las mujeres tienen escaso papel en la crónica; sin embargo, en algunos momentos alude a «las mujeres que nos seguían». En la nota 97 al texto de su edición indica Maura: «Probablemente aquí aparecerían los primeros mestizos de los Estados Unidos. Es de dudar que tres cristianos y el moro mantuvieran una estricta abstinencia sexual durante nueve años.» Véase también nuestras notas 2 y 18.

se miran y se escuchan con suma atención, como tratando de entenderse.)

ÁLVAR.—Si hablaras como yo, si me entendieras, te pediría que me dejaras morir, que no hicieras nada por salvarme: ni avisar a los míos ni curarme la herida. Sólo dejarme aquí, muriendo solo.

SHILA.—¿Quién eres tú? ¿De dónde vienes? ¿Qué estás haciendo aquí, en mi tierra? Me hablas y no sé qué me dices. Tu lengua es muy lejana. Si comprendiera tus palabras, sabría qué me estás pidiendo.

ÁLVAR.—Te diría también que merezco esta muerte, que esta herida se abrió por sí misma, sin ayuda de nadie.

SHILA.—Pero así, sólo por el sonido de tu voz, apenas si adivino que estás muy débil, que no vas a hacerme daño, que tu gente no puede ayudarte... y cosas así.

ÁLVAR.—Por favor, no te acerques... Comprende por lo menos que no quiero volver a tener esperanzas. Comprende por lo menos esta mirada de pez en la arena, cuando la bajamar.

SHILA.—Ahora aprietas la boca para hablar, pero no sé si es por el dolor o porque yo, como una tonta, me quedo aquí, ni cerca ni lejos, sin hacer nada...

ÁLVAR.—Un solo gesto piadoso tuyo, y mi daga, con las últimas fuerzas de mi brazo, sabría encontrar tu cuello.

SHILA.—Tu cuerpo es demasiado grande para mis fuerzas. No podría llevarte hasta mi gente, que está allí, en el río, recogiendo raíces para el invierno.

ÁLVAR.—Y no sería yo quien te matase, porque de mí no queda nada.

SHILA.—De modo que me quedaré a tu lado. Quizás sólo esta noche, quizás para siempre. Alguien tiene que encender fuego para ti.

ÁLVAR.—Este animal herido no soy yo. Este salvaje desnudo, que durante años sólo ha pensado en salvar el pellejo, no soy yo.

SHILA.—Cuando me sonrías por primera vez, sabré que ya me entiendes. Espero que tu sonrisa no sea tan lejana como tu lengua y que, por lo menos, se parezca

163

a la mía. Sería muy triste que sonriéramos distinto.

ÁLVAR.—Saldrías huyendo si supieras todo lo que he perdido, todo lo que he negado. Saldrías huyendo si supieras todo lo que soy capaz de traicionar.

SHILA.—Hoy ya me hablas de otro modo. Quizás ahora me dices que me encuentras hermosa, que te gusta mi pelo... Puedo dejarlo suelto, si lo prefieres.

ÁLVAR.—Eres casi una niña... Aunque entendieras mi lengua, no podría mostrarte ni el borde de este pozo oscuro en que he caído.

SHILA.—No: creo que no me hablas de mi pelo.

ÁLVAR.—Ni un renegado soy. El que reniega es para abrazar otro credo, otra patria... Yo sólo abrazo este saco de huesos.

SHILA.—Creo que ni siquiera hablas de mí. Creo que hablas de tu herida.

ÁLVAR.—¿Qué me estás diciendo?

SHILA.—Creo que me pides ayuda por tu herida.

ÁLVAR.—Ese tono de voz, esa mirada...

SHILA.—Pero en eso no te puedo ayudar. En cambio, puedo enseñarte cómo curan las plantas y las piedras. Todas tienen poder, pero hay que saber pedírselo.

ÁLVAR.—¿Cuántos días hace que mis palabras se estrellan contra ti, inútilmente?

SHILA.—Mi gente está contenta de tenerte. Y yo también, de que durmamos juntos. Pero si quieres irte, si ahora que ya terminan las lunas del frío quieres volver a andar la tierra, no te preocupes. Ya todos saben que me iré contigo.

ÁLVAR.—Si pudiera saber qué ves en mí, a quién ves cuando me miras...

SHILA.—¿Quieres ponerte en pie? Déjame que te ayude... *(Se incorpora y va junto a él.)*

ÁLVAR.—¡No te acerques! Ni se te ocurra tocarme... He perdido la piel una y mil veces. En carne viva estoy...

SHILA.—¿Me tienes miedo? ¿Crees que voy a hacerte daño? *(Se sienta a su lado.)* Mírame bien. Llevo ya mucho tiempo a tu lado. He velado tu sueño, he mantenido tu fuego casi siempre encendido, el agua y la comida yo te las procuraba... Hasta he escuchado tus palabras, una a una, y ya parece que te entiendo un poco. Cuando dices «sombra», por ejemplo, sé que quieres decir sombra. Cuando dices «lejos», sé que hablas de lejos... Y ayer, cuando dijiste «no te vayas», comprendí que estabas a punto de sonreírme.

ÁLVAR.—¿Te das cuenta? He comido arañas y huevos de hormigas, gusanos, lagartos, culebras y víboras, y hasta tierra y madera y estiércol de venado... ¿Te das cuenta? Con mi boca... Y todo aquí, en mi vientre...

SHILA.—Sí: caminamos... Así es mi gente: caminamos mucho. Es por la luna, ¿sabes? Ella nos dice cuándo llega el hambre, de dónde viene el frío... ¿La tierra, dices? No, la tierra no es nuestra. Estaba mucho antes que nosotros y estará después. Vamos, venimos... Tssss... Que no quede señal de nuestro paso.

ÁLVAR.—Me gusta tu pelo... Ya casi te encuentro hermosa... Eres distinta, eso es... Distinta. No sé qué quiero decirte, exactamente.

SHILA.—*(Mira a su alrededor.)* ¿Quién me llama? Me ha parecido que gritaban mi nombre...

ÁLVAR.—Estoy tranquilo, ¿ves? Todo está bien. Parece que mi herida se ha cerrado. Sigue dentro, es verdad... pero cerrada. Todo está bien. Y ya no hay Dios, seguro. Ya no hay Dios.

SHILA.—*(Se pone en pie.)* En mitad de la noche, te busco y aprieto mi cuerpo contra el tuyo, para darte calor. Entonces tú respiras muy fuerte. Creo que, por eso, me han dado a cuidar un hijo aquí, hasta que nazca. Luego será tuyo.

ÁLVAR.—*(Se pone en pie.)* Sí, vamos a dormir. Mañana quiero que dibujes en mi piel todo eso. Todo eso.

(Entran ambos en el «tipi». La luz desciende y se escucha el gemido largo y grave de una sirena de barco. Gritos de gaviotas. En primer término, bajo una claridad brumosa, aparece MARIANA, *ahora cubierta con un impermeable. Fuma y mira con expresión cansada ante sí. Entra* CLAUDIA *con su atuendo del siglo* XVI *y el velo negro. Ve a* MARIANA *y se acerca a ella.)*

CLAUDIA.—Te lo dije.

MARIANA.—*(Sorprendida.)* ¿Qué?

CLAUDIA.—Te lo dije y te lo repetí.

MARIANA.—¿Qué fue lo que me dijo? ¿Y quién es usted?

CLAUDIA.—No dirás que no estabas advertida.

MARIANA.—Me parece que me confunde con otra...

CLAUDIA.—¿Esperas a tu hombre?

MARIANA.—¿Y a usted qué le importa?

CLAUDIA.—¿Qué ibas a hacer, si no, en el puerto a estas horas?

MARIANA.—Está confundida.

CLAUDIA.—Tú eres quien está confundida, y de pies a cabeza.

MARIANA.—¿En qué?

CLAUDIA.—Nunca regresan...

MARIANA.—¿Quiénes?

CLAUDIA.—Es idiota esperar, porque nunca regresan.

MARIANA.—No tengo por qué seguir hablando con usted... *(Se aleja unos pasos.)*

CLAUDIA.—Y si regresan, es peor. Ni la piel, reconoces.

MARIANA.—*(Tras un silencio.)* Tú... ¿por quién llevas luto?

CLAUDIA.—¿Luto, yo? ¿Quién te ha dicho que llevo luto?

MARIANA.—¿También esperas a tu hombre?

CLAUDIA.—Yo no espero a nadie. Esperar es malo... Como una enfermedad. Por eso fui también. No me gusta esperar, le dije. Yo voy contigo.

MARIANA.—¿Adónde?

CLAUDIA.—Fui... y luego volví. Allí no hay nada. Bueno... no hay nada en ninguna parte. Son cosas de ellos, que se lo inventan todo. Y encima, no regresan.

MARIANA.—Y si regresan, es peor.

CLAUDIA.—Eso es. Ya te lo dije. *(Pausa.)*

(En la penumbra del fondo se ve pasar a las mujeres sosteniendo a ESTEBAN *que, borracho, canturrea una canción magrebí.)*

MARIANA.—Yo tengo una casa...

CLAUDIA.—¿Ah, sí?

MARIANA.—Una casa grande, con jardín...

CLAUDIA.—Eso sí que está bien. Te alabo el gusto.

MARIANA.—Demasiado grande...

CLAUDIA.—Mejor.

MARIANA.—¿Qué?

CLAUDIA.—La casa, el jardín... Cuanto más grandes, mejor.

MARIANA.—¿Tú crees?

CLAUDIA.—Así no necesitan salir.

MARIANA.—Pero una se vuelve cada vez más... más...

CLAUDIA.—¿Más pequeña?

MARIANA.—No más pequeña, no... Es otra cosa...

CLAUDIA.—¿Más vegetal?

MARIANA.—¿Qué?

(CLAUDIA *no contesta. Cruzan de nuevo las mujeres con* ESTEBAN.)

MARIANA.—Está refrescando.

CLAUDIA.—Sí.

MARIANA.—¿Vamos a tomar un café?

CLAUDIA.—¿Un qué?

MARIANA.—Un café. Hay un bar aquí cerca.

CLAUDIA.—No sé de qué me hablas, pero vamos.

MARIANA.—Es un sitio peligroso, ¿sabes? Con gente de lo peor...

CLAUDIA.—A mí ya no me asusta nada.

MARIANA.—Gente de ningún sitio, ya te imaginas. De esa que va y que viene...

CLAUDIA.—Ya no me asusta nada.

MARIANA.—A veces cuentan cosas... Rumores, noticias...

CLAUDIA.—*(Mientras salen.)* ¿Tú no estabas esperando a tu hombre?

MARIANA.—Bueno, esperar... Puede que aún tarde bastante.

(Salen, al tiempo que se extingue una última sirena de barco. La luz aumenta en torno al «tipi». Se escucha el llanto de una criatura. Entran por el fondo DORANTES *y* CASTILLO *vestidos de un modo extravagante, como indios de opere-*

167

ta[95]*, transportando la percha con ropas y aderezos del primer acto.)*

DORANTES.—... sí, tienes razón, pero no es lo mismo, ahora estamos nosotros aquí, controlando la situación... Bueno, de acuerdo, no la controlamos completamente, pero estamos aquí, por lo menos, en cierto modo estamos, ¿no?, o casi, quiero decir que yo te llamo: «Castillo», y tú dices «¿qué?», y viceversa, ¿no?... A ver: dime «Dorantes»... Anda, dímelo...

CASTILLO.—Dorantes.

DORANTES.—¿Qué?[96].

CASTILLO.—*(Por la percha.)* ¿Dónde lo ponemos?

DORANTES.—¿Cómo?

CASTILLO.—Que dónde ponemos esto.

DORANTES.—Ah, pues... Donde queramos, lo podemos poner donde queramos, ¿te das cuenta? Controlamos la situación, en cierto modo... ¿Te parece bien aquí?

CASTILLO.—No.

DORANTES.—Pues no la ponemos, y ya está, ¿te das cuenta? *(Siguen transportando la percha.)* Estamos aquí tú y yo, Castillo y Dorantes, para dejar las cosas claras...

CASTILLO.—¿Qué cosas?

DORANTES.—¿Qué cosas van a ser? Las que cuenta en ese libro...

CASTILLO.—¿Y esas dos qué hacían aquí?

DORANTES.—¿Qué dos?

---

[95] La caracterización de Castillo y Dorantes «como indios de opereta» se relaciona con lo inauténtico de sus comportamientos, frente al que mantiene Álvar. En ellos no se ha producido «la herida», sólo Núñez ha recibido la lanzada del *otro*: «Claro que soy Dorantes... Más o menos... Y esto... *(Por el vestido de indio.)* Sólo un disfraz. Ésa es la cosa, ¿te das cuenta? Lo nuestro es un disfraz, era un disfraz; pero lo suyo...»

[96] La secuencia que sigue, de corte claramente beckettiano, tiene su precedente en la dramaturgia de Sanchis en *Ñaque;* Castillo y Dorantes, como Ríos y Solano, están intentando reconocerse e instalarse en un mundo que los olvidará en cuanto desaparezcan de la escena. Por otra parte, es interesante el doble juego que establecen, de un lado, la ductilidad espacio-temporal y del otro, la condición metateatral y metahistórica de los personajes.

CASTILLO.—Esas dos. ¿No las has visto salir? Casi nos topamos con ellas.

DORANTES.—Bueno, sí... Pero es normal...

CASTILLO.—¿Normal, las dos juntas... en la misma escena?

DORANTES.—Normal que salgan, que entren...

CASTILLO.—No controlamos nada. ¿Dónde demonios ponemos esto?

DORANTES.—*(Estallando.)* ¡Aquí, maldita sea! ¡Aquí! *(Dejan la percha al fondo.)* ¡Y no me grites, que yo bastante hago!

CASTILLO.—Las cosas claras... ¿Qué cosas? Todo está más oscuro que antes...

DORANTES.—Por lo menos una. Una cosa, por lo menos, ha de quedar clara.

CASTILLO.—Tenemos poco tiempo.

DORANTES.—Con un minuto basta...

CASTILLO.—Dorantes...

DORANTES.—Pero hay que ser precisos, implacables...

CASTILLO.—Dorantes...

DORANTES.—Las palabras justas, el mínimo de gestos...

CASTILLO.—¡Dorantes!

DORANTES.—¿Qué?

CASTILLO.—Nada, eso... Comprobarte.

DORANTES.—Claro que soy Dorantes... Más o menos... Y esto... *(Por el vestido de indio.)* Sólo un disfraz. Ésa es la cosa, ¿te das cuenta? Lo nuestro es un disfraz, era un disfraz; pero lo suyo...

CASTILLO.—¿Dónde se ha metido Esteban?

DORANTES.—Déjalo estar: es Álvar quien importa. Lo suyo era más que un disfraz...

CASTILLO.—Ese moro no está nunca en ningún sitio.

DORANTES.—Que quede claro por lo menos eso, ¿de acuerdo?

CASTILLO.—De acuerdo... Pero a Esteban hay que atarle corto. *(Llama.)* ¡Esteban!

DORANTES.—Y, si por él hubiera sido, aún estaríamos allí, hechos unos salvajes...

CASTILLO.—¡Esteban!

DORANTES.—¿Sí o no? Aún estaríamos allí, ¿sí o no?

CASTILLO.—Por él... sí.

DORANTES.—Que quede claro. Vamos a ello. *(Hacia el «tipi».)* ¡Álvar! *(Golpea las pieles.)* ¡Álvar, sal! ¡Llegamos a la última escena!

CASTILLO.—Cuidado, creo que la niña está enferma...

DORANTES.—¡Álvar!

CASTILLO.—¿Es la última escena, estás seguro?

DORANTES.—Más o menos...

(Cruzan rápidamente las mujeres llevando diversos bultos. Suenan disparos lejanos.)

DORANTES.—*(Hacia el interior del «tipi», excitado.)* ¡Álvar, los encontramos! ¡No pueden estar lejos! ¡Siempre hacia el sol poniente etcétera etcétera! ¡Por fin los encontramos! ¡Primero fue la hebilla que aquel indio llevaba, y el clavo de herradura y lo demás! ¡Luego aquel otro hablando de barbas y caballos y lanzas y patapín y tapapán! ¡Y ahora, campos quemados y pueblos desiertos y los indios huyendo para no ser esclavos! ¡No pueden estar lejos! *(A CASTILLO, en tono normal.)* Va, colabora[97]...

CASTILLO.—*(Grita con desgana.)* ¡No pueden estar lejos! *(Calla.)*

DORANTES.—Más...

CASTILLO.—*(Ídem)* ¡Hay españoles cerca!

(Mientras las mujeres vuelven a cruzar rápidamente, como huyendo, sale del «tipi» ÁLVAR, casi irreconocible, con la cara, el pecho y los brazos tatuados al modo indígena. El sonido de disparos parece aproximarse, así como el de cabalgadas y gritos.)

ÁLVAR.—¿Qué alboroto es éste? La pequeña no está bien. No la dejan las fiebres...

---

[97] El aviso de Dorantes repite, con las variantes distanciadoras del habla familiar en la que se expresa, el momento de la crónica en que Álvar Núñez describe los indicios de la presencia de sus compatriotas (cap. XXXII, págs. 198 y ss.). Para el receptor actual debe funcionar como clave de revisión histórica.

DORANTES.—¡No! ¡No fue así! ¿Qué te inventas ahora? Saliste a cuatro patas, aullando como un perro, sin querer saber nada de los nuestros, que tan cerca estaban.

CASTILLO.—Y hasta dijiste: «¿Quiénes son los nuestros?»

DORANTES.—Sí: ¿quiénes son los nuestros?... Eso dijiste.

ÁLVAR.—Hace tres noches que no duerme... Y no puedo curarla, mi poder no me sirve...

DORANTES.—Atado tuvimos que arrastrarte, ¿no te acuerdas? Íbamos encontrando señales de su paso...

CASTILLO.—Campos quemados, pueblos desiertos, indios huyendo para no ser esclavos...

DORANTES.—Están muy cerca, son los nuestros, vamos, se acabó este destierro.

CASTILLO.—Volveremos a casa, ¿te das cuenta?

ÁLVAR.—¿Cómo no vuelve Esteban? Le mandé a buscar de aquellas hierbas...

DORANTES.—¡Déjate de hierbas! *(Comienza a quitarse el disfraz y aparece debajo la ropa de trabajo de su primera escena.* CASTILLO *no tarda en imitarle.)* ¡Esto se va a acabar! Caoques, doguenes, guaycones, atayos... quitoles, cutalchiches, susolas, avavares y todos los demás[98]... ¡adiós!

CASTILLO.—*(A* ÁLVAR.) Te meabas encima de rabia, Álvar Núñez. Mordías los cueros que te sujetaban, Álvar Núñez... porque no querías volver con los tuyos, con los nuestros...

(Sale del «tipi» SHILA, *temerosa y angustiada, llevando en los brazos una cuna india, y se refugia en* ÁLVAR, *que la acoge. Cesa de golpe el tumulto creciente y, en el silencio, se escucha murmurar a* ÁLVAR.)*

ÁLVAR.—¿Quiénes son... los nuestros?[99].

---

[98] Dorantes se despide de tribus y comunidades indias aparecidas a lo largo de la crónica y enumeradas al comienzo del capítulo XXVI («De las naciones y lenguas»).

[99] En el proceso de mestizaje espiritual que se lleva a cabo en el personaje es interesante tener en cuenta el momento en que por primera vez se plantea pronominalmente su identidad, cuando rechaza el «nosotros» en

171

(Irrumpe de nuevo el estruendo, la luz oscila y, a la vez que las mujeres cruzan la escena huyendo en trayectos zigza-gueantes, hace su entrada por el fondo un grupo de conquis-tadores fieramente armados. Suena una marcha religioso-militar. Jinete del gran caballo de NARVÁEZ —quizás ahora con la piel de otro color—, un guerrero con armadura. Son, sin duda, los mismos actores de antes, pero no tienen rostro. Disparan al aire sus arcabuces, llenando la escena de humo y olor a pólvora. El conjunto evoca el desfile de una fiesta es-pañola... CASTILLO y DORANTES arrastran a ÁLVAR fuera de escena y las mujeres, por el lado opuesto, se llevan a SHILA casi en volandas. La comitiva atraviesa la escena en sentido diagonal, derribando a su paso el «tipi» y el micro-cosmos indígena que ÁLVAR había erigido. Al desaparecer la comitiva, el tumulto se va transformando en una tormenta que se acerca y la oscuridad lo invade todo. El fugaz res-plandor de un relámpago permite ver a ÁLVAR, desnudo, que cruza la escena corriendo y grita: «¡Shila...!»[100]. *Decre-ce el fragor de la tormenta y vuelve una tenue luz, que per-mite distinguir, a uno y otro lado del fondo, los fragmentos*

---

el que lo incluye Dorantes: «Ya no la digan más... esa palabra. [...] Te lle-nas la boca con ella, te retumba en el pecho, la agitas en el aire como una bandera, pero... ¿qué? ¿Dónde hay algo que pueda nombrarse con ella? ¿Dónde, en mil leguas a la redonda? Aquí sólo están ellos, ellos... y tú, Do-rantes, y tú, Castillo, y él, Esteban... Y por ahí, en alguna parte, dicen que estoy yo... Bueno... *(Ríe.)* Ese que dice "yo" cuando yo hablo...». Ahora, en el momento final ya tiene completamente desdibujada la frontera («¿Quié-nes son... los nuestros?»), fenómeno que se puede apreciar también en el tratamiento distante que da en la crónica a sus compatriotas, recién encon-trados, en el capítulo XXXIV, mientras que pronominalmente él se inclu-ye entre los indios. Llama a los españoles, «los cristianos», en una lejana tercera persona, al describir sus desmanes, y cuando relata cómo a petición de éstos hubo de mandar que los indios les trajesen de comer, lo hace sin contarse él entre los de su raza: «Dimos todo lo otro a los cristianos para que entre sí la repartiesen»; «después que hubimos enviado a los indios en paz, y regraciádoles el trabajo que con nosotros habían pasado, los cristia-nos nos enviaron, debajo de cautela...» (págs. 204 y 206).

[100] La figura, que venía siendo referida como la de un «hombre desnu-do», se concreta al producirse el *reconocimiento* de la existencia de Shila por parte del personaje, ya integrado en su otro yo y en su otro mundo, del que ha vuelto a ser arrancado violentamente.

de hogar contemporáneo situados, durante el primer acto, en el proscenio. Mientras se escucha el «Stabat Mater» de Pergolesi[101], entra ESTEBAN *por un lateral de primer término. Va cubierto con su abrigo y lleva en brazos el cuerpo exánime de* SHILA. *Sus andares no son muy seguros, pero consigue llegar al centro y depositar a la muchacha en el suelo, con sumo cuidado. Se sienta a su lado, saca la botella de whisky y, al comprobar que está vacía, la arroja hacia el desorden del escenario arrasado. Como atraídas por el ruido, entran simultáneamente, por distintos lugares, las cuatro mujeres; van vestidas con pobres ropas actuales, pero no totalmente occidentales. A poco de iniciar un vago rebusque por entre los maltrechos restos, no podrán dejar de evocar la cotidiana imagen de la marginalidad urbana: ese «tercer mundo» que crece en las entrañas del primero[102]...* ESTEBAN *mira a* SHILA, *que tiene un estremecimiento, y comienza a canturrear una melopea. Al fondo, en la sala de estar, han aparecido* CASTILLO *y* DORANTES *sosteniendo a* ÁLVAR, *que se deja conducir como aturdido. Tomando prendas de la percha,* CASTILLO *y* DORANTES *van a ir vistiéndole a la europea en el transcurso de la escena.)*

ESTEBAN.—*(A* SHILA, *con hablar dificultoso.)* Duerme, hermanita, duerme... Ya no hay nada que hacer, nada que decir... Al menos para nosotros, al menos por ahora, esta historia se acabó... La botella está vacía... El polvo que levantaron, mira: vuelve a caer sobre la tierra... A Esteban, ya ves, le han dicho que se puede ir, que ya no hay trabajo para él... Total, como no tenía contrato... Y en cuanto a ti... ¿qué te voy a decir? No te tengo lástima... No, francamente: no te tengo lástima... Eso, para los cristianos. Yo, francamente, más bien te aplastaría la ca-

---

[101] El autor introduce aquí la intertextualidad entre la pasión de Cristo y el desfallecimiento moral y físico de Shila. El *Stabat Mater* se considera la obra maestra del compositor italiano del XVIII Giovanni Battista Pergolesi.

[102] La advertencia al lector, director o no de la pieza, amplía para éste y para el espectador perspicaz el significado del *otro* y la intemporalidad de la víctima social.

beza con una piedra... Con una piedra, sí... Y, la verdad, lo tendrías bien merecido... ¿Adónde vas con esa larva podrida?... ¿Tu hija, dices? Era una mestiza, ¿no? Así que, más pronto o más tarde, habría renegado de ti... Aún has tenido suerte: más pronto o más tarde, te habría aplastado la cabeza con una piedra...

(Al fondo, en el extremo opuesto de la sala de estar, en donde CASTILLO *y* DORANTES *se ocupan de la transformación de* ÁLVAR, *se ilumina levemente el fragmento de dormitorio. Distinguimos la figura de* MARIANA *que, poco a poco, va a ir desvistiéndose para acostarse.)*

ESTEBAN.—...De todos modos, no sufras: no la he tirado al vertedero. Ahí al lado la tienes... *(Vago gesto hacia el lateral.)* Si no es que la han guardado ya en el almacén de utilería...

(Como si no hubiera estado dormida —o como si aún lo estuviera—, SHILA *se pone en pie y sale por el lateral que ha indicado* ESTEBAN, *que ahora la interpela, alterado.)*

ESTEBAN.—¿Adónde vas? ¡Espera! ¡No... no quería decir eso! ¡Ven! ¡No me dejes aquí, tirado! ¡No quería decir nada...! Sólo estar así, contigo, velándote dormir...

(Ha intentado ponerse en pie, pero pierde el equilibrio y cae de nuevo. Golpea furioso el suelo.)

ESTEBAN.—¡La mierda consagrada! Ni levantarme puedo... Casi dos días te he llevado en brazos, ¿me oyes? ¿Y así me lo pagas?... Te encontré medio muerta, ¿sabes? Medio muerta...

(Vuelve a entrar SHILA *con la cuna en brazos. Se sienta junto a* ESTEBAN *y procede a limpiarla meticulosamente.)*

SHILA.—¿Dónde está el padre de mi hija?
ESTEBAN.—El padre de tu hija se fue con los suyos.

174

SHILA.—¿Dónde está el padre de mi hija?

ESTEBAN.—Y Castillo y Dorantes... Y yo también. Todos nos hemos ido. La historia se acabó.

SHILA.—¿Dónde está el padre de mi hija?

ESTEBAN.—Desde el día en que encontramos a los otros cristianos, ya sólo pensábamos en volver con los nuestros.

SHILA.—Me dijo en mi lengua: «Espérame aquí, junto al estero, cuidando a nuestra hija...»

ESTEBAN.—Junto al estero, sí, te encontré medio muerta.

SHILA.—«Les diré que se vayan —me dijo en mi lengua—, que dejen esta tierra, que no sigan persiguiendo y matando a la gente...»[103].

ESTEBAN.—Métete una cosa en la cabeza: sintió vergüenza, ¿me oyes? Vergüenza... Toda una noche estuvo frotándose la piel con arena. ¿Sabes para qué?

SHILA *(Violenta, a* ESTEBAN.) ¿Como la serpiente parda? ¿Como la serpiente parda, que entra por la boca abierta de los viejos dormidos y les roba el aliento? ¿Así eres tú conmigo? ¿Como la serpiente?[104].

ESTEBAN.—Casi dos días te he llevado en brazos. ¿Qué más quieres de mí?... Te lo diré más claro: yo no tendría que estar aquí. Ni tú tampoco. *(Señala hacia el fondo.)* Aquello es el final de la historia. Aquí tú y yo sobramos.

(Cesa el «Stabat Mater». SHILA *se vuelve y ve que, en la débil claridad de la sala de estar y del dormitorio, respectivamente,* ÁLVAR *está ya totalmente vestido a la europea y* MARIANA *está cubierta con un salto de cama.* CASTILLO *y* DORANTES *han desaparecido.* ÁLVAR *y* MARIANA *enciendan un cigarrillo y miran pensativos hacia el frente. En la zona central, casi en penumbra, las cuatro mujeres parece como si*

---

[103] Las palabras de Shila, con ligeras modificaciones, son las empleadas por el cronista cuando quiere recibir información sobre el paradero de sus compatriotas: «Y nosotros les decíamos que les íbamos a buscar para decirles que no los matasen ni tomasen por esclavos, ni los sacasen de sus tierras, ni les hiciesen otro mal ninguno, y de esto ellos se holgaban mucho», (cap. XXXII, pág. 198).

[104] La sugestiva leyenda, según nos confesó el autor, es producto de su invención.

*ahora estuvieran reconstruyendo el paisaje artesanal primi-
tivo que devastó la comitiva.* SHILA *se incorpora con la
cuna en brazos y mira a* ESTEBAN *que, distraídamente, ha
sacado de un bolsillo la bolsa de plástico que llevaba en su
primera aparición.)*

ESTEBAN.—*(Por la imagen del fondo.)* ¿Qué? ¿Te das cuenta?
SHILA.—No sé de qué me hablas. Esas palabras... «final»...
«historia»... no están en mi lengua. *(Indica el fondo de la
escena.)* Allí no hay nada. *(Mira a su alrededor.)* Bueno...
No hay nada en ninguna parte... *(Pausa.)* Todo esto...
todo lo que ha ocurrido... lo estoy soñando yo.

Gira sobre sí misma y se dirige resuelta hacia el fondo. ESTE-
BAN, *con la bolsa de plástico ya desplegada, tiene un gesto
para interpelarla, que no llega a consumar. Cuando* SHILA
se pierde en la oscuridad que separa el dormitorio de la sala,
ÁLVAR *y* MARIANA *se miran. Puede sonar un acorde musical, que es truncado*[105] *por el*

OSCURO

---

[105] Este final *sin conclusión* que ofrece el autor supone la culminación de
la «teatralidad fracasada» que ha venido desarrollando a lo largo de la dramaturgia de esta pieza y significa el toque definitivo de atención para el espectador, cuya inquietud debe agudizarse ante la falta de desenlace.

Lope de Aguirre, traidor

PRIMER MONÓLOGO:
Reniegos de la Juana Torralva,
privada del derecho a la palabra

SEGUNDO MONÓLOGO:
Delirio del gobernador Pedro de Ursúa,
aquejado de fiebres

TERCER MONÓLOGO:
Planto de doña Inés de Atienza
ante el cadáver de Ursúa, su amante

CUARTO MONÓLOGO:
Emociones y flato de don Fernando de Guzmán,
Príncipe del Perú, Tierra Firme y
Chile por la gracia de Dios

QUINTO MONÓLOGO:
Extravíos de un marañón sin nombre
en la selva amazónica

SEXTO MONÓLOGO:
Razones del matarife Antón Llamoso

SÉPTIMO MONÓLOGO:
Plegaria póstuma de Ana de Rojas,
vecina de la Isla Margarita

OCTAVO MONÓLOGO:
Soliloquio de Elvira de Aguirre,
poco antes de ser inmolada por su padre

NOVENO MONÓLOGO:
Confesión del soldado Pedrarias de Almesto,
cronista ocasional de la Jornada

Aclaración

El texto fundamental de *Lope de Aguirre, traidor* está constituido por los nueve monólogos y la carta de Aguirre a Felipe II, fragmentada y reestructurada con vistas a su interpretación coral. El autor concibe, por tanto, la posibilidad de que tales materiales sean el único soporte textual de la representación.

No obstante es, asimismo, posible imaginar otra opción dramática en la cual una instancia coral preexista, enmarque y religue la intervención monologal de los nueve personajes. En una primera versión del texto, dicha matriz coral determinaba incluso una propuesta escénica concreta, de modo que la dramaturgia irrumpía claramente en el dominio de la puesta en escena.

Ahora, el autor prefiere limitarse a proponer un discurso enmarcador e intersticial no determinante, abierto a soluciones diversas y susceptible de ser tratado escénicamente desde planteamientos épicos, dramáticos y/o ceremoniales. Cabe también la posibilidad de estructurarlo y redistribuirlo con ciertos márgenes de libertad.

Dicho discurso coral está formado por enunciados pertenecientes a tres ámbitos temáticos:

—Narración y descripción de la Jornada.
—Retratos de Ursúa y de Aguirre.
—Jirones de los propios monólogos.

Pese a su carácter fragmentario y aparentemente caótico, tales enunciados se vinculan y suceden según nexos asociativos diversos (complementariedad, contraste, elusión, anti-

179

cipación, retrospección...) y están agrupados y ordenados de acuerdo con una noción no obvia de la progresión dramática.

Los enunciados precedidos por un guión (—) pueden ser atribuidos a personajes de los monólogos que no tengan una intervención inmediata en la secuencia coral, o bien a otros actores, miembros exclusivos de la instancia coral.

La escena

Discreta superficie que se ofrece, en declive, hacia la sala, con apariencia neutra, inofensiva: en realidad, está plagada de artificios, de engaños, de trampas y trampillas. Vagan por ella restos de un coro extraviado, perpleja ronda de fantasmas que trata de encarnarse, de adquirir cuerpo y voz: identidades. Pluralidad ambigua que quiere singularizarse, aun a costa de hundirse en la atroz soledad del soliloquio.

¿Queréis ser personajes, tener nombre y figura? Sea: el autor os condena al monólogo. Y el director, ejecutor de tal sentencia, os destierra sobre esta isla precaria, sobre esta balsa a la deriva en el río sin tiempo del Teatro.

Del Teatro, sí: jirones de su historia os acompañan. No estáis en el pasado. La expedición de Ursúa se prolonga en el tiempo y arrastra en su camino materiales y objetos impensables: confusa utilería de viejos escenarios será vuestro universo. La luz os acomete, la oscuridad os turba. Sonidos y silencios parece que se burlan de vosotros. La música juega, implacable, con vuestro desconcierto.

Lugar de encuentros y fricciones entre texto, gesto e imagen, el espectáculo es una entrega de materiales heteróclitos que pugnan por unirse sin fundirse, sin someterse a una ley única y niveladora. Muy al contrario, predomina el desfase, la tensión, la dispersión de signos en bandadas. Prolifera el Sentido. La locura de Aguirre no se reduce a cifra. Cada cual la descifre.

Dos escenas del montaje de *Lope de Aguirre, traidor,* dirigido por José
Luis Gómez en 1992.

Obertura

— Por este río Marañón[1] abajo, dicen...
— Grandes cosas dicen del río y de sus tierras comarcanas...
— Dicen de las provincias de Omagua y de Eldorado[2]...
— Y de la gran muchedumbre de naturales y abundantes riquezas, dicen, por este río abajo...

INÉS[3].—Río abajo, tiempo abajo, sangre abajo, miedo abajo...

— Grandes cosas dicen, que mueven los ánimos y las voluntades, para verlas por vista de los ojos...
— Para verlas y alcanzarlas y tenerlas, mueven los ánimos y las...

---

[1] *Río Marañón:* Se refiere al Amazonas, ya que con ambos nombres se conoce al caudaloso río que llevó a Orellana hasta el Atlántico, cuando buscaba El Dorado. Marañón se denominaba también el principal afluente del gran río bautizado por Orellana con el nombre mítico, por creer que en sus márgenes vivían mujeres guerreras (sobre las amazonas, véase nota 82 al texto de *El retablo de Eldorado*). Gran parte del decorado verbal que el coro va trazando con motivo del río en la pieza dramática procede de la parte de la crónica titulada «Discursos del río Marañón» en la edición por la que citamos (Francisco Vázquez-Pedrarias de Almesto, *Jornada de Omagua y Dorado. Crónica de Lope de Aguirre*, Madrid, Miraguano, 1986, 2.ª ed., págs. 71-73).
[2] *Omagua* y *Eldorado:* Son dos topónimos que pertenecen a la mitología de los tesoros de Indias. Desde el siglo XVI, muchos hombres se empeñaron en descubrir los territorios edénicos de Omagua, y las ricas provincias del príncipe Dorado (véase notas 31 y 48 al texto de *El retablo de Eldorado*).
[3] Para la identificación de estos personajes, véanse las notas de la Introdución correspondientes a esta obra.

PEDRO.—Por este río infinito, por este mar moviente...

— Se está juntando, dicen, gran acopio de hombres y caballos y armas y provisiones...

— Pedro de Ursúa, navarro, nombrado gobernador de esta jornada, dicen por el Virrey...

JUANA.—Los decires y runrunes que corren en torno a esta jornada del río Marañón...

— Con gran anchura de orilla a orilla, dicen, y muchas leguas de tierra para conquistar y repartir y poblar...

ELVIRA.—Y volveremos libres, ricos, poderosos...

INÉS.—Traerme contigo a una mísera guerra de alacranes...

PEDRO.—Omagua, corazón intacto de las Indias, mina caudalosa de todas las riquezas...

JUANA.—Que para esta jornada se está juntando mucha gente perseguida y malcontenta...

— Buscar y hallar un sitio donde hacer los doce bajeles que son menester...

— De este gran río Marañón, que también llaman de las Amazonas y, por otro nombre, el Mar Dulce...

PEDRO.—Es demasiada su espesura, su agua, su distancia, su vida acumulada, sus escondidas muertes...

INÉS.—Pero a ti te acuciaba el brillo impagable de esta oscura jornada...

— ¡Pedro de Ursúa, gobernador de Eldorado y de Omagua, Dios te perdone!

(Silencio.)

PEDRARIAS.—Era este tirano Lope de Aguirre un hombre de casi cincuenta años, muy pequeño de cuerpo y poca persona, de mal gesto y cara pequeña y chupada.

FERNANDO.—Qué temple de soldado, qué miras de caudillo, qué cuidados de padre, qué labia sentenciosa y persuasiva...

ELVIRA.—¿Me llama, padre? ¿Qué quiere de mí?

ANTÓN.—Él me diga a quién debe despacharse, que yo, sin titubeos ni preguntas, le cumplo la sentencia...

— Por este río Marañón abajo, dicen...

— Río abajo con toda la armada, que serían trescientos

hombres, veintitantos negros, seiscientos indios e indias de servicio, ciento veinte arcabuceros...

JUANA.—Extraviar los huesos por este río del fin del mundo...

— Con treinta caballos bien aderezados y mucha pólvora y plomo y salitre y azufre...

PEDRO.—Un batallón de sombras y rencorosos vivos...

— En dos bergantines y cuatro balsas y barcazas y canoas...

ANTÓN.—¿Alguien rezonga por ahí? ¿Acaso les da miedo esa palabra, libertad?

JUANA.—Escuchar cantos de sirena revoltosa...

— Tiene este río, dicen, más de mil seiscientas leguas desde su nacimiento hasta la mar, y es tan grande y poderoso...

MARAÑÓN.—Y siempre manda alguno, don Pedro o don Fernando o don Aguirre o don Rey o don Dios o don Mierda...

— Que dijeron haber visto por el río mejor tierra y más rica que el Perú...

INÉS.—Se ha desatado un viento de locura que sacude a leales y a traidores...

— ¡Pedro de Ursúa, gobernador de Eldorado y de Omagua, Dios te perdone!

(Silencio.)

PEDRARIAS.—Fue Lope de Aguirre vizcaíno y, según él decía, hidalgo y natural de Oñate, pero, juzgándolo por sus obras, fue tan cruel y perverso que...

ANA.—¿Será Lope de Aguirre, como él dice, la ira de Dios?

ELVIRA.—A llevar la justicia a los pobres y esclavos, y a los viejos soldados como él, gastados por las guerras y maltratados por el Rey y sus ministros...

ANTÓN.—¿En qué parará quien no se avenga con la felicidad que les ofrecemos?

INÉS.—Es aquel vizcaíno pequeño de cuerpo y de ruin talle de cuyos voceríos te burlabas...

PEDRO.—Para llegar al umbral de esta aventura, de este sueño, de este río...

185

FERNANDO.—Que ya no habrá más bandos, ni disensiones, ni muertes...

MARAÑÓN.—En parte por ser yo, no te lo niego, amigo de esperar a ver qué pasa, de no precipitarme, de no bañarme hasta saber hacia qué lado corre el agua...

— Levantando gente y aprestando las cosas necesarias para la jornada...

PEDRO.—Quince años de sueños aplazados, de trabajos y fatigas mezquinas...

— ¡Pedro de Ursúa, gobernador de Eldorado y de Omagua, Dios te perdone!

(Silencio.)

Primer monólogo

RENIEGOS DE LA JUANA TORRALVA,
PRIVADA DEL DERECHO A LA PALABRA

Bueno está, bueno está: si quieren que me calle, me callaré. Punto en boca, ni más media palabra. La Juana Torralva se ha quedado muda. Muda, pero manca no, claro es, ni tampoco coja, claro es: los brazos y las piernas que no paren, que trabajo no falta. Toda la casa encima de la Juana Torralva, pero muda. A deslomarse de sol a sol, pero muda. Ella no es quién para enmendar al amo, ni para revolverle los humos a la niña. A los pucheros sí, y a los manteles y vestidos todo lo que guste. También a las gallinas puede hablarles, si es su gusto, pero con las personas, punto en boca.

¿Quién le pide opinión a una sirvienta? Que no otra cosa soy, pese a quien pese, por más que me titulen dama de compañía. Ya ves qué compañía y qué dama y qué encajes de Holanda. Menos que yo trasiegan las indias de la casa que, en cuanto se avecina algún trabajo duro, ¡izas!, a la plaza volando a buscar agua. Y quédate esperándolas, que te dan las diez y las once y las doce, y el amo que requiere el almuerzo, y la niña que pide sus enaguas limpias, y la Juana Torralva hecha negra de granjería[4], con los lomos tronzados por atender a todo. Pero luego: chitón, cierra la boca, nadie te ha dado vela en este entierro.

---

[4] *Negra de granjería:* Se refiere a la condición de esclava; el insuficiente número de indios y la defensa que de ellos llevó a cabo un sector del clero fueron causa del comercio y esclavitud de los negros.

Y nunca mejor dicho, pese al cielo, que entierro ha de volverse esta locura. ¿Son años todos los que tiene encima ese hombre, que rondan los cincuenta, para extraviar los huesos por ese río del fin del mundo y para andar peleando con infinitos indios paganos? ¿Es ése modo de entrar como Dios manda en la vejez? Pero ve y díselo, Juana Torralva, dile sensatamente lo que le importa y te oirás decir: «A callar y a tus cosas, metementodo, que yo sé muy bien lo que conviene a mí y a los míos.» Pues muy bien, sí señor, vuesa merced lo manda y es el amo, y la Juana Torralva cierra el pico y no vuelve a decir esta boca es mía.

·Callada como una muerta, sí señor, aunque me salten en la boca mil razones que le digan cómo es locura ir a perderse él en tal empresa, pero muy más locura es arrastrar consigo a esa hija suya, a mi niña Elvira que, aunque mestiza, tiene más alma dentro con sus quince años que todos los Aguirres de Araoz y de Oñate con sus siglos a cuestas. Pero, vamos a ver, viejo empecinado: ¿no sería obra de cordura dejarla aquí en el Cuzco, bien celada en un convento, ya que ni amigos ni parientes tienes a quien confiársela? Yo aceptaría gustosa su cuidado, siempre que no me hicieran abrazar la clausura, que aunque ya no soy moza, Dios lo sabe, aún no me pide el cuerpo ser amojamado. ¿Y tú mismo, testarrón vizcaíno, no estuvieras mejor zurciendo las heridas y lavando los pecados de tus pasados alborotos en esta villa que al fin parece calma?

Ahí, ahí está el aguijón que te encocora[5]. Pues la Juana Torralva, aunque la dejes muda, no puede quedar sorda. Y sorda habría de ser para no escuchar los decires y runrunes que corren en torno a esta jornada del río Marañón. ¿Qué? ¿No son ellos quienes te zumban los oídos y se te entran en el casco y te erizan esa sangre de rebelde y motinero[6] que no te deja reposar?

---

[5] *Encocorar:* Término familiar que significa *fastidiar* (DRAE).

[6] Estos adjetivos recogen la caracterización que de él hace el cronista de la *Jornada*: «Fue siempre inquieto y bullicioso, amigo de revueltas y motines»; con ello tienen que ver los sucesos evocados por Juana en la secuencia siguiente de su monólogo, y que relata Pedrarias al final de su crónica, cuando resume el retrato del tirano (págs. 148-149).

¡Ay, Madre de los Ángeles, y qué penitencia me echaste con servir a la hija de este loco incurable! Que ni en cabeza ajena ni en cuerpo propio escarmienta, y Dios y yo sabemos cuántas cayeron en las pasadas alteraciones de estos reinos, y él en su piel verá, si es que se lava, cómo su Majestad escribe allí sus leyes a quien las olvida. ¿Acaso fueron pocos los doscientos azotes que te mandó encajar en Potosí el alcalde Esquivel? ¿Te supo bien la saña que tragaste aquellos años de seguirlo y perseguirlo por cientos y cientos de leguas, hasta darle la muerte? Y luego, verte huido y escondido y mezclado con rebeldes y tiranos, como aquel estragador de don Sebastián de Castilla, que levantó ejércitos contra el rey y sus ministros para... Pero, chitón: que muda me mandan ser, y es crianza obedecer.

Como antes aquel otro, don Gonzalo Pizarro, que a un canto de uña estuvo de alzarse y llamarse Rey del Perú, y hacer condes y duques y marqueses cuando las Nuevas Leyes, y mira tú adónde le fue a parar la cabeza. Pues, ¿y el otro redentor de las Indias? «Comerán los pobres y se hartarán», llevaba escrito en su medalla aquel Hernández Girón[7], que andaba prometiendo libertad y justicia a boca llena. Comerán los pobres y se hartarán... Ortigas comerán y se hartarán de duelos los pobretes, si en estos señorones se confían. Gracias que me han sellado la lengua, que, si no...

Sólo que lo que yo callo, la calle lo canta ya. Y tal canción, bien lo sé, dice con media lengua que para esta jornada se está juntando mucha gente perseguida y malcontenta, y que ese don Pedro de Ursúa no pretende sino revolverse sobre el Perú y quitarlo al Rey de España, como quisieron los otros que he dicho[8]. ¿Son o no éstas, las músicas que te hacen danzar tras de tus barbas, y querer a las prisas levan-

---

[7] Con relación a estos personajes, véase *Jornada*, pág. 149.
[8] La voz popular se deja oír en la del cronista cuando, al hablar de la mala catadura de los que se habían alistado a las órdenes de Ursúa, explica que muchos lo habían hecho «porque públicamente se dijo en el Pirú que el gobernador Pedro de Orsúa no juntaba gente para jornada, sino para revolver sobre el Pirú por concierto hecho con el Visorrey» (*Jornada*, pág. 33).

tar casa y bienes, y meter a tu hija y a esta dueña honrada por esos lodos?

Pero, ¿cómo te atreves, Juana Torralva, a porfiar[9] con tu amo? ¿Eres alguna tú en esta familia para dar pareceres sobre cualquiera cosa de importancia? ¡Miren la dama de compañía de los fogones, y qué razonar con seso que se trae! Pues sí: seso me sobra, del que a ti te falta. ¿Que no ves que es necedad escuchar cantos de sirena revoltosa? ¿Adónde fueron a parar los anteriores alborotos? ¿En qué acabaron, di, sino en traiciones y castigos? Tú mismo, don penurias[10], ¿qué galardón hubiste por tus fatigas y maltratos? Al cabo, tanta negra fortuna recibiste cuando leal al rey, como cuando rebelde. Al cabo, todo se te volvió congoja y estrechez y desventura.

Mira, mira tu hacienda y tus caudales. Cuenta los frutos de tus malandanzas y dile a esta cuitada, que antaño te sirvió de jergón y de alivio, cuál justicia podemos esperar los que servimos de quienes nos gobiernan, estén lejos o cerca. Dios Nuestro Señor hizo este Nuevo Mundo como el Viejo, y a unos los puso arriba y a otros nos puso abajo, y no ha de consentir en que se lo revuelvan, y así querrá que sea por los siglos de los siglos, amén.

Amén y a tu bregar, Juana Torralva, que presto vendrá el amo y todo serán voces y retos y gruñidos, y «¿ya aprestaste las arcas?, ¿miraste los cestones?, ¿cuántas talegas[11] faltan?»... Señor, Señor, Señor: no rebosa de enseres esta casa, tú y yo somos testigos, pero, ¡haber de acomodarlos en fardeles y atadijos para llevarlos a lomos de mula o de indio por aquellas espesuras! Ya ves, qué corazón de padre, el de este hombre, capaz de dar a su hija hogar de gitanos, o aún peor, a trueque de unos afanes justicieros que sólo tú sabes

---

[9] *Porfiar:* Disputar (DRAE).

[10] *Don penurias:* La fórmula de tratamiento personifica al nombre subrayando, de acuerdo con la expresividad de su registro popular, la peculiaridad de que carece de todo. La idea se completa con la apreciación que Juana hace seguidamente: «Tanta negra fortuna recibiste cuando leal al rey, como cuando rebelde», lo que lleva a considerar a Aguirre como *otra víctima*.

[11] *Talega*s, como más adelante *fardeles*, son términos que designan sacos o bolsas para el transporte de objetos.

en qué han de parar, aunque también yo me los barrunto. Ya ves qué dote has de tener, Elvira, y qué ajuar, y qué galanes y qué rejas y qué cortejar y desposar te aguardan en la flor de la vida. Tú a todo te acomodas, alma cándida, tan hecha como estás a los antojos y trasiegos de ese padre...

Pero, bueno está, bueno está: si quieren que me calle, me callaré. Punto en boca, ni más media palabra. La Juana Torralva se ha quedado muda. Muda, pero manca no, claro es, ni tampoco coja, claro es...

— Un astillero, sí, en la barranca de aquel río que está a veinte leguas de Santa Cruz de Capocovar...

— Veinticinco oficiales de hacer navíos, con doce negros carpinteros y aserradores, y mucha herramienta y clavazón y brea...

PEDRARIAS.—Era Pedro de Ursúa caballero navarro, gran servidor del Rey, de unos treinta y cinco años, gentil hombre de mediano talle y algo delicado, y de buena conversación...

— Tornóse a Lima, sí, Pedro de Ursúa, en busca, dicen, de hombres y dineros para...

— Y una tal doña Inés, dicen, moza y muy hermosa, para llevarla en su jornada...

INÉS.—En el tibio sosiego de Trujillo. Allí, en el recato de mi casa y jardines, hubiésemos gozado del amor y las...

PEDRO.—¿Alguien os dio noticia, por ventura, de que Pedro de Ursúa dejara de cumplir alguna empresa por él comenzada?

INÉS.—A una mísera guerra de alacranes.

— Casi año y medio anduvo, sí, y a punto estuvo de deshacerse la jornada...

— Motines, alteraciones, envidias, forzamientos, muertes... Pronósticos hubo de que no acabaría con bien empresa que empezaba con sangre...

— A veintiséis días del mes de septiembre de mil quinientos sesenta, río abajo...

JUANA.—Y nunca mejor dicho, pese al cielo, que entierro ha de volverse esta locura...

— De mil quinientos sesenta, río abajo, por fin, con toda su armada, que serían...

192

— Y muchos descontentos por los navíos quebrados y por tener que dejar tantos caballos y enseres y ganado...
— Podrida la madera por la ruin maña de los oficiales y por la mucha lluvia...
— Con toda su armada, que serían trescientos hombres, veintitantos negros, seiscientos indios e indias...
PEDRO.—De lluvia interminable y de calor, calor espeso y brumas pestilentes...
PEDRARIAS.—Parecía tener gracia especial en las palabras, porque a todos atraía con ellas a su querer y voluntad...
— Y pasando otros caudales y remolinos, quedan atrás todas las sierras y cordilleras del Perú y se mete el río en la tierra llana, que dura casi hasta la mar...
— Con otros ríos caudalosos que le dan sus aguas...
— Más de trescientas leguas de despoblado, y muchos remando con muy gran trabajo, el agua hasta las rodillas, y en el día y la noche no cesar de llover...
— Y ver cómo crece el resquemor entre los hombres, y el deseo de regresar...

Segundo monólogo

DELIRIO DEL GOBERNADOR PEDRO DE URSÚA, AQUEJADO DE FIEBRES[12]

¡Regresar! ¡Regresar al Perú! Desandar las leguas sin número de este río de muerte. Borrar estúpidamente tantos días y noches, las semanas, los meses de barro y de fiebre, de hambre, de alimañas, de indios venenosos, de lluvia interminable y de calor, calor espeso y brumas pestilentes... Olvidar las riquezas de Omagua y Eldorado, las tierras prometidas, quince años de sueños aplazados, de trabajos y fatigas mezquinas contra rebeldes de tres razas: indios, negros y españoles... Regresar al Perú... ¿Quién me lo pide? ¿Quién se atreve a pedirme que regrese?[13].

Mermado de hombres y de bienes, enfermo del cuerpo y del alma, vencido por este río infinito, por este mar moviente y por esta caterva de ruines que me sigue a desgana, que rezonga y conspira a mis espaldas, que no piensa sino en matar el hambre de cada día y, si es posible, arrancar a

---

[12] El retrato del gobernador y la alusión a la enfermedad que lo aqueja pueden verse en *Jornada*, págs. 40-42. Custodio Hernández *(Crónica IV*, en *Lope de Aguirre. Crónicas 1559-1561*, edición de Elena Mampel González y Neus Escandell Tur, Barcelona 7 1/2-Universidad, 1981, pág. 194) explica: «El día de año nuevo mandó el Gobernador decir misa, asistiendo él aunque tenía calentura desde tiempo hacía.»

[13] En algunas ocasiones antes del asesinato de Ursúa, el cronista da noticia de estos conatos de rebelión: «Había en su campo algunos soldados que se habían querido amotinar por volverse al Pirú» *(Jornada*, pág. 32).

195

los indios la menor pieza de metal que brille más que el plomo[14]. Regresar así, ahora, cuando tan cerca se adivina el reino portentoso del príncipe Dorado, con su abundancia de campiñas y de hombres y sus grandes tesoros... Muy mal me conocéis. Poco saben de mí los que tal cosa esperan. ¿Alguien os dio noticia, por ventura, de que Pedro de Ursúa dejara de cumplir alguna empresa por él comenzada? ¿Tuvo este beamontés algún remilgo en cualesquiera de sus muchas obras? De cierto os digo que los que ahora son muchachos habrán de envejecer aquí conmigo[15], si antes no arrancamos de la selva su escondido paraíso... o si antes la selva no arranca de sí este infierno que urdimos día a día en su seno.

Pues, ¿y los otros? ¿Y los que me instan cada día a descubrir y poblar estas tierras en nombre de Dios y servicio del Rey nuestro señor?[16]. Poblar estas tierras... Sembrarnos aquí, en medio de esta selva de agua y barro, hincar entre los árboles la cruz de Cristo y el pendón de Castilla... para ser prontamente devorados por esta inmensidad, por este olvido... No. Es un esfuerzo inútil. Todo esfuerzo es inútil aquí, ocasión solamente de sudor y fatiga. Nada podemos contra tamaño po-

---

[14] A lo largo de toda la crónica se describe la pérdida de hombres y navíos, debido a las inclemencias del viaje, a las fuertes tormentas, a las espectaculares crecidas de los ríos, al ataque de las enfermedades y de los indios y, con frecuencia, a la falta absoluta de alimentos (recuérdese, al respecto, el hambre como elemento temático en *Naufragios*). En múltiples ocasiones, los descubridores «pensaron perescer de hambre» (*Jornada*, pág. 24), porque pasan de la selva y las tierras fértiles a parajes desiertos: «Dimos, sin saberlo, en un despoblado que nos duró nueve días, adonde pasamos gran necesidad [...]; y así hubo muchos que no tenían qué comer [...]; y con todo esto, no pudieron dejar de morir alguna gente» (*Jornada*, pág. 28). También son habituales los comentarios sobre cómo los españoles, llevados de la codicia, robaban a los indios, con los que algunas veces «rescataban» (cambiaban objetos) «y aun se lo tomaban sin rescate» (*Jornada*, pág. 26).
[15] Estas palabras, ligeramente modificadas por el dramaturgo, las pone el cronista en boca de Ursúa, que se niega a aceptar volver a Perú como le pedían los descontentos (*Jornada*, pág. 32).
[16] Después de asesinado Ursúa, se reunieron los oficiales que mandaban la expedición «ansí de los matadores del Gobernador como de los demás aliados, fueron de acuerdo y parescer que se debía buscar la tierra y noticia que Pedro de Orsúa traía [...]; y el tirano Lope de Aguirre y otros de su opinión, callaron por entonces, y no dieron parescer en ello» (*Jornada*, página 43).

derío salvaje. Ni Dios mismo tiene ya poder sobre esta su monstruosa criatura; es demasiada su espesura, su agua, su distancia, su vida acumulada, sus escondidas muertes.

Aquí no hay más que darse, sin más, a la corriente infinita de este río, abandonarse en ella, hundirse en su fluir aletargado, eterno, como un sueño larguísimo... y despertar un día en la ribera prodigiosa de Omagua, cegados por el brillo de sus torres y murallas y templos de oro. Omagua, corazón intacto de las Indias, mina caudalosa de todas las riquezas esparcidas de sur a norte, de mar a mar, bajo este nuevo cielo descubierto... Mi cielo de Baztán[17], de la Navarra toda, queda menudo y pálido a tu lado. Lo negro de tu noche, la luz de tus estrellas, la vasta combadura de tu bóveda, se me figuran cúpula del reino de Eldorado, promesa del cercano paraíso.

Pero llueve otra vez, sin nubes ni tormenta. El cielo se hace agua y se derrama sin tregua sobre mi armada, pudriendo la madera de mis naves, las ropas, los pertrechos, la comida, la carne y la esperanza de mis hombres. Y nos llueve también desde los árboles, la tierra misma se deshace en lluvia, el río es como un cielo caído que levanta brumas, vahos que forman nubes y que llueven también sobre mis ojos, y los velan y apagan y adormecen...[18]. Es la fiebre otra vez. El sueño y la vigilia se me juntan, la fiebre me conturba los sentidos, los miembros...

---

[17] Julio Caro Baroja («Pedro de Ursúa o el caballero», en *El señor Inquisidor y otras vidas por oficio*, Madrid, Alianza, 1966, 4.ª ed., pág. 128) recoge un texto de principios del siglo XVIII donde se describe la torre de Ursúa en Arizcun, «entre los Palacios y Casas antiguas que en el Valle de Baztán deste Reyno de Navarra llaman *Casas de Armería*».

[18] El efecto negativo del agua de los caudalosos ríos está mencionado en muchos pasajes de la primera etapa del viaje descrita en el libro: «Porque el río es poderosísimo y los navíos que llevábamos eran quebrados y podridos»; «partió el armada de la boca de este río, y al salir della se quebró y anegó el bergantín [...], y él quedó allí anegado y hecho pedazos»; «en esta isla se nos quedó anegada una de las tres chatas [voz náutica para designar la embarcación que sirve para que caiga sobre ella el navío de quilla, cuando se carena —*Autoridades*—] que traíamos, que estaba ya podrida y casi quebrada»; «llevábamos los navíos mal acondicionados, y aún quebrados» *(Jornada*, págs. 20, 23, 25 y 27).

No quiero ver a nadie, no; no quiero ser visto en tal postración. Tan sólo Inés acuda a mi cuidado[19]... ¡Afuera, capitanes! ¡No quiero ver a nadie! El general Ursúa se halla ausente.. ausente de las cosas de este sórdido mundo que le cerca... Tratad con don Fernando vuestras viles querellas, vuestros deseos turbios. Él es mi brazo derecho, mi embajador, mi amigo... ¿Dónde está Inés? A ella sola he de ver.

Inés, Inés, despierta. Vela conmigo esta noche interminable. Es la fiebre otra vez. Vela conmigo. No estamos acampados a la orilla del río, no nos cerca el hedor de los hombres hacinados y las bestias hambrientas. Navegamos tú y yo solos sobre el agua viva, invulnerables ante sus peligros, y las primeras luces del alba que nos llegue no serán las del cielo. Serán los destellos de Omagua, que amanece antes que nada por la misma fuerza luminosa del oro y de la plata de sus piedras. Y aquel ascua encendida sobre la más alta torre no es todavía el sol, sino el cuerpo desnudo de su rey, el Dorado, a quien los sacerdotes untan con polvo de oro como remedo vivo de su padre celeste.

Repara, Inés, cómo el río se inclina y nos entrega benévolo a su orilla, mira ya abierta la espesura ante nosotros, ven, sígueme, pisa conmigo estas arenas blandas y doradas. Ya se ha acabado el barro. Es un sendero limpio que nos llama. Omagua nos espera, vienen a nuestro encuentro sus notables... No... ¿Qué hacéis aquí vosotros? ¿Por dónde habéis llegado? ¿Cómo recuperasteis vuestras manos cortadas, vuestras cabezas rotas?... Inés, Inés, despiértame. La fiebre me levanta malos sueños, vienen a mí los muertos de estos años con los miembros trocados: negros con caras blancas, indios con manos negras, blancos de cuerpos pintarrajeados... Rebeldes de tres razas sometidos por mí a la obediencia del Rey y a su justicia[20]. Mis años de trabajos, la penosa escalera de méritos sangrientos para obtener la jornada de

---

[19] «Habíase hecho amigo de la soledad y aún alojábase siempre solo y apartado lo más que podía de la conversación del campo, y junto a sí la dicha doña Inés, solo, y a fin, según parescía, de que nadie le estorbase sus amores» (*Jornada*, pág. 32).

[20] Tras la idílica visión de su llegada a Omagua, acompañado de Inés,

Omagua... Y ahora, al borde mismo de sus puertas, vienen a mí los muertos de estos años con los miembros trocados, me cierran el camino...

Espántamelos tú, destiérralos, Inés, échalos de mi fiebre, que los borre la lluvia, que los arrastre el río, que se los lleve lejos, lejos, a la mar, a la muerte, a su muerte otra vez, a su infierno... El paraíso es nuestro, tuyo y mío tan sólo, sin fantasmas, sin muertos, sin soldados de mirada torva y alma envenenada. Llevo conmigo un batallón de sombras y rencorosos vivos, y con ellos a rastras no puedo, no podemos alcanzar nuestro sueño. ¡Fuera! ¡Fuera de aquí! ¡Dejadme! ¡Dejadnos solos, limpios, sin pasado, como recién nacidos! Tan sólo así podremos alcanzar Eldorado, Inés: nuevos y puros.

Diles que se vayan, que regresen a la tierra todos, los muertos y los vivos. A la tierra en que yacen abatidos por mí, o a la tierra que quieren descubrir y poblar. Que regresen, si quieren. Que nos dejen solos en el río, en esta maraña de mares peregrinos que acunan nuestro sueño, en estas aguas vírgenes que bañan las orillas de Omagua...

¡La fiebre, Inés, me vuelve! ¡Veo las aguas rojas! Largas estrías rojas descienden tras nosotros, y también, sí, también río abajo veo manchas rojizas que acechan nuestro paso... Límpiame la mirada, Inés. Ahuyenta los recuerdos y presagios que enturbian nuestras aguas. La sangre quedó atrás, sobre la tierra. Fue necesario derramarla para llegar al umbral de esta aventura, de este sueño, de este río... Pero no más, ya no más sangre, Inés. Ya no más sangre...

---

sobreviene la terrible visión de las atrocidades cometidas en calidad de jefe victorioso. Su fama de invicto pacificador de rebeldes era notoria cuando recibió el encargo de iniciar la búsqueda de El Dorado, como muestran algunas de sus «hazañas»: «Hombre de gran habilidad y experiencia en los descubrimientos y entradas de indios. [...] Le encargó el Marqués de Cañete la guerra contra los negros cimarrones [...]; la cual hizo con tan buena maña y solicitud, que destruyó, prendió y mató muchos de los dichos negros, y a los demás dejó tan escarmentados y medrosos, que por muchos días no osaron hacer más daño» *(Jornada*, pág. 11); quizás uno de los sucesos particulares que muestra mejor su falta de escrúpulos en la práctica de la violencia es el robo y muerte del clérigo Pedro Portillo *(ibíd.,* págs. 14-15).

Tercer monólogo

PLANTO DE DOÑA INÉS DE ATIENZA
ANTE EL CADÁVER DE URSÚA, SU AMANTE

Ahora yo tendría que llorar por ti, Pedro de Ursúa. Ahora yo tendría que regar con lágrimas la tierra que cubre tu cuerpo ensangrentado. Rasgar mis vestiduras, arañarme la piel, manchar de barro y cenizas mis cabellos[21]... Y en vez de eso, mira: apenas amanece, y ya acicalo mi rostro, preparo mis ropajes y atavíos de gala y ensayo toda clase de sonrisas. Breve luto me deja tu arrebatada muerte; más breve viudedad mi lamentable vida. Casi no tuve tiempo de besar tus heridas cuando ya, como cuervos, de entre tus mismos matadores me acosaron ansiosos pretendientes. El llanto y el horror hube de helarlos en su misma fuente, hube de contener el asco, el desvarío, los gritos de dolor y desespero que tu cuerpo rasgado me infundía. Allí, en medio de aque-

---

[21] Los signos de luto que Inés describe son más propios de los indios que de los cristianos, lo que viene a marcar el mestizaje, que poseía por su ascendencia. Ser mujer y mestiza la convierten en lo *otro* y, por tanto, en víctima, aunque, ella misma lo reconoce, también está contaminada («ya no soy inocente de nada, tal vez ni de tu muerte»), como todos los participantes de esta *historia* y de las demás *Historias*. Sin embargo, a diferencia de otras como Ana de Rojas o Elvira, quienes comparten con ella los rasgos de mujer y mestiza, o ambos, al asumir conscientemente su futuro y trocar su condición en arma vengativa contra sus agresores, se coloca en situación de heroína trágica, enfrentada con sus pocas fuerzas a un sangriento, aniquilador e inexorable destino: «Sí, sé que es peligroso, que mi vida está en juego...».

llos perros traidores sin más temor de Dios que cualesquiera bestias, me vi librada otra vez a mi destino, a mi estrella maldita de hembra codiciada por jauría de varones.

No otra cosa ha sido mi vida, desde que estos pechos brotaron de mi cuerpo de niña y un aroma frondoso me nació en lo hondo del vientre. Hembra codiciada por jauría de varones, sí, Pedro de Ursúa, varón también sediento de mi carne. Esta carne que ahora, mediada la mañana, se atilda y aderezá para otro, para otros, tal vez, que me rondan y husmean como perros en celo, mientras urden y ejecutan su maraña de crímenes.

¿Tenía otra elección? ¿Me quedaba otra vía, aparte de la muerte que algunos me desean? Un torvo vizcaíno, por ejemplo, que me tacha de puta y me acusa de matarte en vida con mis hechizos. Mis hechizos... ¿De qué me valieron contigo, pues que no pude retenerte en el tibio sosiego de Trujillo? Allí, en el recato de mi casa y jardines, hubiésemos gozado del amor y las brisas marinas. Pero a ti te acuciaba el brillo inapagable de esta oscura jornada. Me arrebataste con besos y palabras de la paz y riquezas del Perú, para traerme contigo a una mísera guerra de alacranes.

Y ahora, ahora yo tendría que llorar por mí, Inés de Atienza, fruto mestizo de dos razas, injerta de español y sangre india, ni india ni española ya, sólo mujer sin amo, perra entre perros ávidos, sin más derecho a vivir que el que me da mi cuerpo deseado, disputado por hombres ruines que me acechan para el gozo o la muerte, como ese Juan Alonso, el primero en herirte con su espada, el primero en hincar su odio y su deseo en nuestra carne[22]. Llorar por mí o por ti, Pedro de Ursúa, es una misma, inútil y mezquina empresa. No me cabe otro albur sino hacerme tratante de mí misma y sacarme a mercado, así, como res engalanada, hecha señuelo de quienes me ansían.

---

[22] «Y como vido el Gobernador que venía gente, volvió el rostro hacia ellos, que estaba en una hamaca, y les dijo: "¿qué es esto, caballeros, a tal hora por acá!" Y respondiendo uno que se decía Juan Alonso de la Bandera, dixo: "agora lo veréis"; y le dio con una espada a dos manos por los pechos, que lo pasó de una parte a otra» (*Jornada*, pág. 35).

¿No los sientes merodear, inquietos y febriles? Todos lo están desde tu muerte, también los que la urdieron y acabaron, y los otros, los que supieron de ella en la larga madrugada. Se ha desatado un viento de locura que sacude a leales y a traidores y, huérfanos de ti, todos conspiran por llevar tu jornada a su provecho. Ya nadie piensa en Eldorado. Quizás nunca pensaron, tan sólo tú soñaste ciegamente en tal quimera, que yo dije seguir para seguirte, y que ahora yace aquí, manchada con tu sangre y desgarrada.

Y sobre los despojos de tu sueño, mira, Pedro de Ursúa, una nueva quimera se entreteje mientras transcurre el día. Han alzado por general a don Fernando, tu falso amigo, que apadrinó tu muerte, y por capitán de la guardia a mi solicitante Juan Alonso, y por maese de campo a ese Lope de Aguirre, a quien llaman el Loco, y a otros muchos capitanes, pagadores, justicias y hasta almirante de la mar[23]. Y algunos ya no hablan de buscar y conquistar y poblar nuevas tierras, sino de alzarse contra el Rey y sus ministros, volverse hacia el Perú y allí juntarse con otros descontentos, para hacerse con todas sus provincias y riquezas, al grito de «libertad»[24]. Juzga qué desatino...

---

[23] Los nuevos cargos de los amotinados están descritos en la *Jornada* (págs. 42-43); el apelativo de Aguirre se lo adjudica el cronista en su semblanza final: «Y no le sabían otro nombre sino Aguirre el Loco» (pág. 149). Por su parte, Toribio de Ortiguera *(Crónica II, en Lope de Aguirre. Crónicas 1559-1561,* cap. XXXVIII, pág. 109) indica: «Luego se osó llamar príncipe, y su título era el más bravo y soberbio de todos cuantos se han visto hasta hoy en tirano de ninguna nación, llamándose de Lope de Aguirre, *La ira de Dios, Príncipe de la libertad y del reino de Tierra Firme y provincias de Chile.*»

[24] Es la voz victoriosa que profieren Aguirre y sus seguidores, desde que cae muerto Ursúa, al llevar a cabo cualquiera de sus ataques: «Y así fueron a tomar el pueblo de la Margarita, y a todos los que de la dicha isla topaban, desarmaban y quitaban las cabalgaduras; [...] hallaron toda la gente descuidada y segura que no sabían nada de lo pasado, y entraron por una calle corriendo encima de sus caballos y apellidando: "¡libertad! ¡libertad! ¡viva Lope de Aguirre!" y se metieron en la fortaleza que estaba abierta, y se apoderaron della» *(Jornada,* pág. 78). Con relación al concepto «libertad» y al sentido que tiene la actuación de Lope para algunos investigadores posteriores, puede verse Julio Caro Baroja, «Lope de Aguirre, 'traidor'», en *El señor Inquisidor y otras vidas por oficio,* págs. 65-122). Un resumen de las controvertidas opiniones acerca de Aguirre se ofrece en el «Prólogo» del citado *Lope de Aguirre. Crónicas 1559-1561,* págs. VIII-XIV.

Si la noche fue larga, ya ves: más largo ha sido el día, tan largo como el siglo. Y ya otra noche llega y sigo aquí, esperando y hablándote, hablando sin cesar para que el tiempo pase, y con él este luto amordazado, secreto, que entierro en mis adentros y se pudre, y se me vuelve en odio a medida que los días transcurren, a medida que hablo contigo para que el tiempo pase y pase, para tenerte cerca, ahora que tu cuerpo se disuelve lejos de mí, río arriba, y nosotros bogamos río abajo, tiempo abajo, sangre abajo, miedo abajo... en busca, dicen, de un asentamiento donde acopiar comida y construir navíos...

Para salir a la mar, dicen unos, y encaminarse hacia el Perú, para seguir en pos de Eldorado, dicen otros, pues ya andan divididos, ya se forman facciones, desconfían los unos de los otros, crecen rencores y se incuban nuevas traiciones, nuevos crímenes, y yo, Pedro, tu Inés, ya no te perteneczo, ya tengo nuevo dueño o, por mejor decir, mi cuerpo, que cada noche acepta los jadeos y ardores de Juan Alonso de la Bandera, sí, aquel que hundió primero su daga en tu costado... Pero no te inquietes, no sufras, no vomites, Pedro de Ursúa, soporta como yo tan sucia afrenta, porque ésta es mi venganza, es tu venganza ésta.

Mi carne deseada será el reclamo venenoso que hará morir a quienes tan cruelmente te arrancaron de mi carne. Yo les haré encelarse y recelarse, y aborrecerse y combatirse unos a otros. Yo sembraré en su sangre la cizaña y la muerte. Arderán en deseos: yertos sucumbirán, uno tras otro, tus doce matadores. Mi dueño, Juan Alonso, ya tiene quien le acecha para ocupar mi cuerpo. Es ese tu paisano Lorenzo de Zalduendo, y tras él me codician el mulato Miranda y su compinche Pedro Hernández, y yo, perra entre perros ávidos, no soy inocente del fuego que les quema, no; ya no soy inocente de nada, tal vez ni de tu muerte[25].

---

[25] En la *Jornada* (pág. 47) se alude de forma distanciada al relevo amoroso de que es objeto la amante de Ursúa al pasar de Juan Alonso de la Bandera a Lorenzo de Zalduendo: «Lorenzo de Çalduendo, Capitán de la guardia, que estaba mal con el dicho Juan Alonso, y competían los dos en amores de la doña Inés, que había sido amiga del Gobernador»; y en la

¿Tu muerte? Qué lejana la siento ya, qué frías aquellas tus heridas, tu sangre, qué seca en mi recuerdo, después de tantos días y noches anidando sin ti en medio de esta ciénaga de traidores. Sí, sé que es peligroso, que mi vida está en juego, pero no tengas miedo: sé bregar con los hombres. No es difícil lidiarlos, toda vez que se pierde la propiedad del cuerpo. Y ya de él, ¿qué me queda?

Sólo un temor me asalta algunas noches. De esta caterva de traidores y cobardes que llevaste contigo en tu jornada y que ahora, mira, parecen nuevamente pensar en Eldorado, alguien me desazona. Siento crecer su nombre, su sombra, su torcida figura. Semana tras semana, mientras se construyen las naves en este asentamiento, él parece abrasarse de no sé qué oscuro poderío. Era uno más, y ahora es más que uno[26]. Cuando me mira, sus ojos atraviesan mi cuerpo, que nada le enardece, y escudriñan mi oculto pensamiento. He de procurar su muerte, si quiero vengar la tuya, Pedro de Ursúa. Es aquel vizcaíno pequeño de cuerpo y de ruin talle de cuyos voceríos te burlabas: aquel Lope de Aguirre, ¿lo recuerdas?

Crónica de Ortiguera (pág. 84), algo más prolija en detalles, se indica: «Juan Alonso de la Bandera [...] dio en ser enamorado de doña Inés, y encontrándose en los amores con Lorenzo de Zalduendo, capitán de la guardia, que la servía de antes, vinieron a tener sobre los negros amores munchas pesadumbres.» Como en otros casos, la versión novelesca de la crónica efectuada por Sender, desarrolla aspectos de carácter anecdótico, como el galanteo de que es objeto por parte de La Bandera *(La aventura equinoccial de Lope de Aguirre*, Madrid, Magisterio Español, Novelas y Cuentos, VI, págs. 134-151).

[26] La frase es significativa porque enlaza la técnica progresiva de presentación de Lope empleada por el cronista, que lo hace aparecer poco a poco desde el anonimato («Algunos soldados de su campo, que eran y habían sido traidores...», *Jornada*, pág. 33), con la dramatúrgica llevada a cabo por Sanchis, ya que en su texto también es gradual el reconocimiento del tirano.

— De afable y compañero con sus soldados, mudó su carácter y trato...

PEDRARIAS.—Buen servidor de su Majestad, sin que se halla-
se en él cosa en contrario, ni aun en el pensamiento...

— Culpa de doña Inés la tal mudanza, dijeron unos; otros
que aquella enfermedad...

PEDRO.—Vencido por este río infinito, por este mar moviente...

— Y ya iba pareciendo en alguna manera codicioso, más
largo en prometer que en dar...

— Ingrato a sus amigos, de poca caridad con los enfermos,
guardaba mucho tiempo los enojos y rencores...

— Haciéndose remiso y descuidado en el gobierno de su
armada, soberbio y desabrido con la gente...

— Culpa de doña Inés, dijeron unos; otros, que aquella enfermedad...

FERNANDO.—Que el gobernador Ursúa quería dejarnos perdidos en estas arboledas inhabitables y llenas de bichos,
que de las riquezas de Omagua y Eldorado, nada de
nada, que la gente...

MARAÑÓN.—¿Alguien espera algo de mí? ¿Alguna cosa
más? ¿No aclamé a don Fernando como general, cuando mataron a Ursúa?

PEDRO.—Largas estrías rojas...

— Porque estaba malquisto con los más de los soldados y
podrían alzársele en motín...

INÉS.—Ya nadie piensa en Eldorado. Quizás nunca pensaron, tan sólo tú soñaste ciegamente en tal quimera...

ANTÓN.—Nuestro término es otro. ¿Podrá haber en Eldorado más oro y riquezas que los que nos vendrán a las
manos en llegando al Perú?

206

PEDRARIAS.—Fue Lope de Aguirre lujurioso y glotón, y muchas veces se hartaba de vino. No hablaba palabra sin blasfemar y renegar de Dios y de sus santos. Residió este tirano en Perú más de veinte años, siendo su principal oficio domar potros ajenos. Pero fue siempre tan amigo de revueltas y motines, que muchas veces anduvo por ello huido y escondido y sentenciado a muerte...

ELVIRA.—Siempre estaba regresando, siempre estaba marchándose. Meses, años sin verle...

JUANA.—Al cabo, tanta negra fortuna recibiste cuando leal al rey, como cuando rebelde. Al cabo, todo se te volvió congoja y estrechez y...

— ¡Viva don Fernando de Guzmán, Príncipe del Perú, Tierra Firme y Chile por la gracia de Dios!

ANTÓN.—...Me río, y hago mal. No es cristiano burlarse de la desgracia ajena, y menos de la muerte...

Cuarto monólogo
EMOCIONES Y FLATO DE DON FERNANDO DE GUZMÁN, PRÍNCIPE DEL PERÚ, TIERRA FIRME Y CHILE POR LA GRACIA DE DIOS

Hermoso, hermoso, hermoso... Ha sido muy hermoso. Sencillo y rusticano[27]; como había de ser en estas circunstancias, pero hermoso. Y emocionante. ¿No es verdad que ha sido emocionante, Gonzalo?[28]. Yo me he emocionado, para qué te lo voy a negar. Me he emocionado y, si te digo la verdad, aún me dura la emoción. Sí, sí: aún me dura esta noche. Es una cosa que me oprime aquí, entre el pecho y la panza, como un flato alto... Por cierto: tengo hambre, un hambre desbocada[29]. Debe de ser por la emoción. Di que me traigan algo de comer, Gonzalo... Nada, cualquier cosilla: unos buñuelos de yuca[30] con miel y unas pocas guaná-

---

[27] *Rusticano:* Voz anticuada que significa *rural* (DRAE).
[28] Se refiere a su Mayordomo, Gonzalo Duarte, a quien se menciona en la *Jornada.*
[29] «Fuera desto, [don Fernando de Guzmán] era vicioso y glotón; amigo de comer y beber, especialmente frutas y buñuelos y pasteles y en buscar estas cosas se desvelaba» *(Jornada,* pág. 63). Su sistema expresivo delata también la tosquedad del personaje, a pesar de su rango y noble ascendencia (se queja, por ejemplo, de opresión entre «el pecho y la panza»).
[30] *Yuca:* Planta de América tropical de cuya raíz se saca harina alimenticia (DRAE).

banas[31] y guayabas[32]... y mira si ha sobrado algún palomino[33] de la cena...

Es la emoción, no me cabe duda. He estado todo el día tan emocionado... Y no sólo por lo que he vivido, sino también pensando en mi familia. ¿Te imaginas, qué alboroto en Sevilla, si lo supieran? Y lo sabrán, vaya si lo sabrán. Más pronto o más tarde lo sabrán, y no se hablará de otra cosa en un año. ¡Fernando de Guzmán, Príncipe del Perú, Tierra Firme y Chile!... Sí, sí: Fernandillo, el hijo de Álvar Pérez, el regidor... Ese mismo: Príncipe del Perú por la gracia de Dios... ¡Qué de aspavientos y chismerías por toda Sevilla! Y mi señor padre, qué boca abrirá. Y mi buena madre, cómo llorará... Fernando, mi Fernandillo, todo un príncipe... ¡Y del Perú![34].

Mi madre, qué lejos está... Qué lejos y qué ignorante de la fortuna de su hijo... Príncipe del Perú... Tiene que saberlo cuanto antes. Vamos a escribirle, Gonzalo: ahora mismo, sí. Aunque me duela todo el cuerpo y me muera de sueño y de hambre... ¿Vienen ya esos buñuelos?... Y estos condenados mosquitos se me coman vivo...[35]. Toma recado de escribir y anota lo que yo te diga... Escribe, escribe, Gonza-

---

[31] *Guanábana:* Fruto del guanábano, de forma acorazonada, corteza verdosa y púas débiles, pulpa blanca de sabor azucarado y refrescante y semillas negras (DRAE).

[32] *Guayaba:* Fruto del guayabo, de figura ovalada y tamaño de una pera, sabor más o menos dulce y con la carne llena de granillos (DRAE).

[33] *Palomino:* Pollo de paloma brava (DRAE).

[34] A pesar de la parquedad de su expresiones, el cronista da pie para trazar esta personalidad dramatúrgica, caracterizada por la vanidad y la superficialidad, cuando dice: «Mostró placer [don Fernando] y holgóse con el nuevo nombre y dictado. Luego puso casa de Príncipe, con muchos oficiales y gentileshombres; comió desde entonces solo, y servíase con ceremonias. [...] Y sus cartas comenzaban desta manera: 'D. Fernando de Guzmán, por la gracia de Dios, Príncipe de Tierra Firme y Pirú y Gobernador de Chile» *(Jornada,* pág. 51).

[35] La de los mosquitos es otra de las penalidades que han de sufrir los descubridores. En distintos momentos de la *Jornada* se alude a ellos: «Dimos en un pueblo de pocas casas y muchos mosquitos» (pág. 54); «hay aquí muchos mosquitos zancudos» (pág. 55); y, al hablar del río Marañón: «Y en él tanta cantidad de mosquitos, especial de los zancudos, de día y de noche, que yo no sé como los naturales pueden vivir» (pág. 71).

lo... Amantísima madre, dos puntos... siéntate en tu poltrona de Toledo, no vayas a caerte de espaldas con las noticias que te envío... No, no, no. Muy mal, muy mal: así no puede empezar una epístola regia. Tiene que ser algo más grave, más solemne, más majestuoso... Por ejemplo... Madre y señora mía... o mejor... Señora y madre mía, dos puntos... Quieran los cielos que, al arribo de esta mi carta a vuestras manos, os halléis en ánima y cuerpo firmemente asentada en vuestra poltrona de Toledo... ¡No y no! ¡Qué manía con la poltrona de Toledo, con lo horrible que era!

Está visto que ya no puedo más, que esta cabeza mía ya no da más de sí... Es natural, es natural: han sido demasiadas mudanzas, demasiados trabajos, demasiada emoción para un solo día... ¿Ésta es toda la comida que me traéis? ¿Queréis que muera de hambre antes de empezar a reinar? ¡Con todo el ajetreo que he llevado repartiendo cargos, rentas, propiedades, títulos...! Escribe tú esa carta, Gonzalo, y cuéntaselo todo... Bueno, todo no, pobrecilla. Las muertes que se han hecho, mira de recatarlas. Dile que ha habido que cumplir algunas justicias rigurosas, que el gobernador Ursúa quería dejarnos perdidos en estas arboledas inhabitables y llenas de bichos, que de las riquezas del reino de Omagua y Eldorado, nada de nada, que la gente andaba desabrida, enojada y sediciosa, que todo eran discordias y pendencias y que, en fin, para evitar mayores males, hube de consentir en ser nombrado su Capitán General[36].

Pasa someramente sobre esos y los demás detalles. Lo que más me importa es que le pintes a mi madre el día presente: llorará emocionada, si te esmeras. Cuéntale la ocurrencia de Lope y su discurso[37]... y no olvides decirle que yo nada sabía, que al oírle ofrecerme la corona del Perú, y ser

---

[36] A lo que en esta parte de su parlamento alude don Fernando se recoge en la *Jornada* (págs. 33-62) y comprende un periodo de casi cinco meses: «Duróle el mando en la tiranía con nombre de General, y después de Príncipe, casi cinco meses, [...] que fue desde primero de Enero de mil y quinientos e sesenta y uno, que mataron al Gobernador, hasta veinte y dos de Mayo del dicho año, que el tirano y sus amigos le mataron a él» (pág. 63).

[37] El discurso de Lope y la adjudicación de poderes puede verse en *Jornada*, págs. 50-51.

llamado príncipe, y quererme besar las manos, casi se me sueltan las tripas de emoción... O sin casi, que estos días las tengo algo revueltas del mucho sobresalto en que vivimos... ¡Príncipe del Perú! ¿Te imaginas, Gonzalo, a mis primos de Esquívar enterándose? Amarillos de envidia se pondrán... ¿Ese bobalicón?, dirán, ¿ese pazguato, príncipe del Perú? ¡Sí! Y muy pronto rey, rey del Perú, Tierra Firme y Chile por la gracia de Dios... Por la gracia de Dios, sí; porque, una vez coronado, Dios me dará su gracia... ¡No faltaría más! ¿Acaso no bendice Dios a todos los reyes, ganen como ganen sus coronas? ¿No les bendice y les alumbra y les ayuda a soportar su peso?

Porque es duro reinar, Gonzalo, no te vayas a creer... Muy duro y muy cansado. Mírame a mí, sin ir más lejos: mi primer día como príncipe y ya estoy agotado, agobiado. No puedo más. ¡Qué día, qué día el de hoy!... Por cierto, ¿qué día es hoy? No lo vayamos a olvidar. Es un día glorioso, que los siglos venideros recordarán... Veintitrés, ¿verdad? Veintitrés de marzo de mil y quinientos sesenta y un años... No lo vayamos a olvidar. Un día glorioso, sí, pero terrible para mí. Sudando sin parar desde el amanecer: entre esta ropa, el bochorno y la emoción... Y no digamos la de bichos que había... y que hay, por todas partes... Pero ha sido hermoso, Gonzalo. ¿Verdad que ha sido hermoso?... ¡Y a qué esperáis, bellacos, para quitarme el traje de la ceremonia! ¿He de hacerlo yo mismo, o pensáis que voy a dormir vestido y armado como Lope de Aguirre?[38]

Pero, ¿qué digo? Quiero decir... que no necesito dormir vestido, como Lope de Aguirre, ya que él vela por mí y por todos, como hombre leal e infatigable que es. Eso quiero decir... ¡Qué hombre, ese Lope! ¿Verdad, Gonzalo? Qué temple de soldado, qué miras de caudillo, qué cuidados de

---

[38] A la costumbre de Lope de ir armado se hace referencia en distintos momentos: «Lope de Aguirre vivía muy temeroso y recatado, porque no le matase, y siempre armado secretamente él y todos sus amigos», o bien: «Andaba con dos cotas bien pesadas, y espada y daga y celada de acero, y un arcabuz o lanza en la mano; otras veces un peto» (*Jornada*, págs. 47 y 148). Don Fernando se da cuenta de que no debe burlarse de su valedor y cambia de tono, elogiando sus gracias con ritmo manriqueño.

padre, qué labia sentenciosa y persuasiva. A todos nos ha convencido con su fuego, ¿no es verdad? A todos nos ha emocionado y cautivado con sus palabras... «Dos cosas son precisas para llevar esta guerra con toda autoridad: la primera, que nos desnaturemos de España y digamos que el rey don Felipe no es nuestro señor natural, negándole el vasallaje...» ¿No te sobrecoge tanta osadía?... «Y la segunda, que elijamos a don Fernando de Guzmán por nuestro príncipe, para coronarle rey en llegando al Perú...»[39].

Y yo que le temía y recelaba de él, y a punto estuve de consentir en su muerte...[40]. Todo por culpa de las intrigas de ese traidor de Juan Alonso, que ahora estará purgando sus pecados en el infierno[41]. Bien merecido lo tiene, por cizañero y alevoso, ¿no es verdad, Gonzalo? Y por mujeriego también, ea. Todo el día encamado con doña Inés. ¿Es ésa ocupación digna de un Teniente General? Menos mal que Lope me advirtió a tiempo de cómo se estaba ensoberbeciendo y encumbrando y conjurando con otros para matarme... Para matarme a mí, ¿te das cuentas? ¡Qué horror! ¿Te imaginas, Gonzalo, estas carnes mías... acuchilladas...? ¡Qué horror! Ya me vuelve el flato... No quiero comer más, dadme de beber, me muero de sed... ¿Es eso lo que queréis, camastrones[42], que se muera de sed vuestro príncipe? ¿Para esto me ha designado Lope toda una corte y casa real, con mayordomo, maestresala, gentilhombres, coperos, camareros y hasta capellán...?[43]. Por cierto, ¿dón-

---

[39] El texto transcrito en estilo directo resume las ideas del «razonamiento» que hizo Aguirre ante sus hombres para proclamar «Príncipe y Rey natural» a don Fernando (*Jornada*, pág. 51). El concepto *desnaturarse* aparece también en la carta de Aguirre a Felipe II; indica con él su separación de la corona de España. Caro Baroja dedica un apartado del capítulo sobre el vasco rebelde a aclarar el contenido «jurídico, institucional» que dicha expresión posee («La 'desnaturación' y sus significados», *op. cit.*, págs. 85-96).

[40] Se describe esta conjura contra Aguirre en *Jornada*, pág. 57.

[41] La noticia de la muerte de Juan Alonso se encuentra en *Jornada*, página 47. Véase también la nota 25.

[42] *Camastrón:* Persona disimulada que espera la oportunidad para hacer o dejar de hacer las cosas, según le conviene (DRAE).

[43] Con estos términos indica distintas funciones y dignidades de la corte: el encargado de la servidumbre, el de la comida y la mesa, el acompa-

de está el padre Henao?[44]. ¿Dónde está mi capellán? Quiero que venga esta noche a rezarme las oraciones, como hacía en Sevilla fray Cristóbal, el confesor de mi madre...

Qué dulzura de fraile, aquel santo varón... Y cómo me ahuyentaba los miedos con sólo acariciarme las manos y la frente, hasta que me dormía. Era un padre, talmente, fray Cristóbal, un padre para mí... Como Lope de Aguirre lo es ahora, ¿no es verdad? ¿No es verdad, Gonzalo, que me quiere y me guarda como un padre...? Lo pondrás en la carta, también... Un padre menos dulce, es verdad, algo vivo de genio, más dado a castigar que a las caricias[45]... y con esa legión de vizcaínos que en todo le obedece... Eso no se lo digas a mi madre... ¿Viene ya el padre Henao? Me estoy durmiendo, quiero rezar un poco antes de... Dile, dile también que Aguirre dice que ya no habrá más bandos ni disensiones ni muertes, que iremos hermanados, dice... Y dile además que también dice... dile que...[46].

ñante del rey, quien le daba de beber, el que cuidaba su cámara y su sacerdote particular.

[44] Es el nombre del «clérigo de misa» que los acompaña. Tras la muerte de Ursúa, pide a don Fernando y a los oficiales juramento de «que unos a otros se ayudarían y favorescerían y serían unánimes y conformes en la guerra del Pirú que tenían entre manos»; más tarde, antes de matar a don Fernando, Aguirre «le dio una estocada que le pasó todo el cuerpo y la cama» (*Jornada*, págs. 50 y 62).

[45] Cuando describe la muerte de don Fernando, Pedrarias explica cómo éste, al ver entrar a Aguirre a deshora, acompañado de Martín Pérez y Juan de Aguirre, le preguntó: «¿Padre mío, qué es esto?» (*Jornada*, pág. 62). Estas consideraciones de don Fernando poseen un sentido irónico, teniendo en cuenta el destino que le aguarda.

[46] La fama de que Aguirre jamás cumplía sus promesas salpica todo el relato y hace decir al cronista: «Pero el dicho tirano tenía la condición conforme a su mala vida y obras, que jamás, o por gran maravilla, cumplió palabra que a nadie diese» (*Jornada*, pág. 85).

PEDRARIAS.—Iba el tirano Aguirre matando y quitando los cargos a todos los que eran leales al Rey y a Pedro de Ursúa...

— Es este río grande y poderoso, el mayor de la tierra, a buen seguro...

PEDRO.—Las semanas, los meses de barro y de fiebre, de alimañas, de indios venenosos, de lluvia interminable...

— Con más de mil y seiscientas leguas desde su nacimiento hasta la mar...

PEDRARIAS.—Y a los caballeros y gente noble y principal...

ANA.—¿Qué esperas, Dios del cielo, para dar en la tierra señal de tu poder?

— Tiene muy fuertes aguaceros, copiosas avenidas...

— Con tanto viento que crecen altas olas, mayores que en la mar...

PEDRARIAS.—Y dándolos a soldados, marineros, calafates, mestizos y demás gente baja...

MARAÑÓN.—Y siempre manda alguno, don Pedro o don Fernando o don Aguirre...

— Son su orillas a trechos despobladas y, cuando no, sus indios naturales tienen allí...

— Y de espesuras tan cerradas que...

JUANA.—Cuál justicia podemos esperar los que servimos de quienes nos gobiernan...

— Hacen vasijas labradas y pintadas de mil maneras, con otros...

PEDRARIAS.—También decía que le mostrase el Rey de Castilla el testamento de Adán, para ver si le había dejado por herencia esta tierra de las Indias...

ELVIRA.—Adiós a la miseria, adiós a la vergüenza de estos años...

215

— Sementeras de yuca brava y de batata...

— Cálido en demasía es...

PEDRARIAS.—Y que había de matar a todos los presidentes y oidores, obispos y arzobispos y letrados y procuradores, porque ellos y los frailes...

MARAÑÓN.—Condenado a dar voces y más voces en este despoblado...

INÉS.—Yertos sucumbirán, uno tras otro, tus doce matadores...

— Cálido en demasía es este río, y de temple enfermo, con que no hay en él otra cosa sino desesperar...

Quinto monólogo
EXTRAVÍOS DE UN MARAÑÓN SIN NOMBRE
EN LA SELVA AMAZÓNICA

Yo, de natural, nunca hablo solo. ¡Ni que estuviera loco!... Pero ahora, me figuro que debo ponerme a hablar en voz alta porque, si no, ¿qué demonios voy a hacer? ¿Dar vueltas y vueltas y más vueltas por aquí sin abrir la boca o, todo lo más, mascullando algún juramento para que se note lo perdido y jodido que estoy? La cosa no daría para mucho, además de que nadie se iba a enterar de maldita la cosa... Si por lo menos hubiera alguien por ahí, no sé, en alguna parte, no sé, digamos gente que me escucha sin yo saberlo, yo podría hacer como que no me entero, es decir, disimulando un poco, o sea, sin hablarles a las claras pero, en fin, al menos no me sentiría tan perdido hablando solo, y eso, bueno, yo ya me entiendo...

Pero no: figura que estoy solo, perdido en esta selva de mierda, sin alma viviente a mi alrededor, y que tengo que largar la lengua por un buen rato. ¿Y voy a tener que explicar quién soy yo, y lo que me pasa, y un montón de cosas más, a los pájaros y a los monos? Es un decir, claro, porque tampoco hay pájaros ni monos... Bueno, vamos a suponer que esos ruiditos son pájaros y monos. Por mí, que no quede. Yo, ya... estando las cosas como están, hago lo que sea...

Menos pasar por loco, ¿eh? Eso sí que no. La cosa esa del tipo que se ha vuelto loco en medio de la selva y se pone a delirar a gritos no, no. A mí con ésas, no. Yo tengo la cabeza bien puesta en su sitio y aguanto esta situación, y cualquier otra que me echen, en mi cabales. No faltaría más. Recursos no me faltan para arreglármelas en esta maraña, y salir de ella, y juntarme con los demás, y santas pascuas.

Claro que primero tendría que encontrar a mi compadre Arrieta, que estará peor que yo, porque ése, además de no tener mis recursos, por ser un pijoverde en estas lides, es medio tartamudo, conque mira tú qué monólogo estará soltando por esas espesuras... Eso si no me está gastando una de sus bromas, que también tiene sus puntas de puñetero y retozón, y no anda escondido por ahí, para darme chacota...[47]. Con la cual cosa, mira tú por dónde, me ponía este embrollo en bandeja de plata... Mira tú por dónde...

¡Arrieta! ¡Arrieta! ¡No te me escondas más, compadre! ¡Que te conozco como si te hubiera parido mi burra! De seguro que andas por aquí cerca, entapujado en la maleza, ojeándome y riéndote de mis apuros. ¿No es verdad?... Vaya si lo es, lo digo yo, y a ver quién es el guapo que viene y me lo niega, porque entonces le agarro —al guapo, digo— y no le suelto hasta haberle endilgado todo mi monólogo. Y como nadie me lo va a negar, digo y repito que andas por aquí, compadre Arrieta, tú, que saliste conmigo esta mañana, de muy buena hora, para buscar comida, y adentrámonos juntos en la aspereza de la montaña, y no supimos dar con el camino de regreso, y luego nos perdimos el uno del otro, y yo hace ya seis horas que te busco...[48]. Y no sé por qué demonios te digo todo esto, pues que lo sabes tan bien como yo, pero alguien habrá por ahí a quien pueda aprovechar, maldita sea. Y como ya estoy más que harto de zapatear por esta selva de pegote, voy y me siento, ea.

Ya estoy sentado, Arrieta, ¿me oyes? Me he sentado aquí, plácidamente, y aquí me quedaré hasta que te canses de hacerme la mamola... o hasta que uno de esos malditos indios

---

[47] *Chacota:* Broma o burla (DRAE). El hibridismo del lenguaje del Marañón es evidente en la mezcla de términos vulgares y actuales y el aclarado, que evoca otro tiempo. La mezcla se da incluso en frases como «tiene sus puntas de puñetero y retozón» en la que en la construcción cervantina introduce el adjetivo «puñetero».

[48] La crónica relata cómo «perdieron dos hombres en el camino, que salieron a buscar comida juntos, y nunca más los vieron» (*Jornada*, pág. 24).

que andan sueltos por ahí te quite las ganas de broma clavándote en el culo una flecha envenenada... ¡Cuánto me iba a reír, compadre Arrieta...! Aunque maldito lo poco que me iba a durar el reír, y aun el vivir, si fuera cierto que esos indios aruaquinas, o como diablos se llamen, hubieran dado con nosotros. Que bien vimos en aquellos sus sacrificaderos cómo se engolosinan con la carne humana, lo mismo cruda que cocida...[49]. Bien lo vimos, ¿verdad, Arrieta? Ya no nos faltaría, para nuestra ventura, sino el haber salido flacos y hambrones en busca de alimento, y el acabar hechos menudillos para engordar a esos salvajes merdellones[50]. Y encima teniendo que resultar graciosos...

¿Sabes lo que te digo, compadre? Que nos ha tocado la peor parte en este desconcierto. De ti no hablemos, puesto que ni sales... Pero mírame a mí: un hombre de mis partes, hecho y derecho, vascongado además, veterano de no sé cuántas guerras y conquistas, lleno el cuerpo de heridas y de proezas la memoria, condenado a dar voces y más voces en este despoblado para significar... ¿Qué? ¿Qué leches significo? ¿Me lo puedes decir, compadre Arrieta? Considera la cosa: juntos nos metimos en esta desastrosa jornada del río Marañón, juntos pasamos hambre, calor y frío, juntos nos dio la fiebre en Machifaro[51], juntos nos enterábamos, los últimos, de todos los motines, muertes, conjuras, traiciones, más muertes, más conjuras, más traiciones... Los últimos, sí,

---

[49] Es habitual en las crónicas de Indias la referencia al canibalismo de algunas tribus; en la *Jornada* se alude a ello varias veces, una de ellas es la que describe esta costumbre entre los Arnaquinas (vocablo deformado por el marañón, poco antes, cuando los nombra «aruaquinas»): «Son estos indios desnudos y flecheros; son caribes; llámanse los Arnaquinas, son bien dispuestos: tienen yerba muy mala, y casas de adoratorio para sus ritos y sacrificios; y a la puerta de cada casa destos hay dos sacrificaderos, adonde nos pareció que deben de degollar los indios que sacrifican. [...] Están todos llenos de sangre humana, a nuestro parescer, y esto sacamos por congeturas; que no tuvimos a quién lo preguntar por falta de lengua» (pág. 65).
[50] *Merdellón:* Sucio.
[51] *Machifaro:* Véase *Jornada*, págs. 28-29. En esta secuencia el Marañón da la clave de la doble personalidad, histórica y teatral, que posee al considerar su falta de significado e, incluso, de existencia, su calidad de *figurante* en ambos *teatros*.

que a duras penas llegábamos a tiempo de gritar ¡viva éste! o ¡muera aquél!, cuando ya todo estaba concluido. En parte por tu culpa, porque eres un tardón, no me lo niegues; en parte por ser yo, no te lo niego, amigo de esperar a ver qué pasa, de no precipitarme, de no bañarme hasta saber hacia qué lado corre el agua...

Y ahora, ya ves, perdidos juntos, apartados juntos, y quizás para siempre, de aquella patulea encizañada... Pero, entonces, yo, aquí, ¿qué estoy haciendo? ¿Qué estoy haciendo, di, además de inventarte? ¿He de seguir hablando hasta que salgas? ¿Tengo que desdoblarme para que alguien me diga qué se espera de mí? ¿Alguien espera algo de mí? ¿Alguna cosa más? ¿No aclamé a don Fernando como general, cuando mataron a Ursúa? ¿No le juré por príncipe cuando nos desnaturamos de los reinos de España? ¿No prometí ser fiel a Lope de Aguirre cuando se alzó por general y caudillo de los marañones? ¿No he cumplido todas sus órdenes sin rezongar? ¿No soy un buen soldado, voto al cielo? ¿Qué más tengo que hacer? ¿Dejarme aquí morir, como una mula, dando vueltas y vueltas a la noria?... Ya son trece preguntas sin respuesta, no conviene abusar. Pasemos a otra cosa.

Tu chanza, por ejemplo. Me estás hartando, Arrieta. Ya tengo más que hinchadas las borlas de aguantar esta chilindrina[52]. Como no te me muestres enseguida, remato el parloteo con dos frases galanas y hago mutis[53]. Bien que me hayas sacado del apuro de estar hablando solo, cosa que te agradezco, pero mal que me tengas aquí amarrado por la lengua, mientras pasan las horas y se acerca la noche, y a lo peor los nuestros deciden embarcarse y proseguir viaje, y ya ves qué destino nos aguarda: un marañón y medio condenados a borrarse en este merodeo.

¿A borrarse, he dicho? ¡Bórrate tú, si quieres, don Poco Más que Nombre, que yo tengo arrestos para salir airoso de tal trance!... Es más: te borro yo. Arrieta se acabó. Ya no te

---

[52] *Chilindrina:* Broma.
[53] Con esta expresión, que indica que un actor sale de escena, el personaje exterioriza la parte metateatral de su conciencia escindida.

necesito[54]. No necesito a nadie. Sólo, sabré encontrar la vía que me lleve al término de este laberinto, hablando o sin hablar. Al fin y al cabo, ¿qué falta me hace nadie para hacer lo que hago, para ser lo que soy? Si nadie contó nunca conmigo para nada, maldita sea, si nadie me pregunta qué quiero y qué no quiero, maldita sea, si tan sólo me ordenan, si tan sólo obedezco, mande quien mande, y siempre manda alguno, don Pedro o don Fernando o don Aguirre o don Rey o don Dios o don Mierda, y yo, maldita sea, sin don ni ton ni son y venga y dale y sigue dando vueltas y vueltas y vueltas y más vueltas...

---

[54] La misma conciencia lo lleva a amenazar a su compañero con la unamuniana muerte del personaje que deja de ser pensado o nombrado.

Sexto monólogo

Razones del matarife Antón Llamoso

Sosiéguense vuestras mercedes y dejen de mirarme con recelo, que ningún daño va a venirles de mí, como se estén pacíficos y quedos[55] en su sitio. Váyanse acomodando y armando de paciencia para el tramo de ruta que aún habremos de hacer, pues, aunque largo, será sin duda más resuelto y presuroso que el corrido hasta ahora. Antes andábamos todos confusos, apocados, divididos: ahora vamos seguros y alentados hacia una común meta. Tenemos buen piloto, tenemos quien nos manda con voz clara y con mano firme nos gobierna. Así pues, confianza.

No les han de inquietar estos dos hierros: me gusta darles brillo y aguzarles el filo, no más que porque son viejos amigos y han pasado conmigo muchos trances apurados. A éste le llamo «Espino», y es hijo de Granada: extremado para asuntos de noche que requieren secreto o para abrazos repentinos y estrechos. Este otro prefiere fiestas más alborotadas, pero también sabe ser discreto y cauteloso, si la ocasión lo pide. Toledano, en efecto, y de nombre «Gallardo». A doña Inés, por ejemplo, la desgarré primero con «Espino»

---

[55] *Quedos:* Quietos. Las «razones» de Llamoso están dirigidas a un receptor que en el plano de la historia son los soldados marañones; pero en el de la representación ese plural auditorio se confunde con el público, que, convertido en *personaje* por la implicación de que está siendo objeto, puede participar mejor de las encontradas emociones de esta *jornada*.

223

hasta dejarla bien abierta, pero luego, ya metidos en danza, «Gallardo» quiso también hacer su parte, y allá lo vierais ir, entrándose en el cuerpo como un endemoniado, no menos de veinte veces...

Condenada mestiza, y cómo se rebullía en brazos de Carrión, a los primeros golpes. Por mi fe, que era una brava yegua[56]. No me asombra que anduvieran tras ella tantos potros rijosos... Y a buen seguro que, entre vuestras mercedes, a más de dos docenas se le encendían los ojos al verla pasar. También a mí, por cierto... ¿Querréis creer que, en rajando sus carnes, se me ponía tiesa la candela? Cosas del bajo vientre.

Con Lorenzo de Zalduendo, el tercer amador de doña Inés, como éramos tantos a acometerle, fue «Gallardo» quien tuvo preeminencia: se le entró por un ojo como rayo y... ¿Qué cosa les sucede a vuestras mercedes? ¿Van a ponérseme ahora melindrosos y timoratos? Ya todos bien conocen que éstas son menudencias en las guerras, y guerra es el negocio en que andamos. Pero no han de temer por sus personas, si guardan obediencia a los dictados de nuestro nuevo general. Y es el primero y principal que no se anden hablando unos a otros de oído y en secreto, sino con voces altas y a las claras, para que se conozcan los buenos y concertados pensamientos de todos[57]. Que ya se han acabado

---

[56] Aunque los cronistas acentúan más las notas épicas que las particulares, es fácil entrever en su relato el talante de los asesinos, que sirve de base para la composición del suceso y la personalidad dramatúrgica de éstos: «Y luego mandó [Lope] a un sargento suyo, llamado Antón Llamoso, y a un Francisco de Carrión, mestizo, que fuesen a matar a doña Inés; los cuales fueron y la mataron a estocadas y cuchilladas, que era gran lástima vella» (*Jornada*, pág. 60); Toribio de Ortiguera (*op. cit.,* pág. 103) resulta más explícito en la descripción de los detalles: «No fueron nada perezosos los dos crueles sayones, que en un punto llegaron a su casa, y sin dejarla confesar ni pedir perdón a Dios de sus pecados, le dieron tantas, tan crueles y lastimosas estucadas y puñaladas que le traspasaron las entrañas, con que la desdichada doña Ines cayó tendida al suelo, bañándose y revolcándose en su propia sangre, que era gran lástima de la ver.»

[57] Así se relata en la crónica: «Mandó [Lope] luego echar un bando por todo el campo que, so pena de la vida, nadie de allí adelante hablase secreto ni echase mano a espada ni a otras armas delante dél, ni en el escuadrón» (*Jornada*, pág. 64).

las traiciones y conjuraciones, y estos bergantines llevan en sus lomos una junta de hermanos, de bravos marañones, hijos de este gran río Marañón, todos debajo de nuestro general Lope de Aguirre.

¿No sienten vuestras mercedes cómo hasta el río parece acarrearnos con más prisa y bondad que en el pasado? Vamos, vamos, señores: no me vuelvan los ojos hacia la orilla derecha, que bien sé qué barruntan de aquellas poblaciones que los humos y lumbres certifican. Desoigan los rumores, por su bien se lo digo, pues aunque fueran ciertos y del reino de Omagua se tratara, nuestro término es otro[58]. ¿Podrá haber en Eldorado más oro y riquezas que los que nos vendrán a las manos en llegando al Perú? ¿No oyeron las promesas que les hizo Lope de Aguirre de repartir sus tierras y tesoros y su pueblos de indios entre vuestras mercedes? ¿Y de cómo pretende ponernos todo el Perú en las manos para que allí cortemos a nuestra voluntad? ¡Al diablo las quimeras y los reinos fantasmas! Miren hacia adelante, que ya pronto saldremos a la mar, y dejen los engaños de esos indios brasiles, de esos guías falsarios que hasta aquí nos llenaban la cabeza de patrañas[59].

Por más que, no lo olviden, mandado está so pena de la vida, que ninguno platique con los tales guías ni trate con nadie de la tierra de Omagua. Ese cuento de niños se ha acabado. Bien claro dijo Aguirre cómo hasta ahora no pasaban nuestros asuntos de ser muchacherías, pues muchacho bien mozo era quien nos mandaba, pero que en adelante todo será cosa de veras... Se me viene a las mientes, y excusen sus mercedes este poco de risa, cómo chapoteaba en el río y aullaba el principillo, medio despanzurrado por los ar-

---

[58] Las palabras de Antón corresponden también a la realidad del relato, donde se indica que dos días después de la muerte de don Fernando, yendo río abajo «paresciéronse aquí, sobre la mano derecha, una cordillera [...]. Había en esta cordillera grandes humos, y divisábanse algunas poblaciones a la orilla del río. Allí decían las guías que estaba Omagua y la buena tierra que siempre ellos nos habían dicho. Mandó que nadie hablase con las guías» (*Jornada*, pág. 64).

[59] Al engaño de «las guías» se atribuye en ocasiones el fracaso de la empresa (véase *Jornada*, pág. 31).

cabuzazos, y cómo le acabaron allí mismo, cual si de una gran rana se tratase...

Me río, y hago mal. No es cristiano burlarse de la desgracia ajena, y menos de la muerte. Y muy menos aún de la muerte a arcabuzazos y a quemarropa...[60]. Pobre don Fernandillo de Guzmán, tanto que le gustaba perfumarse, y tener que marchar al otro mundo en olor de sus carnes chamuscadas a pólvora. Con la espada y la daga es otra cosa, más natural, más limpio. Pero Lope encomendó el asunto a Martín Pérez y al otro vizcaíno, Juan de Aguirre, que sólo saben de arcabuces, y así le fue a su alteza, príncipe de Perú, Tierra Firme y Chile: torrezno para peces y caimanes.

Ya ven vuestras mercedes en qué paran las pompas y vanidades de este mundo. Y también las intrigas y asechanzas contra Lope de Aguirre, que no les fue mejor la noche antes a Alonso de Montoya y a Miguel Bovedo, ni la misma mañana al padre Henao y a Miguel Serrano y a Gonzalo Duarte y a Baltasar Toscano... No sé si se me escapa alguno de la cuenta... Todos ellos, y varios más que Lope tiene anotados en su memoria, andaban tramando ocasión de matarle, pero, ¿en qué pararon? ¿En qué parará quien no se avenga con la felicidad que le ofrecemos?

No seré yo agorero que venga a importunarles el reposo: antes bien me complace notarles tan conformes con la nueva intención de la jornada. Somos los marañones, como Aguirre nos llama, y de sí mismo dice ser la ira de Dios, y que no quiere otro título sino Príncipe de la Libertad, y que ha de derramarla en el Perú con nuestra ayuda y con la de otros muchos perdidos y gente pobre de las tierras que iremos recorriendo, en saliendo a la mar.

¿Alguien rezonga por ahí? ¿Acaso les da miedo esa palabra, libertad? Pónganla en el pecho, caballeros, y verán cómo brinca y se sube a los labios: libertad. Aguirre la pronuncia reciamente cuando dice que nadie deje de hacer lo

---

[60] La descripción del asesinato de don Fernando y de los demás mencionados por Llamoso puede verse en *Jornada*, págs. 61-63. La crónica anónima (VI, en *Lope de Aguirre. Crónicas 1559-1561*, cit.) enumera «todos los muertos que murieron en esta jornada» (págs. 280-281).

que le pida su apetito por miedo a ir al infierno; y que Dios tiene el cielo para quien le sirva, y la tierra para quien más pueda[61]. Y mucho han de poder estos sus marañones, vive el cielo, que se repartirán no sólo los indios y la tierra del Perú, sino aun las mujeres, casas y haciendas de los vecinos de ella[62]. Miren si, con tal premio ante los ojos, hemos de consentir que nos estorben algunos colchoneros postrosos[63] que se ensucian encima con sólo oír nombrar al Rey nuestro señor...

Aquí no hay otro señor sino Lope de Aguirre, y aquí está Antón Llamoso, con su «Gallardo» y su «Espino», para servirle en todo, y muy especialmente para allanarle el paso. Él me diga a quién debe despacharse, que yo, sin titubeos ni preguntas, le cumplo la sentencia. Él sabe la justicia que conviene, sabe qué es lo derecho y lo torcido, quién se conduce como amigo y quién como enemigo. Yo tan sólo le cumplo la sentencia. Y no es pequeño privilegio. ¿Hubiera yo soñado alguna vez en verme alzado, de peón minero que partí a esta jornada, en brazo armado de su general, sargento ahora y pronto capitán y hacendado en el Perú? Grandes cosas veredes...[64]. Mundo es éste de vueltas y revueltas.

Habladorcico estoy, ¿no les parece? El verles tan callados y encogidos habrá sido la causa. Sigan así vuestras merce-

---

[61] El cronista hace varias alusiones a las blasfemias que profiere Aguirre. La frase retadora que reproduce Llamoso, con ligeras modificaciones, puede verse en *Jornada*, pág. 146: «Y otras veces decía que Dios tenía el cielo para quien le sirviese, y la tierra para quien más pudiese.»

[62] Relatan Vázquez y Pedrarias que, tras la muerte de Ursúa, los rebeldes de don Fernando daban ya por conquistado el Perú, «el cual habían ya comenzado a repartir entre ellos, no solamente los repartimientos, pero aún las mujeres de los vecinos, todas las que eran hermosas, cada uno escogía para sí la que más le agradaba» (*Jornada*, págs. 52-53).

[63] *Colchoneros postrosos:* Con este apelativo puede referirse a la anécdota de los colchones que doña Inés y doña María de Sotomayor «querían llevar en los bergantines» y a la defensa que de ellas hizo Lorenzo Zalduendo, «amancebado con Doña Inés», de lo que derivó la muerte de Zalduendo (*Jornada*, pág. 59).

[64] Con este *eco* se hace patente la filiación cervantina de la pareja de *visionario* y *rústico* en clave sanguinaria que son, según la visión de Llamoso, él y Lope de Aguirre, su jefe.

des, y recuerden que por nada deben pasar más allá del mástil de popa, y que nadie puede levantarse de noche si primero no grita: ¡Fulano soy y voy a hacer esto!... Pero si alguno tuviere alguna queja o resabio o descontento, no dude en declararlo, que al punto le daré satisfacción, para que todos vivamos en buena paz y amistad.

Séptimo monólogo

PLEGARIA PÓSTUMA DE ANA DE ROJAS,
VECINA DE LA ISLA MARGARITA

Por las siete llagas de que sangró tu hijo; por la hiel que le dieron a beber en la cruz; por el dolor inmenso que padeció su madre, nuestra Virgen Santísima; por las carnes heridas de aquellos santos mártires que en tu nombre murieron, escúchame, Señor[65]. Atiende la plegaria de esta tu humilde sierva, de esta triste pecadora que ya no pecará más. No desoigas mi ruego, Señor, no desatiendas por más tiempo mi clamor de justicia. Siempre te fui devota, bien lo sabes, nunca manché tu nombre ni te perdí la fe, ni de niña, cuando anduve de puta por Sanlúcar, ni cuando, de joven, fui lavandera de la tropa en La Habana. Y mil veces bendije tu gran misericordia cuando tocaste el pecho del capitán don Diego[66] y él, por tu gracia inspirado, cristianamente me condujo de su cama al altar.

---

[65] La *plegaria* de Ana de Rojas comienza con el recuerdo de oraciones populares y cantos piadosos para implorar la misericordia divina, como el que, en virtud de la pasión de Cristo, ruega: «Perdona a tu pueblo, Señor...»

[66] El cronista relata cómo, tras ajusticiar a Ana, el tirano mandó matar a su marido, «que se llamaba Diego Gómez» *(Jornada* pág. 95). Ortiguera *(Crónica II*, pág. 142) explica que «acabado de hacer este hecho de tanta crueldad, mandó que estando ahorcada le tirasen de arcabuzazos. Y porque su marido anciano y viejo la lloraba, mandó que también lo ahorcasen él, diciendo que pues tanto la quería, era justo que le hiciese compañía en semejante viaje».

No permitas que ahora la duda me condene; no dejes, no, Dios mío, que reniege de ti, ahora que ya ninguna confesión podría limpiar mi alma, ahora que mi cuerpo mortal pende ahorcado de un árbol de la plaza, maltrecho y destrozado por tiros de arcabuz...

¿Dónde está tu justicia, Señor? ¿Dónde tu santa cólera? ¿Por qué consientes tales atropellos? ¿Por qué, di, no descargas tu furia vengadora sobre esa turba de herejes que se ha abatido sobre nuestra infeliz isla Margarita como plaga de Egipto?...[67]. Mírame errar, perdida, por estos tremedales[68] de la muerte, buscarte hecha una sombra entre las sombras, sombra mi voz también, que clama y que reclama tu justicia contra ese cruel demonio encarnizado, ese Lope de Aguirre y su cuadrilla, que en poco más de treinta días han convertido un paraíso en triste purgatorio, en amarga antesala del infierno... ¿No vas a conmoverte? ¿No te queda piedad para tus hijos? ¿Me forzarás, Señor, por tu silencio, a blasfemar de ti?

Con el mayor pecado me castigas ahora por mis muchos pecados en la tierra, para mejor perderme, y sin remedio, en la condenación eterna... ¿Es esto, Señor? ¿Un terrible castigo por mis pasadas culpas, por las culpas de todos los vecinos de la isla?... No somos, es verdad, mansas ovejas de la grey piadosa de tu hijo; la carne y la ambición nos desazonan, y no son pocos los que hacen reventar los pechos bajo el agua a los esclavos para sacar las perlas, ni los que a hierro matan indios, y aun cristianos, por quitarles haciendas y mujeres. Pero éstas son maneras comunes de estas tierras. ¿Quién en ellas no lleva sobre la conciencia un buen costal

---

[67] La isla Margarita se encuentra frente a la costa oriental de Venezuela, a sólo una treintena de kilómetros de tierra firme; descubierta por Colón en su tercer viaje, en 1498, recibió de éste su nombre por la abundancia de perlas que se daba en sus costas. «Es buena isla e fértil, e hay en ella pocos indios e algunos cristianos...» señaló Gonzalo Fernández de Oviedo en su *Historia General y Natural de las Indias* (Madrid, Atlas, B.A.E., 1959, 118, Libro XIX, Capítulo XIV, pág. 210). Los desmanes cometidos en la Margarita por Aguirre y sus secuaces están relatados en la *Jornada*, págs. 73-100.
[68] *Tremedal:* Terreno pantanoso (DRAE).

de muertes y robos y traiciones? ¿Por qué sobre nosotros tan sólo descargas tu ira?... Tu ira...

¿Será Lope de Aguirre, como él dice, la ira de Dios? ¿Es Dios, y no el demonio, quien le envía? ¿Es su ira quien siembra entre nosotros todo este llanto y crujir de dientes? Yo misma, tan vil y brutalmente arrancada a la vida, ¿he pagado con ello tanta infamia y placeres y falsías que amasé? Esa muerte de bestia que me han dado, ¿por sentencia me viene del divino juicio?... ¡No, no, no, no! ¡No puede ser posible! ¡No merecí tal muerte! No es castigo divino esta desgracia que nos desbarata, sino la sucia mofa del demonio, que arteramente trata de poner a prueba nuestra fe en la misericordia infinita del Padre Celestial... ¿No es verdad, Jesús mío? ¿No es verdad, Virgen Santa, que Dios cumple sus obras derechamente, y no mediante engaños, como esos desalmados?...

Mostrándose al llegar tan desvalidos, rotos, menesterosos y sin armas, tan enfermos y hambrientos, pidiendo humildemente recalar unos días para reparar fuerzas, ofreciendo oro y plata a cambio de comida... Y cuando les abrimos, solícitos los brazos, confiados y contentos del próspero negocio que la fortuna nos deparaba, ¡qué súbita mudanza! ¡Qué fiero desengaño! No son artes del cielo estas argucias. Yo reconozco en ellas la mano de Satanás, sus pasos cautelosos, sus torcidos caminos. Mil veces los anduve, Señor, tú bien lo sabes y yo bien me arrepiento. Aquel prometer fácil, aquel ofrecimiento de bienes placenteros, aquella apariencia mansa y viciosa que de pronto se muda, se trueca en aspereza, descubre uñas y dientes, te convierte en su presa, te rasga las entrañas...[69].

Tal esos marañones, que pronto se mostraron como brutos tiranos, apareciendo lobos bajo piel de corderos... ¿No

---

[69] Ana está haciendo alusión al engaño urdido por Lope para entrar en la isla sin que le opusieran resistencia (*Jornada*, págs. 75 y ss.). Pero en toda la secuencia del parlamento que comienza «Con el mayor pecado me castigas...» manifiesta su otra cara culpable («No somos, es verdad, mansas ovejas...»), condición esta que hemos hecho notar en otros personajes del drama y que ella generaliza a todos los participantes en la empresa de América.

los viste, Dios mío? Tú, que todo lo sabes, aun antes de que ocurra, ¿no viste cómo encerraron al gobernador y alcaldes en la fortaleza, y cómo rompieron con hachas las arcas reales, robando cuanto en ellas hallaron? ¿No escuchaste aquel bando en que Lope de Aguirre, nombrándose tu ira, y el Príncipe de la Libertad y del Perú y Tierra Firme y Chile, mandaba a todos los vecinos traer sus armas, y recogerse en los pueblos, y no salir afuera sin licencia?... Y cómo se nos entraron sus hombre en las casas, so pretexto de hacer el inventario de mercadurías y alimentos y animales, y se dieron a hurtar todo cuanto pudieron... Y si esto hicieron y hacen y otras mil villanías contra el Rey y sus leyes, contra tus fieles y sus propiedades, y tú lo has visto y lo ves, ¿cómo es que lo consientes? ¿Cómo que lo silencias? ¿Cómo que no haces nada?[70].

Te estoy hablando, Señor, desde tu orilla. Del otro lado queda mi envoltura carnal, meciéndose en el aire como un fardo, pudriéndose ya al sol, devorada por moscas y gusanos... Pero ya no me importa. Soy una brasa de odio, soy una voz doliente, soy sólo esta plegaria enfurecida que te busca en la muerte para pedirte un rayo vengador. Castiga a esos demonios que trastornan tu reino. Porque no sólo están perdidas la riqueza y el bienestar de la isla Margarita, el orden y buen gobierno alterados, con sus representantes en la fosa. Mira también lo que pasa en las almas.

Allí verás el bien y el mal revueltos, sin saber quién es quién: rebeldes y vecinos se enmarañan, conspiran y delatan los unos a los otros. Sin confesión hace matar Aguirre. a quien le da recelos, y hasta sus mismos hombres se le huyen, temerosos de ver en él la furia del maligno. Para sujetar las voluntades, tiene el tirano presas las mujeres, al cuidado, por cierto, de una hija mestiza, muy querida por él, a lo que dicen[71]. Pero ha de ser el suyo un querer del diablo, pobre

---

[70] Los sucesos descritos se encuentran referidos en las págs. 78-79 de la *Jornada*.

[71] En la *Jornada* (pág. 104) se relata cómo tomó por rehenes a la mujer y a las hijas de Chaves, el alcalde de Burburata, para obligarlo a buscar a Pedrarias de Almesto y a Diego de Alarcón, que habían huido. Gonzalo de

niña, que poca ocasión basta para amenazarla de muerte o descalabrarla o cortarle el cabello[72], y a los gritos le acusa de tomar nuestras mañas...

¿Qué mañas son la nuestras, sino las de querer librarnos de tanta maldición? Y así, yo, Ana de Rojas, ayer moza perdida y hoy esposa honorable del capitán don Diego, he tratado de hacerlo a mi manera... Te demandé consejo, Señor, imploré tu ayuda, pues que en tu nombre quise obrar. ¿No es obrar en tu nombre luchar contra el demonio? ¿No es defender tu reino servir a nuestro Rey? Ese Lope de Aguirre va diciendo que su ánima arde ya en los infiernos, y que ha de hacer maldades para que suene su nombre por toda la tierra, y hasta el noveno cielo. Y que ha de matar a todos los presidentes y oidores y obispos y arzobispos y gobernadores...

Ves cómo, por su medio, es el mismo diablo quien te da muy cruda guerra, Señor, y a todo lo que tú bendices, y a todo lo que te honra en este mundo. Y por no consentir más tiempo su criminal soberbia, yo traté de atajarla envenenándole...[73]. Pero fue vano intento: alguno de los otros conjurados, que el infierno se lleve, me delató al tirano. Mira el fin miserable que ha cerrado mi trabajosa vida. ¿Es ésta tu justicia? ¿Así, Señor, ayudas a quienes te servimos? ¿Qué esperas, Dios del cielo, para dar en la tierra señal de tu poder? ¿Habré de maldecir, desde mi muerte, tu cobarde paciencia?

Zúñiga (*Crónica I*, en *Lope de Aguirre. Crónicas 1559-1561*, pág. 21) refiere: «Y los que no huyeron, fue por tenerles las mujeres presas en la fortaleza, las cuales prendieron muchas veces, y puso en compañía de una hija del cruel tirano, que era mestiza, que trujo de Pirú, a la cual quería y tenía en mucho.»

[72] Sender *(op. cit.*, pág. 324), tomando las palabras del cronista anónimo *(Lope de Aguirre. Crónicas 1559-1561*, pág. 277), pone en boca de Lope esta amenaza: «¡Por vida de Dios, bellaca, que tomáis las mañas de las vecinas de la Margarita y que si seguís así tengo que haceros cortar el cabello!»

[73] La *Jornada* (pág. 95) sólo informa de que «el Villena entraba muchas veces en su casa de esta mujer, y que allí se concertaba el motín» y se añade en el manuscrito 3199: «Y que ella era sabidora dello». Ortiguera *(op. cit.*, pág. 142) explica que el motivo fue que se «propuso de echalle ponzoña» en la comida, opinión que las editoras de las *Crónicas* desmienten: «Aguirre ejecutó a Ana de Rojas, no por un supuesto intento de envenenamiento, como cree Ortiguera, sino por la ayuda que ella prestó en la huida de unos marañones» («Introducción» a *Crónica II*, pág. 31).

— Rey Felipe natural español hijo de Carlos invencible yo
  Lope de Aguirre...
— Yo Lope de Aguirre tu mínimo vasallo...
— De Carlos invencible yo Lope de Aguirre tu mínimo...
— Tu mínimo vasallo cristiano viejo de medianos padres
  hijodalgo natural vascongado...
— De medianos padres hijodalgo natural vascongado...
— Natural vascongado en mi mocedad pasé el mar océano
  a las tierras del...
— A las tierras del Perú por valer más...
— Por valer más con...
— Y por cumplir la deuda que debe todo hombre de bien
  y así en veinticuatro años...
— Hombre de bien y así...
— Te he hecho muchos servicios en conquistas de indios y
  en poblar pueblos.
— En mi mocedad pasé el mar océano...
— En el año de mil quinientos cincuenta y nueve el Mar-
  qués de Cañete dio la jornada del río de las Amazonas
  a Pedro de Ursúa navarro y tardó...
— Se nos quebraron los más de ellos al echarlos al agua e
  hicimos balsas...
— A Pedro de Ursúa navarro y tardó en hacer navíos...
— Y dejamos los caballos y haciendas y nos hicimos río
  abajo con harto riesgo de...
— Río abajo con harto riesgo de nuestras personas...
— Yo Lope de Aguirre tu mínimo...
— Fue este gobernador Pedro de Ursúa tan perverso ambi-
  cioso y miserable que...
— Ambicioso y...

— Que no lo pudimos sufrir y así no diré más que le...
— Tan perverso...
— No diré más que le matamos y luego alzamos por nuestro rey a un mancebo caballero de Sevilla que se llamaba don Fernando de...
— Alzamos por nuestro rey a un mancebo caballero de...
— Y lo juramos por tal y a mí me nombraron su maese de campo y porque no consentí en sus insultos y maldades me quisieron...
— Me quisieron matar y entonces yo maté al nuevo rey y al capitán de su guardia y a cuatro capitanes y a su mayordomo y a un capellán y a una mujer y a un comendador de Rodas y a un almirante y dos alféreces y otros cinco o seis aliados suyos...
— Y entonces yo maté al nuevo rey...
— Aliados suyos y todo ello con la intención de hacerte en estas tierras rey y señor...
— Rey y señor...
— Y señor la más cruda guerra que nuestras fuerzas pudieran sustentar y sufrir...
— La más cruda guerra que...
— Rey y señor...

(Silencio.)

— Porque yo y mis compañeros por no poder soportar más las crueldades...
— Las crueldades que usan tus oidores virreyes y gobernadores hemos salido de...
— Hemos salido de hecho de tu obediencia y nos desligamos de nuestras tierras...
— Y nos desligamos de nuestras tierras de España...
— Nos desligamos...
— Tierras de España...
— España y esto...
— Por el trato injusto que nos dan tus ministros quienes por remediar a sus hijos y criados nos han usurpado y robado...
— Usurpado y robado nuestra fama vida y honra...

235

— Natural vascongado en mi mocedad pasé el mar...
— Y así yo manco de mi pierna derecha por dos arcabuzazos que me dieron luchando a tu servicio...
— Soy y seré rebelde hasta la muerte...
— Rebelde...
— Muerte...
— Porque ya hemos aprendido en este reino cuán cruel eres y quebrantador de fe y palabra mira rey español si has sido ingrato a tus vasallos pues estando tu padre y tú en los reinos de Castilla sin ninguna zozobra te hemos dado nosotros a costa de sangre y hacienda...
— Sangre y hacienda tantos reinos y señoríos como en estas partes tienes...
— Por cierto lo tengo que van pocos reyes al infierno porque sois pocos...
— Van pocos reyes al infierno porque...
— Que si fuerais muchos ninguno podría ir al cielo según tenéis hambre y ambición de hartaros...
— Hambre y ambición de hartaros de sangre humana y hago voto solemnemente a Dios yo y mis doscientos marañones de no dejar con vida...
— Ningún ministro tuyo porque ya sabemos hasta dónde alcanza tu clemencia...
— De estas y otras cosas pasadas rey tú has sido causa por no dolerte del...
— Del trabajo de estos vasallos y no mirar lo mucho que les debes aunque...
— Los que te escriben de estas tierras...
— Aunque también creo que te deben engañar los que te escriben...
— Los que te escriben de estas tierras pero si tú no miras por tus vasallos...
— Y yo como hombre que estoy lastimado de mis miembros en su servicio y mis compañeros viejos y cansados...
— Mis compañeros viejos y...
— No fíes en estos letrados tu real conciencia que en pocos años...
— Sesenta mil pesos ahorrados y heredamientos y posesiones...

236

— Y si se contentasen con...
— Pero quieren que nos hinquemos de rodillas doquiera que los topemos...
— Medio mal sería el nuestro pero quieren...
— Cosa ciertamente insufrible...
— Insufrible...

(Silencio.)

— Pues los frailes a ningún indio pobre quieren absolver ni predicar y...
— Aposentados en los mejores repartimientos...
— Si quieres saber la vida que por acá tienen es entender en mercaderías y adquirir bienes temporales y vender los sacramentos de la Iglesia enemigos de pobres incaritativos ambiciosos glotones y soberbios de manera que por mínimo que sea un fraile pretende mandar y gobernar todas estas tierras y más te digo...
— Y más te digo que si la disolución de los frailes no se quita de aquí no faltarán escándalos porque cada uno de ellos tiene en sus cocinas una docena de mozas y no muy viejas...
— De mozas y no muy viejas...
— Viejas y otros tantos muchachos que les van a pescar que en fe de cristiano te juro rey y señor...
— Rey y señor...
— Que si no pones remedio en las maldades de esta tierra te ha de venir azote del cielo y esto lo digo por avisarte de la verdad aunque yo y mis compañeros no queremos ni esperamos misericordia ay qué lástima...
— Ay qué lástima tan grande que el Emperador tu padre conquistase con la fuerza de España la soberbia Alemania y gastase en ello tanta moneda de estas Indias descubiertas por nosotros y que tú...
— Por nosotros y...
— Descubiertas por nosotros y que tú no te duelas de nuestra vejez y cansancio...
— Vejez y cansancio siquiera para matarnos el hambre de un día...

— Pues no pedimos mercedes en Córdoba ni en Valladolid ni en toda España que...
— Ni en Valladolid ni...
— Patrimonio sino que permitas alimentar a los pobres cansados con los frutos...
— Pobres cansados...
— Alimentar...
— Con los frutos de esta tierra por ello resolví llevar adelante la guerra...
— Esta tierra...
— Esta tierra...
— Por ello resolví...
— Adelante la guerra contra ti y morir en...
— Contra ti...
— Contra ti y morir en ella por la muchas crueldades que tus ministros usan con nosotros y por ello maté...
— Morir en ella...
— Mate a todos los que dije y nombré nuevos capitanes y sargento mayor y me quisieron matar y yo los ahorqué a todos.
— A todos.

(Silencio.)

— Y siguiendo nuestro derrotero pasando todas estas muertes y malas venturas en este río Marañón también llamado de las Amazonas tardamos en llegar a la mar más de diez meses y medio recorriendo mil quinientas leguas...
— Todas estas muertes...
— Mil quinientas leguas sabe Dios cómo nos escapamos de este río grande y temeroso...
— Todas estas muertes y...
— Sabe Dios...

(Silencio.)

— Los capitanes y oficiales que al presente llevo y que pretenden morir en esta demanda como hombres lastimados ruegan a Dios Nuestro Señor te aumente...
— Nuestro Señor te aumente siempre el bien y la prosperi-

238

dad contra el turco y los franceses y todos los que en esas tierras te quisieran hacer guerra...

— Y en estas en que andamos Dios nos dé gracia para...
— Y en estas en que andamos...
— Gracia para alcanzar con nuestras armas el premio que se nos debe pues nos han negado...
— Pues nos han negado...
— Pues nos han negado nuestro derecho hijo de fieles vasallos en tierra vascongada y rebelde hasta la muerte...
— Y rebelde hasta la muerte Lope de Aguirre el Peregrino.
— Y rebelde hasta la muerte por tu ingratitud...
— Por tu ingratitud Lope de Aguirre...
— Por tu...
— Ingratitud...
— Ingratitud Lope de Aguirre el...
— Peregrino.
— Peregrino.

(Silencio.)

— Hijo de fieles vasallos en tierra vascongada...
— Rey y señor...
— Hasta la muerte...
— Todas estas muertes...
— Sabe Dios cómo...
— Yo Lope de Aguirre tu mínimo vasallo...
— Mínimo vasallo...
— Pasé el mar...
— De medianos padres...
— Río abajo...
— Nos desligamos de las tierras de...
— Mis compañeros viejos y cansados...
— Ciertamente insufrible...
— Y entonces yo maté...
— Y por ello maté a todos los...
— Yo Lope de...
— Yo...
— Yo...

(Silencio.)

Octavo monólogo

SOLILOQUIO DE ELVIRA DE AGUIRRE,
POCO ANTES DE SER INMOLADA POR SU PADRE

Se acercan los jaguares, las serpientes, los zorros merodean, aúllan, ¿oyes?, la tierra se oscurece, el sol se marchita,
¿ves? El cóndor está herido, no puede volar, tiene las alas
rotas, ya no podrá volar más. El milano se fue, huyó el milano, no volverá, no querrá ya volver. La paloma llora junto al manantial... No, no llora la paloma, mira la arena seca
del manantial. El manantial, sin agua, la paloma lo mira. El
sol está marchito, la tierra se oscurece, ¿ves?, aquí está la paloma, kayqaya urpi, tampi tampi, saykusqa, aturdida, cansada, kayqaya urpi, saykusqa...[74].

No irás a tener miedo, ¿verdad? ¿Por qué ibas a tenerlo?
Te lo ha dicho muy claro: No tengas miedo, no has de tener miedo; yo te defenderé de los hombres del rey... Antes
tenías miedo de él, te escondías en el fondo del jardín cuando llegaba... No era un jardín, era un huerto, pero tú decías
jardín... Te escondías detrás de los últimos ciruelos cuando
regresaba. Siempre estaba regresando, siempre estaba marchándose. Meses, años sin verle. Tú le tenías miedo. Un día
regresó, maltrecho, roto, envejecido, y te dijo: Nunca volve-

---

[74] En su delirante «soliloquio», Elvira va componiendo mediante sím-
bolos poéticos la situación que vive; su mente, todavía infantil, reproduce
su realidad, distanciada por las formas animales a las que se han traslada-
do ella y los que la rodean, al tiempo que su naturaleza mestiza aflora en
la mezcla de las lenguas con las que expresa su miedo.

ré a separarme de ti. Y añadió: No me tengas miedo; aunque te grite, aunque te pegue... no has de tener miedo mientras esté a tu lado. Siempre estaré a tu lado. Y te gritaba, sí, y te pegaba a veces. Otras muchas llegaba dando voces, golpes en las paredes, y te abrazaba fuerte. Luego quedaba mudo horas enteras, días enteros.

Una tarde llegó muy alterado. Nos vamos, te dijo, nos vamos de aquí tú y yo y la Juana y todos, nos vamos todos, levantamos la casa, adiós a la miseria, adiós a la vergüenza de estos años. Tú le dijiste: Padre, ¿qué es esto? ¿Adónde vamos todos? ¿De qué vergüenza me habla? Te hizo callar a gritos, te derribó de un golpe. Nos vamos, nos vamos, voceaba. Nos vamos ahora o nunca. Y volveremos ricos, libres, poderosos. Te alzaré un palacio, el más bello del Cuzco, y te daré el marido más noble del Perú.

Pero el milano se ha ido, ha levantado el vuelo, dejando a la paloma cansada y aturdida junto al manantial de arena seca, dejando herido al cóndor, con las alas rotas, cercados de jaguares, ¿los oyes?, los jaguares del rey, se acercan, merodean, quedan pocos halcones, van levantando el vuelo, mudándose en jaguares, el milano también, ya no hará nido para la paloma, Tayta Inti está marchito, ¿ves?, Pacha Mama[75] se oscurece, ¿ves?

Y volveremos libres, ricos, poderosos... ¿Volver, adónde? Ya no volverás nunca a ningún sitio, te quedarás aquí, con él siempre a tu lado, sin miedo ya, tranquila, jugando con la luz y la sombra, el tiempo se ha parado, ya se ha parado todo lo que corre y lo que nada y lo que vuela, el río, los caminos, el mar, los vientos, y tú también, Elvira, te has parado, te quedarás aquí, todos se irán marchando, menos él, menos tú, os quedaréis aquí, pueblo desierto, caserón desierto, él y tú, parados, quietos.

No: quieta no. Jugando con la luz y la sombra, como antes en el jardín... en el huerto... ¡en el jardín! Ya no eres una niña, te dijo. Pronto será mujer. ¿Para qué quieres llevar tus juegos? No podemos agravar con ellos el hato de las mulas,

---

[75] Se refiere Elvira al Sol (Inti), principal divinidad de los incas, y a la Tierra Madre (Pacha Mama).

te dijo, será un viaje penoso y largo, déjalos aquí, ya eres una mujer. Luego te miró y: Eres el solo bien que la vida me ha dado, te dijo. Y dejaste tus juegos, los lienzos de tu cama, los búcaros y jarros para flores, las trenzas de tu madre, los libros y cuadernos de letras, la imagen de la Virgen, el cofrecillo blanco... Sí: también el cofrecillo quedó allí. Después, en el camino tan largo y tan penoso, todo fue un ir dejando, perdiendo, abandonando... Ahora ya no te queda nada que perder, Elvira.

Jugando con las luces y con las sombras, por aquí viene el río, ¡no!, el río se acabó, ya no está el río del hambre y de las muertes, esto es el mar, el mar, el mar, navegando días, navegando noches, ahí está la isla Margarita, esto son casas, calles, plazas, por fin un pueblo de cristianos, campos, huertos, jardines, sentarse a una mesa otra vez, dormir en una cama otra vez, sábanas blancas, limpias, una iglesia, la Virgen con el Niño, niños jugando en una fuente, esto es la fuente, por aquí viene Elvira... ¿Qué ocurre? ¿Por qué huyen los niños? ¿Por qué se esconden todos?

Ya está el miedo otra vez, demudándolo todo, miradas, bocas, pasos... No han de temer vuestras mercedes, sino acaten los mandados de mi padre, dijiste, que no pretende más que reponer aquí su fuerzas y las de su gente para, al punto, pasar a Nombre de Dios y Panamá y, desde allí, al Perú, a llevar la justicia a los pobres y esclavos, y a los viejos soldados como él, gastados por las guerras y maltratados por el Rey y sus ministros. Sírvanle en su demanda, se lo pide su hija, y no tengan temor; no le tramen traiciones, su hija se lo ruega, que no quiere más muertes ni más miedo ni más odio. Ella tiene un secreto. Un secreto, señoras, que le salta en el cuerpo. Dejen vuestras mercedes que lo cuente, séanle sus amigas y no sus prisioneras. Ella no es carcelera, su padre le encomienda que las mire y las atienda, no que las espíe ni apriete. Su padre no es mal hombre, su padre...

Tiene un secreto Elvira, un secreto de amores[76]. De amores, sí: hay un soldado entre los marañones que de continuo busca su compañía, que la trata con dulzura y le dice

---

[76] Los amores de Elvira, ausentes de las *Crónicas*, se encuentran, sin em-

palabras halagüeñas. Es hombre de ingenio y de letras y de buenas maneras, aunque no de alta cuna. No le falta tampoco presencia ni figura y, en fin, Elvira es ya mujer y tiene, sí, tiene corazón, un corazón que escucha y que responde, un corazón paloma que siente y que responde a los tiernos llamados del milano. Su padre lo sospecha, lo sabe quizás de esa manera como él sabe tantas cosas; mirando las miradas. Y no lo reprueba, al contrario, parece que consiente, que vela esos amores reservados, callados, como esperando el tiempo de nombrarlos, un tiempo que vendrá más pronto o más tarde, cuando todo termine, terminará, terminará este tiempo, harán su nido juntos el milano y la paloma, y el cóndor, en lo alto, volará complacido, sereno, ya no tendrá en el pecho esa gran araña negra que tanto le atormenta.

La isla Margarita se va, está llena de gritos, de miedo, de sangre, como el río, vete isla, vete, y se va, se va por allí, flotando, navegando, y se hunde en el mar, así, así se hunde la isla Margarita, la isla se acabó, y de los muertos, los huidos, las mujeres ahorcadas, Elvira no sabe nada, no tiene culpa alguna, ella no quiere más muertes ni más miedos ni más odios. Ella tiene un secreto. El secreto se va por mar, el mar, el mar de nuevo. Y la costa por fin: la Tierra Firme. Ya parece que el Perú está más cerca, casi al alcance de la mano, el cofrecillo blanco... Pero no es verdad.

Hay selvas y pantanos y ríos y ásperas sierras entre tú y el Perú, y una guerra sin fin. No volverás nunca al Perú, ni a ningún sitio, caminarás día y noche bajo el sol y la lluvia, llegarás a villas despobladas por el miedo, no verás a los pobres y esclavos salir alborozados a recibir la justicia, muy al contrario, se irán huyendo todos, todos se irán marchando, irán alzando el vuelo los halcones, acudirán jaguares y zorros y serpientes, y llegaréis aquí, pueblo desierto, el milano se irá, como todos, menos tú, menos él, cóndor herido, corazón mordido por la araña, tú y él aquí, parados, quietos, caserón desierto, mundo desierto, kayqaya urpi, tampi tampi, saykusqa...

¿Me llama, padre? ¿Qué quiere de mí?

---

bargo, en algunas obras literarias, así en *Lope de Aguirre*, de Torrente Ballester, y en *La aventura equinoccial de Lope de Aguirre*, de Sender.

Noveno monólogo
CONFESIÓN DEL SOLDADO PEDRARIAS DE ALMESTO, CRONISTA OCASIONAL DE LA JORNADA

«...Y viéndose con no más de seis o siete de los que decían ser sus amigos, y entre ellos su capitán Antón Llamoso, le dijo el tirano: "Llamoso, hijo, ¿qué os parece de esto?" Y el Llamoso respondió: "Que yo moriré con vuestra merced, y estaré hasta que nos hagan pedazos." Y viéndose casi solo, desesperado, en lugar de arrepentirse de sus culpas, hizo otra crueldad aún mayor que las pasadas, que fue dar de puñaladas a una sola hija que tenía y a quien decía quererla más que a sí mismo[77]. La hija se le abrazaba diciendo: "No me matéis, padre mío, que el diablo os engañó." Pero el tirano concluyó su mala obra diciendo a grandes voces: "No puede ser que acabe en colchón de bellacos cosa que yo tanto quiero"[78]. A todos hizo gran lástima su desastrada

---

[77] Este episodio de la muerte de la hija reproduce casi textualmente el relato de la *Jornada*, pág. 144.

[78] La protesta de Elvira ante la violencia de su padre y la respuesta de éste, dirigida no a su hija, sino a García de Paredes, figuran así en la novela de Sender (págs. 414-415): «No quería que la conocieran por *la hija del traidor* ni que quedara por colchón de rufianes.» Toribio de Ortiguera (*op. cit.,* pág. 149) recrea ese momento haciendo decir al tirano: «Confiésate, hija mía, con Dios, y ponte bien con él, que no es justo que quedes en el mundo para que ningún bellaco goce de tu beldad y hermosura, ni te baldone llamándote hija del traidor Lope de Aguirre.» La misma idea se recoge en el manuscrito 3199 (*Jornada*, pág. 143, nota 1): «Afearon mucho al tirano la maldad que había hecho; el cual respondió lo que dijimos arriba y que tuvo por menos mal matarla que dejarla viva, habiendo él de morir entre sus enemigos, y ser p... de todos.»

muerte, por ser moza de poca edad y de gentil disposición y hermosa...»

No: mejor será suprimir toda nota patética. Fuera desde «la hija se le abrazaba diciendo no me matéis padre mío»... La sobriedad inspira confianza, ¿no os parece? Termine, pues, el párrafo en la frase «dar de puñaladas a una sola hija que tenía y a quien decía querer más que a sí mismo»... Pobre Elvira: hasta su nombre dejo en el silencio, con tantas otras cosas que de ella y de mí podría contar... Pero así lo aconseja la prudencia. De esta crónica, y del efecto que produzca en los señores Oidores de Nueva Granada, depende que mi nombre quede libre de toda sospecha... y mi cabeza bien sujeta sobre mis hombros. Sí: a vosotros puedo hablaros francamente.

¿Os extraña verme interpelándoos de este modo, sin otros artificios que los propios del caso? Pues así es: puedo comunicar directamente con vosotros aun a pesar del tiempo y la distancia; aun a pesar de esta ficción... o quizás gracias a ella. Así me lo autoriza la escritura, privilegio del habla que queda en un papel. Si podéis hoy, aquí, leer mis palabras escritas allí y entonces, en esta Relación de la Jornada de Omagua y Eldorado, muy poco más supone que podáis oírme y verme: apenas un leve agregado de complicidades. ¿De acuerdo? Sea, pues: yo, Pedrarias de Almesto, diré lo que no dije por escrito. Ahora, ante vosotros, no tengo nada que perder ni que ganar. No he de limpiarme de ningún delito, como no sea el de sobrevivir.

Mi vida de soldado en estas tierras ha sido una continua vecindad con la muerte y su costumbre. Y muy especialmente, durante la jornada del río Marañón, también llamado de las Amazonas, a la sombra de Aguirre y su locura, la costumbre de la muerte se me volvió rutina, trivialidad, hastío. Incluso, cierta vez, sentí la uña de la muerte rasgando mi garganta, la sangre huyendo con mi vida por una herida de casi cuatro dedos[79]. Pero puedo contarlo, de modo que a menudo me pregunto qué raro estigma me dejó con vida, qué cifra o signo o planeta me conservó al resguardo de la

---

[79] El suceso está explicado en la *Jornada*, págs. 112-114.

común mortaja. ¿La prudencia, tal vez, o este dudoso don de la escritura? ¿No son la misma cosa, al fin y al cabo? ¿Maneras de quedarse un poco al margen de la vida y sus fiebres y vértigos y acosos?

Pero no fui cobarde, os lo aseguro. Al menos, no cobarde al modo vulgar de quienes aguardaban inmóviles, aterrados, el zarpazo mortal de Aguirre, o imploraban al cielo su castigo. Yo eché mano a la espada, en defensa de Ursúa, la noche en que irrumpieron en su tienda los conjurados[80]. Estaba allí, con él, velándole la fiebre y escuchando sus extravíos, y traté de salvar su vida, pero fui reducido por los otros. Con todo, por no querer sumarme a la revuelta y acatar un poder alzado sobre el crimen, aquella misma noche escapé y fui a internarme en la selva. Escondido en la negra espesura, dejé pasar las horas y las horas, oyendo en la distancia los gritos y clamores y disparos. Detrás de mí, la soledad terrible y misteriosa de aquel reino salvaje. Entonces tuve miedo, sí, no tanto a perecer por el hambre o las fieras, como a esfumarme así, sin dejar huella, tragado por un mundo sin memoria: estúpido heroísmo sin testigos.

Y regresé a mi mundo, hambriento y aterido como estaba, para morir al menos con mi nombre, con lugar y con fecha conocidos. Y si fui perdonado por los rebeldes y obsequiado con el derecho a vivir, bien que sin armas, quizás se debió ya, sin yo saberlo, a algún ruego de Elvira[81]. Y fue el caso que don Fernando de Guzmán me tomó a su servicio, con título de secretario y escribiente, y hube de prestar mi pluma al necio protocolo de aquella corte de entremés. Mi pluma, digo, no mi ánimo ni mi albedrío, que siguieron fieles al primer móvil de la jornada: descubrir y conquistar y

---

[80] Véase *Jornada*, pág. 35.
[81] El personaje dramático, como antes el Marañón y los perdidos descubridores de la Florida *(Naufragios)*, o los cómicos de *Ñaque*, superponen las necesidades físicas al deseo acuciante de *permanecer* a través del recuerdo que proporciona la memoria de su presencia y de sus nombres. En cuanto a la posible intervención de Elvira, puede verse la *Jornada*, página 113: «Y luego se entró en el aposento adonde estaba su hija, a poner una cota y celada; y quieren decir que fue, cierto, la hija la que le rogó que no matase a Pedrarias, y que por su ruego lo hizo.»

poblar el reino de Eldorado, en nombre de su majestad el Rey don Felipe segundo. Sí, lo confieso: durante mucho tiempo anduve con esa quimera entre los ojos, herencia fantasmal de mi señor y amigo don Pedro de Ursúa.

Pero he de confesaros algo más: también hubo un momento en que sufrí el hechizo de otra feroz quimera. Ahora puedo decirlo, no corro ningún riesgo con vosotros, inerme tribunal de estos deleitos. Durante cierto tiempo, en medio de aquel delirio de ambiciones, deseos, hambre, crímenes, lejanía, de soledad e inmensidad sin límites, la locura de Aguirre me sedujo, fui contagiado y arrastrado, sí, por su pasión desmesurada. Yo, Pedrarias de Almesto, el ponderado, el juicioso y tibio estampaletras, sentí ese viento del Apocalipsis que aquel ángel maldito levantaba a su paso: la ira de Dios.

Vi esta tierra infinita desasida del podrido poder de unos monarcas lejanos y voraces. Vi escapar, como ratas, la infame plaga de sus funcionarios, de sus virreyes, gobernadores, oidores, jueces, alcaldes, secretarios, escribanos... Vi volar en negra desbandada la turbia muchedumbre de frailes, curas, obispos, arzobispos, inquisidores...[82]. Creí posible, en fin, por algún tiempo, que iba a llegar el tiempo de los tiempos, aquel en que un ángel clamaría: Caída es, caída es Babilonia, guarida de todo espíritu inmundo y albergue de las aves sucias y aborrecibles. Salid de ella, pueblo mío, porque no participéis de sus crímenes ni recibáis por ello su castigo. Tornadle a dar como ella os ha dado, y doblad el tormento y el llanto que por ella padecisteis... Apocalipsis, dieciocho, dos, más o menos...[83].

¡Viejo traidor! Nunca he de perdonarle el convertir su propio sueño terrible y justiciero en una absurda danza de la muerte. Era cosa de ver cómo bramaba y arrojaba centellas por los ojos cuando se le escapaban sus propios marañones, y cómo pretendía, el insensato, tenerlos atrapados por el miedo, forzar su lealtad con amenazas y castigos

---

[82] Condensa las ideas expresadas por Aguirre en la carta al Rey Felipe, *Jornada*, págs. 117 y ss.

[83] Pedrarias se refiere, en efecto, al comienzo del capítulo del Apocalipsis de san Juan en el que se narra la caída de Babilonia (18, 1-7).

mortales, a la menor sospecha o fantasía de traición, de duda o desaliento. Matar para convencer... ¡qué desatino! Y hacerlo burdamente, sin tapujos, como quien trincha un gallo o degüella una res o sangra un cerdo... La justicia del Rey es más sensata: reviste sus matanzas con grave ceremonial, siempre que puede, y las limpia y sazona con gran despliegue de solemnidades[84].

Dos veces más traté de huirle, dos veces más fui perdonado[85]. De nuevo Elvira, sí, fue mi leal intercesora, pero también es cierto que el viejo me necesitaba, y no sólo para dictarme sus cartas, como aquella famosa al Rey Felipe. Todo príncipe necesita su cronista, alguien que remembre sus hazañas y le absuelva de sus crímenes ante la posteridad, y él quiso serlo, no lo olvidéis, aunque fuera de un reino tan esquivo y etéreo como el suyo: Príncipe de la Libertad... Rey de la Muerte llegó a ser, más bien. Y es bien sabido que cuando le otorgas virtudes y poderes a esa dama, acabas convirtiéndote en su esclavo. Y yo, ¿por qué negarlo?, prefiero servir amos menos apasionados. Un regidor de El Tocuyo, por ejemplo, me ha ofrecido plaza de escribiente en su casa, si salgo bien librado del proceso. Conviene que me esmere en redactar mi crónica... De la que ya, por cierto, tengo escrito el final. ¿Queréis oírlo?

«Muerto el tirano, en lunes, a veintisiete de octubre del año mil quinientos setenta y uno, le fue cortada la cabeza por uno de sus marañones. Y mandaron que le hiciesen pedazos el cuerpo y lo pusieran por los caminos, y así se hizo. Y su cabeza fue llevada a El Tocuyo y puesta en una jaula de hierro, y la mano derecha a la ciudad de Mérida y la izquierda a Nueva Valencia, como si fueran reliquias de algún santo. Y cierto me parece que fuera mejor echarle a los perros que lo comieran todo, para que su mala fama pereciera y más presto se perdiera de la memoria de los hombres...»[86].

---

[84] Síntesis del mensaje que completa las ideas expresadas por Llamoso acerca de la justicia, la crueldad y la guerra.

[85] Véase *Jornada*, págs. 81 y 113.

[86] El texto entrecomillado sintetiza la descripción del escarmiento (*Jornada*, págs. 145-147).

El retablo de Eldorado. Producción de la UNAM (México), dirigida
por José Sanchis Sinisterra.

El retablo de Eldorado
Tragientremés en dos partes

PERSONAJES

CHIRINOS   DON RODRIGO
CHANFALLA   DOÑA SOMBRA

LUGAR

Del texto se deduce que la acción podría transcurrir en una lonja abandonada, a las afueras de un pueblo tal vez andaluz... Pero también podría emerger de las tinieblas de un escenario.

TIEMPO

Algunos de los personajes creen existir en los últimos años del siglo XVI... Pero también hay quienes sospechan —como el público— que el único tiempo real es el *ahora* de la representación.

AGRADECIMIENTOS

Los diálogos en náhuatl han sido traducidos del castellano por
    Lothar Gartner
y revisados por el maestro
    Librado Silva.
Como testigos y/o relatores de la conquista, han suminis-
trado materiales textuales, en mayor o menor medida,
    Gaspar de Carvajal
    Bartolomé de las Casas
    Juan de Castellanos
    Hernando Cortés
    Bernal Díaz del Castillo
    Alonso de Ercilla
    Gonzalo Fernández de Oviedo
    Antonio de Herrera
    Francisco López de Gómara
y otros cronistas o poetas de menor significación.
Algunos giros expresivos y vocablos peculiares proceden de
    Mateo Alemán
    Alonso de Contreras
    Juan Hidalgo
    Juan de Luna
y varios anónimos entremesistas y copleros populares.
Pero la más generosa e impagable donación, así en personajes y estilo como en talante y espíritu, viene de la mano única y fecunda de
    Miguel de Cervantes Saavedra
a quien el autor de este texto quiere ofrecer, desde sus páginas, humilde y rendido homenaje.

                                                        J.S.S.

253

El retablo de Eldorado. Montaje de El Teatro Fronterizo, dirigido por José Sanchis Sinisterra.

Primer acto

(Lugar indeterminado, cercado por las sombras. En un lateral del escenario, al sesgo, una carreta exóticamente engalanada y cerrada por todas partes. Aquí y allá, toscos tenderetes de mercado. Entra CHIRINOS desde el fondo, arrastrando un saco[1]. Al pasar junto a la carreta, se detiene, la mira, se acerca, escucha su interior, comprueba que no hay nadie por los alrededores y trata de fisgar por alguna rendija. Sale de escena decidida y vuelve con una escalerilla de mano. La arrima a la carreta, sube y otea en su interior desde arriba, todo con mucho sigilo. Desciende y sale rápidamente, para volver a entrar provista de un largo gancho, con el que va a intentar «pescar» algo que hay dentro de la carreta. Es interrumpida —y sobresaltada— por la súbita entrada de CHANFALLA, evidentemente furioso, cargado con un haz de toscas perchas de pie y soportes diversos.)

CHANFALLA.—No te fatigues más, Chirinos, que es trabajo perdido. *(CHIRINOS le indica por señas que calle.)* Bien te decía yo que en mala hora llegamos a esta villa. Toda está revuelta y alterada. *(Arroja al suelo su carga.)*
CHIRINOS.—*(En un susurro.)* Calla.

---

[1] Nótese la semejanza que existe entre la entrada en escena de Chirinos «arrastrando un saco» y Chanfalla «cargado con un haz de toscas perchas de pie y soportes diversos», y la que efectúan los protagonistas de *Ñaque*: «Ríos, arrastrando un viejo arcón, y el otro, Solano, llevando al hombro dos largos palos, con una capa enrollada al extremo, a modo de hato.»

CHANFALLA.—*(Sin bajar la voz.)* ¿Callar? Que se entere, que se enteren todos. *(Gritando hacia el lateral.)* ¡Aquí no hay más que runfla de tomajones!*.

CHIRINOS.—*(Igual.)* ¡Que calles, te digo!

CHANFALLA.—¿Por qué?

CHIRINOS.—Porque está dormido... y solo.

CHANFALLA.—¿Dormido? Pues hora es de que despierte. Y tú también, Chirinos. Despierta de una vez. No sacaremos nada de esta traza. Ni aquí ni en ningún sitio. Ya nadie se encandila con prodigios lejanos.

CHIRINOS.—Y tiene la bolsa junto a sí.

CHANFALLA.—*(Sin oírla.)* Anda toda la gente como loca con el Auto de Fe... *(De pronto.)* ¿La bolsa? ¿La bolsa, dijiste?

CHIRINOS.—La bolsa dije.

CHANFALLA.—¿Y junto a sí la tiene? ¿No enterrada en lo hondo de la camisa?

CHIRINOS.—A flor de tierra está[2]. Calla. *(Prosigue su intento.)*

CHANFALLA.—Cata[3] que esté dormido realmente, que a lo peor sólo ha puesto a descansar el ojo sano...[4].

---

* Véase, al final, el «Glosario de voces infrecuentes» preparado por el autor.

[2] La metafórica expresión de Chirinos para indicar que el codiciado objeto está a su alcance obedece a un proceso lingüístico imaginativo cercano al del Siglo de Oro. En muchas ocasiones a lo largo del texto se encontrarán ejemplos de metaforización degradante, cercanas a las fórmulas quevedescas; estas fórmulas responden a todo un proceso de imágenes lingüísticas, así como de sintaxis y voces, mediante el que los personajes acercan su habla al sistema aurisecular, sumergiendo la fábula dramática en el tiempo histórico en el que transcurren los hechos. Varios autores españoles de la segunda mitad de nuestro siglo han usado este procedimiento de temporalidad lingüística en su teatro histórico; de entre ellos destaca Domingo Miras, por haber convertido dicho procedimiento en signo caracterizador de su estilo literario y notable componente dramatúrgico en la estructura de sus piezas, como he expuesto en otro lugar (Virtudes Serrano, *El teatro de Domingo Miras*, Murcia, Universidad, 1991).

[3] *Catar:* Mirar, informarse o asegurarse de algo (DRAE). Es término actualmente en desuso que se inscribe dentro del sistema apuntado en la nota 2.

[4] Giro humorístico para indicar que está tuerto. El humor es ingrediente propio de la dramaturgia de Sanchis, quien, como indicamos en la Introducción, lo emplea con distintos valores.

CHIRINOS.—Cata no le despiertes tú con tus mugidos[5].

CHANFALLA.—*(Baja la voz.)* Repara, Chirinos, que pones a riesgo todo este negocio. No que espere yo mucho de él, pese a mi suerte, y menos en lugar y ocasión como éstos. Pero bueno sería que, despertándose ahora y hallándote con las manos en la masa, nos motejara de ladrones y deshiciera nuestro concierto. Que muchos días y noches y sudores y aun ducados hemos gastado ya en aderezarlo.

CHIRINOS.—*(Abandona su intento.)* Dices bien, pero no peco de ladrona, sino de curiosa. ¿Por tan desalmada me tienes? ¿Iba yo a despojar de su fortuna a este pobre viejo? *(Lleva el saco a primer término y otea la sala.)*

CHANFALLA.—¡Miren a Marta la Piadosa![6]. ¿Pobre viejo le llamas? ¿Y achaques[7] de virtud te dan ahora? ¿Desde cuándo, Chirinos, te remilgas de honrada?... Pocas serán las bolsas que has murciado, y pocos «pobres viejos» habrás tú rastrillado... *(Distribuye las perchas y soportes por los laterales de escena.)*

CHIRINOS.—No te digo que no, Chanfalla ilustre, aunque ni de lejos te alcance en tales menesteres... Pero de muchas hebras está compuesto un paño.

CHANFALLA.—El tuyo es segoviano[8], a lo que infiero... pero del Azoguejo.

CHIRINOS.—*(Va sacando del saco diversos recipientes.)* Y más, que no sé qué me da de este buen hombre y su quimera...

---

[5] A lo largo de toda la pieza, el habla de los pícaros está salpicada de expresiones degradantes; en esta ocasión, Chirinos animaliza a Chanfalla, al calificar de *mugidos* las palabras que éste articula.

[6] Utiliza en tono irónico, con el fin de expresar que Chirinos no dice la verdad, el título de la comedia de Tirso de Molina, cuya protagonista finge devoción y misticismo para librarse del matrimonio de conveniencia concertado sin su consentimiento.

[7] *Achaque:* Apariencia (DRAE). Esta acepción del término se encuentra en desuso.

[8] Segovia vivió una época de gran esplendor en su industria textil durante el reinado de los Reyes Católicos, al estructurarse los gremios de dicha actividad. Como en otros momentos de la pieza, la precisión que finalmente hace Chanfalla («del Azoguejo», véase Glosario) degrada el significado inicial.

CHANFALLA.—Muy más vana es la nuestra: pensar que habremos de medrar con tal Retablo...

CHIRINOS.—Cierto que antes confío yo en mi mercadillo que en tu retablazo...[9]. Pero, ¿acaso era más lucido aquel de las Maravillas? Y buen provecho nos dio... *(Va colocando en tenderetes y perchas las mercancías del saco.)*

CHANFALLA.—No son todos los tiempos unos.

CHIRINOS.—Y en lo tocante a la bolsa, no es mi intento despojarle de ella, sino saber qué guarda.

CHANFALLA.—Muy segura estás tú de que son perlas o esmeraldas o zafiros o pepitas de oro...

CHIRINOS.—¿Tú no? Pues, ¿por qué tanto celo y afán en ocultarla? Dime.

CHANFALLA.—Antes dime tú a mí: si tal tesoro hubiera, ¿cómo y por qué vivir en tantas estrecheces? ¿Fuérale menester andar hecho estafermo, con gentecilla tal como nosotros? ¿Armar todo este ratimago para embelecar simplones y bobazos? No, Chirinos: no se mete en negocios tan dudososo quien los tiene seguros.

CHIRINOS.—*(Parece intrigada por la oscuridad de la sala.)* Muy remiso te veo, y aun contrario, con nuestro artificio. ¿No fuiste tú su padre y principal ahijador? ¿No era ayer cuando te brincaban los dedos al pensar en el provecho que mostrándolo habríamos?

CHANFALLA.—Y sé que no ha de faltarnos un día u otro. Sino que una mala estrella nos ha traído a estas tierras. Pensamos hallar feria y, ¿con qué nos topamos?

CHIRINOS.—Con el Santo Oficio de la Inquisición.

---

[9] *Mercadillo-retablazo:* Dentro del sistema de intertextualidades que el autor lleva a cabo en la obra, la sufijación de estos términos evoca la forma de contrastes empleada en el *Lazarillo de Tormes*: «Fue tal el golpecillo, que me desatinó y sacó de sentido, y el jarrazo tan grande, que los pedazos dél se me metieron por la cara...» *(Lazarillo de Tormes*, edición de Francisco Rico, Madrid, Cátedra, 1987, pág. 33). La influencia lazarillesca puede percibirse también en el proceso de degradación física que va sufriendo don Rodrigo y que recuerda el padecido por Lázaro a partir del momento en que, a consecuencia del golpe del jarro, quedó con los dientes rotos.

CHANFALLA.—Mira si es feria alegre y dispendiosa un Auto de Fe[10].

CHIRINOS.—Pues gente no ha de faltar.

CHANFALLA.—¿Gente, dices? Multitudes concurren de toda la comarca, y aun de todo el reino... Pero, ¿con qué ánimo, con qué disposición, con qué ganas?

CHIRINOS.—Con las ganas de ver chamuscar[11] a cuatro herejes.

CHANFALLA.—No cuatro, sino cuarenta o más, si no me en-

---

[10] En «*El retablo de Eldorado*. Notas», texto mecanografiado al que nos referimos en la Introducción y que precedió a la escritura de la obra, puede apreciarse el sentido que Sanchis concede a la presencia en el pueblo del tribunal eclesiástico, encargado de juzgar los delitos de herejía y prácticas heterodoxas, así como de la realización del escarmiento público con la aplicación de las penas en el Auto de Fe: «Un buen contrapunto ambiental de la situación, siniestro telón de fondo del mundo utópico que evoca el Conquistador, podría ser un Auto de Fe.»

El Auto de Fe y el Tribunal de la Inquisición intervienen con frecuencia en el teatro español contemporáneo como símbolo de opresión y signo de poder. Con la Inquisición está amenazado el Velázquez de Antonio Buero Vallejo *(Las Meninas);* también los agotes de *El cerco,* de Claudio de la Torre, sufren su férrea mano; con un Auto de Fe da comienzo la *Tragicomedia del Serenísimo Príncipe don Carlos,* de Carlos Muñiz, y es la causa del conflicto último de *El Inquisidor,* de Francisco Ruiz Ramón; los inquisidores torturan a la gitana Celestina en *Tragedia fantástica de la gitana Celestina,* de Alfonso Sastre; en *El Edicto de Gracia,* de José María Camps, las actuaciones se dramatizan a partir de la personalidad del inquisidor Alonso de Salazar y Frías y su intento de racionalizar las creencias populares; el Santo Tribunal es la constante amenaza y el castigo de los transgresores del teatro de Domingo Miras en *La Saturna, Las brujas de Barahona, Las alumbradas de la Encarnación Benita, El doctor Torralba* y *El libro de Salomón,* y un representante eclesiástico, el Obispo, interviene en el castigo de la víctima en *La Venta del Ahorcado;* es, asimismo, el encargado de castigar a las brujas de Maribel Lázaro *(Humo de beleño);* la presencia de sus Familiares da lugar al conflicto dramático de *Bajo sospecha (Tiempo de Gracia),* de Carmen Resino; y en el proceso inquisitorial de Zugarramurdi está basada *Los brujos de Zugarramurdi,* de Fernando Doménech.

[11] *Chamuscar:* Quemar una cosa por la parte exterior (DRAE). En boca de Chirinos adquiere el sentido de quemar en la hoguera a los condenados; a la misma realidad alude el término *fogatas,* posteriormente enunciado por el personaje. Otros términos mencionados en el texto son *penitenciar* (poner penitencia), *reconciliar* (aceptar de nuevo en el seno de la Iglesia), o *relajar en estatua* (aplicar la pena en una imagen del acusado).

gaño. Si bien es cierto que la mayor parte sólo será penitenciada y reconciliada.

CHIRINOS.—Así, ¿no habrá fogatas?

CHANFALLA.—No más de diez relajados, decían que se sacaban, y algunos en estatua.

CHIRINOS.—Será la fiesta breve, en ese caso.

CHANFALLA.—¿Hay tal simpleza en el mundo? Entre procesiones, sermones, y el leer las sentencias, que suelen ser abultadísimas, y el cumplirlas, que ninguna baja de doscientos azotes, y todas las demás devociones, cuenta no menos de cinco días[12].

CHIRINOS.—¿Y no eran esos los que dijiste nos faltaban para poner el Retablo a punto?

CHANFALLA.—Así es verdad, y lo sostengo: pero ya escuchaste de cuál parecer es nuestro invicto gallofero.

CHIRINOS.—¿Sobre el ensayar?

CHANFALLA.—Sobre el no ensayar más, dirás mejor: que si no es él farandulero, que si no es comedia lo que hacemos...

CHIRINOS.—Pues como no hilvanemos el Retablo, así que lo queramos mostrar a cualquier público, todo serán andrajos y costuras. *(Mira la sala.)*

CHANFALLA.—Pero no es eso lo peor, sino sus otras condiciones...

CHIRINOS.—*(Alborozada.)* ¡Dame albricias! Que estoy urdiendo yo una industria con que él las verá, o creerá ver, cumplidas, y nosotros tendremos ocasión de ensayar y ajustar en embeleco.

CHANFALLA.—¿Cómo así?

CHIRINOS.—De este modo. Primo: dice el menguado que hoy ha de ser la muestra del Retablo. ¿Cierto?

CHANFALLA.—Cierto.

---

[12] Aunque la documentación sobre el tema es extensa, uno de los textos castellanos más ilustrativos sobre el ritual del Auto de Fe puede verse en la edición anotada que Leandro Fernández de Moratín hizo del *Auto de Fe celebrado en la ciudad de Logroño en los días seis y siete de noviembre de 1610* (*Obras de don Leandro Fernández de Moratín*, Madrid, Atlas, B.A.E., 2, 1944, págs. 617-631).

CHIRINOS.—Y diz también, secundo, que ha de representarse ante los principales y señores de la villa. ¿Miento?

CHANFALLA.—No mientes, por mis pecados. Que así están los señores y principales tan dispuestos para venir aquí a entretenerse con bernardinas, como nosotros para andar en procesiones.

CHIRINOS.—No te lo niego. Pero ahora estáme atento: cierra un ojo y enturbia el otro.

CHANFALLA.—¿Cerrar un ojo, dices? ¿Para qué?

CHIRINOS.—No me repliques y haz como te digo. (CHANFALLA *cierra un ojo.*) Así. Ahora mira para allá. *(Señala hacia el público.)*

CHANFALLA.—Ya lo hago.

CHIRINOS.—¿Tienes entrecerrado el ojo abierto?

CHANFALLA.—Lo tengo.

CHIRINOS.—¿Y qué es lo que ves?

CHANFALLA.—Poca cosa... y ella algo añublada.

CHIRINOS.—¿Serías tú capaz, si allí te los pusieran, de distinguir a diez alcaldes de diez gomarreros, o a veinte señoronas de veinte rabizas?

CHANFALLA.—Ni allí ni en una plaza los distinguiera... Pero, con tales columbres, milagro sería si alcanzase a avizorar siquiera al gigante Golías[13] con una recua de elefantes...

CHIRINOS.—Pues no mucho más alcanza nuestro don Rodrigo con todas sus potencias.

CHANFALLA.—¿Qué quieres decir?

CHIRINOS.—¿Aún no lo adivinas?

CHANFALLA.—No, por mi fe.

CHIRINOS.—Pues abre los ojos y aguza los oídos: por unos pocos reales podemos hacer que acudan a este corrincho no menos de cincuenta ganapanes y pencurrias, que

---

[13] Chanfalla emplea un registro típico del personaje al que representa: individuo avispado con un saber popular que hiperboliza con valores expresivos y emplea una erudición tomada de oído, como muestra la pronunciación del nombre del gigante bíblico al que venció David *(1 Samuel,* 17). De la misma forma que en otras ocasiones cambia el sentido del término, como ocurre con *avizorar,* que él emplea como *divisar* o *vislumbrar* y no como *acechar* (DRAE).

aposentados ahí en lo oscuro y vistos desde aquí por ese viejo...

CHANFALLA.—No prosigas, Chirinos, que ya toda tu industria se me aclara. Y vive Dios que es tan buena como si fuera mía... Pero, ¿tan cierta estás de que no ha de advertir el trueque?

CHIRINOS.—Tú mismo has comprobado de qué manera es fácil solaparlo.

CHANFALLA.—*(Repitiendo la prueba del ojo.)* No te digo que no, pero...

CHIRINOS.—Pero, pero, pero, dijo don Pero. ¿No te basta la muestra?

CHANFALLA.—No sé qué me diga, Chirinos. No es lo mismo una oscuridad estando vacía que cuando llena... Tú bien me conoces y sabes cuán meticuloso soy en mis embelecos.

CHIRINOS.—Medrosico y prolijo[14], diría yo.

CHANFALLA.—Todo el secreto de un buen embuste yace en aquel esmerarse y atar corto las minucias. De ahí, de las nonadas, procede la apariencia de ser algo verdadero, que no en fingirlo a bulto y sin mesura.

CHIRINOS.—No me quieras instruir ahora, Chanfalla, que no es tiempo de doctrina. Mejor decide presto si te vale mi industria y, cuando no, aviva en armar otra que más te satisfaga.

CHANFALLA.—Antes quiero probar por menudo la tuya, que no me descontenta.

CHIRINOS.—¿De qué modo?

CHANFALLA.—Discurriendo tú por esas sombras donde aposentaremos la bahurria, mientras yo, desde aquí, compruebo los vislumbres del indiano.

CHIRINOS.—¿No es más de esto?

CHANFALLA.—No más.

CHIRINOS.—Pues sea en buena hora. *(Baja a la sala.)* Y quiera Dios que no me rompa la crisma por satisfacer tus aprensiones.

---

[14] *Medrosico y prolijo:* Se emplean estos términos con los significados de *temeroso* y *pesado.*

(CHANFALLA *deambula por la escena tapándose un ojo y mirando con el otro la sala; mientras,* CHIRINOS *se desplaza por ésta.)*

CHANFALLA.—No es menester que te alejes diez leguas...

CHIRINOS.—¿Quién se aleja? Aquí mismo estoy.

CHANFALLA.—¿Y no te escondes?

CHIRINOS.—No me escondo.

CHANFALLA.—Pues, por mi vida, que así te veo yo como si te hubiera tragado la tierra...

CHIRINOS.—¿Tanto así?

CHANFALLA.—*(Abre el ojo.)* Y aún más, que ni con los dos ojos bien abiertos alcanzo a ver de ti siquiera...

CHIRINOS.—*(Alarmada.)* ¡Chanfalla![15].

CHANFALLA.—¿Qué?

CHIRINOS.—¿Eres tú?

CHANFALLA.—¿Quién?

CHIRINOS.—Ese que está ahí y que me habla.

CHANFALLA.—¿Con qué me sales ahora?

CHIRINOS.—Por tu vida, Chanfalla: di que eres Chanfalla.

CHANFALLA.—¿Qué nueva burla es ésta? ¡Y no te escondas más!

CHIRINOS.—Te digo que no me escondo, que ante ti mismo me tienes... Y también te digo que espiritado debe de ser este lugar...

CHANFALLA.—¿Por qué?

---

[15] El diálogo que sigue se encuentra inscrito en un conjunto de motivos temáticos y efectos formales recurrentes en el autor. Los primeros se relacionan con el problema de la identidad del cómico y su existencia vinculada a la escena y la representación, como se vio también en *Ñaque*; o, de forma más particularizada, en algunas piezas de *Pervertimento y otros Gestos para nada*. Por eso, cuando Chirinos ocupa el lugar que no le corresponde (el del público) deja de tener realidad, y vuelve a adquirirla en el momento de regresar al escenario. De entre los formales, destaca el procedimiento implicador que sufre el espectador, quien se encuentra *en medio* de la alucinación de los cómicos quijotizados, extrañamente situado en un lugar que, al decir de Chanfalla, «ayer cuando llegamos no era sino alhóndiga desmantelada...», pero que ha perdido esa identidad, por lo que Chirinos responde: «Y eso parece... sólo que desde ahí... *(Señala al público.)* se ve muy otra cosa.»

263

CHIRINOS.—Porque te veo y te oigo, y se me figura que no eres tú, sino un remedo tuyo.

CHANFALLA.—¿Qué remedo ni qué...?

CHIRINOS.—Por Dios te lo juro, Chanfalla, que pareces pintura o fantasma de ti mismo. ¿Por seguro tienes que no eres Chanfalla postizo?

CHANFALLA.—*(Ya inquieto.)* Algo de encantamientos debe haber, porque tu voz me llega de muy cerca, pero ante mí no hay más que negruras y vacío.

CHIRINOS.—*(Sube a escena muy asustada.)* ¡Chanfalla!

CHANFALLA.—¡Chirinos! *(La recibe en sus brazos.)*

CHIRINOS.—Ya eres otra vez tú, de cabo a rabo.

CHANFALLA.—Y ya la voz te sale de ti misma.

CHIRINOS.—¿Qué lugar es éste?

(Miran inquietos la sala y la escena.)

CHANFALLA.—Por mis pecados, que ayer cuando llegamos no era sino alhóndiga desmantelada...

CHIRINOS.—O lonja vieja, sí... *(Explora los laterales del escenario.)* Y eso parece ser... Sólo que desde ahí... *(Señala al público.)* se ve muy otra cosa.

CHANFALLA.—*(Va a bajar a la sala.)* ¿Cuál otra cosa?

CHIRINOS.—*(Deteniéndole con el gesto.)* ¡Tente, Chanfalla, por tu ánima! ¡No quieras mesarle[16] las barbas al diablo! (CHANFALLA *baja a la sala.*) ¡Aguarda! ¿No será aquí donde el Malo hace sus cirimonias con esas brujas que va a quemar el Santo Oficio?

CHANFALLA.—No son brujas, sino herejes y falsos confesos... ¿Y a qué bueno viene ahora mentar al diablo?

CHIRINOS.—*(Mirando la sala, sin ver a* CHANFALLA.) ¡Por tu vida, Chanfalla! ¿Dónde estás?

---

[16] *Mesar:* Arrancar los cabellos o las barbas con las manos (DRAE). Significa aquí molestar al diablo, aludido como el Malo. Era opinión general que éste presidía las juntas brujeriles; tal creencia suscitó la persecución de mujeres y hombres, acusados de tratos con el Maligno e inspiró una amplia bibliografía sobre sus actos. El tema está en el teatro íntimamente relacionado con el sentido que hemos dado en la nota 10 al de la presencia del Tribunal de la Inquisición y sus castigos.

CHANFALLA.—*(Mirando a* CHIRINOS.) ¡Cuerpo de tal, Chirinos! ¿Cómo tan presto te has mudado?

CHIRINOS.—¿Mudarme yo? Para pascuas está ahora la hija de mi madre... *(Le busca con la vista.)* ¡Chanfalla!

CHANFALLA.—No de Pascuas, mas de Carnestolendas[17] propiamente te me figuras...

CHIRINOS.—Vuelve ya, Chanfalla, no tientes al demonio. ¿Acaso no sientes como un olor de azufre?

CHANFALLA.—*(Olisquea.)* De algarrobas secas, diría yo mejor...

CHIRINOS.—Pues yo te sé decir[18] que unos reflujos de espeluzo me están dando... ¿Y acá nos habremos de quedar Dios sabe cuánto? Antes parirá mi difunta abuela. Vámonos presto, Chanfalla. Mudémonos sin más tardar de esta zahúrda...

CHANFALLA.—¿Mudarnos dices? ¿Estás en tu seso?

CHIRINOS.—¿No había de estar?

CHANFALLA.—Ni una legión de belcebúes me fuerza a mí a desbaratar el Retablo. Quince horas nos tardamos ayer en componerlo, ¿y ahora quieres tú echarlo abajo a toda prisa? *(Ha subido a escena.)*

CHIRINOS.—Más me estimo acabar con el cuerpo molido que con el alma achicharrada...

CHANFALLA.—Déjate ya de infiernos y demonios, que al cabo estos encantamientos no son sino cosas del ver y del oír.

CHIRINOS.—¿Qué quieres decir?

CHANFALLA.—Quiero decir lo que digo.

CHIRINOS.—¿Y qué cosa es la que dices?

CHANFALLA.—Yo ya me entiendo. Y si no me entiendo, tampoco lo he menester.

CHIRINOS.—¡Desdichada de mí! ¿Quién me juntó con alguien tan bozal y cervigudo? Pero, ¿es que no se te da nada de estos barruntos?

---

[17] *Carnestolendas:* Carnaval (DRAE).

[18] Dentro del ambiente cervantino que proporciona el lenguaje, esta réplica de Chirinos recuerda la expresión utilizada por Benito Repollo en el primitivo *Retablo:* «A mi cargo queda eso, y séle decir que...» (Miguel de Cervantes, *El retablo de las maravillas,* en *Entremeses,* estudio preliminar, edición y notas de Jean Canavaggio, Madrid, Taurus, 1982, pág. 118).

CHANFALLA.—Se me dé o no se me dé, fuera gran disparate levantar el vuelo por sólo unos barruntos, cuando tanto nos va en este negocio. Y más, que la carreta, como sabes, ha quedado achacosa y para poco... Sin hablar de la mula, que está para cantarle el gori-gori[19].

CHIRINOS.—Y a mí que me papen duelos, ¿no es así? Quiéreseme escapar el corazón del pecho, ¿y habré de echar pelillos a la mar?

CHANFALLA.—Pelillos y aun pelambres has de echar, Chirinos, que no somos nosotros para asombrarnos de nada, y menos de embelesos del ojo y del oído.

CHIRINOS.—¿Embelesos llamas a estos remudes tenebrosos?

CHANFALLA.—¿Hase visto ánimo tan flaco y mujeril? En fin: llenemos cuanto antes este vacío y verás disiparse sus temores. *(Ha tomado capa y sombrero y se los pone.)* Vamos sin más demora hasta la villa, y buscar hemos en ella a cuanta coima, sopón, belitre, cachuchero[20], ganapán y rabiza ande allí a la galima[21], por ver de concertarlos para nuestro negocio.

CHIRINOS.—¿Ahora quieres ir?

CHANFALLA.—¿Cuándo mejor que ahora, que el viejo está durmiendo?

CHIRINOS.—¿Así le dejaremos?

CHANFALLA.—¿Quieres quedarte tú?

CHIRINOS.—*(Poniéndose una toca.)* Ni por pienso.

CHANFALLA.—Pues anda acá, zurrona[22] mía, que a todos los vientos te mudas...

(Salen los dos, pero al punto regresa CHIRINOS, rápida y temerosa. Va hasta la carreta, cierra el cerrojo de la puerta y

---

[19] *Gori-gori:* Voz con que vulgarmente se alude al canto lúgubre de los entierros (DRAE); tanto esta expresión como el término *finado* que aparece más adelante evocan la mueca popular y castiza con que Valle-Inclán se enfrentara con la muerte.

[20] *Cachuchero:* El que hace o vende cachuchas (gorras) o cachuchos (alfileteros) (DRAE). Tiene aquí el sentido genérico de fabricante o vendedor de objetos de escasa importancia.

[21] *Galima:* Hurto frecuente y pequeño (DRAE).

[22] *Zurrona:* Mujer perdida y estafadora (DRAE).

vuelve a salir volando. Queda la escena sola. A poco se es-
cuchan ruidos dentro de la carreta. Alguien intenta abrirla
desde dentro: golpes, sacudidas... Por fin, tras una pausa,
una espada rasga el techo y aparece paulatinamente el casco,
la cara y medio cuerpo de RODRIGO; *lleva un parche en un*
ojo y con el otro mira escrutadoramente en torno.)

RODRIGO.—Siempre hay una salida. *(Pausa.)* Solía decir mi
capitán, don Diego Hernández de Palomeque. *(Pausa.)*
Siempre hay una salida. Si no la encuentras por delante, búscala por tu diestra. *(Pausa.)* Si la diestra está cerrada, vuélvete hacia la siniestra. *(Pausa.)* ¿No hay salida
por allí? Ábrete paso por arriba. *(Pausa.)* Si por arriba no
la hubiera, ábrete paso por abajo, hasta el mismísimo
infierno. *(Pausa.)* Sólo si hacia el infierno no lograras salir, puedes volverte atrás en tu camino. Pero nunca, óyeme bien, nunca te quedes encerrado. *(Pausa.)* Nunca.
(Pausa.) Eso decía mi capitán, don Diego Hernández.
(Pausa.) De Palomeque. *(Pausa.)* Siempre hay una salida.
(Pausa. Grita.) ¿Por qué diablos me habéis encerrado,
pareja de truhanes? *(Pausa.)* ¿Dónde estáis? *(Pausa.)* El
siglo corre como el viento, los tiempos se desbocan, se
despeñan los días sin remedio, y vosotros dormís a pierna suelta al borde del abismo[23]. *(Pausa.)* Y yo me desespero en esta jaula, como animal de feria, contando los
minutos que me faltan para asombrar al mundo. *(Pau-*

---

[23] La presencia de don Rodrigo atrae a escena las nociones de *barroquis-*
mo, por el tiempo de donde procede el personaje, y la de *romanticismo*, por
su búsqueda de unos ideales inexistentes, aunque todo ello degradado por
la vulgaridad que, alternando con la grandeza, configuran a este héroe *fron-*
terizo, *esperpéntico* e *irrisorio*. Lo barroco y lo romántico confluyen en el sentido de la transitoriedad que se desprende de sus palabras, mientras que la
degradación depende de la ruptura que supone el nivel familiar que alterna en su expresión: «El siglo corre como el viento, los tiempos se desbocan, se despeñan los días sin remedio, y vosotros dormís a pierna suelta al
borde del abismo», que evoca el conocido soneto quevedesco: «Ya no es
ayer, mañana no ha llegado»; y también aquellos versos del canto primero
de *El diablo mundo* de Espronceda: «Los siglos a los siglos se atropellan/
Los hombres a los hombres se suceden», en contraste con la cotidianidad
de la frase «dormir a pierna suelta.»

sa.) ¡Señor Chanfalla y señora Chirinos! ¿Es para hoy darme la suelta? *(Pausa.)* Si dormidos no están, pues no despiertan con mis voces, a buen seguro que andarán llenándose la panza en un mesón. *(Pausa.)* Si no es que se ocupan en holgar y retozarse en un rincón, como suelen a la hora de la siesta. *(Pausa. Grita.)* ¡Súbase ya las bragas, señora Chirinos, y deje que Chanfalla se ajuste los calzones! *(Pausa.)* Así me lleve la fortuna a Bimini[24] y sabrán todas quién fue, quién será, quién es Rodrigo Díaz de Contreras... *(Pausa.)* ¿Aún andas revolviéndote en tales vanidades, vetusto rijoso, mediado como estás del aparejo?[25]. *(Pausa.)* Sí, aún. *(Pausa.)* ¿Dónde está mi sombra? *(Mira hacia el interior de la carreta.)* Sombra, ¿estás ahí? *(Pausa.)* ¿También tú te has marchado, sombra mía? *(Pausa.)* También. *(Pausa. Recita.)*[26].

---

[24] *Bimini:* Las de Bimini fueron unas islas descubiertas por Juan Ponce de León, quien creyó la leyenda que afirmaba la existencia en ellas de «una fuente que hace rejuvenecer o tornar mozos a los hombres viejos», como explica Rodrigo en la obra de Sanchis y fue creencia general. Sobre la expedición de Ponce de León, puede verse, por ejemplo, Gonzalo Fernández de Oviedo, *Historia General y Natural de las Indias*, Madrid, Atlas, B.A.E., 118, 1959, L. XVI, C. XI, págs. 102-104. El poeta Juan de Castellanos *(Elegías de Varones Ilustres de Indias*, Madrid, Atlas, B.A.E., 4, 1944, Elegía VI, Canto VII, estrofas 22 y 23, pág. 69) lo expresaba de la siguiente manera: «Entre los más antiguos desta gente/ Había muchos indios que decían/ De la Bimini, isla prepotente,/ Donde varias naciones acudían,/ Por las virtudes grandes de su fuente,/ Do viejos en mancebos se volvían,/ Y donde las mujeres más ancianas/ Deshacían las rugas y las canas.// Bebiendo de sus aguas pocas veces,/ Lavando las cansadas proporciones,/ Perdían fealdades de vejeces,/ Sanaban las enfermas complexiones;/ Los rostros adobaban y las teces,/ Puesto que no mudaban las faiciones;/ Y por no desear de ser doncellas/ Del agua lo salían todas ellas.»

[25] Mediante un circunloquio eufemístico, da a conocer Rodrigo su pérdida de virilidad, lo que volverá a ser aludido con procedimientos igualmente encubridores: «Privado de lo que más siento, un compañón», o, cuando increpa al causante de su desdicha: «Y tú, don indio puto, bujarrón, [...] ¿has de apuntar, con tu codicia de varón, a la más preciada parte de mi persona?» y pide: «no me desparejes los testigos». Antes, mediante el cultismo eufemístico *(vetusto)*, se refiere a su avanzada edad.

[26] Los octosílabos que recita don Rodrigo proceden, con sólo un irónico cambio de nombre (Díaz en lugar de Cortés), de un romance sobre Hernán Cortés de Jerónimo Ramírez, publicado en Zaragoza (Alonso Ro-

A dar tiento a la fortuna
sale Díaz de su patria,
tan falto de bienes de ella
cuanto rico de esperanzas:
Su valor y noble sangre
a grandes cosas le llaman,
y el deseo de extender
de Cristo la fe sagrada.
Rompe el mar, vence los vientos
con una pequeña armada...

(Se interrumpe. Pausa. Recita.)

Aquí se contarán casos terribles,
encuentros y proezas soberanas:
muertes, riesgos, trabajos invencibles,
más que puedan llevar fuerzas humanas...

(Se interrumpe. Pausa. Recita.)

¿Pensábades hallar fijos cimientos
en medio de las aguas turbulentas?
¿Pensábades, tratando con los vientos,
poderes escapar de sus tormentas?
Con estas condiciones batallamos
los que las altas olas navegamos.

(Pausa. Repite.)

Con estas condiciones batallamos
los que las altas olas navegamos.

(Pausa. Repite.)

---

dríguez, 1601) en *Elogios en loor de los tres famosos varones Don Jayme, Rey de Aragón, Don Fernando Cortés, marqués del Valle, y Don Álvaro de Bazán, Marqués de Santa Cruz,* y en edición de Winston A. Reynolds, *Romancero de Hernán Cortés,* Madrid, Alcalá, 1967, págs. 29-30; los endecasílabos, con leves modificaciones, están extraídos de Juan de Castellanos, *op. cit.,* Elegía I, Canto primero, estrofa 10, y Canto tercero, estrofa 26, págs. 5 y 12. Véase nota 85; la seguidilla es obra del dramaturgo.

Con estas condiciones batallamos
los que las altas...

(Se interrumpe. Grita.) ¡Sacadme de aquí, cuerpo de tal, o a fe que destrozo con mi espada este maldito chiribitil, aunque me hunda con él y me quiebre todos los huesos! *(Comienza a golpear con la espada el techo de la carreta.)* ¡Que no está mi furia para consumirse así, sobre un cadalso, como rufián sambenitado![27]. *(Algo se quiebra bajo sus pies y él se hunde con estrépito de chatarra. Silencio. Se escucha, desde el fondo, una voz femenina que canta una arcaica melopea en lengua ininteligible. El canto parece acompañar una actividad que produce golpes apagados con cierta regularidad rítmica. Dentro de la carreta suena algún gemido y ruidos inidentificables, se eleva una columnilla de humo y vuelven a parecer por arriba, ahora con el casco torcido, la cabeza y los hombros de* RODRIGO. *Fuma un tosco cigarro de considerable tamaño.)* Igual que el Ave Fénix de sus cenizas, renazca el hombre siempre de sus desdichas, solía decir mi capitán Palomeque. *(Pausa.)* Don Diego Hernández. *(Pausa.)* Y hasta lo cantaba por seguidillas. *(Canta.)*

Igual que el Ave Fénix
de sus cenizas,
renazca el hombre siempre
de sus desdichas.

Bien aprendí la máxima, pues que aquí estoy aún, vivo y entero después de tantos riesgos e infortunios... *(Pausa.)* ¿Entero? No tal. Tuerto de un ojo, sordo de un oído, cojo de un pie y privado, lo que más siento, de un compañón. *(Pausa. Grita.)* ¿Qué buscabas en mi entrepierna, flecha maldita? Y tú, don indio puto, bujarrón, que te hiede el culo como un perro muerto, ¿has de apuntar, con tu codicia de varón, a la más preciada parte de mi persona? ¡Dispárame en el pecho, si herirme

---

[27] *Sambenitado:* Con el sambenito o escapulario de los reos de la Inquisición.

quieres, y no me desparejes los testigos, camayoa! *(Pausa. Fuma.)* Tuerto de un ojo y sordo de un oído y cojo de un pie y etcétera, y arrimado a la muerte por los años. Pero vivo, cosa que no puede decir don Diego Hernández de Palomeque. *(Pausa.)* Mi capitán. *(Pausa.)* Vivo y renaciente de mis cenizas, para levantar la empresa más grande de este siglo. *(Fuma.)* Más noble. *(Pausa.)* De más provecho material y espiritual. *(Pausa.)* De más duraderos frutos. *(Pausa. Fuma.)* De más provecho material y espiritual. *(Pausa.)* Ni Roma ni Cartago. *(Pausa.)* De este siglo y de los pasados. *(Pausa.)* Y de los futuros. *(Pausa. Fuma.)* Pues ya estamos en la tarde y fin de nuestros días y en la última edad del mundo...[28]. Y hoy es el quinto día de la quincuagésima luna del año del Jaguar[29]. *(Pausa.)* Hoy ha de ser, sí, pese a quien pese, tras ocho días de «atamalqualiztli» que han dejado mis tripas como espartos. *(Pausa. Fuma.)* Bajo el sexto sello del segundo estado será golpeada la nueva Babilonia[30]. *(Pausa. Saca una bolsa o faltriquera y la hace oscilar ante su ojo sano.)* Sueño florido que me abrirá el camino de Eldorado. Semillas del árbol de la vida que da sombra a la fuente de la eterna juventud. *(Pausa. Fuma.)* A la diestra mano de las Indias, muy llegada a la parte del Paraíso Terrenal... *(Se interrumpe.)* Y con cierta goma o licor que huele muy bien se unta cada mañana, y sobre aquella unción se pega el oro molido, y queda toda su persona cubierta de oro, y tan resplandeciente como...[31].

---

[28] Como don Quijote entre los cabreros *(Don Quijote de la Mancha* I, cap. 11), alude a los malos tiempos o *edades* en que le ha tocado vivir, motivo de conversación también de Ríos y Solano en *Ñaque.*

[29] El autor inventa esta fecha mágica para crear la expectativa sobre el destino de su personaje, utilizando el jaguar, animal que pertenece a la mitología de los aztecas y de otros pueblos de Sudamérica, como *máscara* para su ficción.

[30] Con la referencia a los desastres bíblicos profetizados para la orgullosa y pecadora ciudad (Jeremías, 50, y Apocalipsis, 6, 17 y 18), se funden tiempos y culturas, haciendo general la amenaza y el castigo.

[31] La descripción que hace don Rodrigo recoge con escasas modificaciones la que aparece en Gonzalo Fernández de Oviedo, *op. cit.,* B.A.E.,

(Entran por donde se fueron Chanfalla *y* Chirinos *hablando entre sí y, sin ver a* Rodrigo, *se quitan las prendas que se pusieron para salir, mirando inquietos la sala.)*

Chirinos.—...Cuando demasiadamente fáciles resultan. Y más, que ese Maquelo...

Chanfalla.—Macarelo[32]. Macarelo es su nombre.

Chirinos.—Pues Macarelo. Mucho nos prometió por tan poco.

Chanfalla.—Ya te he dicho que está en deuda conmigo, que una vez le salvé de ir por tres años a apalear sardinas.

Chirinos.—¿Y en un librado de galeras confías tú nuestro negocio?

Chanfalla.—Sólo en la parte de juntar la chusma y traérnosla aquí. Y ya viste con qué respeto le saludaban grofas, belitres y mendigos.

Chirinos.—Eso es verdad, que parecía segundo Monipodio...[33].

Chanfalla.—*(Reparando en* Rodrigo, *que tampoco los ha vis-*

121, L. XLIX, C. II, pág. 236: «Así que, este cacique o rey dicen los indios que es muy riquísimo e grand señor, e con cierta goma o licor que huele muy bien, se unta cada mañana, e sobre aquella unción asienta e se pega el oro molido o tan menudo como conviene para lo que es dicho, e queda toda su persona cubierta de oro desde la planta del pie hasta la cabeza, e tan resplandesciente como suele quedar una pieza de oro labrada de mano de un grand artífice.» A lo largo de la obra dramática actual se irán completando los términos de la leyenda de El Dorado, merced a la reiteración de los mismos en boca de Rodrigo, a las explicaciones de Chirinos y al contagio sufrido por Chanfalla. Sobre El Dorado, véase también las notas 48 y 60.

[32] Dentro del bloque de elementos de ascendencia cervantina se encuentra la noción de «corrección lingüística» que poseen sus personjes, de la misma forma que don Quijote hiciera con Sancho, o éste con su mujer. En otro momento de la pieza, Chirinos intentará, por su parte, enseñar a doña Sombra su lengua por un sistema mixto léxico-gestual que actuará así mismo como resorte de comicidad y ruptura.

[33] La intertextualidad con Cervantes se establece ahora a partir de la mención del conocido personaje que dirige la cofradía de los pícaros a la que llegan los jóvenes Rincón y Cortado en *Rinconete y Cortadillo.*

to.) Quedo, Chirinos, que nuestro indiano está de cuerpo presente[34].

CHIRINOS.—¡Y de bolsa presente también!

RODRIGO.—*(Que ha proseguido sin que le oigamos su monólogo.)* Perlas que la mar vierte en las orillas de la tierra prometida...

CHIRINOS.—*(En voz baja, a* CHANFALLA.) ¿Ha dicho perlas?

CHANFALLA.—*(Ídem, a* CHIRINOS.) Sí, pero disimula. *(Fingen una nueva entrada. A* RODRIGO, *andando y hablando sonoramente.)* ¡Tarde madruga nuestro don Rodrigo! ¿Acaso halló cerrada la puerta, que se abrió vuestra merced otra por el tejado?

CHIRINOS.—*(Ídem.)* ¡Pecadora de mí, que yo por descuido la cerré, temiendo que alguien viniera a merodear!

CHANFALLA.—Siempre has de ser desconfiada y temerosa, Chirinos... *(Abre la puerta de la carreta y quedan a la vista unas cortinas que ocultan su interior.)*

CHIRINOS.—No siempre, amigo Chanfalla, pero sí en este lugar y tiempo. *(A* RODRIGO.) ¿No lo sabe vuestra merced? Está la villa que no cabe un alma con un Auto de Fe que el Santo Oficio celebra.

RODRIGO.—¿Auto de Fe?

CHANFALLA.—Figúrese cuán oportuna fue nuestra venida, pues que han venido grandes señores de todo el reino...

(La cabeza de RODRIGO *desaparece al descender.)*

CHIRINOS.—*(En voz baja, a* CHANFALLA.) Y aun mayores rufianes; que esto parece un concilio de calcatrifes.

---

[34] La expresión *de cuerpo presente* no está utilizada aquí con su sentido habitual de mencionar a un difunto, sino con el de mostrar que efectivamente don Rodrigo se encuentra junto a ellos; este equívoco, como la errónea interpretación de la expresión metafórica de don Rodrigo —«Perlas que la mar vierte en las orillas de la tierra prometida...»—, que Chirinos toma al pie de la letra —«¿Ha dicho perlas?»—, se insertan dentro de los múltiples mecanismos de inversión y manipulación lingüísticas ya comentados, y como trasunto de los procedimientos empleados por los *graciosos* del teatro áureo como medio de conseguir la hilaridad del público. Ahora, el dramaturgo consigue también dicho fin, pero, por la modalidd de teatro histórico en la que está inscrito el texto, se convierte asimismo en marca temporal dentro del conjunto de su expresión escénica.

CHANFALLA.—*(Ídem, a* CHIRINOS.*)* ¿Callarás, cotarrera?

CHIRINOS.—*(Ídem, a* CHANFALLA.*)* No seas tú mandria, que él oye menos que un costal de garbanzos.

> *(Apartando las cortinas de la caseta, aparece* RODRIGO *en camisa hasta más abajo de las rodillas y con el casco torcido[35]. Lleva el cigarro en una mano y la bolsa en otra. Al andar, cojea del pie izquierdo.)*

RODRIGO.—¿Dónde está mi sombra?

CHANFALLA.—*(Mira a su alrededor.)* ¿Vuestra sombra? ¿No se os habrá quedado adentro?

RODRIGO.—Adentro sólo han quedado las brasas de mi furia y las cenizas de mi paciencia... ¿Soy acaso galeote para verme así privado de mi libertad?

CHIRINOS.—Mía es la culpa, mi señor don Rodrigo. Que en verle dormir como un bendito, tuve temor no entrase por aquí algún murcio y le diese a vuestra merced un maldito despertar.

RODRIGO.—¿Quién dices que había de entrar?

CHANFALLA.—Un murcio, dice Chirinos, que es como decir un cisquiribaile.

RODRIGO.—¿Un qué?

CHIRINOS.—Un cisquiribaile, que es tanto como farabusteador.

RODRIGO.—¿Y quién es ese farabú o farabá?

CHANFALLA.—Un farabusteador es lo mismo que un turlerín, sólo que más baqueteado.

RODRIGO.—¿Turlerín? ¿Pues qué cosa es turlerín?

CHIRINOS.—Quiere decir Chanfalla un rastrillero, que así llama la cherinola a quien suele garfiñar por la carcoma.

RODRIGO.—¡Cuerpo de tal! ¿Qué algarabía es esa que habláis, que no os entiendo?[36]. ¿Hanme llevado los dia-

---

[35] Así descrita, la figura de don Rodrigo evoca a la que de don Quijote hizo popular la imaginería de Gustavo Doré.

[36] La protesta de don Rodrigo ante la imposibilidad de entender lo que los otros hablan recuerda la que hiciera el alcalde Benito Repollo al escuchar el latín empleado por los cómicos: «Mirad, escribano Pedro Capacho,

274

blos a tierra de infieles, o es que aún no he regresado de las Indias?

CHANFALLA.—No se arrebate vuestra merced, que éste sólo es hablar de germanías; que algún poco se nos pegó cuando la mala estrella nos hizo andar un tiempo entre bahurria... Quiero decir, entre gente baja y no muy santa.

RODRIGO.—Quiera Dios que no se me pegue a mí tan ruin habla por andar con vosotros. Pues sabido es que hasta el oro y las perlas se agusanan y pudren, si con viles elementos se mezclan. *(Guarda la bolsa en la cintura, bajo la camisa.)*

CHIRINOS.—¿Agusanarse el oro, dice vuestra merced? ¿Pudrirse las perlas? Eso será si se las guarda y encierra con exceso. Que de por sí, y al aire, las cosas nobles ennoblecen.

CHANFALLA.—Razón tiene Chirinos, don Rodrigo. Sabido es cuánto poder tienen las riquezas de comunicar a todo y a todos sus virtudes...

RODRIGO.—¿Sus virtudes? *(Se exalta y bracea con el cigarro en la mano.)* ¡Sus vicios comunican, su ponzoña, sus efluvios de muerte y eterna condenación!... si para bajos fines se las busca y acopia. Yo he visto con mis ojos multitudes de hombres perdidos y estragados, muy peores que fieras sin entrañas, cometer mil traiciones y maldades en aquel vastísimo y Nuevo Mundo de las Indias. Como lobos y tigres y leones cruelísimos y hambrientos, ellos cometen tiranías feroces y obras infernales por la codicia y ambición de riquezas. Por las tales riquezas se ensuciaron infinitas manos en violencias, opresiones, matanzas, robos, destrucciones, estragos y despoblacio-

---

haced vos que me hablen a derechas, que yo entenderé a pie llano; vos, que sois leído y escribido, podéis entender esas algarabías de allende, que yo no» *(El retablo de las maravillas,* pág. 118); pero, como en otros muchos aspectos, el texto actual invierte los valores y si el latín, como lengua culta, eleva a los pícaros sobre el alcalde patán, ahora la jerga marginal los degrada y baja de categoría, en concordancia con lo que será su destino de víctimas, en oposición al de burladores de sus homónimos en Cervantes.

nes, que han dejado aquellas tierras perdidas y extirpa-
das para siempre...[37].

CHIRINOS.—*(Aparte, a* CHANFALLA.) Ya se le han llenado los
sesos de ese maldito humo...

CHANFALLA.—*(A* RODRIGO.) ¿Así piensa vuestra merced pintar las Indias a quien venga a escucharnos esta tarde?
Pues, por mi fe, que pocas ganas va a tener nadie de cruzar la mar océana y sufrir mil penalidades y peligros en
busca de esa provincia de Eldorado, si con tales linde-
zas vamos a encandilarles...

RODRIGO.—*(Que se ha calmado al punto.)* No te falta razón,
Chanfalla amigo. Me cumple ser prudente y callar la
una mitad de la verdad[38]. *(Tira el cigarro al suelo y* CHAN-
FALLA *se acerca a husmearlo.)* Que con la otra mitad basta
y sobra para encender los ánimos y levantar los corazo-
nes en pos de esa jornada.

CHIRINOS.—¿De qué mitad habla vuestra merced?

(CHANFALLA *recoge el cigarro y lo examina.)*

RODRIGO.—De la que cuenta y canta las maravillas que el
Nuevo Mundo encierra. *(Le rodea los hombros con el brazo.)* Has de saber, Chirinos, que no hay verdad sin dos

---

[37] A la protesta de Chanfalla, Rodrigo responde a través de una conciencia histórica de culpa que deja ver los desmanes de la conquista, tomando las palabras de Fray Bartolomé de las Casas *(Brevísima relación de la
destruición de las Indias, colegida por el obispo don fray Bartolomé de las Casas o
Casaus, de la Orden de Santo Domingo. Año 1552,* en *Obras escogidas de fray
Bartolomé de las Casas,* V, Madrid, Atlas, B.A.E., 110, 1958, págs. 134-181):
«Entraron los españoles [...] como lobos e tigres y leones cruelísimos de
muchos días hambrientos. Y otra cosa no han hecho de cuarenta años a
esta parte, hasta hoy, e hoy en este día lo hacen, sino despedazallas [los pobladores indígenas, «ovejas mansas»], matallas, angustiallas, afligillas, ator-
mentallas y destruillas» (pág. 136), y todo ello por la «miserable codicia»;
en muchos momentos del drama volverá a aflorar esta visión, extraída del
defensor de los indios.

[38] La ascendencia cervantina de la reflexión de don Rodrigo queda perfectamente perfilada con el uso del sintagma vocativo («Chanfalla amigo»), fiel trasunto de aquel con el que don Quijote se dirige a Sancho. Su
moderna configuración surge al ser consciente de las dos «mitades» que tiene la verdad.

caras y dos bocas, amargas las unas, dulces las otras. Y también la verdad de las Indias es como digo, pues si, por un lado, abundan allí horrores y miserias peores que la muerte y el infierno, por otro no habrá lengua capaz de cantar sus excelencias, ni manos capaces de pintar sus bellezas...

CHIRINOS.—¿Acaso quiere vuestra merced pintarlas en mis tetas? *(Y esquiva la mano de* RODRIGO *que, efectivamente, merodeaba por su escote.)*

RODRIGO.—*(Sin darse por aludido, declama.)*

Hay infinitas islas y abundancia
de lagos dulces, campos espaciosos,
sierras de prolijísima distancia,
montes excelsos, bosques tenebrosos,
tierras para labrar de gran sustancia,
verdes florestas, prados deleitosos,
de cristalinas aguas dulces fuentes,
diversidad de frutos excelentes...

*(*CHANFALLA *intenta fumar el cigarro, sin mucho éxito.)*

CHIRINOS.—*(Declama, pero con intención manifiesta.)*

En riquezas se ven gentes pujantes,
villas y poblaciones generosas,
auríferos veneros y abundantes
metales de virtud, piedras preciosas,
margaritas y lúcidos pinjantes
que sacan de las aguas espumosas...[39].

(Mientras recita, intenta sustraer la bolsa que guarda RODRIGO *bajo la camisa.* CHANFALLA *lo advierte y, alarmado, arroja el cigarro por un lateral del escenario y acude a evitar un posible desastre.)*

---

[39] Las estrofas puestas en boca de don Rodrigo y Chirinos proceden con ligeras variantes de Juan de Castellanos, *op. cit.,* Elegía I, Canto primero, estrofas 19 y 21, pág. 6.

CHANFALLA.—*(Apartando a* CHIRINOS *de un tirón.)* Aquí vendría como de molde[40], señor don Rodrigo que, aun en contra del parecer de vuestra merced, ensayáramos algún poco el Retablo... Siquiera porque no se nos quede abierto más de un agujero por donde se derrame la mitad importuna de la verdad.

(CHIRINOS *le hace señas de que no importa y él le replica por señas, entablándose entre ambos un diálogo mudo.)*

RODRIGO.—Esa mitad, Chanfalla, presa y amordazada la llevo en las últimas dobleces del corazón. No tengas temor de que por descuido la proclame, que harto trabajo me cuesta decírmela a mí mismo. Sino que tú y Chirinos me la arrancasteis con vuestro vano elogio de la riqueza... Y sobre el ensayar, no pases penas: remachad y pulid vosotros vuestras partes del Retablo, que yo las mías bien sé cómo... *(Repara en que* CHANFALLA *y* CHIRINOS *no le escuchan, enfrascados como están en su disputa gestual.)* ¿Qué andáis ahí zaragateando con muecas a mis espaldas?

CHANFALLA.—*(Disimulando.)* No nada, señor indiano...

CHIRINOS.—*(Ídem.)* Aquí Chanfalla, que de suyo es testarrón y empecinado.

CHANFALLA.—Aquí Chirinos, que, a más de hurgamandera, tiene sus puntas de rasgada[41].

---

[40] *De molde:* Es frase con la que Cervantes suele expresar «a la medida». Puede verse al respecto el «Índice de materias y de voces» de *Don Quijote de la Mancha*, edición de Vicente Gaos, Madrid, Gredos, 1987, vol. III, página 463; en *El retablo de las maravillas* lo emplea Chirinos para indicar que se encuentra en perfectas condiciones para realizar su parte del engaño (página 115).

[41] *Tener puntas de:* Expresión utilizada por el Gobernador poeta de *El retablo de las maravillas* (pág. 119): «Porque yo tengo mis puntas y collar de poeta.» En el texto actual, la acepción de *ladrona*, que posee *rasgada* en boca de Chanfalla y la de *cortada* con que la emplea Chirinos en la réplica, establece a la vez el juego verbal y los matices degradados de la condición de los personajes.

CHIRINOS.—*(Airada.)* ¡Rasgada has de ver tu cara si así mi garrocheas![42].

RODRIGO.—*(Poniendo paz.)* Quédese aquí la porfía, que a golpes de lengua acibarada ninguno ha de ganar. Y pasemos a cuestiones de mayor importancia. *(Avanza hacia el borde del escenario.)* ¿Habéis examinado si el lugar es oportuno? ¿Tiene las condiciones que merece nuestro auditorio?

CHANFALLA.—*(Atajándole, para evitar que baje a la sala.)* Ésas y más, don Rodrigo... Adorno y acomodo parecen dispuestos a medida de tan digna concurrencia como aquí debe aposentarse.

CHIRINOS.—*(Tratando de atraer su atención hacia el fondo del escenario.)* Pues, ¿y esta espaciosidad? ¿Y este despeje y holgura? Aquí podrían mostrarse sin embarazo alguno los trabajos de Hércules, la toma de Constantinopla por los turcos y la naval batalla de Lepanto...

RODRIGO.—*(Sin dejar de otear la sala.)* Pues ahí bien se vería la caída de Luzbel a los infiernos...

CHIRINOS.—*(Aparte, a* CHANFALLA.) ¡Jesús tres veces! ¡Y que con sólo un ojo tanto acierte...!

CHANFALLA.—Ea, señor indiano, que mucha parece la sombra desde la mucha luz. Y mire cómo abunda ella en esta parte, y lo bien y rebién que nos alumbra... *(Pasea exageradamente por escena, como haciéndose ver.)*

RODRIGO.—Así es verdad. Quiérolo yo mirar desde aquí abajo, por el gusto de ver cómo seremos vistos.

(Se dispone a bajar, ante el gesto impotente de CHANFALLA *y* CHIRINOS. *Ésta reacciona por fin vivamente, atrayendo la atención de todos hacia un lateral del fondo.)*

CHIRINOS.—¡Helos, helos! ¡Aquí llegan!

RODRIGO.—¿Quién llega? *(Se detiene.)*

---

[42] *Garrocha:* Vara de picar toros (DRAE); *garrochear* está empleado en el sentido figurado de herirla con insultos. La expresión de don Rodrigo *(golpes de lengua acibarada)* remite al mismo significado.

CHIRINOS.—¡Por el siglo de mi madre![43]. ¡Y qué priesa que se han dado! Mía fe, que no son dados a haronear en esta villa...

RODRIGO.—Pero, ¿de quién hablas?

CHANFALLA.—*(Cayendo de las nubes.)* ¡Cuerpo de tal![44]. ¿Ellos son ya?

CHIRINOS.—Mismamente.

CHANFALLA.—Presto acuden, don Rodrigo. *(Detiene a* RODRIGO, *que ya iba hacia* CHIRINOS.) Y mire en qué compostura está aún vuestra merced. (RODRIGO *se mira en camisa.)* Mala cosa sería que le vieran de esta guisa y tomaran mala opinión de su persona y calidad.

RODRIGO.—¿No he de saber, por Dios, quién os alborota así con su venida?

CHIRINOS.—¿No lo adivina vuestra merced? Pues no menos del alcalde y regidores del lugar que, sabedores de nuestra llegada, sin duda quieren asegurarse de cuál intento traemos.

CHANFALLA.—Eso mismo me anunció un alguacil con quien estuve platicando.

CHIRINOS.—Con que ya veis cómo nos toman, especialmente a vuestra merced...

CHANFALLA.—*(Conduciendo a* RODRIGO *a la carreta.)* De prisa, don Rodrigo. Importa que os entréis por que no os vean en tan menguado porte.

CHIRINOS.—Sí, de prisa, de prisa, que ya llegan...

RODRIGO.—¿Y qué haréis vosotros?

CHANFALLA.—¿Qué hemos de hacer, sino darles cuenta cabal de lo que aquí nos ha traído?

---

[43] *Por el siglo de mi madre:* Expresión utilizada por Teresa Repolla en *El retablo de las maravillas* (pág. 120), con ella «se invoca la memoria de una persona ya difunta a quien se profesa cariño o veneración» (DRAE); la Chirinos de Sanchis vuelve a emplearla más adelante aludiendo al siglo de su abuela.

[44] *¡Cuerpo de tal!:* Locución interjectiva de ira o enfado (DRAE); en *El retablo* cervantino, Chanfalla emplea «¡Cuerpo del mundo!» (pág. 120), Benito Repollo alterna las fórmulas, «de tal» (pág. 122) y «del mundo» (página 124), evitando así la alusión directa a la divinidad que el Furrier no contiene al exclamar, preso de ira: «¡Cuerpo de Dios!» (pág. 127).

280

RODRIGO.—¿Sabréislo obrar debidamente?

CHANFALLA.—Tan bien o mejor que vuestra merced. Y éntrese ya, por su vida, no se malogre este negocio. *(Le empuja adentro.)*

RODRIGO.—*(Desapareciendo tras las cortinas.)* Hablad con altas voces, de modo que yo pueda oír lo que decís y os dicen...

CHANFALLA.—Así haremos.

CHIRINOS.—*(Fingiendo que habla con alguien.)* Bienvenidos sean el señor alcalde y los señores regidores de esta noble y famosa villa. Beso a vuestras mercedes las manos[45]. *(Cambiando la voz.)* ¿Qué os trae por estas tierras, buena gente?

CHANFALLA.—*(Siguiéndole el juego.)* No otra cosa sino el gusto de serviros y el afán de mostraros algo de tanto provecho como entretenimiento.

CHIRINOS.—*(Cambiando la voz.)* ¿Y qué es ello y quiénes sois y qué queréis? *(Con su propia voz.)* Sabed, señor alcalde y señores regidores, que nosotros somos Chanfalla y Chirinos, cómicos famosos donde los haya, que de muchos años a esta parte andamos por estos reinos representando toda suerte de historias...

CHANFALLA.—*(En voz baja.)* Y fabricando toda suerte de embelecos...

CHIRINOS.—... Así en forma de comedias, autos y entremeses, como de retablos...

CHANFALLA.—*(Alto, con su propia voz.)* Quizá vuestras mercedes tuvieran noticia del maravilloso Retablo de las Maravillas, el cual fabricó y compuso el sabio Tontonelo, que años ha mostramos con general contentamiento y aplauso por estas tierras... *(Cambia la voz.)* Sí, por cierto: hasta acá llegó la fama de sus maravillosas virtudes.

CHIRINOS.—Pues sepa, señor alcalde, que nosotros fuimos

---

[45] Fórmula idéntica a la empleada por el Chanfalla de Cervantes para saludar a las autoridades verdaderas del pueblo, es ahora la de Chirinos con las ficticias. Desde aquí y hasta el final de la pantomima, el proceso de intertextualidad se convierte en explícito homenaje al texto que le sirve de soporte.

los portadores del tal Retablo. *(Cambia la voz.)* ¿Y qué nuevo artificio portáis ahora?

CHANFALLA.—*(Con su propia voz.)* Ahora, señor regidor, la ventura nos ha deparado ocasión tan venturosa que podamos mostrar hoy a vuestras mercedes, y mañana a todo el reino, un nuevo y, si cabe, más maravilloso Retablo. *(Cambia la voz.)* Pésame en el alma, señores farsantes, pero así podréis mostrar hoy aquí ese retablo vuestro como los milagros de Mahoma. *(Con su propia voz.)* ¿Y cuál es la causa, si decirse puede? *(Cambia la voz.)* Habéis de saber, señores, que hoy se celebra en nuestra villa un piadosísimo Auto de Fe, en el que, con la gracia de Dios, van a ser azotadas y achicharradas tres docenas largas de luteranos y marranos[46]. Juzgad si, entre tales devociones, caben vuestras distracciones.

CHIRINOS.—*(En voz baja, airada.)* ¿Aún porfías en tu recelo? *(Cambia la voz.)* Bien es verdad, no obstante, que si vuestro retablo no fuera de cosas vanas y peregrinas, sino de graves y discretas y elevadas razones, cupiera lindamente en la ocasión. *(Con su propia voz.)* ¿Graves y elevadas y discretas pide las razones vuestra merced? Tales son, en grado sumo, y aun excelentes y dignas de encarecimiento, pues que todo en nuestro Retablo no es sino aliento que dar a la honra, a la fama y a la gloria. *(Cambia la voz.)* ¿Pues qué retablo es ese tan preciado y fructuoso? *(Con su propia voz.)* Es, señores míos, el Retablo de Eldorado. *(Cambia la voz.)* ¿El Retablo de Eldorado? *(Otra voz.)* ¿El Retablo de Eldorado? *(Otra voz.)* ¿De Eldorado?...

CHANFALLA.—*(Con su voz.)* Sí, abundantes[47] señores: el Reta-

---

[46] *Marrano:* Término despectivo para señalar a los conversos que judaizaban ocultamente (DRAE).

[47] El adjetivo *abundantes* y el que usa más tarde *(innumerables)* se encuentran en relación, por su falta de coherencia semántica con los sustantivos a los que se refieren, con los empleados por el personaje cervantino para calificar al Gobernador («A tener yo dos onzas de entendimiento, hubiera echado de ver que esa peripatética y anchurosa presencia no podía ser de otro que del dignísimo Gobernador deste honrado pueblo», véase página 116).

blo de Eldorado, en cuya composición y aderezo hemos modestamente secundado con nuestro saber farandulero a un noble, a un valiente, a un esforzado conquistador, que ha sembrado con su sangre y su valor las más de las tierras del Nuevo Mundo. Y es su nombre: don Rodrigo Díaz de Contreras.

CHIRINOS.—*(Cambia la voz.)* ¿Don Rodrigo Díaz de Contreras? *(Otra voz.)* ¿Don Rodrigo Díaz de Contreras? *(Otra voz.)* ¿Don Rodrigo? *(Otra voz.)* ¿De Contreras?...

CHANFALLA.—*(Con su voz.)* Don Rodrigo Díaz de Contreras, sí, innumerables señores... *(En voz baja.)* Ataja ya, garlona, no nos metas aquí todo el concejo...

(RODRIGO *ha asomado la cabeza por entre las cortinas, pero no alcanza a verles y tampoco osa salir.)*

CHIRINOS.—*(Sin reparar en él, cambia la voz.)* ¿Y no podríamos ahora hacer reverencia a tan cumplido soldado?

(RODRIGO *se esconde rápido tras las cortinas.)*

CHANFALLA.—Sí pudierais... sino que él se halla ahora dos leguas de aquí, ocupado en no sé qué menesteres que convienen al realce y propiedades del Retablo. *(Cambia la voz.)* ¿Y quién o qué cosa sea ese Dorado que en el tal retablo deseáis mostrar?

CHIRINOS.—*(Con su voz.)* El Dorado llaman los españoles a un príncipe o cacique que señorea y manda en la más rica de las provincias de las Indias. Y es tanta su riqueza, que continuo anda cubierto de oro molido, y tan menudo como sal polvorizada. Cuentan que cada mañana le untan de la cabeza a los pies de una trementina muy pegajosa, y sobre ella, con unos canutos, le soplan encima el oro en polvo. Y así va él todo el día, sin otro vestido ni adorno encima, que no le da empacho o vergüenza mostrar toda su disposición natural. Y al llegar la noche, se lo quita y lava, y se pierde todo el oro por tierra. Y esto hace todos los días del mundo. Haced cuenta de cuánta será su riqueza...[48].

CHANFALLA.—*(Con su voz.)* Dicen también que en esa provincia de Eldorado hay una laguna donde hacen sus fiestas y areitos algunas veces al año. Y ellas son que desnudan al cacique en carnes vivas, y lo untan y espolvorean según queda dicho de modo que relumbra como el sol... *(Va quedando como fascinado por su propia descripción.)* Luego lo ponen en una gran balsa de juncos adornada todo lo más vistoso que pueden, y en medio de ella un gran montón de oro y esmeraldas para ofrecer a su dios o demonio. Llegada la balsa al medio de la laguna, entre cantos y músicas y sahumerios, hace el indio dorado su sacrificio echando al fondo todo el acopio de oro y plata y piedras preciosas que consigo lleva...

CHIRINOS.—*(Extrañada, en voz baja, a* CHANFALLA.) Despierta, Chanfalla, hijo, que a nadie has de encantar con tu lengua.

CHANFALLA.—*(En verdad, como volviendo a la realidad.)* ¿Qué diablos de encantamiento dices?

CHIRINOS.—Nada, sino que, en verte con esos ojos de mochuelo espantadizo, se me figuró que real y verdaderamente hablabas al alcalde y regidores fantasmas...

---

[48] Completa Chirinos la descripción del Príncipe Dorado que poco antes Rodrigo refirió (véase nota 31), manipulando en cierto modo, de acuerdo con su condición, la fórmula expresiva de la leyenda, no su contenido, como bien muestran la crónica anteriormente citada o estos versos de Juan de Castellanos, *(op. cit.,* Parte III, «Elegía a Benalcázar», Canto II, estrofas 37 y 38, pág. 453): «Y entre las cosas que les encamina/ Dijo de cierto rey, que sin vestido,/ En balsas iba por una piscina/ A hacer oblación según él vido,/ Ungido todo bien de trementina,/ Y encima cuantidad de oro molido,/ Desde los bajos pies hasta la frente,/ Como rayo del sol resplandeciente.// Dijo mas las venidas ser continas/ Allí para hacer ofrecimientos/ De joyas de oro y esmeraldas finas/ Con otras piezas de sus ornamentos,/ Y afirmando ser cosas fidedinas:/ Los soldados alegres y contentos/ Entonces le pusieron el Dorado/ Por infinitas vías derramado.» Es notable, por otra parte, la diferente actitud de cada uno de los dos farsantes; Chirinos realiza distanciada su relato, en tanto que Chanfalla sufre una alucinación implicadora, captado por la *magia* de lo descrito.

CHANFALLA.—En Dios y en mi ánima te juro que así me pareció por un momento... Pero más me desazona la ilusión que me han hecho esas sombras y luces... *(Señala el lateral hacia el que miraba.)*

CHIRINOS.—¿Qué ilusión?

CHANFALLA.—Propiamente se me representó el tal cacique dorado, todo resplandeciente, y la laguna y balsa y joyas y cantares que yo mismo iba diciendo...

CHIRINOS.—*(Inquieta.)* ¿Por el siglo de mi abuela que no me engañas? *(Mira hacia el lateral y hacia la sala.)*

CHANFALLA.—Te juro por la... *(Un ruido en la carreta le interrumpe.)*

CHIRINOS.—¡Tsssss! Sigamos con la comedia, que este silencio extraña al golondrino. *(Cambia la voz.)* Mudos nos ha dejado este prodigio, señor Chanfalla. A fe que en esa sola provincia de Eldorado debe juntarse tanto oro como crían todas las minas del Perú. *(Con su voz.)* Y aún más, osaría decir, señor alcalde. *(Con la voz.)* ¿Y a qué parte de las Indias decís que se encuentra? *(Con su voz.)* Ahí está la cuestión, señor regidor, que al tal Dorado aún le falta la cola por desollar. Quiero decir que, no obstante haberse hecho innumerables entradas en busca de esa riquísima provincia, con infinita muerte y perdimiento de cristianos, éste es el día en que nadie sabría decir dónde y cómo se encuentra

CHANFALLA.—*(Ha vuelto al juego, después de otear inquieto el lateral.)* Nadie, si no es nuestro sin par don Rodrigo, que en una de sus muchas jornadas llegó a las mismas puertas de Eldorado. *(Cambia la voz.)* ¿A las puertas llegó, y anda por estas trojas de miseria?

CHIRINOS.—*(Con su voz.)* Pocas veces la ventura llega sin la desventura, señores. Y, en aquella tan aventurosa ocasión, andaba don Rodrigo mal herido, enfermo de unas fiebres, transido de hambre y, como remate, prisionero de unos indios caribes que lo llevaban en volandas para curarle, cebarle y comerle como a un puerco[49], sea di-

---

[49] Sobre el canibalismo, véase la nota 49 a *Lope de Aguirre, traidor.*

cho con perdón de vuestras mercedes. *(Cambia la voz.)* ¡Válgame Dios! ¿Y cómo se libró el hombre de trance tan apretado?

CHANFALLA.—*(Con su voz.)* Esas y otras mil tan peregrinas andaduras podrán conocer vuestras mercedes de su misma boca, en dejándonos mostrar nuestro Retablo. *(Cambia la voz.)* ¿Cómo así? ¿Por dicha o por desdicha el esforzado conquistador ha trocado la espada por la carátula? ¿Hase vuelto farsante o titerero, trujamán o funámbulo?[50].

(Se entreabre la cortina y vemos a RODRIGO acabando precipitadamente de vestirse.)

CHIRINOS.—*(Con su voz.)* ¡Quite allá, señor regidor, y cómo anda descaminado vuestra merced! Muy otra es la mudanza de don Rodrigo. Sepan todos que, si ahora se emplea en menesteres de poeta y representante, es con la vista puesta en muy alta empresa que precisa de esta papanduja... (CHANFALLA *descubre a* RODRIGO *a punto de salir y advierte por señas a* CHIRINOS *del peligro. Ésta comprende al momento y acelera su actuación. Cambia la voz.)* En fin, señores Chanfalla y Chirinos, o como sea su gracia: todo no haréis saber más por extenso aquesta tarde, pues que ahora nos avisan de súbito para volver precipitosamente a la villa. *(Con su voz.)* Pues, ¿qué cosa puede haceros partir tan aína? *(Cambia la voz.)* Hanse fugado cuatro herejes de los que han de ser relajados en el Auto de Fe. Quedad con Dios, señores cómicos... *(Con su voz.)* ¡Vuestras mercedes vayan con él!

CHANFALLA.—*(Sale por el lateral, actuando la despedida.)* ¡Beso las manos de vuestras mercedes! *(Dentro, cambia la voz.)* ¡Adiós, señor Chanfalla! ¡Adiós, señora Chirinos! *(Otra voz.)* ¡Quede en buen hora el señor conquistador!...

RODRIGO.—*(Que ha terminado de componerse, sale con mucho*

---

[50] *Farsante, titerero, trujamán, funámbulo* son términos referidos a distintos tipos de actores de baja condición, por lo que el cambio de actividad del personaje no supone una evolución en su destino.

ímpetu.) ¡Heme aquí para servirles, señores alcalde y regidores! *(Pero se enreda en su propia ropa y cae aparatosamente al suelo.)*

CHIRINOS.—*(Viendo la caída.)* ¡Jesús, don Rodrigo! *(Va junto a* RODRIGO, *que ha quedado inmóvil.)* ¡Pecadora de mí! ¿Si se habrá muerto? ¡Don Rodrigo, vuelva en sí! *(Hacia el lateral.)* ¡Chanfalla, por tu vida, que este hombre se nos ha finado! ¡Chanfalla!

CHANFALLA.—*(Entrando.)* Calla, que los harás volver...

CHIRINOS.—*(Asombrada.)* ¿A quién haré volver?

CHANFALLA.—*(Reacciona.)* ¡Cuerpo del diablo! ¿Qué me digo?

CHIRINOS.—Deja de dar carena y mira qué tiene este pobre viejo... *(Intenta reanimarle.)* ¡Don Rodrigo, por Dios, abra el ojo!

CHANFALLA.—*(Corre a su lado.)* ¡Voto a diez! ¿Qué ha pasado?

CHIRINOS.—Salió hecho un novillo y ha debido trastabillar con la premura...

CHANFALLA.—*(Acercando el oído a la cara de* RODRIGO.) No es muerto, vive el cielo, que resuella como estilbón... ¿No habrá estado libando en la garita?

CHIRINOS.—Todo pudiera ser, aunque verdad es que no suele darse mucho del vino.

CHANFALLA.—No, él prefiere alumbrarse con esas hierbas y humos de allende...

CHIRINOS.—Yo tengo para mí que el aire fresco le volviera a sus sentidos. ¿No echas de ver con qué ansia respira?

CHANFALLA.—No te falta razón, mujer, porque aquí dentro el aire no me parece muy católico...

CHIRINOS.—¿Ahora eres tú quien hueles el azufre?

CHANFALLA.—No digo tal, sino que este cerramiento esturdece algún poco los sentidos. Saquémosle afuera, que donde hay viento sobra el ungüento

(Le toman de los brazos y las piernas y van sacándole hacia el lateral.)

CHIRINOS.—¡Cuerpo de tal! ¿No sería mejor despojarle primero de todas estas herruzas? Con ellas pesa más que un buey ahogado...

CHANFALLA.—Nos llevaría un mes descerrajarlo...

CHIRINOS.—¡Por mi vida, Chanfalla! ¿Si llevará la bolsa encima? ¿Hay mejor ocasión para saber qué guarda?

CHANFALLA.—Déjate de bolsas y acarrea, Chirinos. Que también yo quiero airearme de los malos humores de esta troja.

CHIRINOS.—*(Mirando la escena y la sala mientras salen.)* ¡Raro lugar, es cierto! ¡Quiera Dios no nos depare algún mal encuentro!...

(La escena queda sola. Al poco, desde la oscuridad del fondo, entra una mujer de rasgos inequívocamente indios. También su atuendo, aunque españolizado en parte, revela su procedencia. Lleva en las manos un cuenco de barro, sin duda conteniendo algún líquido, y camina con precaución de no verterlo. Entra en la carreta y, durante unos momentos, se la escucha trajinar y canturrear una extraña salmodia. Sale por fin con el cuenco vacío en una mano y la bolsa de RODRIGO *en la otra. Antes de desaparecer por el fondo, se detiene, como atraída por algo que procede de la sala. Se gira y avanza hacia el proscenio lentamente, como tratando de escrutar la oscuridad. Tiene un impulso de bajar a la sala, pero se contiene y va rápidamente hacia el fondo, por donde desaparece. Casi simultáneamente, entra* CHIRINOS *por el lateral, furtivamente y mirando con temor la sala. Entra en la carreta y desaparece en su interior. Se escuchan ruidos. Vuelve a salir, evidentemente contrariada, y se dispone a irse por el lateral. En ese momento entra bruscamente* RODRIGO, *seguido por* CHANFALLA.)*

RODRIGO.—*(Furioso y aún conmocionado por la caída.)* ¡Debiste retenerles!

CHANFALLA.—*(Casi sosteniéndole.)* Corrían como galgos, don Rodrigo...

RODRIGO.—¡Antes, Chanfalla, antes! Antes de que les dieran aviso de aquellas cuatro liebres escapadas del asador.

288

CHANFALLA.—Aún no ha sido el Auto de Fe, don Rodrigo...

RODRIGO.—Cuando mostraron interés en conocerme. Entonces, Chanfalla, entonces debiste concertarles conmigo, en vez de enviarme dos leguas de aquí.

CHANFALLA.—Estaba vuestra merced en paños menores, don Rodrigo...

RODRIGO.—¿Y piensas que no sé vestirme solo?

CHANFALLA.—Ciertamente, don Rodrigo...

RODRIGO.—¿Dónde está mi sombra?

CHIRINOS.—*(Que ha ido hacia algún tenderete del fondo.)* Ahí afuera me parece que la oigo trajinar...

RODRIGO.—*(Grita hacia el fondo.)* ¡Sombra! ¡Sombra mía, ven aquí!

CHIRINOS.—*(Ídem.)* ¡Doña Sombra, venga acá!

RODRIGO.—*(A* CHIRINOS.*)* ¿A qué le llamas tú doña Sombra? ¿Es sombra tuya, acaso? No, sino mía. Sombra mía es, y sólo yo puedo llamarla así. Para ti y para todos es Ahuaquiticlán Cuicatototl.

CHIRINOS.—¡Pecadora de mí, don Rodrigo! ¿Y cómo quiere que diga yo ese voquible[51], sin que se me caigan todos los dientes?

(Entra la india, doña SOMBRA, *con una jarra azteca.)*

RODRIGO.—Llámala entonces Pájaro que Canta Junto a la Fuente Seca, que eso mismo significa su nombre en lengua de cristianos. *(Dirigiéndose a* SOMBRA *en náhuatl.)* Can oticatta, quen in tlein oticchiuh? (¿Dónde estabas todo este tiempo, y qué es lo que hacías?)

SOMBRA.—Onimitzchihuili ce huehyi xochitemictli. (Preparaba para ti un largo sueño florido.)

RODRIGO.—¿Tle ipampa? ¿Cuix ticnemilia ahtle huel nicchihuaz intla ahmo nechpalehuia in chalchiuhtlicue? (¿Por qué? ¿Crees que no puedo emprender nada sin la ayuda de tu Señora de las Aguas?)

---

[51] *Voquible:* Voz que utiliza Sancho Panza en lugar de *vocablo (Don Quijote de la Mancha* II, cap. 3, pág. 65).

SOMBRA.—Ca ahmo. Zan nicnequi yahuatzin in mitzmopa-
lehuiliz in ihcuac motech monequiz. (No, sólo quiero
que ella pueda acudir a ti cuando la necesites.)

CHANFALLA.—*(Que ha seguido el diálogo mientras se ocupa en el
adorno de la carreta.)* ¡Válgame el diablo, señor conquistador! ¿Esa maldita algarabía tienen que hablar en-
trambos? ¿Acaso no comprende ella nuestra lengua
castellana?

RODRIGO.—Comprende sólo lo que yo quiero que com-
prenda. Y tú no quieras entremeterte en lo que nada te
toca.

CHIRINOS.—*(A sombra.)* ¿No es cierto, doña Sombra... o
doña Pájara de no sé cuántos, que entiende el hablar
de cristianos? Si no es así, yo te lo enseñaré, mochacha. Es muy fácil, ya verás... *(Ayudándose con gesticula-
ción excesiva.)* Tú y yo; mujeres. Mu-je-res. Ellos dos:
hombres. Hom-bres. *(Levanta la pierna y se coge el pie.)*
Esto: zapato. Za-pa-to. Y esto... *(Hace muecas.)* se llama
comer. Co-mer...

RODRIGO.—*(A quien* CHANFALLA *mostraba la ornamentación.)*
Basta ya, Chirinos, que yo me basto y me sobro para
enseñarle todo lo que es menester.

CHIRINOS.—Eso creo yo muy bien, pero más enseñarán dos
maestro que no uno, ¿no le parece a vuestra merced?
(Rápida a SOMBRA, *con profusa ilustración gestual.)* Esto:
mano. Ma-no... Esto: ojos. O-jo, o-jos... Esto de aquí:
narices. Na-ri-ces... *(Reparando en la impaciencia de* RO-
DRIGO.)* Y luego están los días de la semana, que también son muy fáciles: lunes, martes, miércoles, jueves,
viernes...

RODRIGO.—*(Atajándola.)* ¡Basta he dicho! Deja de ensartar
bachillerías a trochemoche y ponte a disponer en su lugar y modo las vestimentas del Retablo. *(A* SOMBRA.)
Y tú, sigue con lo tuyo. *(A* CHANFALLA.) ¿No dijeron los
señores del concejo que esta tarde sería su venida?

CHANFALLA.—¿Esta tarde? *(Reacciona.)* Sí, esta tarde dijeron.

RODRIGO.—Pues ya, si no me equivoco, pasa sobradamente
del mediodía. Y no es poco lo que hay que aparejar.

CHANFALLA.—¿Piensa vuestra merced que nos dormimos

acá en las pajas? ¿Qué cree que fueron nuestras idas y venidas de esta mañana, sino poner en orden todo lo necesario?

RODRIGO.—*(Examinando las perchas y puestecillos.)* Lo necesario a vuestro mercado, a lo que veo.

CHANFALLA.—Y también al Retablo, don Rodrigo.

CHIRINOS.—¿Acaso no ve con buenos ojos que aprovechemos la ocasión para vender esas mercaderías de allende[52].

RODRIGO.—Nunca me pareció apropiado mezclar lo sublime con lo bajo.

CHIRINOS.—¿No? Pues tal es el mundo, señor indiano.

CHANFALLA.—Y tal fue nuestro trato.

RODRIGO.—Feria son, ciertamente, el mundo y sus tratos...

CHANFALLA.—*(Que está quitando tableros de la carreta, tras los cuales aparece un teloncillo.)* ¿Hase vuelto ahora vuestra merced predicador?

RODRIGO.—Temor tengo de verme crucificado entre estos dos ladrones...

CHIRINOS.—*(Picada.)* De qué ladrones habla vuestra merced?

CHANFALLA.—*(Ídem.)* ¿Por tales toma a dos honrados farsantes?

RODRIGO.—No os ofendáis tan presto, que sólo figuradamente llamo ladrones a la farsa *(Señala la carreta.)* y a la feria *(Señala el mercadillo.)*, y no a vosotros.

CHIRINOS.—Con todo y con eso, mire de no ponernos la mano en la horcajadura...

(Sale muy digna por el fondo. Durante el diálogo, SOMBRA ha salido de escena y ahora vuelve a entrar. Se irá acercan-

---

[52] *Mercaderías de allende:* Expresión con la que se refiere a los productos traídos de las Indias que se encuentran en los puestos del mercadillo que forman la segunda línea de la escenografía. En las citadas «Notas» de 1977 parece apuntarse que la actividad de los pícaros como vendedores y acróbatas estaba más desarrollada. Posteriormente todo ello queda solamente aludido («Notas» de 1984), en favor de un mayor interés por la personalidad de don Rodrigo, su búsqueda de la utopía y la degradación real que padece, así como la doble perspectiva (grandeza y horror) del hecho de la conquista y la condición del público.

do al proscenio tratando de aparentar que se ocupa de arreglar los tenderetes.)

RODRIGO.—*(Sin reparar en ella.)* ¿Qué tiempos son éstos, en que las nobles empresas han de proclamarse envueltas en trazas y artificios de teatro, y aderezadas con señuelos y pregones de mercado? No es victoria la que se logra con embelecos y falsías, solía decir mi capitán don Diego...

CHANFALLA.—¿Hernández de Palomeque?

RODRIGO.—Sí. Y añadía: si nobles fines persigues, procúrate nobles medios.

CHANFALLA.—*(Siempre ocupado en la transformación de la carreta.)* ¿Y cuáles nobles medios fueron los suyos para alcanzar tan noble fin como írsele la vida por los flujos del vientre? Que así murió el tal Palomeque: desaguándose por entrambas canales, al decir de vuestra merced.

RODRIGO.—Ruin y mezquina tuvo la muerte, es cierto, don Diego Hernández. Pero sólo en lo tocante a las miserias del cuerpo, que su ánimo sufrió con entereza las afrentas de la carne mortal. «¡Cargad con mi inmundicia los arcabuces!», gritaba en su agonía. «¡Sepan esos indios malditos que tanto matan las heces castellanas cuanto sus hierbas ponzoñosas! ¡A ellos, caballeros, a ellos!»

CHANFALLA.—¡Válgame el cielo, qué arrojo y fieros palominos se gastaba el capitán Palomeque! Así pues, ¿murió en medio de una batalla?

RODRIGO.—No, sino en medio de unos espesísimos manglares.

CHANFALLA.—¿Y qué cosa son manglares?

RODRIGO.—Son grandes extensiones de selva donde las cepas y raíces se entretejen unas con otras. Allí los pies se hunden, y aun los hombres enteros, que marchar sobre ellos es fatiga infinita.

CHANFALLA.—¿Dónde estaban entonces los indios y su enconado ataque?

RODRIGO.—No más que en su cerebro conturbado por las fiebres. Pero aún con tales parasismos mostraba claramente su entereza de ánimo. Por eso digo que... *(Se in-*

terrumpe al ver a SOMBRA *que, ya en el proscenio, efectúa gestos rituales hacia la sala. Irritado, le grita.)* ¿Cuix ayammo timocatiz ipan in motequiuh? (¿Vas a acudir por fin a tu trabajo?)

(SOMBRA *se sobresalta y, temerosamente, se escabulle por el fondo, no sin hacer algún furtivo gesto hacia la sala.* RODRIGO *la mira salir y luego se siente atraído por la oscuridad.)*

CHANFALLA.—*(Tratando de desviar su atención.)* Dígame una cosa vuestra merced, ahora que estamos solos... ¿Es cierto todo lo que se cuenta de esas indias?

RODRIGO.—¿Qué indias, y qué cosas se cuentan?

CHANFALLA.—Las mujeres de allende, digo. Y de cómo andan por esas tierras como su madre las parió...

RODRIGO.—*(A quien el tema no desagrada.)* Diversas son las tierras, y diversas las gentes, y diversísimos los usos de aquellos naturales. Pero es cierto que, en algunos lugares, ellas sólo cobijan su natura con unas mantillas de algodón, que llaman enaguas, y todo lo demás en cueros, como nacieron[53].

CHANFALLA.—*(Ha sacado de la carreta lo que parecen ser dos pequeños mástiles con sendas velas arrolladas.)* ¿Y tienen razón los que dicen que son de fácil acceso?

RODRIGO.—Comúnmente son castas y guardan su persona, pero también hay muchas que de buen grado se conceden a quien las quiere, en especial las que son princesas.

CHANFALLA.—¿Las princesas? ¿Y por qué causa? *(Se va interesando en el tema.)*

RODRIGO.—Porque dicen que las mujeres nobles y principales no han de negar ninguna cosa que se les pida, y que negarse es de villanas.

CHANFALLA.—¡Cuerpo del mundo! ¡Y qué sana doctrina!

RODRIGO.—Pero, asimismo, las tales tienen respeto a no

---

[53] Lo que describe Rodrigo sobre las mujeres indias, las costumbres en el vestir, los usos matrimoniales y su relación con los cristianos, puede verse en Gonzalo Fernández de Oviedo, *op. cit.,* B.A.E., 117, L. V, C. III, páginas 118-124, y B.A.E., 119, L. XXIX, C. XXVII, págs. 319-321.

mezclarse con gente común, excepto si son cristianos, porque nos conocen por muy hombres.

CHANFALLA.—Gran verdad es ésa, juro a diez.

RODRIGO.—Muchas de ellas, después que conocen carnalmente algún cristiano, le guardan lealtad... si no está mucho tiempo ausente, porque ellas no son muy dadas a ser viudas ni beatas que guarden castidad.

(SOMBRA *aparece unos momentos por el fondo, ocupada en arreglar el mercadillo.*)

CHANFALLA.—*(Cada vez más excitado.)* ¡Por el siglo de mi madre, como ésas las quisiera yo! Mía fe, que andarán todo el año con la panza hinchada... *(Ríe.)*

RODRIGO.—No así, porque cuando se preñan, toman una hierba con que enseguida remueven y lanzan la preñez; porque dicen que las viejas han de parir, que ellas no quieren estar ocupadas para dejar sus placeres, ni preñarse para que al parir se les aflojen las tetas, de las cuales se precian mucho, y las tienen muy buenas.

CHANFALLA.—*(Lanzando miradas a* SOMBRA.) Así debe de ser...

RODRIGO.—Pero cuando paren, se van al río y se lavan, y la sangre y la purgación les cesa al punto. Y pocos días dejan de hacer el... ejercicio por causa de haber parido. Antes, se les cierra la cosa de manera que, según dicen los que se dan a ellas, con pena consuman los varones sus apetitos, de tan estrecha que la tienen...[54].

CHANFALLA.—*(Excitadísimo.)* ¡Ah, hideputas, esa pena quisiera yo sufrir en el purgatorio! Por mi ánima, que sodomitas han de ser allí los maridos si no andan todo el día persiguiéndolas a golpes de mondongo.

RODRIGO.—Cierto que en muchas partes es muy común en-

---

[54] El cronista áureo describe esta actuación en el citado capítulo XXVII del libro XXIX, pág. 320. El dramaturgo actual sólo ha añadido algunos recursos expresivos con la intención de crear impacto en el receptor y de aproximarse al habla coloquial del diálogo de los personajes.

tre los indios el pecado nefando contra natura[55]. Y los
señores y principales que en esto pecan, tienen públicamente mozos con quienes usan este maldito pecado.

CHANFALLA.—¡Reniego de mí! ¿Y no se mueren de vergüenza los tales bujarrones?

RODRIGO.—Muy al contrario. Esos mozos pacientes, que
llaman camayoa, así como caen en esta culpa, al punto
se ponen enaguas, como mujeres, y sartales y pulseras,
y ya no se ocupan en el uso de las armas ni hacen cosa
que los hombres ejerciten, sino barrer y fregar y las otras
cosas habituales de las mujeres.

CHANFALLA.—*(Indignado.)* ¡Malditos sodomitas! ¡Debieran
matarlos a todos y ensartarlos por las agallas, como sardinas en lercha![56].

RODRIGO.—En cierto lugar echamos a los perros hasta cincuenta de estos putos que encontramos, y luego los
quemamos, informados primero de su abominable y
sucio pecado. Y cuando se supo por la comarca esta victoria y justicia, nos traían muchos hombres de sodomía
para que los matásemos y tenernos así contentos[57].

CHANFALLA.—Ahí se echa de ver los grandes beneficios que
trae consigo cristianar a esos bellacos.

RODRIGO.—No todo son beneficios...

CHANFALLA.—¿Qué dice vuestra merced?

RODRIGO.—No, nada. Sino que, algunas veces, por la demasiada devoción con que se los quiere cristianar, quedan
las almas algo dañadas...[58].

---

[55] *Pecado nefando contra natura:* Se refiere a la homosexualidad; sobre
esta costumbre entre los indios puede verse, entre otros, Gonzalo Fernández de Oviedo, *op. cit.,* B.A.E., 119, L. XXIX, C. XXVII, pág. 320.

[56] *Lercha:* Junco con el que se ensartan, para transportarlos, aves o peces
muertos (DRAE).

[57] Fray Bartolomé de las Casas *(op. cit.,* pág. 138) refiere cómo los españoles «enseñaron y amaestraron lebreles, perros bravísimos que en viendo
un indio lo hacían pedazos en un credo, y mejor arremetían a él y lo co-
mían que si fuera un puerco. Estos perros hicieron grandes estragos y car-
necerías».

[58] A lo largo de todo este diálogo, don Rodrigo adopta una actitud narrativa distanciada que se invierte en el tono crítico de su conclusión, en la

CHANFALLA.—¡Y aun los cuerpos, a buen seguro! *(Ríe.)* Como los de esos herejes que el Santo Oficio va a relajar... *(Reparando en que* SOMBRA *ha salido, confidencial.)* Pero dígame, don Rodrigo, de vos para mí: esa india, doña Sombra...

RODRIGO.—Mi sombra.

CHANFALLA.—Eso: vuestra sombra.

RODRIGO.—Ahuaquiticlan Cuicatototl.

CHANFALLA.—Quiticacoco, eso mismo.

RODRIGO.—Ahuaquiticlan Cuicatototl.

CHANFALLA.—Quiticlanclonclón, sí...

RODRIGO.—Ahuaquiticlan Cuicatototl.

CHANFALLA.—Ahuiquitantolontón... o como diablos se llame, voto a diez. ¿Qué importa su nombre?

RODRIGO.—Importa tanto como el tuyo.

CHANFALLA.—No digo que no, cuerpo de tal... Mas, para lo que yo quería saber, tanto importa su nombre, como el mío, como el del obispo de Coria...[59].

RODRIGO.—¿Y qué querías saber?

CHANFALLA.—*(Vuelve a la actitud de compadreo.)* Tan sólo si ella y vuestra merced... En fin, si vuestra merced y ella... Quiero decir... ya me comprende vuestra merced...

RODRIGO.—No, no te comprendo.

CHANFALLA.—No es curiosidad mía, sino que Chirinos, que es un tanto remilgada en esas cosas, me pregunta a veces si esa india, sobre criada vuestra, es algo más...

RODRIGO.—¿Qué más habría de ser? ¿Mi hija, acaso?

CHANFALLA.—*(Queda un momento mudo, desconcertado por la pregunta, y luego rompe a reír, confianzudo.)* ¡Ah don Rodrigo, don Rodrigo! ¡Y qué chancero solapado me va pareciendo vuestra merced, so capa de gravedoso! A fe que, con los dos meses que ha que andamos en tratos por

que surge una idea repetida en los escritos de Las Casas, el daño que los desmanes de los cristianos provocan en las almas de quienes han de ser evangelizados; Chanfalla, por su parte, manifiesta la rudeza y zafiedad de sus instintos en la grosera expresión de que se sirve; y entre los dos ofrecen, una vez más, el lado censurable del hecho histórico.

[59] *Coria:* Ciudad de la provincia de Cáceres, sede episcopal.

nuestro Retablo, y ésta es la tarde del día en que aún no acabo de saber qué esconde tras el ojo de trapo...

RODRIGO.—No escondo nada, sino la falta de él.

CHANFALLA.—*(Ríe.)* ¡Ésta, por ejemplo! ¡La falta de él! *(Cesa bruscamente de reír.)* ¿Vuestra hija? ¿Es esa india hija de vuestra merced?

RODRIGO.—¿Qué te asombra? ¿Piensas acaso que me han faltado rejos para engendrar, no una, sino doscientas hijas?

CHANFALLA.—*(Cada vez más perplejo, no sabe si reír o no.)* ¿Doscientas hijas?

RODRIGO.—O hijos. *(Ríe.)*

CHANFALLA.—*(Ríe también.)* O hijos, claro está... *(Deja de reír.)* Así pues, ella no es vuestra manceba...

RODRIGO.—*(Súbitamente furioso, le zarandea.)* ¡Manceba, manceba! ¿Y por qué no mi esposa sacramentada? ¿Acaso por ser india no puede ser tan buena cristiana como tú y como Chirinos? *(Cambio súbito, amable y confidencial.)* Por cierto, Chanfalla, amigo: ¿es esa Chirinos tan remilgada como dices?

CHANFALLA.—¿Remilgada Chirinos? *(Bruscamente alarmado.)* ¿Qué se le está pasando por las mientes a vuestra merced?

RODRIGO.—*(Ríe benévolo.)* No tengas cuidado, Chanfalla, pues para que este lacerado viejo vuelva a ser un peligro para las mujeres ha de beber y bañarse en el agua de la fuente de Bimini.

CHANFALLA.—¿Qué agua y qué fuente son ésas?

RODRIGO.—La fuente de la eterna juventud... *(Misterioso.)* Has de saber, hijo, que poco antes de mi llegada a las Indias, el gobernador Juan Ponce de León descubrió las islas de Bimini, que están en la parte septentrional de la isla Fernandina. Y supo de los indios de aquellas partes que hay por allí una fuente que hace rejuvenecer o tornar mozos los hombres viejos...

CHANFALLA.—¿Tiene vuestra merced nublada la mollera?

RODRIGO.—*(Severo.)* Calla, necio, importuno, y mira de no faltar al respeto que mi persona merece. Y mira también, don villano, harto de ajos, de levantar tu ánimo

297

por encima de estas tierras yermas y campos de berzas, o nunca te será dado oler siquiera las brisas de canela que circundan el reino de Eldorado...[60]. *(Aparece súbitamente* CHIRINOS *por el fondo y queda allí, ocultando algo, vigilando el exterior e intentando atraer la atención de* CHANFALLA *sin ser vista por* RODRIGO.) Y de esta fuente que vuelve mozos a los viejos te sé decir, porque los mismos indios de Cuba y de La Española me lo certificaron, que no muchos años antes que los castellanos las descubriesen, fueron algunos naturales de ellas hacia las tierras de La Florida en su busca, y allí se quedaron y poblaron un pueblo, y hasta hoy dura aquella generación...

CHIRINOS.—*(Tras sus infructuosas tentativas.)* ¡Chanfalla! *(Cuando éste se vuelve a mirarla, ella le muestra alborozada la bolsa de* RODRIGO, *que llevaba escondida.)* Acude un poco, Chanfalla, que he de mostrarte algo...

CHANFALLA.—*(Alarmado, se excusa con* RODRIGO.) Discúlpeme un momento vuestra merced, que no sé qué me quiere Chirinos... *(Va hacia ella.)* ¿Qué haces, bestia indómita? ¿Quieres desbaratarlo todo?

CHIRINOS.—*(Muy excitada.)* Se la quité a doña Sombra sin que lo advirtiera... Parecen perlas finas... o pepitas de oro muy chicas...

CHANFALLA.—*(Enfadado.)* Vuélvelo a su lugar antes de que...

(Rápida y sigilosamente ha aparecido por el fondo SOMBRA *que, sin decir nada, arrebata la bolsa a* CHIRINOS *y mira a ambos airadamente. Quedan los tres inmóviles un momen-*

[60] En 1537, Gonzalo Pizarro, con más de trescientos españoles y unos cuatro mil indios, partió en busca del codiciado y mítico El Dorado y para obtener canela, la valorada especia. En Zumaco encontró a Orellana; tras diversas contingencias, los expedicionarios se separaron; Pizarro vuelve a Quito con la canela, mientras que Orellana descubre y da nombre al río Amazonas. Para lo relacionado con El Dorado, pueden verse Fernández de Oviedo *(op. cit.,* B.A.E., 121, L. XLIX, C. I-IV), Guillermo H. Prescott *(Historia de la Conquista del Perú,* Madrid, Gaspar y Roig, 1851) o Demetrio Ramos *(El mito de El Dorado,* Madrid, Istmo, 1988); y nuestras anotaciones al texto de *Lope de Aguirre, traidor.*

to, hasta que SOMBRA *hace ademán de ir hacia* RODRIGO, *que ha quedado como ensimismado en primer término. Entonces, con rápido impulso,* CHANFALLA *se abalanza sobre* SOMBRA *y, cubriéndole la boca con una mano, la arrastra detrás de la carreta.* CHIRINOS *reacciona también y va hacia* RODRIGO, *mirando inquieta hacia atrás y fingiendo una gran despreocupación.)*

CHIRINOS.—En fin, don Rodrigo... ya están las vestimentas prestas... y todo el aderezo... Mía fe, que pocas veces se habrá visto en estos reinos un retablo tan lucido y de tantas figuras y tramoyas... *(Trata de evitar que oiga los sonidos procedentes de la parte posterior.)* Me van dando barruntos que vuestra merced va a salirse con la suya y a levantar tantas gentes y dineros como dice que necesita para esa gran jornada que quiere hacer en pos y busca de Eldorado... *(*RODRIGO *parece no escucharla: mira con aire soñador la oscuridad de la sala mientras juguetea con un pequeño frasco que lleva colgando de una correa.)* Tengo por cosa cierta y más que averiguada... ¿No me escucha vuestra merced? ¿Cuál es su oreja sana? *(Se cambia de lado.)* ¿Ésta, tal vez?... Le decía que, a buen seguro, desde aquí a un mes está don Rodrigo en Sevilla, o ya en el mismo puerto de Sanlúcar, almirante de una armada de cincuenta navíos, con cartas reales en la sobaquera que le nombran por Adelantado o gobernador o virrey de la provincia de Eldorado... *(Aparece tras la carreta* SOMBRA, *medio desnuda de torso, forcejeando con* CHANFALLA, *que vuelve a arrastrarla consigo.)* Ya me parece que le veo, algún poco de tiempo después, hecho otro don Belianís[61], subido en lo más alto de la nao capitana, gritando: ¡Tierra a la vista!...

RODRIGO.—Ése será el vigía, Chirinos...

---

[61] *Belianís:* Protagonista de la novela de caballerías *Belianís de Grecia,* de Jerónimo Fernández. Un soneto suyo dedicado a don Quijote de la Mancha figura entre los versos preliminares de la obra cervantina (ed. cit., vol. I, pág. 40). En el discurso que sigue Chirinos es corregida de sus imprecisiones por don Rodrigo, como Sancho lo fuera por don Quijote.

CHIRINOS.—¿Qué?

RODRIGO.—El que se sube a lo más alto y avizora la tierra es el vigía, y no el almirante.

CHIRINOS.—No se suba vuestra merced, si no quiere, que para eso podrá entonces mandar y desmandar a su antojo, y aun andarse a la flor del berro, si tal es su inclinación.

RODRIGO.—*(Como ausente.)* Cuarenta años penando por aquellas tierras no me han gastado tanto como los cinco que llevo muriendo por éstas... Hollando antesalas, persiguiendo validos, adulando ministros, comprando secretarios, suplicando porteros, escribiendo cartas, relaciones, memoriales... *(Súbitamente exaltado, se dirige a una imaginaria audiencia.)* ¡En Dios y en mi ánima os digo, señores, que esta vez me habéis de escuchar de cabo a rabo, o no seré quien soy! *(Levanta el frasquillo y asume una extraña solemnidad.)* ¡Y juro a Vuestras Excelencias, debajo del Criador de todas las cosas, que si, no obstante haber condescendido a revolver mi limpia y noble empresa con este trampantojo y trapicheo, no se consuman hoy mis esperanzas...!

CHIRINOS.—*(Asustada.)* ¡Válgame Dios, don Rodrigo, y no jure tan recio!

RODRIGO.—... ¡Hoy, aquí, sin tardanza, daré fin a mis días! *(Va a salir por el lateral.)*

CHIRINOS.—*(Espantada.)* ¡Jesús, y qué prisas mortales! ¿Por qué hoy mismamente? ¡Un día tan modorro!

RODRIGO.—Hoy ha de ser, sí. Que es el quinto día de la quincuagésima luna del año del Jaguar. *(Sale.)*

CHIRINOS.—¿Y qué día y qué luna y qué enjuague son ésos? *(Va a salir tras él, pero aparece entonces por el fondo SOMBRA, semidesnuda, y con los cabellos en desorden, llevando en la mano la bolsa de RODRIGO. Echa lumbre por los ojos.)* ¡Ánimas benditas! Pero, ¿qué te han hecho, mochacha? *(Va junto a ella.)*

CHANFALLA.—*(Entra también desastradísimo, medio bajados los calzones, cubriéndose la mejilla con una mano y la entrepierna con la otra, ambas zonas evidentemente doloridas.)* Nada... sino intentar arrimarla a nuestra parte para que

300

no soplara tu birlada. Pero como no comprende el castellano...

CHIRINOS.—¡Calla, rufián, bellaco, zabulón, que bien te conozco! *(A SOMBRA, tratando de cubrir sus desnudeces.)* ¡Cómo te ha puesto este piarzón esclisiado! Yo te curaré, chulama, pajarillo, princesa...

CHANFALLA.—¿Princesa? ¡Así es ella princesa como yo abadesa! Y mejor sería que a mí me curaras, que unas uñas tiene como garras de cernícalo lagartijero... *(Le muestra la mejilla arañada.)*

CHIRINOS.—*(Atendiendo a SOMBRA, que se deja hacer mientras mira intensamente la sala.)* ¡Calla te digo! Y ve con el indiano, que te explique no sé qué historia de hoy y de la luna y de un juramento que ha hecho.

CHANFALLA.—¿Un juramento?

CHIRINOS.—Sí. Que, o mucho me equivoco, o toda esta maraña va a acabar en responso. Anda, que por ahí se fue... ¡Oxte, faraón!

CHANFALLA.—*(Saliendo.)* ¿Qué diablo de responso y de luna y de...?

CHIRINOS.—*(Llevándose a SOMBRA hacia el fondo.)* Ven tú también, mochacha, que yo te explicaré lo de la bolsa. No quería robarla, ¿sabes? Sólo quería... (SOMBRA *se desprende de ella y va hacia el proscenio.)* ¿Qué pasa? ¿Adónde vas?

SOMBRA.—*(Señalando al público.)* Ompa cehualnepantla cateh in huehue íhyotl ihuan techihta, quinhuetzquitía in nammxolopihyoh. (Ahí en las sombras hay espíritus de otros tiempos que nos miran y ríen de vuestra necedad.)

CHIRINOS.—¿Qué dices? (SOMBRA *repite la frase.)* No te comprendo, hija. Habla como cristiana, noramala, y deja ese chuculú chuculá que nadie entiende...

(Entra entonces RODRIGO, seguido por CHANFALLA, y SOMBRA va hacia él repitiendo por tercera vez la frase.)

RODRIGO.—*(Extrañado, mirando la sala.)* Dice que ahí en las sombras hay espíritus de otros tiempos que nos miran y ríen de vuestra necedad.

CHIRINOS.—*(Sobrecogida.)* ¿Espíritus?
CHANFALLA.—*(Extrañado.)* ¿De otros tiempos?

(Quedan los cuatro escrutando la sala en diferentes grados de perplejidad o temor. Simultáneamente, CHANFALLA *y* CHIRINOS *se vuelven hacia un lateral, como escuchando.)*

CHIRINOS.—*(En voz baja, a* CHANFALLA.*)* ¿Oyes esa algazara?
CHANFALLA.—*(Ídem, a* CHIRINOS.*)* Sí. *(Se asoma al lateral.)* Es Macarelo y su garulla. Voy a enclavijarle los candujos, no se le vaya a alborotar la chusma en medio del ensayo. Tú mira de ahuyentar a esa pareja, y diles que se apresten.
CHIRINOS.—¿Y qué vamos a hacer con los espíritus...?

(Pero CHANFALLA *ya ha salido. Va a dirigirse a* RODRIGO *y* SOMBRA, *pero queda paralizada por su extraña conducta: al borde del escenario, frente al público, levantan los brazos y muestran la bolsa. Luego se vuelven uno hacia otro y* RODRIGO *entrega a* SOMBRA *el pequeño frasco, que ella se cuelga al cuello. Finalmente, se dirigen unidos hacia el fondo y salen.* CHIRINOS *les mira intimidada, y también a la sala. Va a avanzar hacia allí, pero cambia de idea y huye por donde salió* CHANFALLA. *Queda la escena un momento vacía y se hace bruscamente el oscuro.)*

TELÓN

Segundo acto

(La carreta, ahora engalanada y situada en el centro de la escena, se ha convertido en un pequeño teatro ferial. El lado orientado hacia el público muestra unas cortinas cerradas, a modo de telón. De la parte superior se elevan dos pequeños mástiles. Las perchas y tenderetes del mercadillo, ahora llenos de diversos productos y objetos exóticos, están dispuestos en semicírculos a ambos lados de la carreta. Un pequeño banco a cada lado del proscenio. Se escuchan golpes apagados, cuchicheos y sonidos diversos procedentes del fondo. Desde allí, furtivamente, avanza SOMBRA hasta el proscenio con un lienzo enrollado. Lo muestra al público, y cuando va a desplegarlo, un ruido en la carreta la sobresalta y la hace escabullirse rápidamente por un lateral. CHANFALLA sale de la carreta con atuendo más vistoso y empuñando una vara pintada de purpurina. Da instrucciones inaudibles a alguien que hay tras el telón y declama hacia el público.)

CHANFALLA.—Ilustre y noble senado...[62].

---

[62] La loa con que Chanfalla inicia y da pórtico al retablo, así como el resto de las composiciones de arte menor de esta secuencia inicial, son obra del autor de este *tragientremés*, quien, partiendo de esquemas métricos muy conocidos o fórmulas de uso habitual —así la apelación al senado—, elabora en los versos, como en el diálogo en prosa, un sistema expresivo temporalizador que implica pasado, y funciona, como hemos dicho, dentro de todo un sistema de juego entre apariencia y realidad.

(Se interrumpe, avanza hacia el proscenio, tratando de ver en la oscuridad, y da algunas recomendaciones gestuales, sin duda a MACARELO *y su «garulla», con quien establece la adecuada complicidad, tratando de no ser visto por* RODRIGO, *ocupante a todas luces de la carreta. Reemprende la loa, con la sorna disimulada que puede deducirse.)*

Ilustre y noble senado,
cuna de grandezas tantas
que para nombrarlas todas
son menguadas mis palabras;
auditorio tan discreto,
digno de eterna alabanza
que diera ocasión sin cuento
a las lenguas de la Fama;
señores, en fin, que rigen
el timón de aquesta barca
con tan discreta prudencia,
con gracia tan cortesana... *(Mueca bufa.)*
y cuyo honor tanto luce
con la luz de vuestras damas... *(Gesto soez.)*
Atención vengo a pediros
mientras os beso las plantas. *(Reverencia.)*
Que aquí os vamos a mostrar
con pobres medios y trazas,
mas con rica voluntad,
retablo de gran substancia.
Perdonad si en tosco estilo
sublimes hechos se cantan
y si con graves razones
se mezclan razones vanas.
Pero en este mundo espurio,
monstruo de colores varias,
nada guarda propiedad,
decoro ni consonancia.
Y así, señores, se ofrece
a vuestra bondad probada
la sincera relación
de una vida oscura y clara,

de un corazón recio y flaco,
de un destino que se labra
con oro y cieno mezclados,
con hierro y bruñida plata.

(Apartando las cortinas, aparece RODRIGO *cubierto con una plateada armadura de cartón-piedra y empuñando la espada.* CHANFALLA *controla las reacciones del «discreto auditorio», a la vez que simula alentar el dudoso talento histriónico de* RODRIGO.*)*

RODRIGO.—*(Compensando su inseguridad con un brío excesivo.)*

Aquí se contarán casos terribles,
encuentros y proezas soberanas:
muertes, riesgos, trabajos invencibles,
más que puedan llevar fuerzas humanas.
Años cargados de tribulaciones
en índicas provincias y regiones.
Veréis romper caminos no sabidos,
montañas bravas y nublosas cumbres.
Veréis cuán pocos hombres, y perdidos,
sujetan increíbles muchedumbres,
siendo solos los brazos instrumentos
para tan admirables vencimientos[63].

(Extenuado por el esfuerzo, se retira tras el telón.)

CHANFALLA.—*(Tras nuevos gestos de burla y complicidad con el «público».)*

Admirables vencimientos
con el cuerpo y con el alma
son el glorioso historial

---

[63] Estos versos, con alguna modificación, están extraídos de las estrofas 9 a 12 de la obra citada de Juan de Castellanos, Elegía I, Canto primero, pág. 5. Algunos de ellos fueron objeto del monólogo inicial de don Rodrigo (véase nota 26).

de este soldado de España,
de este valeroso hidalgo,
de este capitán sin tacha,
de este, en fin, conquistador
que, sin más bien que su espada,
a las Indias fue a buscar
fortuna, honores y fama.
Marchó de temprana edad,
vuelve cubierto de canas
y, entremedio, cuarenta años
de trabajos y batallas,
hambres, calores y fríos,
fiebres, fatigas y plagas
más crueles que las de Egipto.
¿Cómo mi lengua se tarda,
cómo mi voz no pregona,
cómo mi pecho no aclama
el nombre de este español
que es de su patria alabanza
y de su siglo oropel?
Decís bien, justa demanda
saber el nombre de quien
nuestras provincias ensancha
y nuestras arcas aumenta.
Porque don Rodrigo Díaz
de Contreras —tal se llama,
señores, nuestro soldado—
no viene a pediros nada,
antes a ofrecer, a dar,
a poner a vuestras plantas
un descomunal tesoro,
una riqueza sin tasa,
un prodigio de opulencia
como nadie lo soñara.
Y es el reino de Eldorado
la joya que nos regala.

(Se descorre el teloncillo y aparece una rutilante alegoría de Eldorado y sus riquezas y, ante ella, Rodrigo, *ahora con*

brillante armadura dorada, aunque no menos falsa. Mientras RODRIGO *y* CHANFALLA *miman el ofrecimiento de los tesoros, se escucha a* CHIRINOS *cantando tras la carreta.)*

CHIRINOS.

Si Fortuna te hizo
descamisado,
deja chinches y penas,
vete a Eldorado,
donde tendrás camisa
y jubón bordado.
Si no tienes por casa
ni un mal techado,
no te quejes del frío,
vete a Eldorado
donde tendrás palacio
por excusado.

Si tus amos te obligan
a andar doblado,
no supliques favores,
vete a Eldorado,
allí sólo hay señores,
nadie es criado.

RODRIGO.—*(Señalando la pintura.)*

Tiene Eldorado copia y abundancia
de lagos dulces, campos espaciosos,
tierras para labrar de gran substancia,
verdes florestas, prados deleitosos,
de cristalinas aguas dulces fuentes,
diversidad de frutos excelentes.
En riquezas se ven gentes pujantes,
grandes reinos, provincias generosas,
auríferos veneros y abundantes
metales de virtud, piedras preciosas;

templanza tan a gusto y a medida
que da más largos años a la vida[64].

(Se cierra el teloncillo y oculta a RODRIGO.*)*

CHANFALLA.

Largos años a la vida
de don Rodrigo quitara
la búsqueda de Eldorado
tras de tantas malandanzas
en aquel tan nuevo mundo
que Dios ha otorgado a España.
Y porque sepáis su cuenta
y el sin fin de sus jornadas,
será bien que este «Retablo
de Eldorado» satisfaga
la completa relación
de sus gracias y desgracias.
Comience, pues, yo pidiendo
perdón por sus muchas faltas,
y vosotros recordando
cómo, en esta vida avara,
no siempre honrosas empresas
nacen de causas honradas.

*(Hace una burlona reverencia, al tiempo que suena, dentro
de la carreta, una violenta trifulca con golpes y quejidos que
imprime su violencia sobre el telón. Antes de desaparecer por
el fondo,* CHANFALLA *comenta gestualmente con su público
la invisible escena.)*

VOZ DE RODRIGO.—¡Bellaco, truhán, malnacido! *(Cintarazo
y quejido de* CHIRINOS.*)* ¿Así honras a tu honrado padre y

---

[64] Variaciones sobre los versos de Juan de Castellanos a los que nos referimos en la nota 39.

a tu santa madre, hijo de puta? *(Golpe y quejido.)* ¡Toma
y toma, rufián, gomarrero, vilborro![65].

VOZ DE CHIRINOS.—¡No, padre, con la fusta no!

VOZ DE RODRIGO.—¿Con la fusta no? ¡Con un fustanque
de encina, si lo tuviera, te daría yo en esas carnazas!
¡Toma, perdido! *(Golpe, quejido.)*

VOZ DE CHIRINOS.—¡No lo haré más, no lo haré más!

VOZ DE RODRIGO.—¿Pues más lo habías de hacer, bizmaco?
¿Crees que puede desflorarse siete veces a una doncella?
(Golpe, quejido.)

VOZ DE CHIRINOS.—¡Que no, padre! ¡Que no la desfloré!
¡Que más holgado lo tenía que el camino real!

VOZ DE RODRIGO.—¿Esto más, infame? ¿Para excusarte tú
quieres tachar de puta a tu prima? *(Golpe, quejido.)*

VOZ DE CHIRINOS.—¡Lo juro, padre! ¡No me pegue más,
que me arrepiento de todo corazón!

VOZ DE RODRIGO.—¿Y de qué valdrá tu arrepentimiento, si
has preñado a esa judía?

VOZ DE CHIRINOS.—¿Judía es nuestra prima, padre?

VOZ DE RODRIGO.—¡Judía sí, de la parte del podrido de su
padre y toda su descendencia! ¡Mira qué nueva mancha
caerá sobre nosotros, si tu pecado se hincha y te señala
como autor! ¡Toma, verdugo de mi vejez, toma y toma!
(Golpes, quejidos.) ¡Y apártate de mi vista, satanás, si no
quieres que te borraje también la cara!

VOZ DE CHIRINOS.—¿Y cómo me he de apartar, si me tiene
atado?

VOZ DE RODRIGO.—¡Atado del cuello en lo alto de una hi-

---

[65] Comienza a partir de aquí un doble juego metateatral mediante el
que se va componiendo cronológicamente la biografía ficticia del conquistador, desde que escapa de su padre hasta unos treinta años después (aproximadamente entre 1515 y 1545). Durante este recorrido temporal tienen
lugar en verdad los acontecimientos nombrados y descritos por el personaje. La historia particular de un individuo gris y oscuro, como lo fueron tantos de los que emprendieron desde España el camino de las Indias, da origen a la revisión del hecho colectivo de la conquista y colonización y abre
para el receptor actual un panorama más amplio, cumpliendo así el objetivo del dramaturgo de poner en cuestión la licitud de cualquier colonia-
lismo y su carga de intolerancia y destrucción.

guera habías de estar! ¡Vete, vete fuera, culebrón de hijo, y voyme yo también a pedir consejo al cielo!

(Vestida de muchacho campesino y como empujada, sale CHIRINOS *de la carreta, llorosa y furiosa, con las manos atadas a un cabo de cuerda.)*

CHIRINOS.—¡Mala ida tengas, que nunca más vengas...! *(Se interrumpe de golpe al dirigir la vista a la sala, mira inquieta la oscuridad, tratando de ver algo, y vuelve a su actuación.)* Sino que ese cielo tuyo no está más lejos de la taberna de Barragán... *(Nueva interrupción; ahora trata de conectar con* MACARELO, *pero un ruido en la carreta la obliga a proseguir su monólogo, mientras trata de desatarse.)* ¡Pecador de mí! ¿Hay peor padre que el que castiga en el hijo sus propios vicios? Pues, ¿qué? ¿No tengo yo, Rodrigo Díaz, el pueblo lleno de hermanicos solapados? ¿Y Axarafa, la criada morisca, que ni el agua puede traernos por estar siempre preñada, y no del viento? ¡Reniego de mí y de mi mala estrella! Que no más por mirarme en el espejo de mi padre, casi me quita él la vida... Pero mala me la dé Dios si vuelve a tomar mi culo por su mulo. ¿Puede un mozarrón como yo, Rodrigo Díaz, con dieciséis añazos, dejarse fustigar así por apenas seguir el natural apetito? ¿Y qué he de hacer, si lo más del año y del mes voy encendido, y en este lugarejo la estopa anda continuo mojada y bien guardada?[66]. ¿He de andar hecho carnero en celo, como lego motilón? Y más, siendo mi prima mozuela tan repolluda y generosa de sí... *(Logra desatarse la cuerda.)* ¡Allá irás por fin, soga del diablo! Diez veces me has tenido preso en menos de diez semanas mientras mi padre me desollaba las

---

[66] La queja del joven Rodrigo glosa una de las fórmulas refranescas donde *estopa* se identifica con *mujer*: «El hombre es fuego y la mujer estopa, viene el diablo y sopla», o bien: «La estopa junto al mancebo, dígola fuego.» Véase Gonzalo Correas, *Vocabulario de refranes y frases proverbiales y otras fórmulas comunes de la Lengua Castellana en el que van todos los impresos antes y otra gran copia*, Madrid, Visor, 1990.

espaldas por diez naderías... Pues óyeme bien, maldita: éstos son el día y hora en que reniego de ti y de él por siempre jamás... ¿Qué dices, madagaña? ¿Te burlas de mis reniegos? *(Azota el suelo con la cuerda.)* ¿Piensas acaso que soy algún lanudo, incapaz de valerme de mí? *(Ídem.)* ¿No tengo yo arrestos para salir al mundo y buscarme los gustos que aquí me niegan y castigan? ¿No? *(Ídem.)* ¿Aquí me habré de estar, hecho estropajo de todo el mundo, diciendo «sí señor», «no señor», «perdóneme señor»...? ¿Aquí y en ti se encierra toda mi ventura? ¡No, por vida de quien soy! *(La arroja fuera de escena.)* Quédate tú, penca de satanás, que no soy hombre yo, Rodrigo Díaz, para ahogarme en una zahúrda... *(Desaparece tras la carreta gritando:)* ¡Adiós, prisión de mi albedrío y jaula de mi abejaruco! ¡El mundo me llama! ¡Ancha es Castilla! *(Vuelve a aparecer por el lado opuesto con un hato al hombro y sale, radiante, por un lateral)*[67].

CHANFALLA.—*(Canta desde la parte posterior de la carreta.)*

> Si Castilla es ancha,
> larga es Sevilla.
> Ella es de largueza tal,
> que ampara al pobre, al perdido,
> al humilde y afligido,
> al extraño y natural.
> Si Castilla es ancha,
> larga es Sevilla[68].

(CHIRINOS atraviesa la escena de un lado a otro, fatigada.)

---

[67] El acto de rebeldía inicial y su trayectoria picaresca antes de embarcar para las Indias establecen puntos de contacto con la actitud de Catalina de Erauso, quien también buscó en el nuevo mundo más amplios horizontes. Una versión dramática actual de este personaje histórico puede verse en Domingo Miras, *La Monja Alférez*, edición de Virtudes Serrano, Murcia, Universidad, 1992. La heroína mirasiana exclamará antes de iniciar su nueva vida: «El campo abierto, los caminos, el ancho mundo... El ancho mundo, ésa será la casa de Catalina de Erauso, digo del nombre nuevo que me tengo que dar, que no sé cuál será [...]. ¿A qué espero? Vamos, a la calle. ¡A la calle!» (cap. II, pág. 75).
[68] Como en otras ocasiones, los versos son obra de Sanchis.

Por su mucha calidad,
por su fama y su riqueza
es reina de la grandeza
y amparo de la humildad.
Si Castilla es ancha,
larga es Sevilla.

(Extenuada, CHIRINOS *vuelve a cruzar la escena en sentido
contrario, al tiempo que se descorren las cortinas y vemos en
el teatrillo una alegoría de Sevilla y, ante ella, a* CHANFALLA
vestido de escolar apicarado, que sigue cantando.)

Todos encuentran regalo,
todos encuentran favor,
desde el criado al señor,
y desde el bueno hasta el malo.
Si Castilla es ancha,
larga es Sevilla

(Aparece en la carreta RODRIGO, *de nuevo con la armadura dorada, que recita ante la alegoría.)*

RODRIGO.

Ilustre ciudad famosa,
con cuya luz y gobierno
has hecho tu nombre eterno,
por liberal y graciosa.
Al mundo envidioso tienes,
y en ti sola el mundo está
pues quienquiera en ti tendrá
gloria, amor, riqueza y bienes,
Y por si ello no bastara,
la Providencia te ha abierto
de las Indias puerta, y puerto
que anuncia la mar avara.

(Ha vuelto a entrar CHIRINOS, *ahora francamente derrengada, y se deja caer en uno de los bancos; saca de un hato*

una enjuta faltriquera, que palpa tristemente, y un mendru-
go de pan, que comienza a mordisquear con resignación.
CHANFALLA *la ve y se dispone a interpelarla, todo ello mien-*
tras prosigue la recitación de RODRIGO.)

De ti salen y a ti llegan
gentes mil, copiosas naves,
riquezas, frutos y aves
que de asombro al mundo ciegan.
Por islas de maravilla
navega quien de ti parte
para volver y entregarte
sus dones de amor, Sevilla.

CHANFALLA.—*(Después de inspeccionar a* CHIRINOS *como posible
presa, se dirige a ella con marcado acento sevillano.)*[69]. ¡Eh,
muchacho! ¡Rapaz! (CHIRINOS *esboza un gesto de recoger su
hato y huir, pero se queda.)* Te suspenden y arroban, a lo
que veo, estas novedades... *(Va junto a ella, paternal y santurrón.)* Lo comprendo, hijo, y razón tienes en embele-
sarte. Porque, en efecto, cosa sublime y milagrosa es lo
que Dios todopoderoso ha hecho a España. Has de saber que la mayor cosa después de la creación del mundo, sacando la encarnación y muerte del que lo creó, es
el descubrimiento de las Indias[70]. *(Le rodea los hombros
con el brazo.)* Y así las llaman Mundo Nuevo, no tanto

---

[69] El artificio empleado por el pícaro escolar para hacerse con la bolsa
del joven ingenuo recuerda el utilizado por los ladronzuelos Honzigera y
Panarizo, que contaron al simple Mendrugo las maravillas de «La tierra de
Jauja», mientras le robaban las provisiones. Véase Lope de Rueda, *Pasos*,
edición de Fernando González Ollé y Vicente Tusón, «Passo quinto», Madrid, Cátedra, 1984, 3.ª ed., págs. 157-165.
[70] De acuerdo con la técnica de intertextualidades en la que Sanchis
basa la concepción de su escritura, el elogio y justificación de la empresa española con que el simulado pícaro embauca al fingido Rodrigo corresponde, con algunas supresiones y ligeras variantes, al texto que Francisco López
de Gómara coloca al frente de su *Historia General de las Indias* como dedicatoria «A Don Carlos, Emperador de Romanos, Rey de España, Señor de las
Indias y Nuevo-Mundo» (en *Historiadores primitivos de Indias*, I, Madrid,
Atlas, B.A.E., 22, 1946, pág. 156).

por ser nuevamente hallado, como por ser grandísimo y ser todas sus cosas diferentes de las del nuestro. *(Inspecciona su hatillo.)* Los animales son de otra manera, y los peces del agua y las aves del aire, los árboles, frutas, yerbas y grano de la tierra. Los hombres, empero, como nosotros... salvo por la color, pues no son blancos ni negros ni moros, sino algo ictericiados y así como membrillos cocidos. Pero no más distintos, que de otra manera bestias y monstruos serían, y no vendrían, como vienen, de nuestro padre Adán. (CHIRINOS, *embobada por* CHANFALLA, *no repara en los tientos que éste hace en su hato.)* Quiso Dios, sin duda, descubrir las Indias en nuestro tiempo y a nuestra patria para convertirlas a su santa fe; y así, comenzaron las conquistas de indios acabadas las de moros, porque siempre guerreasen españoles contra infieles[71]. Que como aquellos naturales no conocen al verdadero Dios y Señor, están en grandísimos pecados de idolatría y perpetua conversación con el diablo. *(Ya* CHANFALLA *ha conseguido extraer del hato la faltriquera, que oculta hábilmente.)* Pero alegremente toman los españoles el trabajo y peligro, así en descubrir y conquistar aquellas extensísimas tierras, como en predicar y convertir aquellas infinitas gentes. *(Se dispone a escabullirse.)* Que nunca nación extendió tanto como la española sus costumbres, su lenguaje y sus armas, ni caminó tan lejos por mar y por tierra con las armas, las costumbres y el lenguaje a cuestas. *(Y se esfuma tras la carreta con una rápida bendición.)*

(CHIRINOS *queda un momento perpleja. Instintivamente se vuelve a su hato y comprueba al punto la birlada de* CHANFALLA. *Va a lanzar un formidable grito, pero queda inmovilizada en el gesto, con la boca abierta.* RODRIGO, *que ha seguido la escena desde el teatrillo, interviene al fin.)*

---

[71] Esta frase, que en López de Gómara *(op. cit.,* pág. 156) no posee otro valor que el patriótico y triunfalista, en el conjunto de la pieza dramática que comentamos es un resorte de atención para el espectador, que será convocado para revisar los valores históricos.

RODRIGO.—(*A* CHIRINOS.) No es menester que grites, Rodrigo Díaz, pues que nadie va a escuchar tu voz. Quédate así un momento, muchacho, con la boca tan abierta y vacía como tu hato, y haz memoria de los meses que llevas calzorreando por esos caminos. (*Tras una pausa,* CHIRINOS *cierra la boca.*) ¿Eso buscabas al volar de tu nido, rapaz? ¿Ese andar de ceca en meca y de zoca en colodra?[72]. ¿Esa ristra de cuitas, malandanzas, miserias y estropiezos? ¿Ese ir por lana y salir trasquilado? ¿Ese querer vivir de mogollón y morir de estrujón?

CHIRINOS.—No.

RODRIGO.—Esto otorga tu patria a quien quiere salirse de trillado. Considera, pues, ahora: apagado tu ardimiento, consumido tu brío, consumado el último resto de tu escasa fortuna, ¿qué has de hacer? ¿Volver a tu redil?

CHIRINOS.—¡No!

RODRIGO.—Entonces, ¡vete a las Indias! ¡Toma el camino más largo y peligroso de la mar! ¡Llega a las islas nuevamente halladas y busca allí alimento y remedio para los acicates de tu alma y de tu cuerpo!

CHIRINOS.—(*Incorporándose vivamente.*) ¡A las Indias, sí! ¡A las Indias iré! (*Recoge el hato y declama mientras retrocede de espaldas hacia el fondo.* RODRIGO *también se retira, al tiempo que las cortinas se van cerrando.*)

¡De penas y fatigas allí me libraré!
¡Al puerto de Sevilla sin tardar llegaré!
¡Allí, con diligencia, capitán buscaré!
¡Con paga y acomodo, al fin me embarcaré!
¡Al salir de Sanlúcar atrás no miraré!

---

[72] *Andar de ceca en meca...*: «Dícese de los que andan de una parte a otra y en partes diferentes vanamente ocupados y sin provecho» (Gonzalo Correas, *op. cit.,* pág. 49); y añade el recopilador como explicación de los términos: «Ceca y Meca son palabras castellanas enfáticas, fingidas del vulgo para pronombres indefinidos de lugares diversos, que no se nombran [...] y lo mismo digo de *Zoco y Colodro,* que son pronombres de lugares vagos, como lo son de persona *fulano* y *citano* y *robiñano.*» Según su costumbre, el dramaturgo hilvana otra serie de refranes, como hiciera en *¡Ay, Carmela!* y, sobre todo, en *Ñaque.*

¡Adiós, patria mezquina, riendo gritaré!
¡Con el mar y las olas otra vez naceré!
¡Camino de las Indias la dicha encontraré!
¡De penas y fatigas allí me libraré![73]

(Al pasar junto a la carreta han hecho aparecer, a cada lado, la proa y la popa de un navío. Desaparecen por el fondo con un saludo de despedida.)

Voz de Chanfalla.—¡Izá el trinquete![74] ¡No le amuréis el botaló!

Voz de Rodrigo.—¡Desencapillá la mesana! ¡Tirá de los escotines de gavia!

Voz de Chirinos.—*(Lastimera.)*

Bendita la hora
en que Dios nació,
Santa María que le parió,
San Juan que le bautizó...

(Aparece con andar tambaleante portando un farolillo colgado de un palo. Sus movimientos sugieren el vaivén marino.)

La guardia es tomada,
la ampolleta muele,
buen viaje haremos
si Dios quiere...

Voz de Chanfalla.—¡Suban dos a los penoles!

Chirinos.—*(Dejando el farolillo.)* Si Dios quiere, si Dios quiere... ¿Cómo va Dios a querer lo que imposible es?

---

[73] Versos compuestos por el dramaturgo.

[74] Aparecen en esta secuencia numerosas voces náuticas que se refieren a partes de la nave *(trinquete, botaló, mesana, escotines de gavia, penoles, tricias, motones, relinga, escaldrame, brazas, burdas, guimbalete)* o a tareas de navegación *(amurar, desencapillar, zafar los embornales, largar la escota, meter el calzonete)*. Véase, al respecto, Manuel Alvar, *España y América cara a cara*, Valencia, Bello, 1975, págs. 242 y ss.

¿Puede haber viaje bueno por encima de tantísima agua, y tan movediza, que la nao parece rocín picado de avispas? *(Se abren las cortinas y aparece un decorado marino con olas que se mueven. Estirando de una cuerda en un lateral de la carreta,* CHIRINOS *iza en uno de los mástiles una pequeña vela.)* Dígalo mi estómago, que no ha dejado de revesar por la boca todo lo que en él ha entrado desde que salimos de la barraca de Sanlúcar. Hasta los piojos, que son infinitos y grandes, se almadían con el vaivén y vomitan pedazos de carne de grumete...

VOZ DE RODRIGO.—¡Ayuden a las tricias, que corran por los motones!

(Alguien arroja desde detrás de la carreta un cepillo de mango largo con el que CHIRINOS *mimará fregar la cubierta.)*

CHIRINOS.—Continuo andas pisando charcos de puerca pez y hediondo sebo, con que se pegan los pies al suelo, que apenas los puedes levantar. Es tanta la estrechura y el ahogamiento de personas, bultos y animales, que todo va hecho una mololoa...

VOZ DE CHANFALLA.—¡Así de la relinga de la vela mayor!

CHIRINOS.—*(Dejando el cepillo e izando otra vela en el segundo mástil.)* Y así, pegados unos con otros, uno regüelda, otro vomita, otro suelta los vientos, otro descarga las tripas... Porque esto último, habéis de saber, es empresa peligrosa... *(Lo ilustra en el teatrillo, sobre las olas móviles.)* Hay que colgarse sobre el mar y agarrarse fuerte al palo; y en tal asiento y con el miedo de caer en la mar, lo que ha de salir se retira como cabeza de tortuga, de manera que es menester sacarlo arrastrando con mil calas y ayudas...

VOZ DE RODRIGO.—¡Dad vuelta al escaldrame! ¡Tirá de aquellas brazas!

CHIRINOS.—Luego es también andar asándose al sol sobre cubierta o cociéndose vivo debajo... Pues pedid de beber, y os darán el agua maloliente por onzas, como en la botica, después de comer cecinas y cosas saladas, si no es que están corrompidas...

317

Voz de Chanfalla.—¡Amarrá las burdas! ¡Zafá los embornales! ¡Largá la escota!

Chirinos.—Por un día que van las velas encampanadas e hinchadas, hay tres de calma, cuatro de vientos contrarios y cinco de tormentas, que es la cosa más espantosa del mundo...

(Suenan toscos redobles que imitan el fragor de la tormenta, al tiempo que las olas se agitan violentamente.)

Voz de Rodrigo.—¡Meté aquel calzonete, que se sale una vela.

Voz de Chanfalla.—¡Juegue el guimbalete para que la bomba achique!

Chirinos.—*(Tambaleándose y tratando de agarrarse aquí y allá.)*

¡Oh rocas, oh cañadas, oh rastrojos!
¡Oh tierra de mis fértiles barbechos!
¡Dichoso quien pisara los abrojos
viendo pacer al buey por los repechos!
¡Oh morada feliz, donde las camas
son hechas de tomillos y retamas!

Rodrigo.—*(Apareciendo en el teatrillo, siempre con su armadura dorada.)*

¿Pensábades hallar fijos cimientos
en medio de las aguas turbulentas?
¿Pensábades, tratando con los vientos,
poderes escapar de sus tormentas?
Con estas condiciones batallamos
los que las altas olas navegamos[75].

---

[75] De nuevo, en los versos de Chirinos y Rodrigo el autor ha manipulado los de Castellanos *(op. cit.,* Elegía I, Canto tercero, estrofas 9 y 26, páginas 11-12). Sin embargo, los que a continuación recita Chirinos vuelven a ser invención del autor, que recoge la protesta de los marineros transcrita en el poema de Castellanos. Por otra parte, las acotaciones reproducen para la escena la descripción que el poeta clásico hace del primer encuen-

CHIRINOS.—*(Mirando con su movimiento las sacudidas de la tormenta.)*

> ¡Batallen con las olas los atunes,
> lenguados, camarones y sardinas!
> Que yo prefiero ser de los que, inmunes,
> imitan el andar de las gallinas.
> Y para almarearme, no me empacho
> si más me precio hacerlo de borracho.
>
> Hagan los cielos una maravilla
> y cambien de los vientos la carrera.
> Volvednos, oh Señor, hasta Sevilla,
> y, cuando no, a la isla de Gomera.
> Que sólo por sentir tierra debajo,
> prometo no pecar más del badajo.

RODRIGO.—*(Saliendo de la carreta.)*

> Calla, calla, insensato, bravatero,
> ¿cómo a los cielos juras lo imposible,
> sabiendo que el pecado zalamero
> te arrastra con su cólera invencible?
> Más vale que prometas obras pías
> y reces trece mil Avemarías.
>
> Pero, mira, medroso, ya se aplaca
> la braveza del mar y su remonte...

(Pero el ruido no cesa y RODRIGO *grita hacia atrás.)*

> ¡Ya se aplaca la braveza del mar y su remonte!

tro de los navegantes con la nueva tierra: «Ven prados y frescuras ser amenas,/ Ven blanquear las playas con arenas.// Ven cómo sus descansos adereza/ Puerto que divisaban atalayas,/ Y ven desde los pies a la cabeza/ Andar hombres desnudos por las playas,/ Mujeres do la vista se endereza/ Sin arreos de mantos ni de sayas,/ Por ser sus policías y conciertos/ Andar galán y dama descubiertos» (Castellanos, *op. cit.*, Elegía I, Canto cuarto, estrofas 10 y 11, pág. 13).

(Cesa el sonido de la tormenta y el movimiento de las olas.)

Valor de tu flaqueza al punto saca
y extiende tu mirada al horizonte...

*(Sobre el decorado marino, al son de una flauta, desciende
una pintura idílica que evoca un paraíso tropical.)*

¿Qué divisas, qué ves, qué reconoces,
qué ofrece a tu sabor trece mil goces?

(Aparecen en el teatrillo SOMBRA *y* CHANFALLA, *semides-
nudos y cubiertos de plumas y abalorios. Es este quien, evidentemente muy incómodo en su atuendo, produce la música. Pero la idílica imagen no dura mucho: ante el asombro de* RODRIGO *y* CHIRINOS, CHANFALLA *abandona la
carreta y avanza hasta el proscenio, increpando furioso al
público.)*

CHANFALLA.—¡Por la puta que os parió a todos, que si no
cesa la rechifla, bajo y os aporreo las turmas!

RODRIGO.—*(Indignado.)* ¡Chanfalla!

CHIRINOS.—*(Alarmada.)* ¡Chanfalla!

CHANFALLA.—¡Bonito soy yo por aguantar la befa de estos
mandilandines!

RODRIGO.—*(Va hacia él echando chispas.)* ¿Cómo te atreves,
mentecato soez, a hablar tan bajamente a sus señorías?
¡Enfrena la lengua!

CHIRINOS.—*(Interponiéndose.)* ¡Chanfalla, por Dios: sus señorías...!

CHANFALLA.—*(Comprendiendo, pero sin calmarse.)* Ciertamente, sí, sus señorías... Pero bastante corrido está un hombre de mis partes por mostrarse en estas trazas de cucarro emplumado, para que encima...

RODRIGO.—¡Basta, Chanfalla! Que a más de comportarte
como importuno y chinchorrero, has estorbado la
muestra del Retablo. *(Avanza hacia el proscenio.)* Sepan
vuestras mercedes... *(Cambia de actitud.)* y quien más ahí
estuviere... *(Mira a* SOMBRA. CHIRINOS *se percata y otea,*

inquieta, la sala.) Sepan todos, digo, disculpar a este necio, más dado a emplearse en disputas de taberna que en discretos coloquios señoriles...

CHANFALLA.—*(Con fingida afectación.)* Con todo y con eso, miren vuestras mercedes, y en especial el señor regidor Macarelo, de regir convenientemente su señoril proceder, para que todas las condiciones que habemos coloquiado puedan discretamente cumplirse... Y más, que lo que desde ahí se ve, no es como parece.

RODRIGO.—¿Lecciones de proceder quieres tú dar ahora a tan pulido auditorio, enfadoso?

CHANFALLA.—Ya quien me tiene que entender me entiende... *(Vuelve, digno, a su puesto.)*

CHIRINOS.—*(Inquieta por la sala y, a la vez, tratando de zanjar la cuestión.)* Ahora bien, don Rodrigo: aquí entra y encaja bien aligerar algún poco la largura del Retablo, siquiera por no fatigar en exceso a... sus señorías.

RODRIGO.—¿Aligerar?

CHIRINOS.—Sí... ¿Qué le parecería a vuestra merced excusarles de la pintura y alabanza de tantas y tan hermosas islas como vio y pisó?

CHANFALLA.—A mí me parece divinamente. *(Sale del teatrillo y se va al fondo.)*

RODRIGO.—¿Excusar la pintura de las islas? ¿Privar a estos señores de su hermosura y notabilidades?

CHIRINOS.—*(Saca unos papeles de la ropilla.)* Considere vuestra merced que, a doce versos por isla, y pasan de la veintena las que anduvo...

RODRIGO.—*(Dubitativo.)* Cierto que fueron muchas, pero...

CHIRINOS.—¿Y qué me dice de los tres años que pasó en ellas pacificando indios alzados y llevándolos a vender como ganado?

RODRIGO.—¿Qué te he de decir?

CHIRINOS.—No me parece que ganara en ellos mucha honra... Y más que, a mi entender, es en este paso donde el Retablo más descaece...

RODRIGO.—¿Descaecer?

CHIRINOS.—Sí: por la mucha monotonía y tristura que causa la cuenta de tantos indios muertos como moscas. *(Va*

321

pasando hojas.) Los unos en escaramuzas, los otros en castigos, los otros agobiados por el trabajo... Escaramuzas, castigos, trabajos...

(SOMBRA *ha salido del teatrillo y se acerca a* RODRIGO, *que parece consultar con ella sin palabras.)*

RODRIGO.—Tal puede ser... Pero importa para mis propósitos que este singularísimo auditorio sepa cómo y por qué fueron despobladas estas islas de sus naturales de ellas.

CHIRINOS.—*(Medrosa.)* Pues... ¿no bastaría con decirlo en cuatro palabras?

RODRIGO.—*(Indeciso, casi dirigiéndose a* SOMBRA.) Tal vez bastara, sí...

SOMBRA.—*(A* RODRIGO.) Zan quézqui tlahtólli intechcópa in miec mimihqueh ahmo nelli tlahtolli. In tlaixnamictilli ocachi tlanehnehuilian. (Pocas palabras para muchas muertes no son palabras verdaderas. Lo contrario sería más justa proporción.)

CHIRINOS.—*(Sorprendida y molesta.)* ¡Viva mi abuela! ¡Ya volvió a cantar la lechuza!

RODRIGO.—*(A* SOMBRA.) ¿Cuix ahmo zan miequintin mimihqueh oncateh in cemmantoc tlalpan! (¿No serán suficiente los muertos de Tierra Firme?)

CHIRINOS.—*(A* SOMBRA.) Pero, hija, mujer, ¿aún no has deprendido las dos docenas de palabras que te enseñé?

SOMBRA.—*(Sin hacerle caso, a* RODRIGO, *señalando al público.)* In yehvantin mochi quinequi quimatizqueh. Yehuan quinequi in timoyolchicahuaz inic mochi tictenehuaz. (Ellos quieren saberlo todo. Ellos quieren que tengas el valor de decirlo todo.)

RODRIGO.—*(Impacientándose.)* ¿Cuix ahmo ye quimati? ¿Cuix ahmo ye oquihtohqueh in occequi tlacah? (¿Y no lo saben ya? ¿No lo han dicho ya otros?)[76].

---

[76] Entre los «otros» que lo habían dicho puede verse, por ejemplo, fray Bartolomé de las Casas, *op. cit.,* pág. 137: «Daremos por cuenta muy cierta

CHIRINOS.—*(Asombrada.)* ¿Acaso le está ella contradiciendo? ¿Y deja que le enmiende la opinión doña Sombra?

RODRIGO.—*(Irritado.)* ¡Ahuaquiticlan Quicatototl!

CHIRINOS.—Ésa digo.

RODRIGO.—¡Nadie me enmienda nada, y menos mujer alguna! Y así, para que ni ella ni tú os preciéis de estorbar mi soberano albedrío, ni a ella ni a ti daré oídos... ¡Chanfalla!

VOZ DE CHANFALLA.—*(Tras la carreta.)* Aquí me tiene vuestra merced. Y si no aplaudo es por tener ocupadas las manos en vestirme el hábito.

RODRIGO.—¿Qué dices?

VOZ DE CHANFALLA.—*(Más fuerte.)* ¡Que enteramente soy del parecer de vuestra merced! *(Sale acabando de vestirse de fraile dominico.)*

RODRIGO.—¿Cuál parecer?

CHANFALLA.—*(Desconcertado.)* El que habéis dicho...

RODRIGO.—¿Y cuál es el que he dicho?

CHANFALLA.—*(Ídem, pidiendo ayuda a* CHIRINOS.) El... aquello de... Que si...

CHIRINOS.—*(Sarcástica.)* Aquí don Rodrigo y yo disputábamos sobre por qué las moscas cagan en lo blanco negro y en lo negro blanco.

RODRIGO.—¡Basta de majaderías y volvamos al Retablo! Que el tiempo pasa y sus señorías no están aquí para escuchar bernardinas. Y como ya Chanfalla anda vestido de dominico, vamos a la parte de fray Tomás Ortiz y su razonamiento para hacer esclavos[77].

CHANFALLA.—Muy bien me parece. *(Hace salir a* SOMBRA *del teatrillo y se coloca él.)*

---

y verdadera que son muertas en los dichos cuarenta años por las dichas tiranías e infernales obras de los cristianos, injusta y tiránicamente, más de doce cuentos [millones] de ánimas, hombres y mujeres y niños. [...] La causa por que han muerto y destruido tantas y tales e tan infinito número de ánimas los cristianos ha sido solamente por tener por su fin último el oro y henchirse de riquezas en muy breves días e subir a estados muy altos e sin proporción de sus personas.»

[77] El sermón que recita Chanfalla reproduce casi la totalidad del que Francisco López de Gómara *(Primera parte de la Historia General de las Indias*, pág. 290) pone en boca de fray Tomás Ortiz.

CHIRINOS.—*(Mientras se va al fondo, «cerrando» de un golpe la popa que figuraba el navío.)* Antes que te dé otro consejo, te han de sudar los dientes...

(CHANFALLA *cierra el telón.* RODRIGO *dialoga un momento con* SOMBRA *señalando al público y ésta sale por el fondo, «cerrando» la proa.)*

RODRIGO.—*(Al público.)* Muchos esclavos se hicieron en las tierras descubiertas porque fray Tomás Ortiz y otros dominicos predicaban que los indios no merecían libertad.

CHANFALLA.—*(Apartando las cortinas, aparece con ademanes de predicador santurrón.)* ¡Los hombres de Tierra Firme de Indias comen carne humana y son más sodomitas que ninguna generación de hombres! (RODRIGO *se retira por el fondo.)* Ninguna justicia hay en ellos, andan desnudos, no tienen amor ni vergüenza, son como asnos, abobados, alocados, insensatos. Précianse de borrachos y tienen vinos de diversas plantas, frutas, raíces y grano. Se emborrachan también con humo y con ciertas hierbas que los sacan de seso. *(Aparece* SOMBRA *y mima una síntesis de la vida primitiva sumamente bucólica.)* ¡Son bestiales en los vicios! Ninguna obediencia ni cortesía tienen mozos a viejos ni hijos a padres. No son capaces de recibir doctrina ni enseñanza. Son traidores, crueles y vengativos, que nunca perdonan. Muy enemigos de religión, haraganes, ladrones, mentirosos y de juicios bajos y apocados. *(Va siendo evidente que la pantomima de* SOMBRA *despierta en* CHANFALLA *deseos inconfesables.)* No guardan fe ni orden, no se tienen lealtad maridos a mujeres ni mujeres a maridos. *(Mira a uno y otro lado y, con gesto de complicidad al público, se acerca a ella cautelosamente.)* Son hechiceros, agoreros, nigrománticos, cobardes como liebres y sucios como puercos... *(La entrada de* CHIRINOS *frustra su intentona: viene con armadura y casco de teatro, «navegando» en un remedo de barco.* CHANFALLA *vuelve al escenario del Retablo.)* Comen piojos, arañas y gusanos donde quiera que los hallen. No tienen arte ni maña de seres humanos. (CHIRINOS y SOMBRA *miman un trueque de abalorios por joyas y, finalmente, la india es capturada.*) Cuando se olvidan de las cosas de religión que aprendieron, dicen que aquellas cosas son para Castilla, y que no quieren cambiar costumbres ni dioses. Son sin barbas y, si algunas les nacen, se las arrancan. Con los enfermos no usan piedad ninguna y, aunque sean vecinos y parientes, los desamparan al tiempo de la muerte o los llevan a los montes a morir con un poco de agua y pan. (*Aparece* RODRIGO *en cota de malla y sombrero de ala ancha. Sobre el parche lleva otro con un ojo pintado. Mima la compra de* SOMBRA *a* CHIRINOS.) Cuanto más crecen, peores se hacen: hasta los diez o doce años aún parece que han de salir con alguna crianza o virtud, pero de allí en adelante se tornan como brutos animales. En fin, ¿cómo no hacer esclavos de quienes Dios crió tan cocidos en vicios y bestialidades?

(RODRIGO *hace entrega de* SOMBRA *a* CHANFALLA, *que desaparece con ella tras las cortinas, y luego va a sentarse en un banco.* CHIRINOS *se sienta en otro.*)

CHIRINOS.—¿Y cómo me ha dicho que es su nombre, señor soldado?

RODRIGO.—Diego Hernández de Palomeque me llamo. Tampoco yo recuerdo cuál es el de vuestra merced...

CHIRINOS.—(*Disponiéndose a afeitarse con una navaja.*) Mi nombre es Rodrigo Díaz de Contreras, para servirle. ¿Y hace mucho que está vuestra merced aquí en La Habana?

(*Una sonora bofetada dentro de la carreta interrumpe momentáneamente el diálogo.* CHIRINOS, *para distraer a* RODRIGO, *repite su pregunta.*)

RODRIGO.—(*Vuelve al diálogo, que acompaña con una esmerada limpieza de su espada.*) No más que el tiempo que la hemos poblado, que son unos pocos meses. Pero en esta

325

isla de Cuba ando ya desde que el Virrey don Diego Velázquez comenzó a conquistarla y poblarla[78].

CHIRINOS.—¿Y es tan rica como dicen?

(Entra SOMBRA, ahora cubierta con una tosca túnica y, con sumiso porte, sirve de beber a RODRIGO y CHIRINOS.)

RODRIGO.—Lo fuera, ciertamente, si no menguaran tan aína los brazos para trabajarla. Pero estos malditos indios, así que los fuerzas un poco en las minas o en las haciendas, luego al punto se mueren.

CHIRINOS.—En verdad que son flacos y para poco, estos ganapanes. Cuando íbamos a las islas de los Lucayos a saltearlos y volvíamos con los navíos cargados, ¿querréis creerme si os digo que un barco podía ir aquella ruta sin aguja ni carta de marear?

RODRIGO.—¿Cómo así?

CHIRINOS.—Guiándose solamente por el rastro de los indios muertos que echábamos y quedaban en la mar...[79]. *(Ríe.)*

(SOMBRA ha comenzado una nueva pantomima, ahora muy claramente dirigida al público: evoca los agobios del trabajo de los esclavos.)

RODRIGO.—Parece que le tengan afición a la muerte...

---

[78] Sobre la conquista de Cuba (Fernandina) por Diego Velázquez, puede verse Gonzalo Fernández de Oviedo, *op. cit.*, B.A.E., 118, L. XVII, C. III, págs. 112 y ss.

[79] Las palabras de don Rodrigo desempeñando el papel de Diego Hernández de Palomeque ponen de manifiesto «la otra cara» de la conquista, relatada por fray Bartolomé de las Casas: «Es esta averiguada verdad, que nunca traen envío cargado de indios, así robados y salteados, como he dicho, que no echan a la mar muertos la tercia parte de los que meten dentro, con los que matan por tomallos en sus tierras. [...] Y en verdad que me dijo hombre dellos que desde las islas de los Lucayos, donde se hicieron grandes estragos desta manera, hasta la isla Española, que son sesenta o setenta leguas, fuera un navío sin aguja y sin carta de marear, guiándose solamente por el rastro de los indios que quedaban en la mar echados del navío muertos» *(op. cit.*, págs. 162-163).

CHIRINOS.—Bien lo podéis jurar. Algunos hay que se resisten o pelean, empecinados como están en seguir holgando libres e idolátricos... Pero de poco les vale, luchando contra nuestros arcabuces y ballestas con sus barrigas como escudos...[80]. *(Ríe, pero deja de hacerlo al reparar en la conducta de* SOMBRA.)

RODRIGO.—En verdad que poca honra nos dan tales empresas...

CHIRINOS.—*(Aún desconcertada.)* ¿Poca honra? ¿Qué queréis decir?

RODRIGO.—Habéis de saber, señor Díaz, que yo vine a estas Indias en busca de fortuna, sí, pero también de honra y relumbre para mis apellidos. Y en los ocho años que aquí llevo, maldita la gloria que les ha llovido a los Hernández ni a los Palomeque con este trasegar repartimientos y encomiendas de indios porros, cosa más propia de mercaderes que de hidalgos.

CHIRINOS.—*(Inquieta, mira a* SOMBRA *y al público.)* No... no os falta... razón...

RODRIGO.—*(Percatándose de lo que pasa, interpreta su papel con más brío.)* Pero es llegado para mí el momento de mirar hacia poniente...

CHIRINOS.—¿Hacia adónde?

RODRIGO.—¡Hacia poniente! *(Señala con la espada.)* ¿No conoce vuestra merced las nuevas que corren por Santiago, por Trinidad, por La Habana?

CHIRINOS.—Nada sé de nuevas ni de viejas. Aportamos ayer con el ganado...

RODRIGO.—*(Misterioso.)* Se han descubierto allí tierras de

---

[80] Al referirse a la resistencia de los indios de La Española, explica Las Casas: «Comenzaron los indios a buscar maneras para echar los cristianos de sus tierras: pusiéronse en armas, que son harto flacas e de poca ofensión e resistencia y menos defensa (por lo cual todas sus guerras son poco más que acá juegos de cañas e aun de niños; los cristianos con sus caballos y espadas e lanzas comienzan a hacer matanzas e crueldades estrañas en ellos», *op. cit.,* pág. 138). Puntos de vista similares con respecto a la desproporción existente entre la defensa de los indígenas y el ataque de los dominadores se reflejan en escenas de la película *La Misión,* dirigida en 1986 por Roland Joffé.

grandes poblaciones y casas de cal y canto, y sus gentes tienen labranzas de maizales y son muy denodados guerreros. Pelean con arcos, saetas, rodelas, lanzas grandes y espadas de dos manos, que cortan más que las nuestras. *(Se va exaltando.)* Quienes allí fueron han traído más de veinte mil pesos de oro en diademas y anadejos y pescadillos y otras joyas, sólo rescatando con los indios de paz.

CHIRINOS.—¡Cuerpo de tal! ¿Y qué tierras son ésas?

RODRIGO.—Llámanlas de Yucatlán o Yucatán, y dicen que otras tierras en el mundo no se han descubierto mejores ni de tantos prodigios[81].

CHIRINOS.—¿Prodigios?

RODRIGO.—Sí. Dicen que hay gentes de orejas grandes y anchas, y otras que tienen caras como perros... Y que hay una isla toda poblada de mujeres, sin varón alguno, como las antiguas Amazonas[82].

---

[81] Acerca de la conquista del Yucatán y de la empresa mexicana, pueden verse, por ejemplo, Bernal Díaz del Castillo, *Historia verdadera de la conquista de Nueva España*, edición de Joaquín Ramírez Cabañas, México, Porrúa, 1977, 7.ª ed.; como primeros documentos sobre este tema, Fernando Cortés, *Cartas de relación*, y Francisco López de Gómara, *Conquista de Méjico*, en *Historiadores primitivos de Indias*, I, págs. 1-153 y 295-455 respectivamente; también, Gonzalo Fernández de Oviedo, *op. cit.*, B.A.E., 118, L. XVII, C. X y ss., págs. 123 y ss.; y B.A.E., 119, L. XXXII, C. II, págs. 396 y ss. En el Siglo de Oro se dedican a Cortés y a sus hazañas varias comedias y en la última dramaturgia hispana es uno de los personajes que ha gozado de un mayor tratamiento, como indicamos en la Introducción.

[82] Puede verse, sobre el mito de las mujeres guerreras en América y su relación con la leyenda clásica, Gonzalo Fernández de Oviedo, *op. cit.*, B.A.E., 117, L. IV, C. XXXIII; B.A.E., 118, L. XXIV, C. X; y 120, L. XXXIV, C. VIII. Es curiosa la ingenua actitud del cronista, que en su afán de verismo explica (B.A.E., 117, L. VI, C. XXXIII, pág. 193): «Yo me quise después, en España, informar del mismo Nuño de Guzmán, cerca desto destas mujeres [...] e me dijo que es burla, e que no son amazonas, aunque algunas cosas se decían déstas sobre sí; e que él pasó adelante e tornó por allí, e las halló casadas [...]. Digo yo que ya podría ser que, pues las halló casadas, fuese en el tiempo desos sus allegamientos; pero dejemos eso, e pasemos adelante.» Sobre la existencia de estas mujeres organizó Tirso de Molina el argumento de su *Amazonas en las Indias*, que formó parte de la *Trilogía* por él dedicada a los Pizarro y ha sido llevada a escena (con el título *Tríptico de los Pizarro)* en 1990 por la Compañía Teatro de Hoy,

CHIRINOS.—¡Hola, hola! ¿Mujeres sin varón, decís? ¿Y cómo tienen generación?

RODRIGO.—Parece que, en ciertos tiempos, van de la tierra firme hombres con los que se juntan, hasta que quedan preñadas.

CHIRINOS.—¡Prodigiosa cosa es ésa, valga el diablo! ¿Y queda muy lejos esa nueva Tierra Firme?

RODRIGO.—No más de a sesenta leguas de La Habana. Pero es ruta que no puede hacerse sin grandes bastimientos, así materiales como espirituales.

CHIRINOS.—Cierto que habrá que ir allí bien aparejado... *(Gesto obsceno.)*

RODRIGO.—*(Señalando hacia un lateral.)* En ello entienden aquellos caballeros.

CHIRINOS.—*(Mira.)* ¿Quiénes son ellos? *(Ve a SOMBRA, que desenrolla ante el público el lienzo que intentó mostrar al principio del acto.)*

RODRIGO.—Un Pedro de Alvarado y un Bernal Díaz[83], que ha pocos días llegaron de la Trinidad para acopiar hombres, caballos, armas y matalotaje[84], en nombre de quien va a pretender esta gran jornada: el capitán don Hernando Cortés.

CHIRINOS.—¿Quién?

RODRIGO.—*(Señalando el teatrillo.)* ¡Don Hernando Cortés!

(Apartando con dificultad las cortinas, aparece allí CHANFALLA con armadura y casco fingidos, espada en mano y un gran estandarte en la otra.)

---

con dirección de Alberto González Vergel y asesoramiento literario de Antonio Morales y Marín; recientemente se ha editado por Jesús Cañas Murillo, con Introducción de Gregorio Torres Nebrera: Tirso de Molina, *Hazañas de los Pizarros (Tres comedias)*, Mérida, Editora Regional de Extremadura, 1993.

[83] Comienza a partir de este momento una larga secuencia en la que el dramaturgo va colocando en boca de Chanfalla la dimensión imperialista de los hechos, en tanto que Rodrigo ofrece el lado que trasluce el horror y la mezquindad de los mismos, proporcionando así al espectador la posibilidad de *revisar* y *juzgar*.

[84] *Matalotaje:* Provisiones para el viaje.

CHANFALLA.—*(Satisfecho de interpretar tan importante perso-*
naje.)

A dar tiento a la fortuna
sale Cortés de su patria...[85].

RODRIGO.—*(A* CHIRINOS, *que se dirige hacia* SOMBRA.) ¡Vén-
gase con él y conmigo, señor Díaz, si es que quiere tomar la áspera ruta de honra! *(Va hacia el fondo.)*
CHANFALLA.—*(Molesto por la interrupción.)*

A dar tiento a la fortuna
sale Cortés de su patria...

CHIRINOS.—*(A* RODRIGO.) Ahora mismo la tomo, don Rodrigo... quiero decir, don Palomeque... *(A* SOMBRA, *irri-
tada y temerosa.)* ¿Qué haces, arriscada? ¿Con quién te
andas chismeando?
CHANFALLA.—*(Furioso.)*

¡A dar tiento a la fortuna...!

RODRIGO.—¡Señor Díaz!

*(*SOMBRA *huye de* CHIRINOS *y se va por el fondo.)*

CHIRINOS.—¡Voy! *(Una última mirada a la sala y sale también
por allí.)*
CHANFALLA.—*(Recompone su actitud.)*

A dar tiento a la fortuna
sale Cortés de su patria,
tan falto de bienes de ella
cuanto rico de esperanzas.

---

[85] Los versos que siguen, a lo largo de toda la secuencia, pertenecen
nuevamente al romance sobre Hernán Cortés de Jerónimo Ramírez al que
nos referimos en la nota 26, mezclados, según indica el autor, con otros
propios.

Su valor y noble sangre
a grandes cosas le llaman,
y el deseo de extender
de Cristo la fe sagrada.
Rompe el mar, vence los vientos
con una pequeña armada,
llegando donde no pudo
con alas llegar la Fama.

(CHIRINOS y RODRIGO, *armados con espadas y rodelas,
avanzan desde ambos lados de la carreta.*)

Salta en tierra como un rayo,
hiere, rinde y desbarata
los espesos escuadrones
de fuerte gente pagana.
«¡Hermanos y compañeros!
Sigamos esta Cruz Santa,
en cuya fe verdadera
ganaremos mil batallas.»

RODRIGO.—*(Mimando un combate.)* ¡Santiago y a ellos! ¡Santiago y a ellos! ¡No se tarde tanto, señor Díaz, y acométales duro con la espada, que ésta es batalla de veras!

CHIRINOS.—*(Ídem, con mucha menos pericia y arrojo.)* ¿Acometer, señor Palomeque? ¡Cese esta lluvia de flechas, varas y piedras, que bastante hago con cubrirme!

RODRIGO.—¡Avance y apechugue contra ellos! ¡Déles con qué recuerden los tajos y estocadas castellanas!

CHIRINOS.—¡Avanzaré tan pronto salga yo de estas lamas[86] y ciénagas! ¡Cuerpo de Satanás! ¿Y a esto llaman Tierra Firme?

CHANFALLA.—*(Siempre en el proscenio del teatrillo.)*

«¡No desmayéis, caballeros,
que ya es nuestra la batalla!
Que las armas de Castilla

---

[86] *Lamas:* Terrenos cenagosos.

prueben las gentes paganas.
Gusten el aspro sabor
de arcabuz, ballesta y lanza,
antes que humildes se rindan
a la cruz de nuestra espada.»

RODRIGO.—¡Sígame, señor Díaz! ¡Que ya don Hernando Cortés acomete a la indiada como un rayo!

CHIRINOS.—No pase apuro, don Diego, que él no irá muy lejos... ¿No ve que se le ha quedado un alpargate enterrado en el cieno?[87].

RODRIGO.—No es hombre don Hernando para hurtar batalla tan cumplida por un alpargate más o menos...

CHANFALLA.

No miréis si son trescientos
o treinta mil los que atacan,
que el valor de un español
en los cuerpos no repara;
antes, por darles la fe
de Cristo, cuenta las almas.

RODRIGO.—¡Santiago y a ellos, que ya van retrayéndose hacia el pueblo! No deje de cubrirse, que son buenos guerreros y ni en huyendo cesa la rociada de flechas.

CHIRINOS.—¿Éstas son las grandes poblaciones? ¿Estas cabañas mal cubiertas de cercas y albarradas?

CHANFALLA.

Ya ceden, ya se retiran,
de nuestra furia se apartan
y, vencidos, nos entregan
sus bienes y sus moradas.

---

[87] La anécdota está referida por Bernal Díaz del Castillo, *op. cit.,* vol. 1, C. XXXI, pág. 109: «En aquella lama estaba Cortés peleando, y se le quedó un alpargate en el cieno, que no le pudo sacar, y descalzo de un pie salió a tierra...»; y trae a la memoria el mito de Jasón, quien, al cruzar el río Anauro, perdió una de sus sandalias en el fango, como puede verse, por ejemplo, al comienzo del canto primero de *El viaje de los argonautas* de Apolonio de Rodas o en el libro I de la *Biblioteca* de Apolodoro.

RODRIGO.—¡Adentro, adentro! ¡Abajo los portillos! Mía fe, tal enemigo quiero que nunca da la espalda...
CHANFALLA.

> Quiero tomar posesión
> para el cielo y para España,
> de esta tierra que promete
> glorias y riquezas tantas.
> Sobre esta ceiba daré
> por señal tres cuchilladas,
> y si alguien me contradice
> sostenerlo he con mi espada.

RODRIGO.—¡Viva nuestro capitán don Hernando Cortés!
CHIRINOS.—¡Viva! ¡Viva Su Majestad el Emperador don Carlos!
RODRIGO.—¡Viva! ¡Sea por siempre esta provincia una joya más en la corona de Castilla!
CHIRINOS.—¡Sea!
RODRIGO Y CHIRINOS.—¡Vítor! ¡Vítor!...

(Saludan los tres al público y, al tiempo que CHANFALLA se retira tras la cortina, CHIRINOS se incorpora vivamente con un alarido y llevándose la mano al trasero.)

CHIRINOS.—¡Bellacos, traidores, indios de Satanás! *(Se vuelve y muestra una flecha clavada en una nalga.)* ¡Malhaya la tierra donde creció el árbol que sacó la rama que tal flecha dio! ¡Y la puta madre del indio que la lanzó![88]. *(Y desaparece renqueando tras la carreta.)*
RODRIGO.—*(Avanza hacia el proscenio quitándose el sombrero y el ojo que cubría su parche.)* Tal fue, senado ilustre, la primera herida que mi cuerpo ofrendó a Su Majestad. Allí fue, junto al río de Grijalva, que en lengua de indios se llama Tabasco, donde aquel bisoño soldado de fortuna

---

[88] La maldición de Chirinos, expresada en retahíla, tiene su origen en una variante de canción popular que posee significado positivo.

tomó la áspera ruta de la honra. Digno mentor y guía tuve en Hernández de Palomeque, mi capitán don Diego, y a su sombra y su luz emprendí la grandiosa jornada del descubrir y conquistar y pacificar y poblar todas las provincias de la Nueva España, con la muy nombrada ciudad de Tenuztitlán...[89].

(Se abren las cortinas y aparece, ante una pintura de Tenochtitlán México, SOMBRA, vestida de azteca y con la jarra sostenida en actitud ceremonial. Canta solemnemente.)

SOMBRA.

Chal-chimmala-cayo-ti-mani atl on yan tepetl
Huiya zan quetzal-to-name-yo-ti-mani Mexico nican
Huiya itlan neya-cal-hui-lo-toc in te-teuc-tin
in xochi-ayahuitl intepan moteca aya ohuaya.
Iztac huexotl Aya iztac tolin in ye imanican Mexico
[nican Huiya.
Tima-tla-lazta-totl tipatlan-ti-huiz, Aya Huitzilipochtli
tehuan ti-teotl Ohuaya.

(Rodeada por círculos de jade perdura la ciudad,
irradiando reflejos verdes cual quetzal está México
[aquí.
Junto a ella es el reflejo de los príncipes:
niebla rosada sobre todos se tiende.
De blancos sauces, de blancas espadañas es México la
[nación.
Tú, Huitzilipochtli, como garza azul vienes volando,
tú eres el dios.)

(Durante la canción, SOMBRA ha ofrecido la jarra a RODRIGO quien, también con rara solemnidad, bebe un trago. Tie-

---

[89] Para la descripción de la ciudad y el encuentro entre Cortés y Moctezuma, véase la bibliografía indicada en la nota 81, en especial la segunda *Carta de Relación* que el conquistador envía a Carlos V *(Historiadores primitivos de Indias,* I, págs. 12-52).

ne como un estremecimiento y devuelve la jarra a SOMBRA,
al tiempo que acaba de cantar.)

RODRIGO.—*(Como iluminado.)* ¡Así te me apareces aún en el
recuerdo, Tenuztitlán México! ¡Rodeada por círculos de
jade, irradiando reflejos verdes y cubierta de niebla rosada! Así te levantas, fundada en medio de una laguna,
tan grande ciudad como Sevilla y Córdoba, con plazas
tan dilatadas como aquella de Salamanca, con tus her-
mosos edificios, tus torres altas y bien obradas, tus gen-
tiles vergeles de flores de diversas maneras... *(Entra*
CHANFALLA, *todavía vestido de* CORTÉS, *y le hace gestos de
proseguir con el Retablo.)* Desde tu mismo centro, Tenuztitlán, sujeta grandes provincias el gran Montezuma, señor de tierras y gentes sin número, dueño de infinitas riquezas y de grandes ejércitos que defienden tu fortaleza
y extienden tu poder por las fronteras y provincias comarcanas...

CHANFALLA.—*(Interrumpiéndole, pasea de un lado a otro de la escena, interpretando.)* ¿Por qué no quiere verme a mí, don
Hernando Cortés, ese gran Montezuma? ¿Por qué me
solicita una y mil veces de no ir a su Tenuztitlán México? (RODRIGO *bebe un nuevo trago y deja la jarra en el suelo
del teatrillo.* SOMBRA *sale de él y se va con* RODRIGO *hacia el
fondo, cuchicheando misteriosamente. Mientras* CHANFALLA
*prosigue con su monólogo, en el escenario aparece cautelosa-
mente* CHIRINOS *e inspecciona la jarra.)* ¿Por qué sus men-
sajeros me envían grandes presentes de oro y plata y joyas y mantas de algodón y de plumas, y ora me prome-
te ser vasallo de Su Majestad el Emperador, ora me
tiende trampas y celadas de guerra, y siempre me manda decir que no le procure ver, que no pugne por llegar
a su ciudad? (CHIRINOS *ha olfateado la jarra, bebe un trago
y, al poco, tiene una convulsión y sale precipitadamente por un
lateral para vomitar.* CHANFALLA *sigue sin reparar en ella.)*
¿No echa de ver que así más me espolea la ardicia de lle-
garle y sujetarle? Más de tres meses ha que andamos sus
dominios. En ellos he fundado ya un villa española, la
Villa Rica de la Vera Cruz, y he conquistado y pacifica-

do para mis reyes anchas y ricas provincias. Sus vasallos de Cempoal, así como sus enemigos de Tlascala, me son amigos y confederados, y muchos caciques nos han dado a sus hijas doncellas para tener generación nuestra, como de bravos y esforzados guerreros que somos... *(Han regresado del fondo* RODRIGO *y* SOMBRA. *Ésta, portando un estandarte azteca, vuelve a instalarse en el escenario, notando que la jarra ha cambiado de posición.* RODRIGO *tiene de nuevo puesta la armadura de teatro.)* Por más que las hago cristianar antes de usarlas, porque no se inficione con paganas la sangre de mis soldados...[90].

RODRIGO.—*(Interrumpiéndole.)* Sólo a los capitanes. (CHANFALLA *le mira, sorprendido.)* Las indias, digo, que sólo a los capitanes se daban, y a algunos caballeros. Que nosotros, los meros soldados, por muy contentos nos teníamos si podíamos haber alguna niña o vieja o, cuando no, mujer ya muy parida. *(Se va indignando.)* Y ello a las prisas, con los calzones puestos, y aun con las armaduras, a las veces al trote de una marcha o en el respiro de una escaramuza.

CHANFALLA.—*(Consultando unos papeles que lleva guardados.)* Paréceme, don Rodrigo, que ese parlamento no figuraba en el Retablo...

RODRIGO.—No figuraba, cierto. Pero me ha venido a las mientes en oírte, no vayan a pensar estos señores que andaba yo por entonces hecho sultán turco, como otros

---

[90] Francisco López de Gómara *(op. cit.,* pág. 310) relata cómo en Tabasco le fueron ofrecidas a Cortés «hasta veinte mujeres», que él repartió entre los españoles; por su parte, Bernal Díaz del Castillo *(op. cit.,* pág. 223) ofrece una muestra más de esta costumbre cuando dice que en Tlaxcala, los caciques «trajeron cinco indias, hermosas doncellas y mozas, y para ser indias eran de buen parecer y bien ataviadas, y traían para cada india otra india moza para su servicio, y todas eran hijas de caciques. Y dijo Xicotenga a Cortés: "Malinche: ésta es mi hija, y no ha sido casada, que es doncella, y tomadla para vos." La cual le dio por la mano, y las demás que las diese a los capitanes. Y Cortés se lo agradeció, y con buen semblante que mostró dijo que él las recibía y tomaba por suyas, y que ahora al presente que las tuviesen en poder sus padres. Y preguntaron los mismos caciques que por qué causa no las tomábamos ahora; y Cortés respondió porque quiero hacer primero lo que manda Dios nuestro Señor...».

que yo me sé... *(Y le mira, severo, de arriba abajo. Al público.)* Y por no deslucir nombres ilustres, sepan vuestras mercedes cómo los soldados de Francisco de Garay, en ir a conquistar la provincia de Pánuco, andaban robando los pueblos y tomando mujeres por fuerza, como si estuvieran en tierra de moros...

CHANFALLA.—No se quillotre por tan poco, don Rodrigo, que aquí a... sus señorías, algo se les entiende de esas flaquezas tan humanales... Y manos a labor que se hace tarde y tenemos mucho que hacer y que decir y que mostrar...

RODRIGO.—¿Mostrar dices, Chanfalla? ¿Mostrar con tan mísero aparato los hechos y lugares y portentos que pasé, que parecían las cosas de encantamiento que cuenta el libro de Amadís?[91].

(Sin que nadie lo advierta, ha entrado CHIRINOS *como ausente, ha bebido un trago de la jarra y, sin reaccionar, sale por el lateral opuesto.)*

CHANFALLA.—*(Molesto por el desprecio de* RODRIGO.*)* ¿Pues no? Mayores maravillas he mostrado yo con muy menor balumba...[92].

RODRIGO.—*(Cuya actitud revela una extraña exaltación.)* ¡Quita allá, mentecato! ¿Puedes tú, por ventura, encerrar en este chamaril destartalado cuantos desiertos, lagos, cordilleras, selvas, volcanes, ciénagas y ríos anduve y pade-

---

[91] En ocasiones se ha relacionado la difusión que, gracias a la imprenta, tuvo el relato caballeresco con la predisposición existente en el siglo XVI a creer en lo inverosímil e irreal, nociones que dominaban la cosmovisión de los conquistadores y de algunos de sus cronistas (al respecto puede verse Demetrio Ramos, *El mito de El Dorado*). Prueba de ello son las alusiones a Amadís de Gaula, ponderando la extraordinaria belleza que presencia, que hace Bernal Díaz de Castillo *(op. cit.,* vol. I, pág. 260, y vol. II, pág. 30) y que el dramaturgo recoge en boca de Rodrigo, imposibilitado para escenificar lo que vio.

[92] La frase de Chanfalla remite al receptor al *Retablo* cervantino, cuando Benito Repollo, a la vista de la escasez de medios que muestran los cómicos, comenta: «Poca balumba trae este autor para tan gran Retablo» *(op. cit.,* pág. 121).

cí? ¿Podemos figurar, siendo tan pocos, los cientos de soldados y muchedumbres incontables de indios que mis ojos contaron? Aquellos palacios de caciques poderosos, aquellos templos y adoratorios, aquella riqueza de oro y plata y pedrerías, ¿mostraremos aquí con tales calandrajos y piltracas?

CHANFALLA.—*(Francamente picado.)* No es razón escupir en el caldo cuando no se tiene sopa.

RODRIGO.—*(Avanza como iluminado hasta el proscenio. Al público.)* Fuera yo nigromántico, nobles señores y demás testigos, tuviera yo poderes de hechicero, de tal modo y manera que esta fábrica enjuta de apariencias, sin trabas derramase ante vuestras mercedes la suma de sucesos memorables en que me vi revuelto. Entonces temblarían vuestros pechos con las guerras tan bravosas que tuvimos en la ciudad de México. Aquí retumbarían los aires con los grandes gritos y silbos y atambores y trompetillas de los fuertes escuadrones de indios, con nuestros tiros de escopetas y arcabuces y el galope y relincho de caballos. Aquí lloverían flechas y piedras y montantes y lanzadas y cuchilladas y estocadas...

CHANFALLA.—*(Que parece ver, efectivamente, en las sombras de la sala lo que* RODRIGO *dice.)* Por mi fe, don Rodrigo, que aún me hará ver a mí nuevo Retablo de las Maravillas...

RODRIGO.—*(Cada vez más exaltado.)* Aquí levantaría el gigantesco *cú* de Huitzilipochtli, que es como decir el templo de su dios de la guerra, y veríais la feroz batalla que hubimos por derrocar y poner fuego a sus ídolos, los nuestros malheridos, todos corriendo sangre y peleando contra miles de mexicanos resueltísimos, subiendo por las gradas, y luego bajándolas, reciamente acosados, volviendo a nuestros aposentos bajo un diluvio de varas y flechas, los muros deshechos, y todos heridos, y dieciséis muertos, y los indios siempre aprestándonos, y otros escuadrones por las espaldas... que quien no nos vio, aunque aquí más claro lo diga, yo no lo sé significar...

(Mientras hablaba ha comenzado a entrar humo desde el lateral por donde salió CHIRINOS.)

CHANFALLA.—*(Fascinado por el verbo de* RODRIGO, *parece participar en la escena descrita.)* ¡Y tanto que lo sabe vuestra merced! ¡Como que mismamente se me figura que lo veo, y hasta que huelo el humo de las fogatas! ¡Y qué cuchilladas y estocadas les damos, y con qué furia los perros pelean, y qué herir y matar hacen en nosotros con sus lanzas y macanas y espadas de dos manos...!

RODRIGO.—¡Basta, por mi vida, basta! Dejemos este espanto y matacía, y también la lamentosa muerte del desdichado Montezuma, y la triste, tristísima noche de nuestra huida de México, y la feroz, ferocísima batalla de Otumba, tan reñida y nombrada, de donde salí cojo...

CHANFALLA.—*(Compadecido.)* Dejémoslo, sí, y vayamos presto a la parte en que les damos la lección que merecen a esos empecinados mexicanos. Entremos ya en la laguna con los bergantines y cerquemos la ciudad de Tenuztitlán, que me saltan las carnes por verla estragada y derrocada, después de tan soberbia.

RODRIGO.—*(Súbitamente irritado.)* Hablas como bestial y encarnizado, Chanfalla. ¿Así te gozas tú, que a buen seguro nunca te has visto sino en peleas de mojicones y pellizcos, así te gozas con aquella extremada mortandad, donde tantos montones de cuerpos difuntos había que no se podía poner los pies sino en ellos? Y los miles de ahogados, y los sacrificados y comidos por nuestros aliados tlascaltecas, y los muertos de pestilencia, y aquellos a quien sacamos el unto para embrear bergantines, a falta de aceite o sebo...

(Es interrumpido por un agudo lamento de SOMBRA, *que se arrodilla y golpea con las manos el suelo del teatrillo. El lamento se transforma en salmodia mientras* RODRIGO *va junto a ella y cierra las cortinas, quedando los dos ocultos.* CHANFALLA, *apenas repuesto de la sorpresa, se aproxima al Retablo, escucha y va luego hasta el proscenio, hablando al público con sigilo para que no le escuche* RODRIGO.)*

CHANFALLA.—¡Macarelo! ¿Dónde estás, Macarelo? *(Es evidente que no se atreve a bajar a la sala.)* ¡Malditas sombras!... ¡Eh, señores belitres...! Valga el diablo, y qué amortecidos parecen, y antes tanta rechifla y bulla y chirigota... ¿Hanse quedado por ventura mudos? Tanto me da, mientras no paren sordos... Que han de oírme decir cómo es tiempo de miñarse todos paso a pasito, sin ser sentidos, antes que la floraina se descubra y aquí se desbarranque un cataclismo. ¿No habéis visto qué luces alunadas se le encienden al indiano en la cabeza? Buena sería que en uno de esos raptos bajara y os oliera, y todo este negocio se estragase... ¿Tiéneslo entendido, Macarelo? Pues a trasmontar quedico y a esperarme cabe el puente, para el cobro de los charneles, que allí acudiré yo tan pronto rematemos el ensayo del Retablo... ¡Macarelo! ¡Responde, hideputa, y no te encubras! ¿No se te habrán tragado esos espíritus que dice doña Sombra? *(Quiere reír, pero la inquietud le gana.)* ¿Quién hay ahí?... Juro a mí, que talmente siento como si unas miradas me amenguasen... *(Se toca el cuerpo y la cara.)* Ta, ta, ta... ya sé yo la causa de este silencio, que no es otra sino el verme como trapaza o monigote. ¿No es así, Macarelo? *(Ríe sin convicción.)* ¿No es cierto que parezco figura de apariencia? Pues tan de veras soy como vosotros, si no más. Sólo que unos tufos de encantamiento embeleñan algún poco este lugar, de tal suerte que, vistas desde ahí, las cosas y personas parecemos de burla, invención y sueño... *(Cada vez más inquieto.)* Y reniego de mí si no me van entrando en las carnes esos mismos barruntos... *(Es sobresaltado por la brusca entrada de* Chirinos *fumando los restos del cigarro de* Rodrigo, *y con la escalera y el gancho que usó al principio. Tiene un aire ausente.)* ¡Chirinos!... Por el siglo de tu madre, y qué susto me has dado... ¿Adónde vas con eso? (Chirinos *le pide silencio con un gesto.)* ¿Qué te pasa? ¿Qué te propones? (Chirinos *coloca la escalera apoyada en la carreta y sube con el gancho, pidiéndole de nuevo silencio.)* ¿Me mandas callar y pretendes tú desbaratarlo todo? ¡Baja de ahí, insensata! ¡Cata que está despierto, y doña Sombra con él! ¡Tente, tente...! *(Con pasmosa facilidad,* Chirinos *ha introducido el gancho por un agujero del techo y lo saca al mo-*

mento con una presa inesperada: el casco de RODRIGO.) ¡Virgen de las angustias! ¡Ya todos enloquecen!

(En ese momento sale RODRIGO *del teatrillo acabando de ponerse su armadura con ayuda de* SOMBRA. *No ve a* CHIRINOS *que, en lo alto de la escalera, se pone su casco.)*

RODRIGO.—Presto, presto, Chanfalla. No perdamos más tiempo, que el camino es largo y el plazo corto. Tomemos ya la ruta de Eldorado, y sepa este auditorio a qué provincias venturosas acudimos.

CHANFALLA.—*(Extrañado al advertir que se está poniendo la armadura real.)* ¿Hacia... hacia Eldorado ya? ¿Qué quiere decir vuestra merced? ¿Que nos saltemos la recia jornada que tuvisteis, yendo con Alvarado[93], en lo de Guatemala?

RODRIGO.—Olvida Guatemala, pues que allí fue donde perdí este ojo. Vámonos ya a Eldorado, y dejemos a Alvarado penando en los infiernos.

CHANFALLA.—*(Repasando de nuevo las páginas del Retablo.)* Y de cuando os pasasteis al Darién y Panamá con la gente de Pedrarias Dávila[94], ¿no mostraremos nada?

RODRIGO.—¿A Pedrarias me nombras, ese Atila? Huyámonos, Chanfalla, huyamos de aquellos reinos asolados y diezmados.

CHANFALLA.—¡El Perú, don Rodrigo! ¡Hagamos, pues, la famos hazaña del conquistar y pacificar aquel gran reino del Perú!

RODRIGO.—¿El Perú dices? ¿Para tornar a llenarme las cejas, narices, orejas y otras partes de la cara y cuerpo de bubas, tan grandes como nueces y muy sangrientas?

---

[93] Pedro de Alvarado participó en la conquista de Cuba y colaboró con Cortés en distintas empresas; en 1523, al mando de un pequeño grupo de soldados, inició la colonización de Guatemala, de donde fue Adelantado. Véase Gonzalo Fernández de Oviedo, *op. cit.,* BAE, 120, L. XXXIII, C. XLII y XLIII, págs. 196-207.

[94] Acerca de la entrada de Pedrarias Dávila a Darién, véase Gonzalo Fernández de Oviedo, B.A.E., 119, L. XXIX, C. VIII y IX, págs. 232-241.

CHANFALLA.—*(Desconcertado.)* ¿Qué se le ha de llenar, don Rodrigo? No digo sino que hagamos el paso de Cajamarca y prisión de Atabaliba, que es de lo más vistoso del Retablo. Aquélla sí que fue empresa memorable y gloriosa... Vengan trabajos, males, peligros y muertes que tanto fruto dieron, como fue rendir aquel imperio universal del Inca a don Francisco de Pizarro[95].

> *(Sale por el fondo.* RODRIGO *ha ido a uno de los tenderetes y examina, soñador, un vistoso collar de plumas. No parece oír a* CHIRINOS *que, en el lado opuesto, siempre en la escalera, con el casco puesto y el gancho a modo de lanza, declama.)*

CHIRINOS.

Las fases de la luna
imitan las mudanzas de fortuna,
pero el sol de Pizarro
brilla con tal tesón, que me achicharro[96].

RODRIGO.—*(Evocador.)* Vistosa fue la entrada de Atahualpa en Cajamarca, sí. Cuatro horas tardó en andar una legua, tan de reposo iba... Venía en litera de oro, aforrada de plumas de papagayo, y sentado en un tablón guarnecido de esmeraldas. Trescientos criados con librea le quitaban las pajas y piedras del camino, y muchos señores en andas y hamacas, por majestad de su corte...

---

[95] Sobre la prisión de Atabaliba o Atahualpa y la conquista del Perú y las guerras civiles entre Almagro y Pizarro, puede verse Gonzalo Fernández de Oviedo, *op. cit.,* B.A.E., 121, L. LVI, C. III y ss. La descripción de la llegada del cacique ante el gobernador español y el enfrentamiento con fray Vicente de Valverde se encuentra en el capítulo VII, pág. 55. Una interesante versión comentada y anotada de estos hechos (en especial del sermón y la respuesta de Atahualpa) se encuentra en Guillermo M. Prescott, *Historia de la Conquista del Perú.*

[96] Estos versos y los siguientes que recita Chirinos están compuestos por Sanchis.

(Entonces se descorre la cortina y aparece una alegoría del PERÚ *y un muñeco que figura Atahualpa.* CHANFALLA, *acabando de vestirse un hábito de franciscano, baja del teatrillo y se coloca ante él.)*

CHANFALLA.—Entonces llega ante él fray Vicente de Valverde y le lee el Requerimiento. *(Interpreta muy rápido.)* Sabe que un Dios en Trinidad ha creado el cielo y la tierra y todo cuanto hay en ello, y ha hecho a Adán, sacando a su mujer, Eva, de su costilla, de donde todos fuimos engendrados. Y por desobediencia de estos nuestros primeros padres caímos todos en pecado y no alcanzábamos gracia para ver a Dios ni para ir al cielo ni para nada. Hasta que Cristo vino a nacer de una Virgen para salvarnos, y a este efecto recibió pasión y muerte, y luego resucitó y se fue al cielo, dejando en su lugar a San Pedro y a sus sucesores, que llamamos papas y que están allá en Roma. Y éstos han repartido todas las tierras de todo el mundo entre los príncipes y reyes cristianos, y esta provincia tuya le ha tocado al Emperador don Carlos. Y Su Majestad ha enviado a don Francisco de Pizarro para hacerte saber, de parte de Dios, todo esto que te he dicho. Y si quieres creerlo y bautizarte y dejar esa religión tan mala que tienes y obedecerle y darle tributos, él te amparará. Y si haces lo contrario, don Francisco te dará cruda guerra a sangre y fuego...

CHIRINOS.

¿Tú comprender, don villano?
¿Mi razón has bien sentido?

RODRIGO.—Y Atahualpa dijo que aquellas sus provincias las habían ganado su padre y sus abuelos, y que no sabía cómo San Pedro las podía dar a nadie. Y que él no tenía por qué tributar, siendo libre, y que su religión era muy buena, y que el sol era su padre y la tierra su madre, que nunca morían... Y que cómo sabía el fraile ser verdad su doctrina.

CHANFALLA.—*(Tendiendo un breviario al muñeco.)* Este libro lo dice por boca de Dios.

RODRIGO.—*(Toma el libro.)* Y Atahualpa tomó el libro, lo abrió, lo miró, lo escuchó... y dijo que a él aquel libro no le decía nada ni le hablaba palabra. *(Lo arroja al suelo.)*

CHANFALLA.—*(Recogiéndolo, presuroso.)* ¡Los Evangelios en tierra! ¡Venganza, cristianos, que no quieren nuestra amistad ni nuestra ley! *(Saca una espada de debajo del hábito.)*

CHIRINOS.

¡Yo os reto, los zamoranos,
por traidores fementidos![97].

RODRIGO.—*(Abalanzándose sobre* CHANFALLA, *le hace caer y grita hacia todos los lados.)* ¡Tente, Chanfalla! ¡Guarda la espada! ¡Alto la artillería! ¡Detened los caballos! ¡Cesad las cuchilladas y estocadas! ¡Los indios no pelean! ¡Atahualpa está preso y nadie nos da guerra! *(Ha aparecido* SOMBRA *con la jarra y, calmándole, se la ofrece.* CHANFALLA, *en el suelo, masculla reniegos ininteligibles mientras trata de quitarse el hábito.* CHIRINOS *ríe con risa extraviada.* RODRIGO *bebe y murmura, alucinado.)* Ya está vencido el Inca y repartido su tesoro. Ya nos batimos cristianos contra cristianos en aquellas civiles guerras de Almagro y los Pizarro. Yo anduve miles de leguas, siempre pacificando incas alzados, llegando a tener encomienda de trescientos indios. Y ya, como no nací yo para hacendado, parto con Orellana al encuentro de don Gonzalo Pizarro, que tiene aderezada una sin par jornada en busca del reino de Eldorado y el país de la Canela...

*(*SOMBRA *cierra la cortina del teatrillo.)*

---

[97] Ante tal descripción, la memoria histórica de Chirinos recoge estos versos del «Romance del reto a los zamoranos» *(El romancero viejo,* edición de Mercedes Díaz Roig, Madrid, Cátedra, 1981, 6.ª ed., pág. 146).

CHANFALLA.—*(Ya liberado del hábito, furioso.)* ¡Basta, don Rodrigo! ¡Hasta aquí llega la cuerda de mi paciencia! ¡O ensayamos todo el Retablo o me ensucio en las gachas!

RODRIGO.—¿Ensayar, dices? ¿Qué habríamos de ensayar?

CHANFALLA.—*(Confuso.)* No quise decir tal, sino...

RODRIGO.—Ensayo infructuoso fue, sí, toda mi vida vagabunda. Pero es llegado el momento de poner en ejecución la obra que el destino escribiera para mí en las estrellas...

CHANFALLA.—¿Cuál obra es ésa?

RODRIGO.—*(Adelantándose hasta el proscenio, al público.)* A pesar de la sombra que os encubre... y de las brumas que me anublan la visión, veo brillar en vuestros nobles pechos la lumbre de gallardía que ha de extirpar tantos males y remediar aquel Nuevo Mundo...

CHANFALLA.—*(Inquieto.)* Considere, don Rodrigo, que a las veces la vista tiene así como ofuscaciones...

RODRIGO.—¡Ven aquí, sombra mía! (SOMBRA *acude a su lado;* RODRIGO *le levanta la blusa y muestra su espalda azotada.)* Ved esto. De tantas violencias y traiciones que en aquellas gentes y tierras se han hecho y se hacen, vuestras mercedes serán, yo mediante y esta mi gran jornada, los nuevos redentores...

CHANFALLA.—*(Ídem.)* Cate, don Rodrigo, que no todo el monte es orégano.

RODRIGO.—*(Exaltándose.)* No os desaliente que el Rey nuestro señor tenga por más valioso ver contar el oro de las Indias que oír contar sus miserias...

CHANFALLA.—*(Francamente asustado.)* Repare, don Rodrigo, que por doquier hay oídos torcidos...

RODRIGO.—No miréis que estén los religiosos más dados al fuego de la penitencia acá, que al agua del bautismo acullá...[98].

CHANFALLA.—*(Aterrado.)* ¡Por su ánima, don Rodrigo, que...!

---

[98] Las críticas palabras de Rodrigo coinciden en el sentido con lo expresado por Lope de Aguirre en su carta a Felipe II (véase Francisco Vázquez-Pedrarias de Almesto, *Jornada de Omagua y Dorado. Crónica de Lope de Aguirre*, Madrid, Miraguano, 1986, 2.ª ed., págs. 116-123).

RODRIGO.—*(Radiante.)* ¡Hoy llegaremos juntos a la escondida fuente de todas las riquezas de las Indias, y allí será el origen y principio de un reino venturoso que sepa reparar tantos estragos hechos! *(Alza la jarra.)* ¡Este amargo licor me da vislumbres y potencias para hallar esa ruta, y andarla, y acabarla. *(Bebe un trago.)*

CHIRINOS.—*(Aún en la escalera.)* ¡Mire de no acabarla, don Rodrigo! La jarra, digo: que su licor también a mí me da vislencias y potumbres...[99].

RODRIGO.—Daríate transportes y sudores de muerte o desvarío, Chirinos: que es bebida sagrada, no hecha para cualquier garguero... ¿Y qué diablos haces ahí trepada y con mi casco puesto?

CHIRINOS.—Pues no sé qué le diga, don Rodrigo. Me trepé aquí, quedéme y olvidéme[100].

RODRIGO.—¡Bájate, pues, y aligera, que ya nos departimos! Y tú también, Chanfalla: aviva, aviva...

CHANFALLA.—¿Departirnos? ¿Adónde?

RODRIGO.—¿Adónde ha de ser, sino al arduo camino de mis días errados? Que si antaño lo anduve ciego, hogaño lo andaremos derechamente[101]. *(Y sale por el fondo, seguido de* SOMBRA.*)*

CHANFALLA.—*(Totalmente perdido, trata de bajar a* CHIRINOS *de la escalera.)* ¡Por los pelos del rabo de Satanás! ¡Chirinos, vuelve en ti, que el mundo se desquicia! ¿Qué locura es

---

[99] *Vislencias* y *potumbres:* Sobre las palabras *vislumbres* y *potencias* que antes profirió Rodrigo se realiza este trueque humorístico, de modo semejante a como lo solía hacer Sancho Panza en *El Quijote.*

[100] La evocación de la poesía mística (San Juan de la Cruz, *Subida al Monte Carmelo,* octava lira) que hace Chirinos funciona como elemento de contraste entre el arrobo divino que sufre la voz del poeta, trasunto de la elevación mística, y la posición del personaje, en lo alto de una escalera y bajo los influjos enajenadores producidos por el bebedizo destinado a don Rodrigo.

[101] Como don Quijote en los últimos momentos de su vida, establece la diferencia entre un pasado utópico y un presente intransitable: «Vámonos poco a poco, pues ya en los nidos de antaño no hay pájaros hogaño. Yo fui loco, y ya soy cuerdo [...] Pueda con vuestras mercedes mi arrepentimiento y mi verdad volverme a la estimación que de mí se tenía...» *(Don Quijote de la Mancha* II, cap. 74, pág. 1038).

la tuya? ¡Despierta! El indiano salido se ha de sí, doña Sombra parece espiritada, yo no sé ni quién soy ni quién no soy... y en cuanto a ésos de ahí *(Señala al público.)*, alguna tarrabustería andan urdiendo, que ni responder quieren a mis voces. Receloso estoy, no vayan a soplar al Santo Oficio los desacatos que ensartó nuestro indiano...

CHIRINOS.—*(Siempre en su mundo.)*

> ¡Maldito seas, Rodrigo,
> del Papa descomulgado,
> porque deshonraste un rey,
> el mejor y más preciado![102].

CHANFALLA.—¡Calla, loca! ¿Qué mal viento te ha tocado?

VOZ DE RODRIGO.—*(Tras la carreta.)* ¿Yo, deshonrar al rey? ¿Quién dijo tal?

CHANFALLA.—*(Haciendo salir a CHIRINOS.)* ¡Aún harás que nos deslome! Vete a buscar el seso que has perdido...

RODRIGO.—*(Entra, furioso, con lanza y rodela.)* ¡Miente quien tal afirma! ¡Antes bien, honra y servicios infinitos le he dado por la más grande parte de mi vida.

(Del techo de la carreta comienza a brotar una maraña vegetal.)

CHANFALLA.—Nadie lo duda de vuestra merced... ni de nosotros...

RODRIGO.—¡Por aumentar sus reinos y vasallos, y los de su padre el Emperador y de sus católicos abuelos don Fernando y doña Isabel, lastimado estoy de mis miembros![103].

CHANFALLA.—Eso salta a la vista, don Rodrigo...

---

[102] Versos extraídos del romance «Del singular concilio habido en la ciudad de Roma»; véase en Ramón Menéndez Pidal, *Flor nueva de romances viejos*, Madrid, Espasa-Calpe, Austral, 1969, 17.ª ed., pág. 145.

[103] La queja de Rodrigo por la mutilación sufrida evoca la que Lope de Aguirre dirigió a Felipe II en su citada carta *(Jornada de Omagua y Dorado*, págs. 116-123).

RODRIGO.—¡Nunca murmuré de él por ser ingrato a sus vasallos y no dolerse de nuestras fatigas y trabajos!

CHANFALLA.—¡Nunca, puedo jurarlo!

RODRIGO.—Y si aquí mismo estuviera presente su augusta persona...

CHANFALLA.—¡Dios no lo quiera!

RODRIGO.—*(Arrodillado ante* CHANFALLA.) Yo hincaría mi rodilla en tierra y le diría: *(Declama.)*

> ¡Cuántas tierras corrí, cuántas naciones,
> hacia el helado norte atravesando,
> y en las bajas, antárticas regiones
> el antípoda ignoto conquistando!...

CHANFALLA.—*(Tratando de incorporarle.)* ¡Bien dicho y bien rimado, sí señor!

RODRIGO.—*(Le toma la mano.)*

> Dejo, por no cansaros y ser míos,
> los inmensos trabajos padecidos...

CHANFALLA.—Eso, sí: déjelos...

RODRIGO.

> ... La sed, el hambre, la calor, los fríos,
> la falta irremediable de vestidos,
> los montes que pasé, los grandes ríos...[104].

CHANFALLA.—Déjelos, don Rodrigo, no vaya a importunar a estos señores...

RODRIGO.—*(Viendo el laberinto de falsas enramadas que ahora rodea la carreta.)* ¡Los grandes ríos! *(Se incorpora y empuña la rodela y la lanza.)* Éstas son ya, sin duda, sus fragosas orillas... Entrémonos en ellas, Chanfalla, y emprenda-

---

[104] Los versos pertenecen a *La Araucana*, de Alonso de Ercilla (edición de Marcos A. Morínigo e Isaías Lerner, Madrid, Castalia, 1979, vol. II, págs. 407-408).

mos sin más tardar la gran jornada de Eldorado y del reino de las Amazonas...

(*Aparece* Chirinos *ante las cortinas del Retablo, a medio poner sus vestidos de mujer.*)

Chirinos.—¡No tal, señores hombres! Que aquí doña Sombra y yo nos vamos a buscar los Amazonos... (*Ríe excitada y desaparece tras las cortinas.*)

Chanfalla.—Sépala disculpar vuestra merced, que anda de un rato acá como pasmada.

Rodrigo.—Todo es posible, Chanfalla, en estas espesuras infinitas... Aquí se pierde la razón y el rumbo. Pasos y pensamientos se extravían... Sígueme de cerca y no me pierdas de vista ni de oído, que yo te seré guía en este laberinto... (*Se interna en la «espesura» y desaparece tras la carreta.*)

Chanfalla.—(*Yendo tras él.*) ¡Don Rodrigo! ¿Adónde va?

(*Salen del teatrillo* Chirinos *y* Sombra, *ésta con la jarra.*)

Chirinos.—(*Claramente traspuesta.*) Ven conmigo, mochacha. Vámonos tú y yo por estas partes (*Señala la sala.*), que a buen seguro encontraremos a esos mozarrones sin mujeres, de quien seremos muy bien recibidas... (*La lleva de la mano hacia el proscenio, pero* Sombra *se desprende.*) ¿Qué es ello? ¿Te da empacho? (*Ríe tontamente.*) A mí también me diera, sino que ese licor me ha transportado toda a no sé dónde, y allí anda prohibida la vergüenza... Bébelo tú también y así estarás conmigo...

Sombra.—(*Protegiendo la jarra de las manos de* Chirinos.) Ca ahhueli tiquiz inin. Intla melahuac in oticchiuh, in teteo mitztlacaquitizqueh ica yollopoliuhcayotl. Ca in ololiuncatlailli in quitemaca xochitemictli, in tetlachialtia in tetzahuitl, in tetlaia tetzahuilizpan. (No puedes beber esto. Si es cierto que lo has hecho, los dioses te castigarán con la locura. Es la bebida sagrada del ololiuhqui, que da el Sueño Florido y permite a sus fieles ver más allá de las cosas, estar más allá de los lugares.)

(Le muestra la codiciada bolsa, que lleva escondida en sus vestidos.)

CHIRINOS.—¡Por vida de los huesos de mi abuela! ¡La bolsa de las perlas! ¿Qué me quieres decir?

SOMBRA.—Inim ixinach in chalchiuhtlicue. Ica yehuatl mochihua in teoatl. (Éstas son las semillas de la Señora de las Aguas. Con ellas se hace el zumo de los dioses.)

CHIRINOS.—*(Conteniendo su excitación.)* Mi alma, mi amiga, mi amor, azucena, corderita... ¿No me dejarás que las tiente y las vea? *(Va a tomar la bolsa, pero* SOMBRA *la retira.)*

SOMBRA.—Ca ahhueli in quimatocazqueh in ahmo chipahuaqueh. Nahuatl nimitzihtitiz. (No pueden tocarlas manos impuras. Yo te las mostraré.) *(Con reverencia suma, abre la bolsa, introduce la mano y saca un puñado de semillas, que muestra a* CHIRINOS.)

CHIRINOS.—*(Antes de verlas.)* ¡Gracias, lucero mío! *(Al verlas.)* ¡Válgame Dios! ¡Lentejas! ¡Lentejas son, o cosa parecida!

(Desde detrás de la carreta, en donde han estado sonando extraños ruidos, entran RODRIGO *y* CHANFALLA *desastrados y cubiertos de falsa maleza. Caminan abriéndose paso con las espadas en la maraña vegetal y venciendo un gran esfuerzo.)*

RODRIGO.—Esto son fatigas y trabajos. Esto es andar continuo sobre manglares[105] y anegadizos. Esto son hambres que nos hacen comer hasta los cueros, cintas y suelas de zapatos...

*(*SOMBRA *se ha escabullido por un lateral al verlos.)*

CHIRINOS.—*(Sin salir de su asombro.)* ¡Lentejas!

RODRIGO.—¡Ca, mi buena amiga! ¡Lentejas fueran aquí manjar de príncipes y reyes! *(Ha rodeado la carreta y desaparece por el otro lado.)*

---

[105] *Manglares:* Terrenos de zonas tropicales que con las mareas son cubiertos en parte por las aguas del mar.

CHIRINOS.—*(A* CHANFALLA, *que le sigue como hipnotizado.)* ¡Son lentejas las perlas, o alguna otra semilla cortezuda!
CHANFALLA.—Déjate de lentejas y apechuga, si no quieres perderte y consumirte en esta maraña... *(Saliendo.)* ¡Aguarde, don Rodrigo, y no me deje solo...!

(Siguen escuchándose extraños ruidos tras la carreta, al tiempo que la luz adquiere tintes irreales.)

CHIRINOS.—*(Viendo que no hay nadie en escena.)* ¿Pues sola he de quedar yo, y sin perlas ni nada? No así. Voy tras los Amazonos, que han de ser muy bizarra compañía... *(Baja a la sala y corre por el pasillo gritando.)*

¡No fuyáis, no, caballeros,
no temáis de mi venida...![106].

(Se abren las cortinas de la carreta y aparecen RODRIGO *y* CHANFALLA *en medio de un frondoso decorado amazónico. Se balancean como si navegaran en una balsa. Se escucha el sonido de un tam-tam)*[107].

RODRIGO.—Una mar inclinada es este río, el mayor sin dudarlo de la tierra... Ojo a los remolinos, Chanfalla, no nos vayan a tragar con balsa y todo...
CHANFALLA.—¿Oye vuestra merced esos tambores? ¡Son otra vez esos malditos indios flecheros! Ya vuelven a acosarnos, sin dejarnos llegar a las riberas.
RODRIGO.—No, Chanfalla: esta vez no son indios, sino Amazonas. Mira aquellas mujeres muy blancas y altas, haciendo cada una tanta guerra como diez indios. ¿No ves como tienen muy largo el cabello?

---

[106] La quijotesca alucinación de Chirinos la lleva a expresarse de manera semejante a la usada por el hidalgo manchego ante los supuestos gigantes: «¡Non fuyades, cobardes y viles criaturas, que un solo caballero es el que os acomete!» (*Don Quijote de la Mancha* I, cap. 8, pág. 168).
[107] Situaciones semejantes describe el soldado Pedrarias en la *Jornada de Omagua y Dorado*, y reproduce el dramaturgo en *Lope de Aguirre, traidor*. No se olvide que este *Retablo* fue la primera pieza compuesta de la *Trilogía*.

CHANFALLA.—¡Sí veo, sí! ¡Y que son muy membrudas y andan en cueros!... Mas no veo si tienen el un pecho cortado para mejor flechar, como de ellas se dice.

RODRIGO.—No lo tienen, no. Que dos tetas sustenta cada una como dos calabazas.

CHANFALLA.—¿Y no hemos de darles la reñida batalla que merecen?

RODRIGO.—El río nos arrastra con demasiada fuerza. Vamos desgobernados y sin rumbo, como gente perdida, dejando atrás muy grandes poblaciones y provincias sobremanera ricas...

CHANFALLA.—¡Aportemos en ellas, don Rodrigo! ¡Desterremos el hambre! ¡Salgamos de miseria!

RODRIGO.—Ésas fueran cortas miras para tan larga jornada. Mi meta es el reino de Eldorado, que dejará chiquitas todas estas riquezas, y el tesoro perdido de Montezuma, y el rescate de Atahualpa...

CHANFALLA.—¿Y qué va a hacer vuestra merced con tan riquísima riqueza?

RODRIGO.—¿Qué he de hacer, sino enmendar este Nuevo Mundo de la desolación que el Viejo le ha causado?

CHANFALLA.—Largo trabajo es ése para sus largos años, don Rodrigo...

RODRIGO.—Verdad dices, amigo. Pero el oro infinito del príncipe Dorado dará también para enviar cien naves en busca de Bimini.

CHANFALLA.—¿Bimini?

RODRIGO.—¡Bimini, sí! Donde brota la fuente de la eterna juventud... Allí me curaré de la más cruel de mis heridas: la mucha edad, Chanfalla. Allí quedarán mis luengos años, fatigas y pesares... Aguza, pues, la vista. Abre todos tus sentidos, no se me vaya otra vez a escapar tan descomunal tesoro, esa riqueza sin tasa, tal prodigio de opulencia como nadie lo soñara...

CHANFALLA.—*(Deslumbrado, señala hacia un lateral.)* ¡Allí, allí! ¡Es él![108].

---

[108] Chanfalla, como un nuevo Sancho Panza, participa del delirio de su

RODRIGO.—¿Quién?

CHANFALLA.—¡El príncipe Dorado!

RODRIGO.—*(Excitadísimo, mira en la misma dirección.)* ¿Dónde? ¿Dónde está?

CHANFALLA.—¡Allí! ¿No lo ve vuestra merced?

RODRIGO.—¡No, por mi ánima!

CHANFALLA.—¡Su cuerpo relumbra como el sol! ¡Va en medio de su balsa, rodeado de oro y esmeraldas!

RODRIGO.—¡No puedo verlo!

CHANFALLA.—¡Sí, allí! ¡Note cómo le cantan y sahúman![109]. ¿Oye vuestra merced?

RODRIGO.—¡No oigo nada! ¿Dónde está?

CHANFALLA.—¡Allí! ¿No ve la orilla remontada de palacios de plata y pedrería?

RODRIGO.—*(Exasperado.)* ¡No, maldita sea! *(Zarandea a* CHANFALLA.*)* ¿Qué poder es el tuyo, condenado farsante, que ves lo que yo no veo, que oyes lo que yo no oigo?

CHANFALLA.—¿Poder yo, don Rodrigo? ¿Poder, este actorzuelo desplumado? Ninguno, sino el ansia de salir de mi estrechura... Pero mire... *(Señala, radiante, hacia el lateral.)* ¡Allí está la salida!

(Irrumpe en ese momento CHIRINOS *desde el fondo de la sala.)*

CHIRINOS.—*(Muy divertida.)* ¡Ahora sí que vienen! ¡Ahora sí que es verdad!

(Cesa de golpe el sonido del tambor y la luz vuelve a la normalidad. CHANFALLA *parece despertar, mientras* RODRIGO *queda como flotando entre dos aguas.)*

«señor», creyendo encontrarse realmente en el territorio evocado. El lenguaje de inspiración cervantina que maneja contribuye a proyectar la imagen de la pareja de visionarios clásicos. Sin embargo, ante la asombrada pregunta de don Rodrigo («¿Qué poder es el tuyo, condenado farsante, que ves lo que yo no veo, que oyes lo que yo no oigo?»), su respuesta rompe la magia de la evocación y actualiza el mensaje: «¿Poder este actorzuelo desplumado? Ninguno, sino el ansia de salir de mi estrechura.»

[109] *Sahumar*: Purificar con humo procedente de la quema de materias bienolientes.

CHANFALLA.—*(Aún medio ausente.)* ¿Qué... qué... quién viene? ¿Qué es... de verdad?

CHIRINOS.—¡El alcalde y los regidores... y una docena de cuadrilleros del Santo Oficio! *(Ríe extraviada.)*

CHANFALLA.—*(Aterrado.)* Por... por... por el siglo de tu madre... ¿Qué estás diciendo?

CHIRINOS.—Que vienen todos de verdad, camino arriba, hacia aquí...

(Entra SOMBRA desde el fondo y avanza hacia el proscenio.)

CHANFALLA.—*(Comprendiendo de golpe.)* ¡Macarelo! ¿Dónde está Macarelo? ¿No está ahí?

CHIRINOS.—Aquí no hay nadie, como no sean los espíritus que ve doña Sombra... *(Ríe.)* Y en cuanto a Macarelo, viene también con ellos, y mucha más gente...

(RODRIGO, como despertando, examina perplejo la ficticia maraña y los decorados del teatrillo.)

CHANFALLA.—*(Reaccionando, por fin, rápidamente.)* ¡Por tu vida, Chirinos! ¡Afufemos presto de aquí, si no quieres verte apiolada[110] por la Inquisición! *(Y comienza a recoger precipitadamente ropas y enseres del Retablo.)*

CHIRINOS.—¿Afufar dices? ¿Por qué? ¿Quién nos persigue? *(Sube a escena. SOMBRA acude a ella, como queriendo que le explique lo que ha visto en la sala.)*

CHANFALLA.—*(A RODRIGO, sin dejar de recoger.)* ¡Despierte, don Rodrigo! ¡Levantemos el campo, que el Santo Oficio viene a hacernos visita, y temo no ha de ser de cortesía! *(RODRIGO sigue ausente.)* ¡Presto, presto, Chirinos! ¡Arrambla con lo que más valga, que ello será de hoy más nuestro remedio!

CHIRINOS.—¿Nuestro remedio? Él lo será mi mercado, como otra vez te dije... *(Y sale por el fondo, para volver al poco con el saco del principio.)*

---

[110] *Apiolar:* Término familiar que significa *apresar.*

CHANFALLA.—*(Yendo de un lado a otro y sin dejar de vigilar la sala.)* ¡Don Rodrigo, por Dios, salga del pasmo! ¿Que no ve el temporal que se avecina? No tome pesadumbre, por su vida: sabido es que son dificultosos todos los principios... Y que, cuando una puerta se cierra, otra se cierra...[111]. *(Sale por el fondo.)*

RODRIGO.—*(Como despertando, pero con una extraña calma.)* ¿Dónde está mi sombra? (SOMBRA *acude a su lado.)* Tengo hambre. Dame de comer. (SOMBRA *sale, ligera.)*

CHANFALLA.—*(Que entra y sale, siempre acarreando.)* ¡Aviva, aviva, Chirinos!

CHIRINOS.—*(Recogiendo del mercadillo lo que va nombrando y metiéndolo en el saco, sin demasiada conciencia de la situación.)* Flor de burucuyá, para disipar los ahogos del corazón... Hierba viravira, contra el tabardillo y las sofocaciones... Piedras de Santa Marta, para hijada, riñones, leche y flujo, y también contra el pasmo... Emplastos de chancoroma, que curan las hinchazones... Colmillo de caimán, contra mordedura de culebra y otros venenos... Raíz de quintoraya, milagrosa para las bubas...[112].

RODRIGO.—Siempre hay una salida, solía decir mi capitán don Diego Hernández de Palomeque. Siempre hay una salida... (SOMBRA *le trae un cuenco, del que come.)*

CHANFALLA.—*(Ya cargado con un gran bulto.)* Nosotros habremos de tomar la de Villadiego, que es la más segura... ¡Vamos, Chirinos, no quieras llevarlo todo!

CHIRINOS.—Espera: la Hierba de la Vida...

CHANFALLA.—*(Tomándola de la mano y tirando de ella.)* Ésa nos va a hacer falta, a buen seguro... *(Y ya saliendo, grita.)* ¡Don Rodrigo, por Dios! ¿Ahora comiendo? ¡Apresúrese, que se le acaba el tiempo! *(Salen* CHANFALLA *y* CHIRINOS.)

RODRIGO.—Cierto que se me acaba... *(Recita mientras come.)*[113].

---

[111] Variante irónica del refrán.

[112] Existen en las crónicas frecuentes relaciones de las plantas halladas en el continente americano con sus empleos diversos como medicinas, alucinógenos, etc.; puede verse, por ejemplo, Fernández de Oviedo, *op. cit.,* B.A.E., 118, L. X y XI.

[113] Las dos octavas que recita don Rodrigo corresponden a la antepenúltima y la última de la tercera parte de *La Araucana* (vol. II, págs. 409 y 410).

Y pues del fin y término postrero
no puede andar muy lejos ya mi nave,
y el temido y dudoso paradero
el más sabio piloto no le sabe,
considerando el corto plazo, quiero
acabar de vivir, antes que acabe
el curso incierto de la incierta vida,
tantos años errada y distraída...

(Extiende la mano hacia SOMBRA.*)* Dámelo... *(Ella tarda unos segundos en comprender, pero por fin, asustada, retrocede llevándose la mano al pecho.)* Dámelo, te digo, y no quieras terciar en mi albedrío... *(Ella niega, desesperada.)* Había de ser hoy, y no ha sido. Ni mi cuerpo ni mi alma pueden ya esperar ocho años, hasta otra luna propicia...

SOMBRA.—*(Airada y dolorida.)* Ca ahmo nimitzmacaz. In mo miquiliz ahtle ica techompalehuiz. Monequi oc toconnextiz itla occetic. (¡No quiero dártelo! ¡La muerte no es una salida! ¡Tienes que encontrar otra!)

RODRIGO.—No hay otra salida, Ahuaquiticlán... Demasiado tiempo has cantado junto a esta fuente seca... *(Deja el cuenco y se limpia pulcramente boca y dedo.)*

SOMBRA.—*(Al borde de las lágrimas.)* ¿Ihuan axcantlein nopan mochihuaz intla tiaz? ¿Tlein nicchihuaz nican, ipanin tlalli in ayc oniquihtac? (¿Y qué va a ser de mí, si tú te vas? ¿Qué haré sola en esta tierra extraña?)

RODRIGO.—No lo sé, pajarillo. No sé qué puede ser de ti por estos reinos desabridos. Haz por volver a tus tierras. Tal vez esos dos tunos te prestarán ayuda.

SOMBRA.—*(Señalando al público.)* In ihyotzitzintin in techmohtiliah in timiquiz. Yehuantzitzin quimonequitlia in ticahciz in motlanequiliz. (Los espíritus que nos miran no quieren tu muerte. Ellos esperan que tú logres tu propósito.)

RODRIGO.—*(Después de mirar al público.)* Ca yehuantin oquiittaqueh in nofracaso. Ihuan nihuetzcaloqueh. Azo quimatizqueh occe quizaliztli ipalnocualtemicquiuh. (Ellos han visto mi fracaso y se han reído de él. Quizá sepan de otros caminos para mi hermoso sueño.) *(Grita en castellano, súbitamente furioso, forcejeando con ella para arran-*

carle el pequeño frasco que lleva SOMBRA *colgado del cuello.)*
¡Y dámelo de una vez, maldita india! ¡Tus dioses y los
míos nos han abandonado! *(Logra quitárselo y la hace caer
al suelo, donde queda llorando apagadamente. Él avanza hacia el proscenio con el frasco en la mano. Al público.)* Vámonos poco a poco, señores espíritus... ¿De qué tiempos?
¿De ayer o de mañana?... Tanto me da, puesto que el
mío ya se acaba... *(Declama.)*

Y yo, que tan sin rienda al mundo he dado
el tiempo de mi vida más florido,
y siempre por camino despeñado
mis vanas esperanzas he seguido,
visto ya el poco fruto que he sacado
y lo mucho que a Dios tengo ofendido,
conociendo mi error, de aquí adelante,
será razón que... calle y que no cante.

*Bebe de un trago el contenido del frasco y queda un momen-
to esperando los efectos. Tiene como un espasmo, pero se re-
pone. Camina unos pasos por la escena mirando vagamente su desorden y, con paso inseguro, desaparece tras la carreta. Se escucha, desde allí, el ruido de su cuerpo al caer. Al
oírlo,* SOMBRA *interrumpe de golpe sus apagados sollozos y
se incorpora. Entra en el escenario y, apartando el último decorado, arrastra desde atrás el cuerpo exánime de* RODRIGO.
*Allí, en el teatrillo, le arregla con cuidado el pelo y las ropas
mientras canturrea una salmodia en náhuatl que tanto puede ser un planto funerario como una canción de cuna. Se interrumpe de pronto, mira al público con expresión hostil, y,
bruscamente, se incorpora y cierra las cortinas del teatrillo,
que los oculta*[114]. *Al mismo tiempo se hace el*

OSCURO

---

[114] Este final explícitamente cerrado para el protagonista rompe con la
estructura teatral inconclusa de las dos piezas anteriores; pues, aunque en
las tres el destino del personaje histórico es irreversible, la incógnita con
que acaban *Lope de Aguirre, traidor* y *Naufragios de Álvar Núñez* está más en
la línea implicadora «difícil» que el autor quiere para sus textos.

GLOSARIO DE VOCES INFRECUENTES

Abejaruco: pájaro. (Figurado: miembro viril.)
Afufar: escapar.
Ahijador: el que adopta o apadrina.
Aína: presto, rápidamente.
Albarrada: cerca de tierra y piedras.
Algazara: gritería, bullicio.
Alhóndiga: lonja, depósito de granos y otras mercaderías.
Almadiarse: marearse.
Anadejo: pato pequeño.
Andarse a la flor del berro: darse a la ociosidad y al goce.
Añublada: turbia, nublada.
Apalear sardinas: remar en galeras por condena.
Ardicia: deseo ardiente.
Areitos: cantos y danzas rituales.
Arriscada: atrevida.
Atamalqualiztli: ayuno ritual de los aztecas.
Azoguejo: barrio segoviano de mala fama.

Bahurria: gente de baja condición.
Balumba: bulto, conjunto desordenado de cosas, hato de farsantes.
Bastimientos: provisiones.
Barruntos: sospechas, presentimientos basados en indicios.
Belitre: pícaro.
Bernardinas: mentiras.
Birlada: hurto.
Bizmaco: desvergonzado.
Borrajar: arañar.
Bozal: cerril, torpe.
Buba: tumor de origen venéreo.
Bujarrón: sodomita.

Calandrajo: trapo viejo.
Calcatrife: hombre ruin.
Calzorrear: viajar miserablemente.
Camayoa: denominación indígena de los homosexuales.
Carcoma: camino.
Carena: burla.
Ceiba: árbol americano.
Cervigudo: testarudo.
Cisquiribaile: ladrón.
Coima: mujer de mala vida.
Columbre: vista, vislumbre.
Corrincho: cuchitril, lugar mísero y destartalado.
Cotarrera: mujer de baja condición.
Cú: templo azteca.
Cucarro: el que se disfraza.

Chamaril: trastero, cuchitril.
Charneles: monedas equivalentes a dos maravedís.
Cherinola: junta de ladrones o rufianes.
Chinchorrero: fastidioso, impertinente.
Chiribitil: tugurio, cuartucho.
Chulama: muchacha.

Desbarrancarse: desencadenarse.
Descaecer: decaer.
Dormirse en las pajas: haraganear.

Embelecar: seducir o embaucar.
Embeleñar: adormecer con beleño.
Empacho: timidez, vergüenza.
Enclavijar los candujos: apretar los candados. (Figurado: hacer callar.)
Esclisiado: herido en el rostro.
Espeluzo: erizamiento del pelo a causa del miedo.
Espiritado: encantado, poblado de espíritus.
Estafermo: esperpento, figura ridícula.
Estilbón: borracho.
Estrujón: apretura, estrechez.
Esturdecer: aturdir.

Farabusteador: ladrón experto.
Floraina: engaño.
Fustanque: palo.

Gallofero: mendigo, vagabundo.
Garfiñar: robar.

Garguero: parte superior de la tráquea.
Garlona: habladora.
Garulla: pandilla.
Golondrino: soldado.
Gomarrero: ladrón de gallinas.
Grofa: mujer pública.

Haronear: haraganear.
Horcajadura (poner la mano en la): faltar al respeto, ofender.
Hurgamandera: mujer pública.

Industria: artimaña, idea ingeniosa.

Lacerado: infeliz, desgraciado.
Lanudo: cobarde.
Lego motilón: religioso tonsurado que no ha recibido las órdenes clericales.

Macana: machete de madera dura con filo de pedernal.
Madagaña: fantasma, espantajo.
Malo (el): el demonio.
Mandilandines: criados de rufianes o de prostitutas.
Mandria: tonto.
Margarita: perla.
Matacía: matanza.
Miñarse: irse.
Modorro: tonto.
Mogollón (vivir de): vivir a costa de los demás.
Mojicón: golpe dado con el puño.
Mololoa: revoltijo, mezcla confusa.
Montante: espadón.
Murciar: robar.
Murcio: ladrón.

Noramala: en mala hora.

Oxte: interjección de rechazo.

Papanduja: bagatela, insignificancia.
Papen duelos (que me): que se me traguen las penas.
Parasismo: paroxismo, exaltación violenta.
Penca: correa para azotar a los delincuentes.
Pencurria: mujer pública.
Piarzón: bebedor.
Piltraca: residuo, desecho.
Pinjantes: joyas.
Porro: necio, rudo.

361

Quillotrarse: excitarse.

Rabiza: mujer de mala vida.
Rasgada: ladrona.
Rastrillar: robar.
Rastrillero: ladrón.
Ratimago: artimaña, engaño.
Rejos: arrestos, potencia viril.
Relajado: condenado a muerte.
Remude: cambio, transformación.
Repolluda: entrada en carnes.
Rescatar: cambiar, canjear.
Revesar: vomitar.
Rijoso: lujurioso.
Rodela: escudo redondo.
Rufián sambenitado: ladrón condenado a llevar el «sambenito», cofia infamante.
Runfla de tomajones: muchedumbre de servidores de la justicia.

Sopón: parásito.

Tarrabustería: maquinación.
Trampantojo: artificio, ilusión.
Trapicheo: trampa.
Trastabillar: dar traspiés, tropezar.
Traza: proyecto, invención.
Trochemoche (a): sin orden ni concierto.
Troja: o trocha, vereda angosta.
Turlerín: ladrón.
Turmas: testículos.

Vilborro: el que huyendo se libra de peligros.

Zabulón: desvergonzado.
Zahúrda: pocilga, cuchitril.
Zaragatear: pelear, alborotar.

J. S. S.

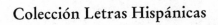

Colección Letras Hispánicas

ÚLTIMOS TÍTULOS PUBLICADOS

DE PRÓXIMA APARICIÓN